공생공영공의주의 연구

김민지 지음

청파랑

머리말

　공생공영공의주의(共生共榮共義主義)는 하늘부모님성회 세계평화통일가
정연합이 추구하는 지상천국의 사상이자 하늘부모님의 사상인 통일사
상이 주장하는 이상세계의 이념입니다. 미래의 비전으로 그리고 있는 공
생공영공의주의 사회의 모습은 어떠한 것인가에 대한 탐구는 지속적으
로 시도되어야 할 것입니다. 이상적인 사회의 구조와 형태를 구체화하기
위한 철학적 사유와 추상적 담론이 이어질 때 현실의 나아가야 할 지향
이자 목표가 분명해질 수 있기 때문입니다.

　이러한 이상사회의 미래를 구체화하는 노력과 함께 이를 실현할 수
있는 실천에 대한 연구도 요청됩니다. 공생공영공의주의는 언젠가 초월
적 존재에 의해 갑자기 도래할 유토피아의 사상이 아니라 현실세계 안에
서 실현되어야 할 사상적 비전이기 때문입니다. 피안에 있는 초월적인 이
상사회의 모델이 아니라 우리가 살아가고 있는 현실세계에서 실현해야
하는 이상사회의 비전이기에 그 실현을 위해 실천을 연구해야 하는 것
입니다.

　이 책에 실린 연구들은 공생공영공의주의의 이런 실천적 측면에 주목
하여 다년간 구체적인 실현방안을 모색해 온 과정입니다. 이상적인 사회

와 세계를 실현하기 위해서는 공생공영공의주의적인 접근이 현실 속에서 단계별로 시도되어야 한다고 보고, 그 나아갈 방향을 찾고자 노력한 지속적인 발걸음이라 할 수 있겠습니다. 이상세계의 이념인 공생공영공의주의가 궁극적 이상을 제시하는 동시에 현실의 구체적인 상황 속에서 변혁의 동력이 되어줄 것을 기대하며 끊임없는 이상과 현실 사이의 대화를 시도하고자 한 노력입니다.

공생공영공의주의는 이상사회의 경제·정치·윤리의 측면을 다룬 개념으로 각 개념이 공의주의를 바탕으로 서로 연계되면서 사회를 이끌어가는 복합개념이면서 동시에 각각 경제·정치·윤리의 이상을 설명하는 독립된 개념이기도 합니다. 세 사상이 하나의 비전을 설명하는 동시에 각각 구체적인 체계를 설명하고 있는 것입니다. 따라서 공생공영공의주의는 역동적으로 작동되고 있는 경제·정치·윤리의 여러 제도와 체제들이 실질적으로 변화시킬 수 있는 가능성을 촉발할 수 있는 실천적 원리로 기능해야 할 것입니다. 따라서 본 연구는 공생공영공의주의를 현실 속에서 어떻게 구체적으로 구현하고 적용할 수 있는지, 이를 위해 어떠한 실천이 수반되어야 하는지 등을 심층적으로 탐구하고 분석하는 것을 목표로 하였습니다.

나아가 이 책에 수록된 논문들은 각기 다른 학문적 접근과 방법론을 통해 공생공영공의주의의 원칙을 다양한 실천적 상황에 접목하려는 시도를 담고 있습니다. 쓰인 시대의 상황 속에서 각기 다른 주제를 다루고 있으나 공생공영공의주의로 현대사회의 다각적 문제에 대한 해결책을 모색하고자 했던 접근은 공통적입니다. 특히 공생공영공의주의가 단순한 이상향의 이념이 아니라, 실제로 현존하는 사회적 갈등과 불평등, 생태적 문제에 대한 실천적 대안을 제시할 수 있음을 강조하고자 했습니다.

이러한 연구적 여정은 결코 개인의 노력만으로 이루어진 것은 아닙니다. 존경하는 스승과 선배 연구자들의 노고 위에 새로운 연구가 시도될 수 있었으며 동료 연구자들의 비판적 토론과 학문적 교류, 그리고 다수의 학회와 세미나에서 이루어진 활발한 논의들이 연구를 심화시키고 보다 넓은 시각에서 대안을 모색할 수 있는 힘을 주었습니다.

여러 관련 연구와 토론이 이 책에 실린 공생공영공의주의 연구를 진행하는데 도움이 되었듯이, 이 책 역시 공생공영공의주의의 이론적·실천적 가능성에 관심을 가진 여러 학자들과 독자들에게 의미 있는 울림으로 다가갈 수 있기를 소망합니다. 특히 공생공영공의주의를 연구하는 후속 세대 연구자들에게 이 책이 의미 있는 학문적 영감과 통찰을 주어 더욱 많은 연구들이 이어지기를 기대하는 바입니다.

끝으로 부족한 연구역량에도 불구하고 지속적으로 연구를 할 수 있도록 이끌어주신 하늘부모님과 참부모님께 감사를 올립니다. 늘 신뢰와 사랑으로 응원해주는 가족과 친우들에게도 사랑의 마음을 전합니다. 더불어 여러 연구들을 모아 책으로 엮는 데 큰 도움을 주신 이경현 청파랑 대표님과 편집팀에 감사의 인사를 전하며 공생공영공의주의가 현대사회의 구조적 문제를 해결하는 데 중요한 실천적 지침이 될 수 있기를 기대해 봅니다.

2024년 9월
김민지

차 례

제1부

공생공영공의와 평화

1

공생공영공의주의와 평화

I. 미래비전과 공생공영공의주의

모든 종교는 새로운 세계의 비전을 담고 있다. 현실세계의 고통으로부터 벗어나 안전하고 행복한 항구적 평화에 대한 소망을 담아 유토피아적 소망을 안고 있는 것이다. 종교의 유토피아 사상은 현실문제를 해결할 수 있는 하나님 혹은 초월적 존재에 대한 강한 믿음을 바탕으로 메시아, 구세주와 같은 존재가 도래하여 궁극적인 세계의 변혁을 통해 이루어진다는 공통점을 담고 있다.[1]

서구 사회의 기독교적 유토피아 사상은 하나님의 섭리에 의해 지상에 하나님의 왕국을 세우게 된다는 천년왕국사상(Millennialism)으로 대표된다. 약속된 하나님의 왕국이 도래할 때가 임박하였기에 이 나라를 맞을 준비를 한 사람만이 왕국에 들어갈 수 있다는 믿음으로 왕국을 맞을 준

---

1   윤승용, 「한국종교의 이상세계론, 그 연구를 위한 시론」, 『신종교연구』 29(2013), 59-60.

비를 하는 사람들의 활동을 천년왕국운동이라고 하기도 한다. 한국 신종교의 유토피아 역시 이상세계에 대한 동경을 담고 있다. 특히 한국 신종교는 현실세계를 극도의 혼란한 상황이기에 변혁을 요청하고 있는 것으로 규정하고 이러한 변혁은 초자연자에 의해 달성되는 것으로 믿는다. 변혁된 세계는 새로운 질서로 유지되는데 신자들은 우대받고 불신자는 파멸하게 되기에 이러한 사실을 알고 대비해야 한다고 강조하는 공통점이 있다.[2] 이러한 종교적 유토피아는 미래에 대한 희망이나 상상을 넘어 절대자의 믿음을 기반으로 선포되고 행동을 촉진하기에 현실적인 힘을 가지게 된다.[3]

세계평화통일가정연합 또한 미래세계의 비전을 제시하고 있으며 미래세계의 사상으로 공생공영공의주의(共生共榮共義主義)를 제시하고 있다. 공생공영공의주의는 미래에 이루어질 이상사회의 사상으로 자본주의와 공산주의의 사회 이후에 도래하는 세계이자 하나님을 중심으로 인류가 한 가족이 되어 사는 종교적 의미의 유토피아의 이념이기도 하다. 세계평화통일가정연합은 국가의 재산이 특정 개인이나 계급에 독점을 당하는 봉건주의나 제국주의 경제체제를 타파하기 위해 재산을 균등하게 소유할 수 있는 공산주의 체제가 출현하지만 사멸되고, 이후 참사랑을 가진 인간을 회복한 공생공영공의주의 체제가 도래하게 된다고 믿고 있다.

이러한 공생공영공의주의가 제시하는 하나님을 중심한 평화세계는 어떠한 모습인가? 이미 기독교를 비롯한 여러 종교에서 그려온 하나님 또

---

2 류병덕, 『근·현대 한국 종교사상연구』 (서울: 마당기획, 2000) 92-93.
3 안연희, 「문선명 선생의 이상사회론과 세계공동체 비전: '국경철폐'와 '평화의 길'을 중심으로」, 『평화와 종교』 3(2017), 163.

는 절대자를 중심으로 이루어지는 이상세계와 동일한가? 만약 차이가 있다면 어떠한 차이가 있는가? 이러한 의문에 답하기 위해 여기에서는 공생공영공의주의의 주요 개념을 면밀히 살펴보고 공생공영공의주의와 평화학의 주요 평화개념을 연계하여 어떻게 평화가 실현될 수 있는가를 논의해봄으로써 세계평화통일가정연합이 지향하는 천일국, 즉 평화세계의 이상을 구체화해보고자 한다.

II. 공생공영공의주의에 대한 이해

1. 공생공영공의주의

공생공영공의주의는 세계평화통일가정연합이 제시하는 미래 평화세계인 천일국의 국가이념으로 국정운영의 이념적 토대이자 국민이 살아가는 방향을 제시하는 사상이다.[4] 『원리강론』에 하나님의 심정에 기반하여 창조이상을 실현한 미래사회의 이념으로 제시되어 있으며[5] 천일국 헌법 제9조에 "천일국은 공생공영공의주의를 기본이념으로 한다"고 규정되어 있다.

그러나 공생공영공의주의에 관한 연구는 미비하며 정론으로 정리되어 있지 않고 『통일사상요강』에는 하나의 독립된 장이 아닌 부록으로 공생공영공의주의를 다루고 있다. 그리고 그 내용을 "문선명 선생님의 하나님

---

4   황진수, 「천일국 공생공영공의주의 국가론에 관한 연구」, 『통일사상연구』 15 (2018), 8.
5   세계기독교통일신령협회, 『원리강론』 (서울: 성화출판사, 1995), 474.

주의를 경제, 정치, 윤리의 측면에서 다룬 개념으로서 공생주의와 공영주의와 공의주의의 세 가지 단순개념으로 이루어진 복합개념"이라고 설명하고 있다.[6] 공생주의는 이상사회의 경제, 공영주의는 이상사회의 정치, 공의주의는 이상사회의 윤리를 다룬 개별적인 사상인 동시에 하나된 사상으로 하나님께서 세계를 창조하실 때부터 이상하셨던 세계의 통일된 이념이기도 하다.[7]

최유신은 공생공영공의주의가 상호 연결되어 있기에 각각의 독립적인 사상으로 보기 보다는 이상세계의 정치철학으로 보아야 한다고 전제하면서 그 개념을 "하나님의 적극적인 정의 아래 모두(자연을 포함한 인간)가 더불어 살고, 더불어 번영하는 것"이라고 정의하였다.[8] 또한 공생공영공의주의는 세계평화통일가정연합이 추구하는 종교적 이상세계의 정치이념이지만 현실적인 이데올로기로 다듬어진 정치철학으로는 부족하다고 평가하였다. 공생공영공의주의가 『통일사상요강』의 부록편에 들어가 있을 정도로 아직 체계적으로 완성되지 못했고 정치철학으로서 현실적이고 실천적인 담론이 되지 못했다는 것이다.

이에 비해 김항제는 공생공영공의주의가 이상세계의 비전이자 그 실현과 성취를 위한 실천적 이데올로기라고 강조하면서 이상적인 가정의 이념을 바탕으로 인류가 참사랑의 책임적 실현을 통해 삼대주체사상을 실천할 때 이루어질 수 있다고 강조하였다.[9] 황진수 역시 공생공영공의주

6   통일사상연구원, 『통일사상요강』 (서울: 성화사, 1994), 751.
7   통일사상연구원, 770.
8   최유신, 「제3의 대안으로서의 공생공영공의주의」, 『통일사상연구』 2 (2001), 70.
9   김항제, 「공생공영공의주의와 T. More의 유토피아 사상」, 『통일사상연구논총』 5 (1999), 101-102.

는 현실과 유리된 유토피아 사상이 아니라 자본주의와 민주주의 체제 안에서 전체목적과 개체목적, 사회와 개인의 상보적인 관계를 재정립하려는 현실적인 사상이라고 하면서 근본적인 인간의 변화로 사회를 바꿀 수 있는 사상, 즉 하나님의 사랑의 마음을 닮은 삶을 실천하여 경제, 정치, 윤리적인 양상을 질적으로 변화시키려는 사상이라고 설명하고 있다.[10]

2000년대 이후 공생공영공의주의에 대한 연구는 통일사상학회와 통일사상연구원 등을 통해 각각의 사상을 심화한 연구와 현실적 적용에 대한 연구 등이 이어지고 있으며 천일국의 국가이념으로 연구에 대한 관심이 집중되고 있는 상황이다.

2. 공생주의

『통일사상요강』은 서문에서 "통일사상은 하나님의 사랑을 중심한 새로운 가치관에 의한 애타(愛他)정신"이라고 명시하면서 공산주의의 투쟁심 및 물질주의를 제거하고 민주주의의 이기주의를 제거하여 공동으로 이상세계의 실현을 향하여 전진할 수 있도록 이끄는 사상이라고 시대적 책임을 기술하였다.[11]

특히 통일사상은 대립하는 이념과 종교, 사상, 국가와 민족을 화해시켜 인류 한 가족을 실현하는 사상으로 통일사상을 적용한다면 인류의 어떠한 난문제도 근본적으로 쉽게 해결할 수 있다고 설명하고 있다.[12] 다

---

10 황진수, 14.
11 통일사상연구원, 2.
12 통일사상연구원, 2.

만 아직 사상을 중심으로 체계화하여 정치, 경제 등을 다루지 않고 있으나 필요하면 추가될 것이라고 첨언하였다.[13]

　이러한 서술의 관점에서 보자면 이 책이 집필되었던 시기에는 민주주의와 공산주의 이념적 대립이 불러온 냉전체제를 종식시키는 것이 시대적 과업이었기에 전체적으로 사상적 관점에서 공산주의와 민주주의의 한계를 비판하고 그 대안을 제시하고자 한 것으로 보인다. 그러나 1990년대 이후 공산주의가 몰락하고 난 후 냉전시대는 종식되었다. 2000년대 들어 인류는 더 이상 공산주의의 주장에 매료되지 않지만 이기적인 자본주의의 심화로 경제적 불평등의 그늘은 깊어지고 첨예한 경쟁과 갈등이 발생하고 있다. 개인과 사회는 물론 국가까지 이념적 지향보다는 경제적 실익을 추구하는 구조 속에 살아가고 있는 것이다.

　앞서 『통일사상요강』에서 지적한 바와 같이 공산주의의 투쟁심과 물질주의처럼 자본주의의 이기주의도 제거되어야 했지만 오히려 이기적 경쟁은 심화되어 소득과 부의 불평등으로 인한 양극화가 자본주의의 위기를 가져오고 있는 상황에 처하게 되었다. 이제 통일사상의 경제관을 중심으로 자본주의 위기에 대한 새로운 대안을 제시해야 할 시점인 것이다.

　『통일사상요강』에는 경제관이 별도의 장으로 다루어지지 않고 있다. 다만 부록으로 실린 '공생공영공의주의'에 대한 장에서 공생주의를 하나님주의를 경제적 측면에서 다룬 이념으로 소개하고 있다.[14] 이어서 공생주의는 "이상사회의 경제적 측면을 다룬 개념인 동시에 소유의 측면을

13　통일사상연구원, 8.
14　통일사상연구원, 761.

다룬 개념"으로 자본주의 경제와 공산주의 경제가 심리적 요소를 배제하고 물질적 소유를 논하는 한계를 넘어 물질적 소유의 근간을 이루는 심리적 요소, 특히 사랑이라는 개념을 전제한 소유를 제시하고 있다.[15]

특히 공생주의는 "하나님의 참사랑을 터로 한 공동소유"를 전제하면서 모든 물질을 "하나님과 나와의 공동소유이며 전체와 나, 이웃과 나의 공동소유"로 생각하는 관점의 전환을 제시한다. 이어 참사랑에 근거한 공동소유의 원형으로 가정을 제시하면서 "하나님의 참사랑을 터로 한 하나님과 나, 전체와 나, 이웃과 나라는 삼단계의 '타자와 나'와의 공동소유"라고 설명하고 있다.[16]

공생주의가 공동소유의 출발점을 인간이 아닌 하나님으로 보는 것은 모든 물질의 근원이 창조주 하나님의 소유라고 보기 때문이다. 인간은 하나님이 창조하신 피조물을 빌려서 쓰는 것이기에 감사하는 마음으로 물질을 아끼고 사랑하는 마음으로 관리하고 후손에게 물려주어야 한다.[17] 특히 『원리강론』은 미래사회의 경제구조를 공생주의로 설명하면서 하나님의 창조이상의 관점에서 보면, 인간에게 부여된 가치는 서로 어떠한 차이도 있을 수 없으며 부모이신 하나님에게 동일한 가치를 가지는 자녀와 같다고 전제한다. 부모가 모든 자식을 사랑하듯이 하나님도 모든 인류에게 균등한 환경과 평등한 생활조건을 주고 싶은 심정을 가지고 있다. 따라서 하나님의 창조이상이 실현되는 미래사회는 평등한 경제적인 조건이 보장되는 사회주의 사회가 될 것이라고 전망하고 있다.[18]

---

15 통일사상연구원, 761.
16 통일사상연구원, 762-764.
17 통일사상연구원, 762; 문선명, 『평화를 사랑하는 세계인으로』(서울: 김영사, 2010), 374.
18 세계평화통일가정연합, 『원리강론』, 471-472.

그런데 미래 사회주의 사회는 물질을 중심한 사회주의 사회가 아니라 하나님을 중심한 사회주의 사회이다. 즉 생산과 분배와 소비가 인체의 위장과 심장, 폐장과 같이 유기적인 관계를 가져서 필요하고도 충분한 생산과 공평하고도 과부족이 없는 분배, 전체적인 목적을 위한 합리적인 소비를 할 수 있는 사회라고 구체적으로 설명된다.[19]

그러나 인간은 타락하여 이러한 관점을 알지 못한 채 모든 만물을 자신의 것으로 생각하고 이기적으로 소유하고 인간중심적으로 이용함으로써 자연을 파괴하고 있는 것은 물론 필요 이상의 소유를 가지기 위한 투쟁을 계속해 왔다. 더 많은 소유를 위한 투쟁은 세계적인 단위에서 제국주의로 귀결되었다. 『원리강론』에서는 정치적으로 군주주의가 독재를 하였던 것처럼 금융자본에 대한 독점이 제국주의의 특징이 된다고 분석하면서 세계를 무대로 보다 많은 금융자본을 독점하기 위해 나선 것이 제국주의라고 설명한다. 그러므로 군주주의 이후 민주주의가 도래한 것처럼 제국주의를 타파하고 민주주의적인 경제사회를 이룩하기 위해 사회주의가 도래하게 되는데 이는 유물사관에 입각한 사회주의인 공산주의가 아니라 하나님의 참사랑에 기초한 사회주의라고 구분하고 있다.[20]

이러한 공생주의에 대해 김항제는 "프롤레타리아에 의한 완전공유를 주장하는 공산주의에 대한 현실적 극복을 위해 제시되었으나 공산주의는 물론 자본주의 이후를 제시하는 미래지향적 사상"이라고 평가하고 있다.[21] 황상석 또한 "공생주의는 소유의 측면을 다룬 이론으로 자본주

---

19   세계평화통일가정연합, 『원리강론』, 471-472.
20   세계평화통일가정연합, 『원리강론』, 467-474.
21   김항제, 『통일교의학연구II』 (아산: 선문대출판부, 2002), 164.

경제가 추구하는 사적 소유와 사회주의 경제를 지탱하는 국가적 소유에서 '빠져 있던 영역'을 보완했다"고 평가하며 "자본주의와 사회주의 체제를 지탱하는 물질적인 소유의 개념에 정신적 소유, 더 나아가 공동소유의 개념을 추가하였다. 공생주의는 사적 및 공동소유를 기반으로 운영되는 이상적인 경제시스템을 구축하는 대안으로 제시된 것"이라고 설명하였다.[22]

그러나 하나님의 참사랑에 기초한 공생주의는 종교적 이상에 기반하고 있어 현실적인 측면에서 종교적인 차원의 인식전환과 실천이 전제되어야 한다는 특성을 가지고 있다. 문선영은 "공생주의는 종교적 이상세계에 기반을 두고 있는 완성한 창조본연의 인간상을 경제적 인간의 모습으로 전제하고 있다"고 하면서 공생주의의 출발점이 이상적인 인간과 이상적 세계의 모습을 전제로 전개되고 있다고 논하였다. "공생주의는 이기적인 인간이 아닌 이타적인 인간, 즉 양심에 의해 자율적으로 탐욕을 규제할 수 있는 인간들이 참사랑을 기반으로 나눔과 보살핌의 종교적 영성을 스스로 자발적으로 실천한다는 이상이 담겨 있기에 실천을 위해서는 끊임없는 자기수행과 성찰이 요구된다."는 것이다.[23] 강화명 또한 "공생의 경제는 사적 재산권을 개개인의 이기적 풍요를 위해서가 아니라 그가 속한 공동체에 책임적이어야 할 재산으로 이해할 것을 요구하고 있다."고 보았다.[24]

---

22 황상석, 「경제학적 관점에서 본 공생주의: 새로운 자본주의 대안모색을 중심으로」, 『천지인 참부모님 성탄 및 기원절 4주년 기념 학술대회 자료집』(2017), 47-48.

23 문선영, 「토론: 경제학적 관점에서 본 공생주의: 문선명 경제사상을 중심으로」, 『천지인 참부모님 성탄 및 기원절 4주년 기념 학술대회 자료집』(2017), 7.

24 강화명, 「경제적 신자유주의와 문선명 선생의 경제평화사상」, 『말씀과 신학』 19(2014), 23.

이러한 측면에 대해 김항제는 공생주의는 이상세계가 실현될 때 이루어질 수 있기에 "공상적인 유토피아니즘이라 할 수 있다."고 지적하면서 유토피아니즘에 빠지지 않기 위해서는 현실세계 속에서 제도적 구체화가 이루어져야 한다고 지적하고 있다.[25] 황상석 또한 공생주의가 지향하는 실천적인 모델과 방안이 모색되지 않았기에 공생주의가 새로운 자본주의의 대안으로 제시되지 못했다고 지적하였다.[26] 자본주의의 위기에 대해 하나님의 참사랑에 기초한 사회주의인 공생주의의 제도적인 모델 또는 대안이 제시되어야 한다는 것이다.

공생주의에서 제시하는 공동소유는 적정소유라는 새로운 개념으로 대표되고 있다. 자본주의 경제는 사적 소유이며 공산주의 경제는 사회적 소유로 구분되지만 소유에서 사랑이라는 요소가 배제된 채 물질적 소유에 불과하다는 공통점이 있는 반면 공생주의 경제는 개인이 양심에 따라 자신의 욕망을 조절할 수 있는 적정소유를 기반으로 하나님과 나, 이웃과 내가 하나님의 참사랑을 기반으로 공동소유를 하는 것을 의미한다.[27]

적정소유란 개개인의 분수에 맞는 정도, 적정의 양과 질을 스스로 아는 것으로 양심이 맑다면 하나님이 그 양심을 통해서 가르쳐 주시기 때문에 분수에 맞는 심리양의 결정은 쉽게 이루어질 수 있다. 그런데 그 양은 첫째, 개인마다 독특한 개별상을 지니고 있어 성격과 취미가 각기 다르기 때문에 동일하게 정할 수 없다. 둘째, 각기 다른 개별상인 동시에

---

25   김항제, 『통일교의학연구II』, 163.
26   황상석, 49.
27   통일사상연구원, 762.

상호 관련된 연체이기 때문에 각기 격위가 다르므로 다른 사람을 위하여 베풀어야 할 물질의 양도 다르다. 따라서 분수에 맞는 적정량은 각자가 정할 수밖에 없다.[28]

이러한 적정소유에 대해 김항제는 "소유의 완전한 평등을 전제하지 않는 점과 소유의 심적 요소를 제기하는 점에서 사회주의와 구분된다."고 하면서[29] 사적 소유와 공적 소유와는 다른 개념이며 물질과 마음이 수반되는 소유이자 마음과 물질이 수수(授受)되는 소유라고 규정한다.[30]

선주성은 적정소유의 의미를 공익 또는 공공선을 추구한다는 의미로 접근하였다. 공생주의의 적정소유가 공산주의의 공동소유와 달리 소유의 분배에 대한 심리적, 정신적 차원을 강조하며 공익을 침해하지 않는 선에서 사적인 이익을 인정한다고 본 것이다. 공동소유와 사적 소유의 조화를 추구하고 공익실현을 위한 공공선이 강조된다는 면에서 자본주의의 사적 소유와 구분된다는 점에 주목한 것이다.[31]

강화명은 적정소유의 적정량을 타인에게 물질적 피해를 주지 않는 선이라고 최소한의 기준을 제시하였다. 소유가 한 개인이나 특정계급의 물질적 욕망을 무한히 충족시키는 수단이 아니라 만민에게 적절하게 공유되어야 함을 강조하면서 개성진리체로 창조된 인간의 차별화된 능력과 업적에 따른 소유의 격차를 인정하기는 하나 그 정도가 타인의 물질적 궁핍을 초래할 정도로 심각해서는 안 된다고 강조하였다.[32]

---

28   통일사상연구원, 767-768.
29   김항제, 『통일교의학연구II』, 160.
30   김항제, 『통일교의학연구II』, 153.
31   선주성, 「통일교의 공생주의 경제론에 대한 고찰」, 『통일사상연구』 9 (2015), 118-120.
32   강화명, 「토론: 경제학적 관점에서 본 공생주의: 문선명 경제사상을 중심으로」, 『천지인 참부모님 성탄 및 기원절 4주년 기념 학술대회 자료집』 (2017), 34.

적정소유가 개인의 사적 소유의 적정선을 타인의 소유를 침해하지 않아야 할 뿐 아니라 공익을 추구해야 한다는 것을 전제한다는 것은 의미가 깊다. 그러나 그 전제가 이상사회의 실현으로 한정되어 있고 개인의 양심이 분수에 적합한 적정소유의 양을 자연스럽게 알게 된다는 설명은 현대사회에서 그 현실적 의미가 제한될 수 있다는 비판도 제기되고 있다. 우선적으로 공생주의가 추구하는 적정소유에 기반한 공동소유가 제도적으로 어떻게 구현될 것인가가 명확하지 않기 때문이다.

성범모는 "소유문제에 있어서 적정소유를 주장하는 것은 그 의미의 한계가 모호하다"고 지적하면서[33] 적정소유가 자본주의에 기반하기 때문에 사적 소유의 한도를 정한 것이 아니라 재물을 얻는데 탐욕을 부리지 말고 가난한 사람에게 폭리를 취하거나 부당한 이익을 얻어서는 안 된다는 대원칙을 지키라는 윤리적 의미로 해석하였다.[34]

공생주의 경제가 적정소유라는 사적 소유를 인정하기에 자본주의 경제체제의 틀에서 생각해야 한다는 주장에 대한 반론도 있다. 앞서 언급한 것처럼 공생주의 경제는 이상세계의 경제체제로 하나님주의에 기반한 사회주의라고 명기되어 있기 때문이다. 김항제는 공생주의의 소유는 "하나님의 참사랑을 터로 한 공동소유"[35]이기에 "제도적으로는 자본주의보다는 공동소유를 목표로 하는 사회주의가 인간중심주의에 빠지지 않는 한 창조이상과 역사발전에 훨씬 가깝다"고 하였다.[36]

---

33 성범모, 「경제학적 관점에서 본 공생주의: 문선명 경제사상을 중심으로」, 『천지인 참부모님 성탄 및 기원절 4주년 기념 학술대회 자료집』(2017), 7.
34 성범모, 56-57.
35 통일사상연구원, 758.
36 김항제, 『통일교의학연구Ⅱ』, 153.

21세기 세계 경제적 변화를 놓고 볼 때 적정소유에 기반한 공생주의 체제가 자본주의와 사회주의 중 어디에 가까운가를 논의하는 것은 무의미할 수도 있다. 자본주의의 한계로 경제위기가 발생하면서 소득과 부의 불평등에 기반한 양극화가 심화되는 현실적 상황을 해결할 수 있는 대안이 자본주의 4.0 또는 따뜻한 자본주의 등 다양한 형태로 모색되고 있기 때문이다. 강화명은 공생주의는 심정에 기반한 공통목적을 중심으로 상호작용하는 경제체제로서 생산의 이득이 소수에게 독점되지 않는 사회, 즉 생산의 잉여가 모든 인류의 번영과 복지를 위해 사용되는 복지국가로서 경제활동의 궁극적인 목적이 이윤추구가 아니라 인류의 복지증진이라는 보편적인 가치를 실현하는데 있다고 제시하였다.[37]

3. 공영주의

공영주의는 이상세계의 정치이념으로 하나님의 참사랑을 중심한 공동정치, 하나님의 대신 되는 메시아를 부모로 모시고 사는 형제주의 정치를 이상으로 제시한다. 인류는 만인이 한 부모의 사랑을 이어받은 형제자매의 입장에서 국경 없는 공동체를 이루며 공동정치에 참가하며 살게 된다.[38]

공영주의의 이러한 이상은 하나님의 참사랑에 기초한 공동정치이기에 세계가 메시아를 중심으로 통일되어야 실현 가능하다고 설명한다. 그러나 메시아왕국이 실현되기 이전이라도 지도층이 노력한다면 하나님을

---

37 강화명, 「공생주의로 본 남북의 경제체제 통합 방향」, 『평화와 종교』 8(2019), 66.
38 통일사상연구원, 777.

참부모로 모시는 공영정치의 이상은 어느 정도 실현될 수 있다고 부언하였다.[39] 학자들 또한 공영주의에 대한 연구의 관점을 현실 사회에서 실천 가능한 정치적 이념으로 접근하였다. 공영주의를 현실사회에서 구체적으로 적용하기 위해서는 어떠한 부분이 논의되어야 하는가? 김항제는 공영주의가 민주주의의 새로운 패러다임을 논의하고 있는 현대 정치학과 그 지평을 상당 부분 같이 하고 있다고 전제하면서 대의제 민주주의의 한계를 극복하기 위한 심의 민주주의, 결사체 민주주의, 전자 민주주의 등의 대안적 민주주의가 민주적 참여는 활성화할 수 있으나 민주적 책임의 문제를 해결할 수 없는 문제가 있다고 지적하였다. 이를 해결할 수 있는 대안으로 공영주의는 민주적 참여와 책임의 진정성을 구현할 수 있으며 공동체적 가치와 공공선을 추구할 수 있는 정치철학이라는 점을 구체적으로 논의하였다.[40]

임현진 또한 공영주의를 한국의 현실정치가 가진 문제를 해결할 수 있는 정치개혁의 방향으로 제시하면서 이러한 논의에 답하려 하였다.[41] 그는 공영주의의 근본정신이 인류를 위한 사랑의 정신인 공공애에 있다고 제시하면서 공영주의에서 제시하는 선거제도의 개혁방향을 기준으로 한국 선거제도의 문제를 분석하고 이를 극복할 수 있는 현실적 대안으로서 공영정치에 기초한 선거제도의 방향과 원칙, 형식 등을 제시하였다. 즉 인류가 공공애를 회복하는 것도 중요하지만 현실정치의 문제를 개선할

---

39 통일사상연구원, 778.

40 김항제, 「한국사회의 구조적 모순과 공영주의적 평화의 모색」, 『평화학연구』 7(3) (2006), 61-77.

41 임현진, 「공생공영공의주의로 본 공영정치 정책원칙과 선거제도에 관한 연구」, 『통일사상연구』 14 (2018), 1-22.

수 있는 대안적 정치를 도입하는 것 또한 미룰 수 없다고 본 것이다.

또한 임현진은 공영주의의 정치를 공동·균형·책임 정치로 정리하고 만인공동참가의 정치를 실현하기 위해 대의원 선출에 의한 선거정치가 아닌 추첨에 의한 정치를 도입해야 하며 기초단체장 등의 정당공천제를 폐지하고 책임정치를 실현할 수 있는 매니페스토 정책선거를 강화해야 한다고 대안을 설명하였다.

이러한 대안적 선거제도를 중심한 공영주의의 논의는 먼저 공공애를 가진 사람들이 있어야 한다는 근본적 질문으로 돌아오게 한다. 거대한 사회구조 속에 분절적인 삶을 살아가는 현대인들이 과연 공공애를 가질 수 있는가? 이러한 근본적 의문에 최유신은 종교공동체가 개인의 양심회복은 물론 공공애와 공공선, 공동의 정치의 경험을 가장 효율적으로 가르쳐 줄 수 있는 공동체이며 하나님은 가장 공적인 존재이기에 공공선과 공공애의 기준이 된다고 보았다.[42] 국가 권력은 법에 의한 규제를 중심으로 인간의 행위의 동기를 제공하고 억압하기에 행위의 외적 결과만 규제할 뿐 그 동기를 교육할 수 없는 한계를 가지는데 비해 종교공동체는 행위의 동기에 대해 가치를 부여하며 그 동기가 더욱 선한 방향으로 발전할 수 있도록 격려하기에 현실적 이해관계를 넘어 공공선과 공공애를 추구할 수 있는 동기와 과정을 제공할 수 있는 것이다. 다만 종교공동체가 배타적 믿음을 기반으로 다른 종교공동체와 연대하고 소통할 수 있는가는 역사적으로 문제가 되어 왔다. 다종교사회에서 자기 종교공동체의 이해를 넘어 다른 종교공동체와 공공애를 추구할 수 있다면 종교공동체를

---

42 최유신, 「제3의 대안으로서의 공생공영공의주의」, 64-120.

중심으로 이러한 난제를 해결할 수 있을 것이다.

　나아가 최유신은 정치철학의 관점에서 공영주의에 대한 상세한 설명을 시도하였다. 그는 공영주의는 하나님을 중심한 사회주의로 자유보다는 평등, 개인보다는 공동체에 더 관심을 가진다고 보았다. 자유와 평등이 적절한 조화를 이루는 것이 공영주의의 이상이지만 자유보다는 평등의 실현이 어렵기 때문에 공동체가 그 균형을 이루기 위해 평등에 축을 두고 자유를 실현하는 정치철학이라는 것이다.[43]

　그러나 공영주의가 추구하는 평등이란 사회주의가 제도화하는 평등과는 차이를 보인다. 김항제는 공생공영공의주의를 모어의 유토피아니즘과 비교하면서 공영주의가 추구하는 이상을 구체화하였다. 모어는 사회적 정의와 평등을 제도화하여 물질적 행복과 쾌락을 보장하는 복지사회가 이루어지면 정신적 행복과 쾌락을 이룰 수 있다고 유토피아를 그리고 있다. 유토피아에서 모든 사람은 완전하고 전면적인 평등을 가져 2년마다 도시민과 농민이 서로 교체되며 주택도 10년마다 추첨에 의해 교환되고 공동식탁에서 먹고 공동의복을 착용하는 것으로 형상화된다. 김항제는 이러한 제도로 사회적 정의와 평등을 이룰 수는 있겠지만 정신적 행복과 쾌락을 성취할 수는 없다고 지적한다. 모든 개인은 각기 다른 능력과 관심, 취향과 욕망을 가지고 있기에 동일한 옷과 음식, 주택으로 정신적 만족을 가지는데 한계가 있는 것이다. 공영주의는 이에 대한 대안으로 하나님의 참사랑에 바탕을 둔 공동참여의 정치를 통해 진정한 복지사회를 실현할 수 있다고 밝히고 있다.[44]

43　최유신, 「제3의 대안으로서의 공생공영공의주의」, 64-76.
44　김항제, 「공생공영공의주의와 T. More의 유토피아 사상」, 95-119.

공영주의가 추구하는 평등은 물질적이고 양적인 평등이 아니라 주관적이고 질적인 평등이다. 모든 사람은 하나님의 자녀로서 가치적으로 평등하지만 서로 관계를 맺기 위해 다른 위치를 가진다. 각자 다른 격위(格位)를 가진 관계에서 평등이란 모든 사람이 같은 격위에서 동일한 권리를 가지는 것이 아니라 각자의 능력에 적합한 격위에서 서로를 존중하며 사랑으로 충만한 평등을 누리게 된다.[45]

김수민은 이러한 통일사상의 평등 개념이 사랑으로 동등한 가치를 부여하는 것으로 현실의 부족도 내면의 만족으로 포용할 수 있다는 면에서 중요한 의미를 가진다고 평가하였다. 그러나 동시에 인간이 감내하고 수용할 수 있는 불평등의 수준을 정하지 않으면 공허한 논의가 될 수 있다고 지적하였다.[46] 즉 공영주의가 자유민주주의와 사회주의, 자본주의와 공산주의의 한계를 극복할 수 있는 미래적 이상으로 각 이념의 강점을 포괄하고 한계를 극복할 수 있는 상생의 사상이 되기 위해서는 개인의 양심이 회복되는 것도 필요하지만 개인으로부터 가정, 사회, 국가, 세계까지 하나의 공동체로서 공동의 정치에 관심을 가지며 공동체의 문제에 집중하여 최소한의 평등이라 생각할 수 있는 제도적 기준을 합의하여야 한다는 것이다.

공영주의는 개인의 변화와 제도적 변화를 통합적으로 이루어야 한다고 제시하지만 개인의 변화를 보다 근본적인 변화로 본다는 면에서 공공애를 우선시할 수 있는 개인의 육성을 강조한다. 즉 추첨제도를 통한 정치를 하기 전에 타인을 형제로 느끼고 사랑할 수 있는 정치인을 육성하

---

45 통일사상연구원, 262.
46 김수민, 「통일사상에서 본 평등」, 『통일사상연구』 2 (2001), 166-168.

는 것을 우선시해야 한다는 것이다. 불평등의 문제 역시 불평등 해소를 위한 제도의 도입을 서두르기보다는 그런 제도의 도입을 환영할 수 있는 시민을 양성하고 시민의 의식을 바꾸기 위한 노력을 먼저 해야 한다는 것을 강조한다.

4. 공의주의

통일사상의 공의주의는 하나님주의를 경제, 정치, 윤리의 측면에서 구체화한 공생공영공의주의 중 이상사회의 윤리사상을 말한다. 하나님을 중심한 이상사회가 실현되면 모든 사람은 공적으로나 사적으로 도덕, 윤리를 준수하고 실천하면서 건전한 도의사회(道義社會), 즉 공공윤리사회를 이루게 된다는 사상이다. 나아가 현대사회의 가치관 붕괴를 근본적으로 수습하여 건전한 도의사회를 이룰 수 있는 사상이기도 하다. 이러한 공동윤리의 사상은 공생공영공의주의의 기본이 되는 것으로 삼대주체사상(三大主體思想)이 실현되는 사회의 근간이다.[47]

그런데 이러한 공의주의 사회는 종교가 필요 없는 사회이다. 종교의 목적은 이상사회를 이루는 것이므로 이상사회가 이루어진 뒤에는 종교가 필요 없기 때문이다. 더 이상 종교의 가르침은 필요 없으며 이미 종교의 가르침이 현실 속에서 영위되는 사회라 할 수 있다. 통일사상은 이러한 사회는 종교 교리가 필요한 사회가 아니라 실천 위주의 생활윤리가 필요한 사회이며 만인이 동일한 가치관을 가지고 살아가는 사회라고 제

---

47 통일사상연구원, 780-781.

시한다.[48]

이러한 공의주의 사회의 공동윤리의 특징은 첫째, 가정의 중심인 부모와 학교의 중심인 스승, 주관의 중심인 관리 책임자 등 삼대주체가 하나님의 참사랑을 먼저 실천하여 전 사회가 사랑을 나누는 윤리공동체가 되는 것이다. 각 사회구성체의 중심이 되는 주체들이 먼저 참사랑의 윤리를 모범적으로 실천하여 빈곤과 소외 등이 사라지게 되는 사회이다.[49]

둘째, 이러한 삼대주체의 사랑이 시행되는 가장 기초가 되는 곳은 가정으로 조부모와 부모, 부부와 형제자매 등의 관계에서 참사랑을 주고받으며 자동으로 질서와 가법이 세워지면서 이상가정을 이루게 된다. 이렇게 평화와 환희와 복락이 깃드는 이상가정이 근간이 되어 정치, 경제, 사회로 확대되는 특징이 있다. 즉 가정의 참사랑 윤리가 전 사회로 확대되는 것이다.[50]

이렇게 통일사상은 공의주의를 이상가정의 이념을 근간으로 하는 삼대주체사상이라고 제시하고 있으나 공생공영주의에 비해 공의주의에 대한 구체적인 실현방안 등은 상술하지 않았다. 이에 종교적인 사랑의 윤리공동체를 추구하고 있으나 철학적 설명은 미흡하다는 지적이 있기도 하였다.[51]

이에 김항제(2011)는 공의주의를 자유주의적 가정공동체주의로 개념화하면서 공동윤리사회는 전체 행복의 극대화를 추구하되 질적 차이를 고려하고 사랑으로 그 간격을 채워 적정한 행복의 평등이 이루어지는 사회

48   통일사상연구원, 781.
49   통일사상연구원, 782.
50   통일사상연구원, 783.
51   최유신, 「제3의 대안으로서의 공생공영공의주의」, 『통일사상연구』 2 (2001): 65.

라고 분석하였다.[52]

공의주의의 철학적 의미를 보다 분명히 탐구하기 위한 연구에 이어 공의주의가 실현될 수 있는 현실적 방안에 관한 연구도 이어졌다. 공동윤리사회를 이루기 위해서는 먼저 시민의식을 함양할 수 있는 장기적인 봉사기간을 두는 방안이나[53] 공동체생활을 하는 방안 등이 제안되었다.[54] 공의주의에 기초하여 사회갈등을 최소화하고 사회통합을 이끌 수 있는 비정부기구를 구성하는 방안[55]과 공의주의 실현을 위해 효정을 중심으로 축복가정공동체가 실현될 수 있는 방안 등도[56] 논의된 바 있다.

III. 공생공영공의주의와 평화

1. 평화학과 종교·이데올로기

종교·이데올로기와 평화에 대한 체계적인 설명을 시도한 사람은 갈퉁(Johan Galtung)이다. 갈퉁은 2차 세계대전 후 전쟁에 대한 불안과 핵무기 증강에 대한 우려에 의해 반전반핵의 주제를 중심으로 진행되었던 평화의 지평을 인간존엄의 실현이라는 한 단계 높은 차원으로 개척한 학자이다. 그는 평화를 논의하면서 평화실현의 핵심적인 요소로 종교와 이데올

---

52 김항제, 「통일교 정치사상으로서의 공의론」, 『신종교연구』 24 (2011): 158.
53 최유신, 109.
54 최병환, 「공의주의의 철학적 함의」, 『통일사상연구』 5 (2012): 113-123.
55 김민지, 「통일사상 공의론으로 본 사회갈등과 통합」, 『통일사상연구』 14 (2018): 53-75.
56 김민지, 「공의주의 실현을 위한 효정의 계승」, 『통일사상연구』 17 (2019): 19-39.

로기를 언급하였다.

갈퉁에 앞서 전쟁의 억제와 회피라는 좁은 의미의 소극적 평화에 대해 새로운 차원의 논의를 제기한 것은 다스굽타(Sugata Dasguta)였다. 1968년 다스굽타는 '비평화(Peacelessness)'라는 새로운 용어를 사용하며 평화의 개념을 확장시켰다. 그는 제3세계는 전쟁이 없을 때에도 평화는 존재하지 않았기 때문에 전쟁의 종식이 평화를 의미하지 않는다는 문제제기를 하면서 제3세계의 평화를 가로막는 장애는 전쟁이 아니라 '기아, 빈곤, 질병, 영양실조, 오염' 등을 특징으로 하는 가난이라고 제시하였다. 나아가 다스굽타는 전쟁이 없는 상태에도 평화가 실현되지 않는 원인으로 사회의 갈등과 폭력적인 구조를 들었다. 눈에 보이는 물리적인 폭력뿐만 아니라 보이지 않는 구조적인 문제, 즉 비평화적 폭력을 극복하지 않고는 평화를 말할 수 없다는 것이었다. 이러한 다스굽타의 주장은 전쟁이 없는 상태가 평화와 직결되지 않으며 평화를 구조적인 문제로 인식해야 한다는 점을 알려주었다.[57]

갈퉁은 다스굽타의 문제제기에 이어 평화를 이루기 위해서는 폭력을 먼저 연구해야 한다고 제안하면서 평화가 없는 상태인 폭력을 직접적 폭력과 구조적 폭력, 문화적 폭력으로 나누어 인식하도록 하였다. 직접적 폭력이란 폭력 행위가 관찰 가능하며 가해자와 피해자가 존재하는 폭력인 반면 구조적 폭력이란 사회구조나 관습, 경제적 상황 등에 의해 발생하는 폭력으로 관찰 불가능하며 가해자가 존재하지 않는 폭력이다. 이에 비해 문화적 폭력은 종교와 이데올로기, 언어와 같이 상징적인 것으로

---

[57] 토다 기요시(戶田 淸), 김원식 역, 『환경학과 평화학』 (서울: 녹색평론사, 2003), 18.

직접적인 폭력이나 구조적인 폭력을 정당화하는 기능을 한다.[58]

갈퉁은 문화적 폭력의 핵심적인 전달자로 종교와 이데올로기를 언급하면서 이슬람과 그리스도교, 자유주의와 마르크스주의를 가장 큰 영향력을 미친 문화적 폭력으로 거론하였다. 이들은 모두 공통적으로 자신의 종교 또는 이데올로기가 유일하며 보편적이라고 주장하는데 이러한 주장은 직접적 또는 간접적 폭력의 결과로 나타난다. 자신들은 선택받은 국민, 민족, 인종이라는 독선적인 믿음이 폭력을 일으키는 것이다.[59]

갈퉁은 그중에서도 유일신 종교들(유대교, 그리스도교, 이슬람)이 보여주는 '초월자로서의 하느님' 개념이 세계적인 폭력과 갈등의 주요인이라고 지적하고 있다. 즉 신의 초월개념에서 선악의 이분법에 기반한 이원론이 생기고 하나님에 의해 선택받은 자들과 선택받지 못한 자들로 구분되어 갈등과 폭력이 정당화된다는 것이다. 선택받았다는 선민의식은 선택받지 못한 타인을 열등한 존재로 간주하게 하며 개종의 대상, 나아가 악마/사탄으로 규정하게 한다. 타인을 향한 이러한 부정적 인식은 타인을 공격하는 폭력성으로 발전하여 악마/사탄을 멸한다는 종교적 명분을 제공하는 것이다.[60]

아말로도스 또한 이러한 갈퉁의 분석에 동의하면서 "타 종교인을 악마로 규정하면 편안한 마음으로 열정적으로 그들을 공격할 수 있게 된다. 즉 사탄의 자식을 공격하는 것은 고통스러운 일이 아니라 자랑스러운 종교적 사역이 된다. 종교의 세계관이 폭력을 정당화하게 한다."고 분석하

---

58 요한 갈퉁, 강종일 외 역, 『평화적 수단에 의한 평화』(서울: 들녘, 2000), 19-22.
59 요한 갈퉁, 28-29.
60 요한 갈퉁, 425.

였다.[61] 갈퉁은 하나의 종교분쟁이 일어나기 위해서는 직접적, 구조적, 문화적 폭력의 세 형태가 다 존재한다고 보았다. 특히 이럴 때 문화적 폭력은 구조적, 직접적 폭력을 정당화하는 이론적 기반을 제공하게 되므로 직접적, 구조적 폭력을 정당화시켜주는 문화적 폭력이 근절되지 않는 한 직접적, 구조적 폭력의 부재를 기대하기란 불가능한 것이다.[62]

2. 공생공영공의주의와 평화

문화적 폭력을 근절하고 궁극적 평화를 실현할 수 있는 방안은 무엇인가? 그 해답을 공생공영공의주의에서 제시해보고자 한다.

먼저 공생공영공의주의는 하나님 아래 인류가 한 가족이 되어 살아가는 항구적이고 적극적인 평화세계를 지향한다. 전쟁과 폭력이 없는 소극적 평화가 아니라 모든 인류가 하나님의 자녀라는 존엄성을 가지며 인종과 사상, 국가, 종교를 초월하여 형제로서 상호 존중하면서 조화를 이루며 살아가는 적극적인 평화세계이다. 공생공영공의주의에서 제시하는 평화는 종교를 초월한 평화이다. 즉 기존의 여러 종교에서 나타난 유토피아는 믿음으로 가는 세계로서 믿음을 가진 신자만 갈 수 있는 세계이다. 특정 종교의 믿음에 기초한 평화이기에 불신자 또는 같은 종교를 가지지 않은 이종교인은 심판을 받거나 유토피아에 들어갈 수 없다. 그러나 공생공영공의주의의 평화세계는 종교와 무관한 세계이다. 어떠한 종교를 믿는가, 또는 어떠한 신을 믿는가와 관계없이 모든 인류는 하나님의 자녀

61   Michael Amaladoss, Religion for Peace, *America 185*. 19(2001), 6-8.
62   김명희, 「종교·폭력·평화: 요한 갈퉁의 평화이론을 중심으로」, 『종교연구』 56(2009), 139.

이자 하나님이라는 같은 부모를 둔 형제라는 격위를 가진다.

종교는 잃어버린 하나님/절대자와 인간의 관계를 회복하여 평화세계를 이룰 수 있도록 하는 방편이기에 그 역할과 사명을 다하게 되면 자연스럽게 소멸한다. 공생공영공의의 평화세계는 종교가 이미 이러한 사명을 다하고 소멸한 사회인 것이다. 이러한 미래세계를 위해 모든 종교는 종교 본연의 순수성과 생명력을 소생시켜야 하며 과감한 자기 개혁으로 다른 종교를 형제 종교로 인정하고 가족과 같이 조화로운 관계를 가져야한다.[63]

공생공영공의주의 세계로 나아가기 위한 단계를 구분해보자면 먼저 자신의 종교만이 옳다고 생각하는 배타주의를 버리고 다른 종교를 존중하며 대화를 하는 노력이 필요하다. 이 단계에서 모든 종교를 존중하고 소통할 수 있게 하는 부모종교가 먼저 다른 종교를 존중하고 소통하면서 종교평화단체를 조직하여 종교간 화합의 기반을 조성하고 나아가 평화세계를 이룰 수 있는 종교인의 연합을 강화하여 가는 것이다. 이 과정에서 서로의 종교가 가진 전통을 존중하고 공통점을 찾는 노력이 필요하다.

갈퉁은 이러한 공통점을 찾는 과정을 갈등 해소의 과정이라고 하였다. 갈등의 당사자들이 동의하고 상생할 수 있게 해주는 상위의 가치가 제공될 때 의사소통이 수평적으로 활성화되며 평화의 관계가 조성된다는 것이다.[64] 공의주의는 이러한 공통점을 하나님 또는 절대자를 전제해

---

63   세계평화통일가정연합, 『세계평화 실현을 위한 종교연합운동』 (서울: 성화출판사, 2002), 366.

64   이찬수, 「평화적 복지와 종교의 심층」, 『종교문화비평』 37(2020), 166.

야 한다고 제시한다. 모든 종교가 하나님/절대자의 존재를 믿고 있으며 평화의 세계를 이루길 소망한다는 것을 인정하면 평화세계를 실현하기 위해 상호 협력할 수 있게 된다. 이러한 단계를 거쳐 평화세계가 실현되면 이제는 종교의 역할이 필요 없게 되기 때문에 종교는 문화의 일부로 자연스럽게 자리 잡으면서 소멸되는 단계가 된다.

공생공영공의주의는 불의한 구조나 제도의 폭력으로부터의 해방은 물론 인간 내면에서 일어나는 탐욕과 차별, 이기심으로부터의 해방을 목표로 한다. 참사랑에 기반하여 사랑을 실천하는 이타적 존재가 되기 위한 철저한 자기변혁이 이루어져야 근본적인 평화를 이룰 수 있다. 이러한 개인은 가정에서 성장하면서 부모의 사랑, 부부의 사랑, 형제자매의 사랑, 자녀의 사랑 등 4대 사랑을 경험하며 인격의 성숙을 할 수 있다. 이렇게 가정에서 사랑을 경험하고 인격이 성숙되어야 이웃을 사랑하고 인류를 사랑할 수 있는 마음을 가지게 되는 것이다. 이러한 개인과 가정이 이루어지는 사회는 종교가 더 이상 필요 없는 사회가 된다.

다음으로 공생공영공의주의는 평화의 전제를 평등으로 보고 있다. 하나님은 인류의 부모로서 모든 사람이 보다 나은 삶을 구현하기 위한 경제적, 사회적 수단을 공유하면서 조화를 이루며 살아가기를 바라는 것이다. 마치 부모가 가정에서 모든 자녀들에게 균등한 생활조건을 제공하자고 노력하는 것처럼 인류의 부모인 하나님 역시 인류가 인종이나 계층, 종교, 국가를 초월하여 평등한 생활조건을 영위하기 바란다. 공생공영공의주의의 공(共), '함께 한다'는 것은 바로 이렇게 부모인 하나님의 심정과 공명된 내가 되고 이웃의 사정을 공감하는 내가 되는 것이다. 하나님을 생각하며 나와 상대의 관계를 평평하게 만드는 평준화를 추구하는 것이다. 평준화란 삶의 다양한 영역에서 일어나고 있는 차별과 불평등, 불공정의 구조적 폭력을 먼저 청산하는 것을 말한다. 공생공영공의주의는 하나님의 사랑으로 상호 부족한 격차를 줄이고 서로 위하여 살고자 노력하여야 하며 모든 재화와 만물이 만인의 복지를 위한 것이라는 공생주의를 가져야 한다.[65]

특히 지식이나 기술, 교육, 금융 등을 독점하는 것은 하나님의 평화를 가로막는 폭력이다. 사회적 재화와 자원의 독점은 외적인 경제력과 기술력 등의 삶의 격차를 더욱 심화시키고 있으며 평화를 저해하고 있다. 평준화는 평화를 저해하는 격차를 해소하는 것으로 하나님의 참사랑으로 지식과 기술을 공유하고 교육격차를 최소화하여 경제적 소외와 박탈을 경험하는 이웃과 함께 살아갈 수 있는 평준화를 이루어야 한다.

평화를 위한 평준화의 개념은 영국 옥스퍼드대학교의 불평등·인간안보·인종연구센터(Centre for Research on Inequality, Human Security and Ethnicy: CRISE)에서 분쟁지역의 인종간 발생하는 '수평적 불평등(horizontal inequlities)' 이론과 연결된다. 기존의 갈등이론은 분쟁지역에서 물리적 힘의 갈등과 수직적 관계의 형성이 있을 때 갈등이 일어난다고 전제하는데 비해 수평적 불평등 이론은 분쟁지역에서 공존하는 다양한 집단 중 수평적 평등이 이루어지지 않는 집단이 발생하게 되면 차별과 소외에 의해 갈등이 일어난다고 분석한다. 따라서 갈등을 예방하고 평화를 구축하기 위해서는 수평적 평등을 제공하는 제도를 마련해야 한다고 본다. 이러한 평화구축은 수평적 평등을 유지해야 하기 때문에 내부적인 관리시스템

---

65 김민지·안연희·강화명, 『종교, 평화의 길인가』 (서울: 미래문화사, 2016), 182-183.

과 연결되며 경제개발과 사회발전을 요청하게 한다.[66] 항구적 평화를 이루기 위해서는 어떠한 집단도 사상이나 제도 등에 의해 차별받거나 소외되지 않는 생활의 평준화가 이루어져야 한다는 것을 알 수 있다.

IV. 종교를 중심한 미래세계

세계의 역사는 종교적 근본주의가 정치권력과 유착하게 될 때 갈등과 전쟁이 증폭된 것을 기록하고 있다. 그동안 종교는 정치와 결합하여 타종교에 대한 무자비한 폭력을 성전으로 미화하고 정당화하였으며 평화와 사랑, 도덕적 실천이라는 가르침을 잃어버리고 국가 권력을 옹호하는 역할을 해왔다. 종교와 정치의 불의한 결합은 문화적 폭력이 구조적 폭력을 정당화하는 차원을 넘어 물리적 폭력을 합리화해왔던 것이다.

공생공영공의주의를 주창한 문선명·한학자 총재는 하나님/절대자의 뜻이 종교 자체의 번영이 아니라 평화세계에 있다고 강조하면서 "참된 종교란 하나님의 뜻대로 하는 종교입니다. 하나님의 뜻은 세계를 구하기 위한 것입니다. 기독교를 희생시켜서라도 세계를 구해야 됩니다.", "참된 종교는 인류를 위해서 자기의 나라는 물론이요, 자기의 교단이나 자기의 교회를 투입할 수 있는 종교입니다."라고 하였다.[67] 종교가 본연의 역할에

---

66 Frances Stewart, Horizontal Inequalities and Conflict: An Introduction and Some Hypotheses. Frances Stewart ed. *Horizontal Inequalities and Conflict: Understanding Group Violence in Multiethnic Societies* (Basingstoke: Palgrave Macmillan, 2008); 김태균, 「평화구축과 국제개발: 단계적 결합과 결합의 포용성」, 『인간과 평화』 2(1) (2021), 157. 재인용

67 세계평화통일가정연합, 『평화경』 (서울: 성화출판사, 2003), 79.

집중하여 평화세계를 실현하기 위해 노력해야 한다는 것이다.

공생공영공의주의는 이러한 평화세계의 정치사상으로 경제와 정치, 윤리적 측면을 구체화하였다. 이러한 사상을 평화와 연결하여 정리해본 결과, 공생공영공의주의는 하나님 아래 인류가 한 가족이라는 항구적이고 궁극적인 평화세계를 지향하며 이를 위해 종교가 서로 연대하여 중심적 역할을 해야 한다는 사상이었다. 특히 대부분의 종교가 이상세계의 도래를 예언하면서 신자들은 구원받고 불신자는 심판받는다는 신앙생활을 하는데 비해 공생공영공의주의는 특정 종교에 대한 믿음과 관계없이 모든 인류가 평화롭게 사는 세계를 제시하였으며 평화세계가 실현되면 종교가 소멸되고 가정을 중심으로 이웃을 위하여 사는 공의주의 사회가 실현된다고 설명한다.

또한 공생공영공의주의는 평화세계가 어느 날 갑자기 도래하는 영적인 세계가 아니라 종교를 중심으로 인류가 구체적인 실천을 통해 현실세계에서 이루어야 하는 세계로 모든 인류가 인종과 종교, 계층과 국가에 관계없이 일정 수준 이상 기본적인 생존권을 보장받을 수 있는 균등한 환경을 조성하는 사회로 구체화된다. 이러한 평화세계는 공생공영공의주의를 통해 경제, 정치, 윤리적 측면에서 현실적으로 여러 논의가 이루어지고 있으며, 수평적 불평등을 최소화하여 항구적인 평화세계를 이룬다는 구체적인 실현방안으로 담론화되고 있다.

그동안 공생공영공의주의를 평화학의 관점으로 논의해본 연구가 미비한 상황에서 부족하지만 이 연구가 디딤돌이 되어 향후 공생공영공의주의를 통한 평화세계의 실현에 관한 논의가 이어지기 바란다.

2
뉴노멀시대, 종교의 공공성 회복[1]

Ⅰ. 뉴노멀과 종교의 변화

2020년 발생한 코로나바이러스감염증-19(COVID-19, 이하 코로나19)가 종식되지 않고 독감과 같이 매년 유행하게 될 것이라는 전망이 나오면서 코로나19와 함께 살아가야 하는 새로운 미래에 대한 논의들이 제시되고 있다. 이와 함께 설령 코로나19가 종식된다고 하더라도 이제 인류는 코로나19가 발생하기 전으로 돌아갈 수 없다는 의미에서 포스트코로나(Post-COVID)시대 혹은 뉴노멀(New Normal)시대에 대한 전망도 이어진다. 특히 경제분야에서 사용되다가 최근에는 사회 전반에 걸쳐 확장되어 쓰이는 '뉴노멀'이라는 용어는 과거에는 비정상적 또는 예외적이었던 사례가 시대의 상황변화에 따라 새로운 기준이나 표준이 되는 것을 일컫는다. 이제 마스크는 황사가 심한 날 예민한 사람들이 착용하는 의료용품

---

1   이 글은 『평화와 종교』 제11호(2021)에 게재된 논문이다.

이 아니라 자신은 물론 타인을 배려하는 필수 생활용품이 되었고 온라인수업이나 화상회의, 재택근무 또한 생활의 일부로 자리 잡았다. 인류는 코로나19를 통해 기존의 질서와 전통을 반성적으로 성찰하면서 근본으로 돌아가 새로운 질서와 표준을 도출해야 하는 시점에 서 있는 것이다.

코로나19로 종교 또한 전례 없는 경험을 하고 있다. 성전에서 모여 대면으로 진행되는 미사와 예배가 전면적으로 금지되거나 제한되었고 모든 종교적 모임이 중단되었다. 성탄절 미사와 예배도 비대면으로 진행되었으며 부처님 오신 날을 기념하여 열리던 연등회는 취소되었다. 신천지예수교 증거장막성전(이하 신천지) 대구교회를 시작으로 서울 사랑제일교회, 크고 작은 교회에서 교회발 확진 뉴스가 이어지면서 종교에 대한 부정적 인식이 확산되기도 하였다.

뉴노멀시대 종교는 어떤 미래를 맞이할 것인가? 코로나19는 종교에 어떤 성찰을 가져왔으며 어떠한 변화를 요청하고 있는가? 본 연구는 이러한 의문에 답하기 위해 종교의 공공성에 주목하였다. 뉴노멀시대에도 궁극적 실재에 대한 믿음, 교리와 상징, 의례와 신앙공동체 등의 종교의 근간은 여전히 유지되겠지만, 절실한 이 시대의 문제와 요구에 적응 하고 또한 응답하는 과정에서 그 형태나 기준 등의 변화가 요청되기 때문이다.

이러한 변화의 방향을 가늠해보기 위해 본 연구는 코로나19가 종교에 던진 질문에 주목하였다. 우리 사회에서 종교는 어떠한 역할을 담당해 왔으며 어떠한 역할을 담당할 수 있는가? 코로나19는 국민의 건강과 안전보다 종교적 신념과 구성원을 우선시하는 비합리적이고 폐쇄적인 일부 종교단체의 문제를 노출시켰으며 국민의 불안과 우울보다 자체의 생존을 염려하는 방어적이고 무기력한 종교의 민낯을 보여주었다. 이에 본 연구는 뉴노멀시대 종교의 미래는 공적 역할, 즉 공공성의 회복에 따라 달라질 수 있다고 보고, 코로나19가 발생시킨 질문을 한국 교회[2]를 중심으로 살펴본 뒤 사회가 요청하는 공적 역할을 수행하기 위해 어떠한 변화가 이루어져야 하는가를 제시해 보고자 한다.

II. 코로나19가 던진 질문

1. 코로나19와 한국 교회

코로나19로 주일예배를 절대적인 의무로 생각해왔던 교회는 대면예배의 중단 또는 제한을 경험했으며 교회내 모든 소모임 또한 금지되는 상황을 맞이했다. 이러한 변화는 자연스럽게 신자와 헌금의 감소로 이어졌다.

대면예배가 중단된 동안 신앙심이 깊지 않은 젊은 세대의 이탈이 두드러지게 나타났다. 대면예배가 금지되었던 4월과 제한적 대면예배가 실시되었던 7월에 실시한 설문조사 결과 주일예배에 참가하지 않은 기독교 신자는 4월 13%에서 7월 18%로 5% 증가한 것으로 조사되었다.[3] 예배에 참가하지 않았다는 응답은 40대 이하 젊은 층에서 두드러지게 나

---

2   여기서 교회는 한국의 개신교를 의미한다.

3   지용근 외, 『교회 출석자 중 코로나19 이후, '아예 주일 예배 드리지 않은 개신교인' 증가세!』 MDI 주간 리포트 넘버즈 69 (서울: 목회데이터연구소, 2020), 3.

타나 젊은 신자들의 변화가 현실화된 것으로 보인다. 코로나19 종식 이후 본인의 예배 형태에 대한 예상 질문 역시 '예전처럼 동일하게 교회에서 출석하여 예배를 드릴 것 같다'가 4월 85%에서 7월 76%로 9% 감소하였다. 반면에 '필요한 경우 온라인 방송 예배로 드릴 수 있을 것 같다'는 응답 역시 4월 13%에서 7월 17%로 4% 증가하였고 '아예 교회를 안 가게 될 것 같다'고 응답한 비율은 4월 2%에서 7월 6%로 4% 증가하였다. 대면예배가 금지되었던 3개월 동안 대면예배에 대한 필요성은 감소하고 온라인 예배참석 또는 예배불참을 희망하는 사람이 증가한 것이다.

헌금의 감소 또한 현실적으로 나타난 중요한 변화이다. 2020년 5월 28일부터 6월 1일까지 대한예수교장로회 통합총회 소속 담임목사 1,135명을 대상으로 실시한 설문조사 결과는 코로나19 팬데믹 국면 이후 한국 기독교의 상황을 더욱 잘 보여주고 있다.[4]

코로나19 감염자가 급증했던 3월부터 4월 초까지 주일예배를 현장에서 대면예배로 보았다는 응답이 전체 40.6%로 나타났으며 현장예배와 온라인예배를 동시에 드렸다는 응답이 21.3%, 온라인 예배로 대체했다는 응답이 19.3%, 가정예배 순서지를 배포하고 각자 가정예배를 보았다는 응답이 13.5%로 나타났다. 교회 규모가 99명 이하인 소형교회는 현장예배를 많이 보았고 500명 이상 대형교회는 온라인예배로 대체한 비율이 높았다. 2020년 5월 말 주일예배 시 현장예배와 동시에 온라인 중계를 하는 비율은 25.4%였고 설교영상만 제공하는 비율은 13.9%, 온라인을 활용하지 않는 교회가 60.5%로 온라인을 활용하는 교회보다 비율이

---

4   지용근 외, 『코로나19에 대한 목회자 인식 조사 결과(예장통합 교단)』 MDI 주간리포트 넘버즈 52 (서울: 목회데이터연구소, 2020).

훨씬 높았다.

또한 응답 목회자의 68.8%가 코로나19 발생 이후 헌금이 줄었다고 응답하였으며 감소한 정도는 평균 28.7%로 나타났다. 코로나19로 인한 교회의 가장 어려운 점으로는 교인들의 주일성수 인식 및 소속감 약화를 39.0%로 가장 높게 응답하였고 그 다음으로 재정문제 20.8%, 다음 세대 교육문제 15.3%, 온라인 시스템 구축 어려움 10.1% 등의 순으로 응답하였다.

대면예배의 금지 또는 제한으로 인한 신자와 헌금의 감소보다 더 심각한 위기는 대중의 부정적인 인식이었다. 엠브레인트렌드모니터에서 2020년 6월 23일부터 27일까지 전국 만 20-59세 남녀 1천 명을 대상으로 실시한 '종교(인)및 종교인 과세 관련 인식 조사' 결과를 보면 불교와 천주교, 개신교에 대한 국민의 인식이 뚜렷이 구분되어 있는 것을 발견할 수 있다.

〈그림 1〉 종교(인)에 대한 인식[5]

---

5   지용근 외, 『코로나19 이후 개신교인을 바라보는 일반 국민의 시선 '거리를 두고 싶은', '사기
     꾼 같은'』 MDI 주간리포트 넘버즈 61 (서울: 목회데이터연구소, 2020), 3.

불교인에 대한 이미지는 '온화한', '절제하는', '따뜻한', '윤리적인', '착한', '신중한', '고지식한' 등으로, 천주교인에 대한 이미지는 '온화한', '따뜻한', '윤리적인', '깨끗한', '가족적인', '착한' 등으로 긍정적인 언어도 나타난 반면, 개신교인에 대한 이미지는 '거리를 두고 싶은', '이중적인', '사기꾼 같은', '이기적인', '배타적인', '부패한' 등의 부정적인 언어로 표현되었다.

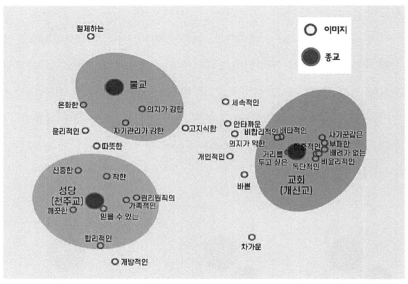

〈그림 2〉 종교에 대한 이미지 MCA(Multiple Correspondence Analysis)

같은 설문조사에서 집계된 항목 간의 상호연관성을 시각적으로 요약하는 MCA(Multiple Correspondence Analysis)를 보면 종교의 이미지로 불교는 '의지가 강한', '온화한', '자기관리가 강한' 등의 이미지를 가지고 있으며 성당(천주교)은 '믿을 수 있는', '깨끗한', '가족적인' 등의 이미지를 가지고 있는 것으로 나타났다. 반면에 교회(개신교)에 대한 이미지는 '이중적인', '독

단적인', '거리를 두고 싶은', '비윤리적인' 등의 부정적인 이미지가 강하게
자리하고 있었다.

특히 국내에서 코로나19가 발생하고 지역감염이 심화되는 계기에서 대
구의 신천지교회와 서울의 사랑제일교회가 코로나19 감염의 주요 확산지
가 되면서 개신교에 대한 부정적 인식이 더욱 확산된 것으로 보인다. 이
들 교회는 각기 다른 교리와 체계를 가지고 있으나 대중들은 이들을 비
합리적이고 비이성적인 종교라는 같은 이미지로 인식하였다. 코로나19는
어디서든지 감염될 수 있으나 이들이 보였던 폐쇄적이고 비협조적인 태도
는 사회적 공감을 얻지 못했으며 국민의 건강과 안전보다는 집단적 신념
과 결속을 우선시하는 모습으로 공공성을 침해하는 것으로 비추어졌다.

비단 이 두 교회만이 아니라 일부 교회에서 정부가 종교의 자유를 침
해한다는 이분법적 대결의식을 보이며 대면예배를 강행하면서 종교가 공
공성을 도외시한다는 비판을 받게 한 것이다. 대면예배 강행은 한국교회
의 부정적인 이미지를 더욱 강화하였으며 혐오적 표현까지 일어나게 하였
다.[6] 코로나19 팬데믹으로 한국 개신교에 대한 신뢰도는 2020년 1월 32%
에서 21%로 11% 하락한 것으로 나타났다. 특히 개신교에 대한 신뢰는 개
신교인은 70%인 반면 비개신교인은 9%로 나타나 심각성을 보여주었다.[7]

교회에 대한 이러한 부정적인 이미지는 비단 개신교만의 문제는 아니
다. 엠브레인트렌드모니터에서 실시한 설문 중에 '종교가 국민이 기대하
는 역할을 얼마나 잘 하고 있는가'에 대한 질문에 '제 역할을 잘하고 있다'

---

6   박진규, 「코로나 시대가 폭로한 한국 교회의 '대중 언어 리터러시」, 『뉴스앤조이』,
     2020.11.16.
7   지용근 외, 『지난 1년간 코로나19를 겪으면서, 한국 교회 신뢰도 32%에서 21%로 급락』
     MDI 주간 리포트 넘버즈 82 (서울: 목회데이터연구소, 2021), 2-3.

는 응답은 2018년 7%에서 2020년 6%로 1% 더 감소한 것으로 나타났다. 개신교뿐만 아니라 한국의 종교 전체가 제 역할을 못 하고 있다고 생각하는 국민이 그만큼 많다는 뜻이다. 그럼에도 불구하고 응답자 중 52%는 '힘들고 지친 현실에서 종교의 역할은 더욱 중요해지고 있다', 60%는 '사회가 불안할수록 종교를 믿는 사람이 늘어날 것 같다'는 항목에 동의하여 힘든 현실 속에서 종교가 사회적 역할을 해주기를 바라는 것으로 나타났다.[8]

2. 한국 교회와 근본주의

개신교는 한국에서 가장 많은 국민이 믿는 종교로 그만큼 많은 교회와 신자가 있어 영향력이 크며,[9] 코로나19로 인한 여러 영향과 상황에 대한 조사와 연구도 적극적으로 진행하고 있다. 이렇게 영향력 있는 한국 교회가 부정적인 이미지를 가지게 된 원인은 무엇일까? 일부 신학자들은 한국 교회의 복음주의적 성격, 즉 근본주의에 입각한 신앙을 그 원인으로 지적한다. 한국 교회는 80-90%가 근본주의적 복음주의 신앙을 추구하여 배타적이며 사회 현실에 참여하는데 무관심하다는 것이다. 신앙의 영역을 사회에서 분리하고 이분법적으로 경계하며 사회에 대한 관심이나

---

8 지용근 외, 『코로나19 이후 개신교인을 바라보는 일반 국민의 시선 '거리를 두고 싶은', '사기꾼 같은'』, 5.
9 '2015년 인구주택총조사 표본집계 결과'에 따르면 한국의 개신교는 전체 인구 중 968만 명(19.7%), 불교 762만 명(15.5%), 종교가 없는 사람이 2,750만 명(56.1%)로 종교가 있는 사람 2,155만 명(43.5%)보다 12% 가량 많았다. 종교가 있는 사람 비율은 10년 전인 2005년보다 9% 감소하여 젊은 사람의 비율이 줄어들고 있는 현상을 보여주었다. 국민 전체에 대한 종교 조사는 10년에 한 번씩 실시된다.

사랑 없이 나와 가정, 교회만을 위한 선교 활동에 집중하는 모습이 이기적 집단으로 보이게 한다는 지적이다. 이로 인해 한국 사회는 한국 교회를 이기적이고 비합리적인 집단으로 인식하고 타인의 고통에 공감능력이 없는 집단으로 여기고 있다는 것이다.[10]

코로나19 초기에 일부 교회 지도자들은 "중국 정부가 우한에서 기독교를 탄압하는 바람에 코로나19가 유행했다", "인류의 죄로 인해 코로나19와 같은 감염병이 발생한 것이기에 하나님께 회개와 감사를 드려야 한다" 등의 설교를 하여 물의를 빚었다. 코로나19를 신학적으로 해석하고자 하는 노력은 신자들을 교육하고 결속시키는 효과가 있을 수는 있으나, 사회적 공감을 얻지 못하고 부정적인 인식만 확산하였다.

사실 이러한 신학적 해석은 역사적으로 종교에 대한 반감을 증가시키는 역할을 해왔다. 1755년 11월 1일 만성절 축일에 포르투갈의 수도 리스본에서 지진과 쓰나미 등이 일어났을 때의 신학적 설명은 어떠한 도움이 되지 않았다. 신학자들은 재난은 더 큰 선을 이루기 위한 하나님의 뜻이라고 설명하였지만 당시 리스본은 유럽에서도 가장 독실한 신앙을 하는 도시였기에 이러한 설명은 설득력을 가지지 못했다. 더구나 지진으로 리스본의 대형 교회는 모두 파괴되었으나 유흥가인 알파마 지역은 지진의 피해를 거의 입지 않아 더욱 회의적 반응을 일으켰다. 종교에 대한 이러한 회의감은 이후 논리적이고 합리적인 분석에 기초하여 재난을 해석하는 계몽주의에 대한 호응으로 이어졌으며 과학적 접근과 분석을 하는 지진학이 탄생되었다. 리스본지진의 사례가 보여주듯이 코로나19에 대한

---

10 김상덕, 「코로나19 팬데믹'과 공공성, 그리고 한국교회」, 『제79회 한국실천신학회 정기학술대회 자료집』(2021), 202-203.

섣부른 신학적 견해는 사람들에게 종교에 더욱 등을 돌리게 되는 계기가 될 수 있다.[11]

그럼에도 불구하고 코로나19에 대한 신학적 해석은 진행되었다. 존 파이퍼(John Piper)는 코로나19는 하나님의 뜻이 담겨 있으며 기독교인들은 모두 하나님의 뜻을 알고자 노력해야 한다고 강조하였다. 그는 모든 불행은 하나님을 멸시한 타락의 결과이자 죄의 결과라고 전제하면서 코로나19 역시 모두 회개하고 삶을 재정렬하라는 하나님의 신호라고 말하였다.[12] 코로나19에 감염된 사람들이 하나님의 특별한 심판을 받은 것인가에 대해서는 그런 사람도 있을 수 있겠으나 개개인이 겪는 고난이 모두다 그 사람의 죄에 대한 하나님의 특별한 심판은 아니라고 하면서 우리는 하나님께 깊은 마음으로 회개하고 사랑을 베풀고 선행을 하는 것에 힘써야 한다고 강조하였다.[13]

이에 비해 톰 라이트(Nicholas Thomas Wright)는 많은 기독교 신학자들과 목사들이 코로나19가 발생한 이유를 하나님의 뜻에서 찾지만 이러한 접근은 성급한 일반화의 오류라고 지적하였다. 코로나19가 하나님의 처벌이나 경고, 표적이라고 보는 것은 쉬운 일이지만 지금은 이 고통을 겪고 있는 이들과 함께 아파하며 슬퍼해야 할 때라고 지적하며 하나님의 뜻을 알기 위해 진지하게 기다려야 한다고 하였다.[14]

코로나19에 대한 신학적 해석은 보다 신중하게, 시간을 두고 논의가

---

11 정재영, 「코로나 팬데믹 시대의 교회의 변화와 공공성」, 『신학과 실천』 73 (2021), 860.

12 John Piper, 『코로나바이러스와 그리스도』, 조계광 옮김 (서울: 개혁된 실천사, 2020), 91.

13 John Piper, 『코로나바이러스와 그리스도』, 105-110.

14 N. T. Wright, "Christianity Offers no Answers about the Coronavirus. It's not supposed to," *TIME*, March 29, 2020; N. T. Wright, 『하나님과 팬데믹』, 이지혜 옮김 (서울: 비아토르, 2020).

더 이루어져야 할 것이다. 그러나 우선 미국에서는 이렇게 다양한 신학적 견해가 언론을 통해 소개되면서 교회를 통한 이웃을 위한 선행이 강조된 반면 한국에서는 교회를 중심으로 다양한 신학적 논의가 언론을 통해 소개되지 않았고 실천적 측면이 강조되지도 않았다. 오히려 일부 교회의 문제적 발언이나 행태가 집중적으로 소개되어 부정적 인식을 확산하였다는 비판이 제기되었다.[15] 코로나19 관련 언론의 공정성에 대해 목회자와 개신교인들은 공정하지 않다고 생각하고 있는 것으로 나타났으며 비개신교인과 기자들도 3명 중 1명 이상 개신교에 대한 언론의 비판적 프레임이 존재한다고 응답하였다. 언론에 비친 개신교의 모습은 이기적으로 보이며 공익적인 역할을 못 하고 있는 것으로 인식되고 있었다.[16]

III. 뉴노멀시대, 종교의 공공성

1. 공공신학의 등장과 정치참여의 한계

한국 교회의 사회적 실천을 보다 체계화하기 위해 2000년대 이후 한국 교회에서는 공공신학을 소개하며 이에 대한 담론을 형성해 왔다. 공

---

15 김은홍, 「"'코로나19 팬데믹'과 공공성, 그리고 한국교회"에 대한 논찬」, 『제79회 한국실천신학회 정기학술대회 자료집』 (2021), 209-211; 김은홍은 이 논찬을 통해 코로나19 상황에서 발생한 몇몇 교회의 문제를 전체 교회가 가지는 공공성으로 확대하는 것은 문제가 있다고 지적하였다. 나아가 근본적으로 교회는 세상의 칭찬을 받기 위해 세워진 것이 아니라 구원과 하나님 나라의 확장을 위해 세워진 선교적 책임이 있다고 강조하였다.

16 지용근 외, 『한국 교회, 코로나19 관련 '이기적이다'라는 프레임에 갇혀 있어!』 MDI 주간 리포트 넘버즈 92 (서울: 목회데이터연구소, 2021), 2-7.

공신학(公共神學, Public theology)**[17]**이란 1970년대 마틴 마티(Matin Marty)가 교회가 공적 역할을 담당하기 위해 필요한 신학이라는 의미로 처음 사용하면서 용어화되었다. 당시 로버트 벨라(Robert Bellah)가 공적 생활과 사회적 책임에 대한 종교의 위치와 역할을 강조하면서 시민종교(civil religion)라는 용어를 사용하였는데, 마티는 사회를 중심한 교회가 아니라 교회가 보다 주체적으로 사회적 책임을 할 수 있는 신학을 개념화하였다. 그는 교회가 사회와 국가에 대한 참여와 기여를 할 수 있는 신학으로 '공공신학'을 제시하면서 권위주의나 배타주의, 개인주의에 빠지기 쉬운 교회의 문제점을 지적하면서 이러한 오류를 피하고 공적 역할을 담당하기 위해 공공신학이 필요하다고 제안하였다.**[18]**

공공신학은 교회의 공적 역할이 축소되고 개인의 내적 양심과 도덕의 문제에 집중하게 된 원인을 종교의 사사화(私事化, privatization) 때문이라고 지적한다. 위르겐 몰트만(Jürgen Moltmann)은 공공신학이라는 용어를 사용하지는 않았으나 하나님 나라에 대한 예언적 희망을 실현하기 위해서는 공적 신학이 반드시 필요하다고 강조하였다. 하나님 나라를 건설하기 위해서는 빈곤과 소외된 계층을 위한 신학이 요청된다는 것이다.**[19]** 몰트만은 세속국가에서 국가와 종교가 분리되면서 사사화가 진행되었으며 이후 19세기 자유주의 신학이 형성되면서 신학이 개인의 내면적 문제에

---

17 공공신학은 학자에 따라 공공신학 또는 공적 신학으로 사용된다. 의미적으로 큰 차이는 없으나 신학의 정체성을 나타낼 때는 공공신학을 사용하며 신학의 공적 역할을 강조할 때 공적 신학으로 사용된다.
18 Martin Marty, "Reinhold Niebuhr: Public theology and the American Experience," *The Journal of Religion* 54(4) (1974), 332-358.
19 Jürgen Moltmann, *God for a Secular Society: The Public Relevance of Theology* (London: SCM, 1999), 5-23.

집중하게 되었다고 설명한다. 국가와 종교가 분리되면서 교회가 공적 영역에 대한 책임과 실천에 소홀하게 되었다는 것이다.[20]

몰트만의 견해를 발전시켜 공공신학을 체계화한 미로슬라브 볼프(Miroslav Volf)는 세속국가는 특정 종교에 의해 국가 운영이 좌우되는 것을 막기 위해 공적 영역에서 종교적인 목소리를 막기 위해 노력해 왔다고 주장하면서 더 이상 종교인이 각자 공적 영역에서 자유롭게 자신의 의견을 펼치는 것을 금지해서는 안 되고 공적 공간에서 종교를 배제하는 것은 불가능하다고 비판하였다.[21]

그러나 세속국가가 종교의 사사화, 즉 공적 영역에서 종교의 역할을 축소하거나 약화, 제거하려고 한다는 주장은 근거가 없다는 비판도 있다. 세속국가란 종교의 역할을 구속하려는 것이 아니라 국가가 특정한 종교나 세계관에 대해 중립을 지키며 종교의 자유라는 기본권을 보장하고자 하는 것이기에 보편적인 국가법률 아래에서 모든 종교는 자유롭게 보호받는다는 것을 의미하며 종교와 그 구성원의 사회적 활동 역시 제한하지 않는다는 것이다.[22]

이들은 종교의 공공성이 약화된 것은 세속화로 정치와 종교가 분리되었기 때문이 아니라 종교 스스로 공적 책임보다 개인의 구원 문제에 몰두하였기 때문이라고 지적한다. 그리고 정치에 참여하고자 하는 종교 대부분이 공공선[23]에 대한 관심보다는 자신의 종교적 신념을 관철하고

---

20 Jürgen Moltmann, 『세계 속에 있는 하나님』, 곽미숙 옮김 (서울: 동연, 2009), 71.
21 Miroslav Volf, 『광장에 선 기독교』, 김명윤 옮김 (서울: IVP, 2014), 12.
22 이용주, 「공공신학의 '탈사사화 테제' 비판」, 『기독교사회윤리』 45 (2019), 75-77.
23 김민지, 「통일사상 공영주의로 본 공화주의 담론」, 『통일사상연구』 15 (2018), 109-133; 공공선(公共善, common good)은 최근 사회변화를 위한 새로운 가치로 부상하는 개념으로 아리스토텔레스의 정치사상에서 모든 사람들이 협력하여 좋은 정치적 결정을 내리는 의미

자 하는 이기적 동기가 우선되어 있다는 비판도 있다. 배타적 견해를 가진 종교에서 국가가 다양한 종교와 신념을 인정하는 상황에 대해 문제를 제기하며 근본주의적 입장을 주장하기 위해 정치에 참여하고자 한다는 것이다.

종교의 정치 참여가 공동체의 연대나 사회적 평등, 평화와 화해 등을 증진하는 방식으로 이루어지는 것이 아니라 근본주의적 입장에서 권위적인 정치체제를 부활하게 한다는 우려는 그동안 꾸준히 제기되어 왔다. 이슬람국가에서 근본주의적 분파들이 정치에 참여하여 혁명이나 전쟁을 옹호하는 사례가 아니더라도 개신교를 기반으로 하는 종교인들의 정치 참여 역시 근본주의적 입장에서 이루어지고 있다. 유럽에서 배타적이고 근본주의적인 개신교 신념에 기초하여 네오나치즘(neo-nazism)이 부활하고 목사가 극우정당에서 활동하여 논란이 되었으며 미국의 트럼프 역시 보수 개신교 층에서 85%의 압도적인 지지를 받았다. 한국 역시 태극기부대로 불리는 보수적 정치집단의 다수 구성원이 근본주의적 개신교 신자들과 연결되었다.[24]

이러한 배타적이고 근본주의적인 종교인들의 공적 영역의 참여는 전체 사회 구성원을 위한 활동이 아니라 자신의 신념을 관철하기 위한 공적 참여로 다른 종교인들과 협력으로 확장되지 못한다는 한계가 발생된다. 종교인들의 공적 참여, 또는 공공성이란 공적인 공간에서 활동하는

로 출발하였다. 공리주의적으로는 최대 다수의 최대 행복을 의미하지만 공동체주의에서는 개인적 이익에 기초한 것이 아니라 공동의 이해를 기반으로 하는 공동의 선을 이야기하고 있다. 신학적으로 공동의 이해란 인간이 아닌 하나님의 공의에 기초한 것으로 이해되고 있다. 공공선에 대한 논의는 공화주의를 둘러싼 정치철학에서 더 깊이 논의되고 있다.

24 이용주, 「공공신학의 '탈사사화 테제' 비판」, 71.

영역의 문제가 아니라 자신의 종교의 신념이 아닌 공공선을 위해 활동하는 목적의 문제이다. 즉 이웃과 공동체를 위해 자신의 교단 또는 교파를 넘어 다른 종교와 연대하고 협력하는 활동이며 비종교인과도 연대하고 협력하는 활동이어야 한다는 것이다.

2. 공공성 회복의 방향

종교의 공공성이 실천되기 위해서는 첫째, 종교적 신념보다 공공선(common good)을 우선시하는 자세가 요청된다. 로드니 스타크(Rodney Stark)는 초대교회는 전염병이 돌던 당시 모두가 외면하던 환자들을 적극적으로 돌보면서 예수님의 사랑을 실천하고자 하였기 때문에 부정적인 인식을 불식시키고 긍정적인 인식을 받게 되었다고 분석하였다.[25] 그에 따르면 초기 기독교인들은 하나님이 인류를 사랑하는 것처럼 초대교인 역시 이웃을 사랑하지 않고서는 하나님을 기쁘게 할 수 없다고 생각하고 모든 사람들을 사랑하는 윤리적 실천을 강조하였다. 이들은 거리에 버려진 시체를 매장해주었으며 환자들을 두려움 없이 돌보았다. 우리와 그들의 경계를 넘어선 이러한 보편적 사랑의 실천은 당시의 다른 종교에서는 볼 수 없는 것이었기에 많은 사람들에게 그 진정성이 전달되어 수많은 사람의 개종을 가져올 수 있었던 것이다.[26]

그러나 14세기 중세의 교회는 흑사병을 하나님의 심판이자 징계로 인

---

25 Rodney Stark, 『기독교의 발흥: 사회과학자의 시선으로 탐색한 초기 기독교 성장의 요인』, 손원선 옮김 (서울: 좋은씨앗, 2016), 117-118.
26 Rodney Stark, 『기독교의 발흥: 사회과학자의 시선으로 탐색한 초기 기독교 성장의 요인』, 134-135.

식하고 운명론적으로 자신의 죄를 탓하였다. 병의 치유를 위한 모든 노력을 포기하고 하나님의 징계를 받아들이고자 하였던 것이다. 흑사병이 하나님의 징계라고 인식한 80만 명의 사람들이 자신을 채찍질하며 고행을 하는 일까지 발생했다. 하나님의 진노를 가라앉히고 회개하고자 자신의 육체를 채찍질한 사람들은 전염병에 취약해져서 결국 높은 사망률을 보였다. 나아가 이들은 유대인들을 흑사병의 희생양으로 삼기도 했다. 식사 전에 손을 씻는 등 상대적으로 청결하였던 유대인들의 사망률이 낮게 나타나자 유대인들이 우물에 독을 탔다는 유언비어를 만들며 무고한 이들을 학살하기까지 하였다.[27]

초대교인들과 중세교인들의 차이는 종교적 신념이 아니라 그 신념을 어떻게 실천했는가에서 나타난다. 교회와 세계를 구분하고 세계를 선교의 대상으로만 본다면 종교의 공공성은 결코 회복될 수 없을 것이다. 종교의 공공성이 공공선의 방향으로 발휘되기 위해서는 세계를 선교의 대상이 아니라 사랑의 대상으로 보아야하며 신자와 비신자, 선과 악이라는 이분법적 경계를 없애야 한다. 코로나 팬데믹 이후 종교는 자기 종단의 성장보다 세계의 문제에 관심을 기울여야 하며 이를 위해 봉사해야 한다는 것이다. 문선명·한학자 총재 역시 모든 종교는 평화로운 이상세계를 지향하며 지금의 때는 종단 안의 자체구원이나 개인구원보다 평화세계를 이루고자 하는 신의 뜻을 탐구해야 한다고 강조하였다.[28]

둘째, 타 종교인 또는 비종교인을 존중하고 협력할 수 있는 자세를 가져야 한다. 스콧 패스(Scott R. Paeth)는 진정한 지구화를 위해서는 국가와

27   안명준 외, 『전염병과 마주한 기독교』 (서울: 다함, 2020), 36.
28   세계평화통일가정연합, 『평화경』 (서울: 성화출판사, 2013), 422-423.

인종을 넘어 공공선을 추구해야 하는데 이러한 지구화는 경제적으로 접근할 수 없으며 종교적 이상과 힘, 전통이 필요하다고 지적하였다.[29] 즉 종교만이 모든 경계를 넘어 모든 인류는 하나님의 자녀라는 관점의 전환을 가져올 수 있다는 것이다.

이런 면에서 문선명·한학자 총재의 하늘부모님 중심의 종교인식은 그 의미가 깊다. 문선명·한학자 총재는 종교가 자신의 교리를 유일한 진리로 인식하고 타 종교를 배타적으로 경계 짓는 것은 신의 뜻이 아니라고 보았다. 모든 종교를 시대와 문화적 전통에 기초하여 인류의 근원인 부모를 찾아가는 방편으로 긍정하면서 종교가 서로 공통적인 요소를 찾아 존중하면 형제의 종교로 하나될 수 있다고 강조하였다. 이러한 종교 인식은 각 종교의 고유성을 인정하는 동시에 하나의 부모를 전제하여 협력할 수 있는 인식의 틀을 제공한다.[30] 하늘부모님이라는 관점에서 보면 종교간 경계, 종교와 비종교의 경계는 큰 의미가 없어지며 모두 같은 부모를 둔 형제자매이기에 서로 존중하는 자세를 가져야 하는 것이다.

헨트 드 브리스(Hent de Vries) 역시 지구적 연대가 필요한 시대에 종교가 시민사회의 일원으로서 사회적 작용과 소통에 기여해야 한다고 주장한다.[31] 그러나 한국 사회에서 그동안 종교는 사회적 소통을 활발하게 해오지 못했다. 이제 종교가 시민사회의 일원으로 공론의 장에서 역할을

---

29 Scott R. Paeth, "Public Theology in the Context of Globalization," in *A Companion to Public Theology*, eds. Sebastian Kim, Katie Day (Leiden: Brill, 2017), 200-203.

30 황진수, 「문선명 선생의 종교관에 관한 연구: 다원주의와 통일주의의 평화적 공존」, 『평화와 종교』 1 (2016), 57-58.

31 Hent de Vries, "Global Religion and the Postsecular Challenge," in *Habermas and Religion*, eds. Craig Calhoun, Eduardo Mendieta, and Jonathan VanAntwerpen (Cambridge: Polity, 2013), 228-229.

담당하려면 먼저 종교간 연대와 협력을 강화해야 한다. 다종교시대에 사회를 구성하고 있는 다양한 종교가 먼저 소통하여 종교간 공동체를 만들어야 하며 이러한 공동체를 통해 우리 사회 안에서 화합을 위한 목소리를 낼 수 있어야 할 것이다.

볼프(Miroslav Volf)는 종교는 모든 인간이 평화롭게 번영하는 지구화에 기여할 것이라고 하면서 종교적 배타주의가 분쟁의 원인을 제공한다는 근본적인 한계가 있을 수 있지만 이러한 배타성이 오히려 신자들이 정치에 적극적으로 참여하게 하여 정치적 다원주의에 기여할 수 있으며 배타적 정치성으로 연결되지 않기 때문에 다른 정치적 주체들과 공존할 수 있다고 주장하였다.[32] 그러나 여러 종교가 정치의 여러 영역에서 각기 다른 목소리를 내며 대립한다면 공적 역할을 담당한다고 볼 수 없다. 먼저 국가 내에서 여러 종교지도자들이 연대하여 국가의 안녕과 발전을 위해 공동으로 협력하는 모습을 보여주어야 한다.

셋째, 코로나19 이후 모든 종교인은 종교 내부의 공동체를 벗어나 사회적 관계 속에서 새로운 돌봄의 공동체를 구축해야 할 것이다. 지역이나 직장, 사회의 각 영역에서 자신을 중심으로 돌봄이 필요한 사람을 찾고 그에게 하늘부모님의 사랑을 전하는 돌봄의 공동체를 만들어 사랑의 실천을 해야 한다.

사실 모든 종교는 다양한 소규모 모임의 경험을 제공해왔다. 종교에 속한 신자들은 다양한 소모임의 경험이 있으며 친밀한 만남과 교류를 가진 경험이 있기에 종교 밖의 다양한 사람들과 함께 소그룹을 구성하여

---

32 Miroslav Volf, 『인간의 번영』, 양혜원 옮김 (서울: IVP, 2017), 234-235.

사랑을 실천할 수 있는 좋은 요건을 갖추고 있다. 이러한 경험을 살려 교회 성장이나 교회 관리의 수단이 아니라 섬김과 돌봄을 위한 소그룹공동체 모임을 활성화할 수 있는가가 종교의 공공성 회복의 관건이 될 것이다. 아무 조건 없는 돌봄을 제공한다면 코로나19 이후 높아진 사회적 불안과 고독을 해소할 수 있을 것이며 종교에 대한 긍정적 인식전환을 가져올 수 있을 것이다.

또한 종교는 코로나19로 지역사회에서 이루어지고 있는 여러 활동에 적극적으로 참여하는 것 또한 활성화해야 한다. 그동안 교회 내 신자를 위한 돌봄 또는 지역사회를 교회로 연결하려는 활동이 중점적으로 이루어졌다면 이제는 교회 밖 이웃을 위한 돌봄과 교회가 지역사회로 나가는 활동이 이루어져야 할 때이다. 일례로 지역을 기반으로 하는 마을공동체운동도 사회적 가치를 공유하며 사회를 위해 봉사할 수 있는 좋은 돌봄공동체운동이다. 마을공동체운동에 교회 구성원이 참여하여 지역사회에서 돌봄의 공동체를 형성한다면 이웃에 대한 섬김과 돌봄을 실천할 수 있고 생태계 보전 및 마을 안전 등을 위해 봉사할 수 있게 될 것이다.

넷째, 종교의 공적 역할은 작은 소그룹 단위에서만 요청되는 것은 아니다. 나와 가정을 넘어 사회, 국가, 세계까지 종교의 공공성은 지속적으로 요청되고 있다. 이러한 역할을 수행하기 위해서 종교는 보다 적극적으로 다양한 공동체와 소통해야 하며 스스로 경계를 낮추어야 한다. 하버마스(Jürgen Habermas)는 근대의 공론의 장이 활성화되지 않는 결정적인 원인을 종교의 가치와 역할을 무시해 왔기 때문이라고 지적하였다. 다양한 의견이 충돌되고 있는 현대사회에서 종교의 역할을 보다 존중해야 하

며 종교 또한 공론의 장에서 역할을 담당해야 한다는 것이다.[33]

코로나19는 지구공동체를 이끌어갈 수 있는 리더십이 부재하다는 것을 보여주었다.[34] 코로나19 팬데믹이 발생되자 각국은 자국 국민의 안전을 최우선으로 하여 국경을 봉쇄하였으며 세계공동체의 이상은 중단되었다. 이후 국가 간 격차는 뚜렷하게 부각되었다. 개발도상국은 원격근무가 가능한 일자리가 더 적고 온라인 환경이 구축되지 않아 경제적 타격이 심하며 온라인 교육 역시 실시되지 않아 격차가 더 벌어지고 있다. 감염자를 치료할 의료체계가 갖추어지지 않았을 뿐 아니라 백신 또한 구입할 수 없는 상황이어서 코로나19로 인한 충격을 언제 수습할 수 있을지 모르는 상황이다. 게오르기에바(Kristalina Georgieva) IMF 총재는 코로나19로 인해 일어날 가장 큰 피해는 국가 간 부의 격차가 더 커지는 것이라고 지적하였다.

일례로 이미 백신보급에서 큰 문제가 발생되고 있다. 게브레예수스(Tedros Adhanom Ghebreyesus) WHO 사무총장은 2021년 3월 22일 "부유한 국가에서 백신을 투여하는 횟수와 국제 백신협력 프로그램 '코백스'를 통해 투여하는 백신 수의 격차가 매일 커지고, 갈수록 기괴해지고 있다"고 지적하였다. 선진국은 감염발병 위험이 낮은 젊고 건강한 사람들에게 접종을 하고 있지만 가난한 국가에서는 보건 종사자와 노인 등 취약계층도 백신을 접종하지 못하고 있다고 비판하면서 백신 불평등은 도덕적 문제가 아니라 의학적으로도 문제가 된다고 지적하였다. 바이러스가 후진

---

33 Jürgen Habermas, *Between Naturalism and Religion* (Cambridge: Polity, 2008), 121.

34 김민지, 「공영주의로 본 코로나19와 세계공동체」, 『통일사상연구』 19 (2020), 23-43.

국에 더 많이 감염되면 변이가 더 출현하여 백신이 무력화될 수 있다는 것이다.

이러한 세계적 위기 속에 하버마스의 지적은 새로운 울림을 주고 있다. 코로나19 팬데믹을 극복하기 위해 특정 강대국의 자선이나 일부 기업가의 기부에만 의존할 것이 아니라 종교가 공공의 장에서 역할을 담당해야 한다는 것이다. 국경을 넘어 인류를 형제로 사랑할 수 있는 종교의 실천이 요청되는 때이다.

문선명·한학자 총재는 기존의 유엔이 정치적으로 자국의 이해관계를 대변하는 현재의 구조로는 평화로운 세계를 실현하는 데 한계가 있다는 것을 지적하면서 이를 극복하기 위해 정치지도자와 종교지도자가 유엔을 중심으로 서로 협력하고 존중하는 관계를 가져야 한다고 지적하였다. 외적인 세계를 대표하는 정치지도자와 내적인 세계를 대표하는 종교지도자가 함께 평화로운 세계를 이룰 수 있는 방안을 모색해야 한다는 것이다. 이러한 취지에서 종교유엔을 창립하고 정신세계를 대표하는 종교와 NGO 지도자들을 모아 상원 성격을 지니는 아벨유엔을 창립하였다. 아벨유엔이 상원이 되고 기존 유엔이 하원이 되어 평화유엔을 만들자고 주창하였으며 이를 현실화하기 위해 노력하였다.[35]

코로나19 팬데믹 이후 발생되는 세계적인 난제를 위해 세계 종교들이 협력하여 연대한다면 종교의 공공성 역시 회복될 수 있을 것이다.

---

35 김민지, 「공영주의로 본 코로나19와 세계공동체」, 33-34.

IV. 공공성과 종교의 미래

한국의 개신교인은 1919년 한민족의 1.7%에 불과하였지만 3·1운동을 이끌며 민족의 빛이 되어 주었다. 물론 3·1운동은 천도교가 중심적인 역할을 하였지만 선언문에 참여한 민족대표 33인 중 16명이 개신교인이었다는 사실은 개신교가 얼마나 독립운동에 큰 역할을 하였는지 알려 주고 있다. 이렇게 개신교인들이 이렇게 3·1운동의 중심에 설 수 있었던 것은 종교 간의 서로 다른 신념을 넘고 비종교인과 이념의 장벽을 넘어 서로 양보하고 협력하면서 한민족의 통일과 평화를 위해 헌신하고자 하는 공공성이 중심에 있었기 때문이었다.[36] 특히 세속정치에 개입하지 않고 영적인 부흥에 집중하고자 했던 한국 개신교가 민족과 국가의 현실에 참여하지 않을 수 없다는 것을 느끼고 교회를 돌보지 않고 결단을 한 사건이었다. 이후 한국 개신교는 한국의 근대화와 독립의 과정에 공적인 종교로서 역할을 다했다.

그러나 100년이 지난 한국에서 개신교는 국민의 약 20%가 믿는 국민종교가 되었지만 한국 사회를 위한 공적인 역할은 과거보다 축소되었다. 개교회주의와 성장제일주의를 추구하면서 공적인 역할보다 교회를 위한 교회에 머물게 되면서 교회를 나가지 않는 개신교인들이 증가하고 있으며[37]

---

36 이덕주, 「3·1운동과 기독교: 준비단계에서 이루어진 종교연대를 중심으로」, 『한국기독교와 역사』 47 (2017).

37 정재영, 『교회에 안나가는 그리스도인: 가나안 성도를 어떻게 이해할 것인가?』 (서울: IVP, 2015), 31; 기독교 신앙을 가지고 있고 스스로를 기독교인이라고 생각하는 정체성을 유지하고 있으면서 교회 조직에 대한 불만과 실망으로 교회에 출석하지 않는 사람들을 '가나안 성도'라고 한다.

개신교에 대한 이미지 또한 부정적으로 변화되고 있다.[38]

이러한 상황에서 코로나19가 비단 한국 개신교뿐 아니라 비롯한 종교계 전체에 던진 질문은 명확해 보인다. 종교를 위한 종교가 될 것인가? 공동체와 국가, 세계를 위한 종교가 될 것인가? 이러한 질문 앞에서 모든 종교는 종교 본연의 자세로 돌아가야 할 것이다.

종교는 공적 영역에서 다른 종교는 물론 비종교인까지 협력할 수 있는 연대체를 구성해야 하며 이를 통해 지역사회, 국가, 세계까지 종교가 공적인 역할을 담당할 수 있도록 노력해야 한다. 국가와 인종, 종교와 문화의 경계를 넘어 한 부모를 둔 형제자매의 자세로 협력할 때 종교의 공적 역할의 영역이 확산될 수 있을 것이다. 이와 함께 코로나19로 가장 심각한 피해를 입은 이웃이나 불안과 우울을 경험하는 이웃을 위한 돌봄공동체를 소그룹으로 만들어 사랑의 실천을 할 수 있도록 해야 한다. 더불어 코로나19에 대한 신학적인 정죄보다는 윤리적 실천을 우선해야 하며 거룩한 공간에서 예배하기를 고집하기보다는 정부의 방침에 공적 책임을 가진 주체로 적극적으로 협조해야 할 것이다.

제레미 리프킨(Jeremy Rifkin)은 기후변화로 물의 순환에 이상이 생기면서 생태계의 교란이 발생하고 우리의 문명에 재앙이 일어난다고 주장하면서 코로나19 역시 기후변화로 서식지가 파괴된 동물에게서 발생된 인수공통감염병으로 앞으로도 이러한 감염병이 지속적으로 발생할 것이라

---

38 기독교윤리실천운동, 『2020 한국교회의 사회적 신뢰도 여론조사 결과 기초보고서』, 2020년 한국 교회의 사회적 신뢰도 여론조사 결과 발표세미나(2020.2.7.); 코로나19가 발생하기 전, 2020년 1월 9일부터 11일까지 지앤컴리서치에서 전국 만19세 이상 남녀를 대상으로 한 '2020년 한국교회의 사회적 신뢰도 여론조사' 결과, '신뢰한다; 31.8%, 신뢰하지 않는다; 63.9%'로 '신뢰하지 않는다'는 응답이 2배 정도 높게 나타났다.

고 지적하였다.[39] 감염병의 위험이 늘 상존하는 뉴노멀시대, 종교의 미래
는 연대와 협력을 통한 공공성의 회복을 통해 이루어질 것이다.

---

[39] 안희경 외, 『오늘부터의 세계: 코로나 이후 인류의 미래를 묻다』 (서울: 메디치, 2020),
19-20.

제 2 부

공생주의

1

긴급재난지원과 보편복지[1]

I. 코로나 팬데믹과 보편복지

2016년 스위스에서 기본소득제 도입에 관한 국민투표가 부결되었을 때 많은 사람들은 기본소득(基本所得, Basic Income)에 대해 관심을 가지게 되었다.[2] 이후 한국 사회에서 기본소득에 관한 논의는 더욱 활발해져서 2020년 1월 '기본소득 실현'을 목표로 하는 기본소득당이 창당되었고 2월에는 '기본소득 사회로의 전환'을 강령으로 명시한 정당 시대전환이 출범하였다. 두 정당은 4월 총선에서 더불어시민당과 연대하여 비례대표로 각 1명씩 당선되었으며 시대전환 조정훈 의원을 중심으로 13명의 의원이 참여하여 9월 전 국민에게 월 30만원씩 지급하는 기본소득법 제정안을 발의하였다. 2022년 대통령선거를 진행하면서 기본소득은 더 이상 특정

---

1   이 글은 『통일사상연구』 제22집(2022)에 게재된 논문이다.
2   통일사상의 관점에서 기본소득을 어떻게 바라볼 것인가에 대한 연구는 김민지, 「통일사상 공생주의 관점에서 본 기본소득 연구」, 『통일사상연구』 12 (2017): 103-128가 있다.

정당이나 정치적 이념과 관계없이 공약으로 언급되기도 했다.

이렇게 기본소득에 관심이 집중되는 것은 4차 산업혁명 이후 인공지능과 자동화의 등장으로 일자리가 점점 더 사라지고 있는 문제에 기본소득이 대안으로 부상하고 있기 때문이다. 이미 인공지능에 의한 자동화는 상당수 인간의 일자리를 위협하고 있으며 향후 인공지능이 종합적인 사고 능력을 요구하는 업무까지 담당하게 된다면 더 많은 일자리가 대체될 것으로 전망되고 있다. 결국 인공지능의 발전은 실업을 증가시키며 반복적이고 단순한 일자리일수록 빠르게 인공지능으로 대체될 것이다.

나아가 인간은 인공지능으로 인해 노동에서 소외될 뿐만 아니라 수입이 없기 때문에 소비의 주체가 되지 못한다. 인공지능이 중심이 되어 생산하는 생산물을 소비할 수 있는 인간이 존재하지 않게 되면 결국 경제구조 전체가 중단되게 된다. 결국 인간의 노동을 인공지능이 대체하더라도 인간은 생존을 위한 최소의 소득이 필요하며 이러한 소득이 있어야 소비를 통해 경제구조가 유지될 수 있다. 기본소득은 이렇게 소수의 취업자와 다수의 실업자로 이루어지는 미래사회의 경제문제를 해결하기 위한 대안으로 점점 더 현실적인 실현방안이 논의되고 있다.

더불어 2019년 12월 이후 전 세계적으로 발생한 코로나19(corona virus disease 19, COVID-19) 팬데믹(Pandemic)도 기본소득에 대한 관심을 더욱 고조시켰다. 코로나19 감염확산을 막기 위해 각종 조치들이 시행되는 동안 고용시장은 악화되었으며 소득은 감소되었다. 특히 이러한 피해는 온라인 업무가 불가능한 노동 직종의 노동자들과 사회적 약자에게 더욱 집중되었다. 열악하고 비위생적인 작업 환경의 노동자들은 감염위험에 쉽게 노출되었으며 요식업 등 고객을 응대하는 서비스업에 종사하는 노동자들은 해고되었다. 온라인 환경이 미비한 계층은 소득뿐만 아니라 교육에서 소외되어 교육격차가 심화되었다. 고용시장의 악화와 소득 감소는 직종간, 세대간, 성별간 격차를 심화시켜 사회적 불평등의 그늘을 확대시켰으며 기존의 복지서비스로 해결할 수 없는 복지정책의 사각지대를 확장시켰다.

이러한 경제위기를 해소하기 위해 각국 정부는 경기부양을 위한 재정정책을 실시하였다. OECD 주요 국가들은 금리를 동결하고 재난지원금을 제공하는 등 코로나19에 대응하기 위한 재정지출 규모를 늘렸다. 이러한 변화는 신자유주의의 작은 정부시대를 종식시키고 복지 중심의 정부 역할의 증가를 가져오는 전환점이 될 것이라는 전망도 나오고 있다.[3]

한국 정부도 코로나19 재난상황에 대응하기 위해 2020년부터 2021년까지 2년 동안 5차에 걸쳐 긴급재난지원금을 지급하였다. 특히 제1차 긴급재난지원금은 가계의 소득수준, 고용상태 여부와 관계없이 전 국민을 대상으로 지급되어 모든 국민이 코로나19 재난지원금의 혜택을 경험하게 되었다. 이러한 경험은 코로나19로 인한 경제위기를 극복하고 경제를 활성화하는 경제적 효과 외에도 국가의 역할과 복지체제를 재고시키는 정치적 함의를 가지는 것으로 평가되고 있다. 물론 긴급재난지원금은 일회성의 지원금이었으나 전 국민을 대상으로 이루어진 현금성 지급으로 국민들에게 보편복지의 경험을 제공하여 보편복지에 대한 긍정적인 인식을 확장하였다. 또한 긴급재난지원금의 결정과정에서 지원금의 선별성과 보편성에 관한 논의와 재정부담을 해결하기 위한 증세 논의가 이루어지면서 자연스럽게 기본소득 도입을 위한 논의 또한 촉발시켰다.

---

3   Alfredo Saad-Filho, "From COVID-19 to the end of neoliberalism," *Critical Sociology* 46(4-5) (2020): 477-485.

이에 본 연구는 긴급재난지원금 지급 이후 논의되고 있는 보편복지에 대한 공생주의의 관점을 정리해보고자 한다. 이를 위해 먼저 공생주의와 복지국가의 기본적인 이해를 정리하고 코로나19 팬데믹 경제위기를 해결하기 위해 시도된 OECD 주요 국가의 경제부양정책과 긴급재난지원금을 살펴볼 것이다. 이후 공생주의의 관점에서 긴급재난지원금과 보편복지를 어떻게 볼 것인가를 논의함으로써 향후 공생주의가 제시하는 미래 국가의 복지를 구체화하는데 기여할 것이다.

II. 공생주의와 복지국가

1. 공생주의

공생주의(共生主義, Co-livingism)는 이상사회의 경제사상으로 그동안 자본주의나 사회주의에서 물질적 소유를 중심한 경제사상을 논의했던 차원을 넘어 심리적 소유를 중심으로 적정소유를 제시한 경제철학이다.

공생주의는 모든 물질은 하나님의 참사랑을 기반으로 하나님과 나의 공동소유, 이웃과 나의 공동소유라고 설명한다. 그런데 이러한 공동소유는 하나님과 인간이 단순히 물질을 공유하는 것이 아니라 하나님이 참사랑으로 물질을 인간이 공동관리하도록 주신 선물이다. 따라서 인간은 하나님이 주신 만물에 담겨 있는 참사랑에 감사하면서 물질을 공동소유하게 된다. 마치 가정의 모든 물질은 부모가 자녀에게 주는 참사랑으로 부모와 자녀의 공동소유가 되기에 자녀는 부모에게 감사하는 마음을 가지게 되는 것과 같다. 공생주의는 이렇게 이상사회에서는 모든 물질이 하나님과 나, 전체와 나, 이웃과 나의 공동소유라는 것을 인식하게 된다고 제시한다.[4]

하나님을 부모로 모시는 공동소유의 사회는 모든 인류가 균등한 환경과 평등한 생활조건을 가지게 되는 공생주의 사회이다. 그러나 이러한 평등한 사회가 공산주의 사회처럼 개인의 소유를 인정하지 않는 것은 아니다. 공생주의는 이러한 공동소유와 함께 양심에 따라 자신에게 필요한 소유의 분량이나 종류를 정하는 적정소유(適正所有)도 인정하기 때문이다. 모든 개인은 각기 다른 개별상(個別相)을 지니고 있으며 연체(聯體)로서 자신의 격위에 맞는 최소한의 물질이 필요하기 때문에 적정소유는 개인마다 다르게 설정된다.[5]

공생주의 사회가 구체적으로 어떠한 경제구조를 가지는가에 대해서는 그동안 여러 논의가 있어왔다.[6] 공동소유와 평등한 경제가 강조된다는 점에서 공산주의 사회의 경제구조를 생각할 수 있겠으나 지금까지 여러 학자들은 적정소유에 기반한 사적 소유를 인정한다는 면에서 완전공유를 제도화한 공산주의와는 다르다고 지적하면서 이상적인 미래형 경제시스템이라고 제시하고 있다.[7]

이상적인 미래형 경제시스템의 구체적인 형태에 대해서는 향후 심층적인 연구와 논의가 더 이루어져야 하겠으나 하나님의 참사랑에 기초하여

---

4   통일사상연구원, 『통일사상요강』 (서울: 성화출판사, 1994), 761-764.
5   통일사상연구원, 764.
6   미래사회는 『원리강론』에는 하나님을 중심한 사회주의 사회가 이루어진다고 제시되어 있다. 세계평화통일가정연합, 『원리강론』 (서울: 성화사, 1995), 471-472.
7   김항제, 『통일교의학연구II』 (아산: 선문대출판부, 2002), 164; 황상석, 「경제학적 관점에서 본 공생주의: 새로운 자본주의 대안모색을 중심으로」, 『천지인 참부모님 성탄 및 기원절 4주년 기념 학술대회 자료집』 (2017), 47-48.

공동소유가 강조되며 평등한 경제구조를 가진다는 면에서 복지국가를 중심으로 경제구조에 대한 논의를 제시할 수 있다. 보편복지가 이루어지고 있는 북유럽의 사회민주주의 사회와 시장중심의 경제구조 속에 높은 계층화와 선별적 복지를 지향하는 미국의 자유민주주의 사회 중 어떠한 사회가 공생주의가 지향하는 복지국가의 형태인가에 대한 검토도 이루어져야 하는 것이다.

또한 공공재에 기반한 공동소유로서 생존을 위한 기본소득을 제공하는 동시에 사적 소유를 인정하는 기본소득을 미래형 경제제도의 하나로써 긍정적으로 검토할 수 있다.[8] 물론 기본소득이 어느 정도의 소득수준으로 지급되는가에 따라 이에 대한 평가가 달라질 수 있겠으나 기본소득이 기본적인 생존을 보장한다는 면에서 미래적 경제활동을 촉진하는 제도가 될 수 있다. 또한 기본소득의 도입과정이 국민투표 등의 민주적인 과정을 거쳐 결정되기에 양심의 회복이라는 공생주의의 관점과 연결될 수 있다고 보여진다.[9]

본 연구는 이러한 관점을 기반으로 긴급재난지원금을 중심으로 보편복지에 대해 논의의 지평을 확장해보고자 한다.

2. 복지국가

복지국가란 유럽의 사회민주주의에서 기원한 국가형태로 인간의 존엄

---

8   기본소득은 소득보조의 수준에 따라 완전한 기본소득, 부분적 기본소득, 전환기 기본소득 등으로 구분되며 어느 정도로 소득을 보조할 것인가에 따라 찬반에 대한 의견이 달라진다.
9   김민지, 103-128.

을 추구하며 기회와 자유의 평등을 보장하는 것을 기본 가치로 한다. 타인의 존엄을 존중하면서 나와 타인의 호혜적 공존을 위한 공동체의식, 즉 사회연대를 추구하며 구성원에 대한 공정성과 투명한 국가운영이라는 사회정의를 구현하고자 한다. 인간 존엄과 사회연대, 사회정의를 추구하는 국가로 국민의 생존권과 복지, 행복의 추구를 중요한 역할로 보고 있다.[10]

에스핑 앤더슨(Esping-Anderson)은 이러한 복지국가를 자유주의형, 통합 조정형, 사회민주주의형 등의 세 가지 유형으로 분류하였다.[11] 앤더슨은 탈상품화(decommodification)와 계층화(stratification)를 중심으로 복지국가의 유형을 분류하였다. 탈상품화란 시장질서에 의존하지 않고 생활에 필요한 물품과 서비스를 소비할 수 있는 정도를 의미한다. 탈상품화가 높다는 것은 시장의 상품에 의존하지 않아도 생활에 필요한 물품이나 서비스를 구할 수 있다는 것이기 때문에 복지선진국이라 할 수 있다. 반대로 탈상품화가 낮은 국가는 복지가 약한 국가이다. 계층화는 각기 다른 직업이나 계층에 속한 사람들이 사회에서 가지는 위계적 지위에 따라 복지 수준이 다르게 나타나는 복지격차 정도를 말한다. 상류층이 하류층보다 더 높은 수준의 복지혜택을 받게 되는 사회는 계층화가 높은 것이며 상류층과 하류층이 거의 동일한 수준의 복지혜택을 받게 되는 사회는 계층화가 낮은 것이다.

앤더슨이 분류한 복지국가의 첫째 유형은 자유주의형 복지국가이다.

---

10 김지민, 「복지국가 담론과 새로운 국가모델에 관한 시론」, 『한국과 국제사회』 5(1) (2021): 186-187.

11 Gosta Esping-Andersen, *The Three Worlds of Welfare Capitalism* (NJ: Princeton University Press, 1990).

이 유형은 탈상품화는 낮고 계층화는 높은 국가로 영국과 미국 등의 자본주의 국가들이다. 시장중심의 경제질서를 가지고 있으며 조세부담이 낮아 GDP 대비 20% 이하의 사회복지 지출을 가진다. 개인의 기본적인 복지는 가족이 책임지며 국가는 가족의 복지제공이 부족한 경우 최소로 개입한다. 이러한 복지정책은 선별적 복지를 기본으로 하며 계층 간 복지 혜택의 차이가 크게 나타나며 복지와 조세 갈등이 심각하게 일어난다.

다음 유형은 통합조정형 복지국가로 탈상품화는 중간수준이며 계층화도 중간 수준인 유형으로 시장중심의 경제체제를 유지하고 있으나 계층 간 복지혜택의 차이를 최소화하고자 노력하는 국가들이다. 이러한 국가들은 자유주의형에 비해 탈상품화는 높고 계층화는 낮다. 즉 독일, 프랑스, 이탈리아 등 유럽의 복지국가들은 사회보험을 중심으로 복지가 이루어지고 있어 빈부격차를 최소화하고 계층화를 줄이고자 노력한다. 그러나 기본적으로 시장경제를 유지하고 있어 사회복지 지출이 높고 복지의 일차적 책임은 가족이 담당한다. 높은 사회보장세로 인해 노동비용이 높아 고실업률이 나타나고 이로 인해 복지재정이 악화되는 악순환이 반복된다.

마지막 유형은 사회민주주의형 복지국가로 탈상품화는 높고 계층화는 낮은 유형으로 스웨덴, 노르웨이 등 북유럽국가들이 이에 속해 스칸디나비아형이라고도 불린다. 이상적인 복지국가의 형태로 전 국민을 대상으로 하는 보편적 복지를 실시하며 중산층 수준의 관대한 급여를 제공한다. 국가가 복지의 주요 서비스를 제공하며 모든 국민이 노동시장에 참여하도록 개입하며 사회적 연대를 강화한다.

이러한 복지국가의 유형을 도표로 정리하면 다음 〈표 1〉과 같다.

<표 1> 복지국가의 유형[12]

복지체계	자유주의형 복지국가	통합조정형 복지국가	사회민주주의형 복지국가
탈상품화	낮음	중간	높음
계층화	높음 (국가-시장의 이중의존)	중간 (공적 복지 내의 계층화)	낮음 (계층간 연대)
사회권의 기초	도움이 필요한 욕구	고용-지원	시민됨
프로그램	공공부조, 저발전	현금급여	현금급여, 사회서비스
복지 재분배	선별적 복지로 약함	빈부격차 완화	강력한 중산층화
가족과 국가 역할	가족책임, 가족실패 후 국가 최소개입	가족책임, 가족실패 후 국가개입	가족 역할 사회화 가족 실패전 국가 개입
급여	최저 생계수준 낮고 잔여적	차등적 급여 기여에 비례	중산층 급여 높고 재분배적
국가	미국, 캐나다, 영국, 호주	독일, 프랑스, 이탈리아, 오스트리아	스웨덴, 노르웨이, 덴마크, 핀란드

한국은 이러한 복지국가 유형 중 자유주의형 복지국가로 일반적인 유럽의 복지국가와는 차이를 보인다. 특히 한국의 복지국가는 국가 주도의 권위주의 발전국가로 1997년 IMF 외환위기 전까지 복지가 필요한 취약계층을 중심으로 제한적인 복지가 도입되었으며 공무원연금(1960년)이나 군인연금(1960년), 사학연금(1975년) 등 특수직종을 대상으로 하는 연금제도가 도입된 뒤 비교적 늦은 시기에 전 국민을 대상으로 하는 국민연금(1988년)이 도입되었다. 외환위기에는 국제금융기관들이 국민의 기초생활을 보장하기 위해 새로운 복지제도를 도입하였다. 대량실업과 빈곤취약층 증가로 인한 사회적 안전망 확충을 위해 실업보험(1999년)이 확대되

---

12 Gosta Esping-Andersen, 25-29; 박형준, 『한국사회, 무엇을 어떻게 바꿀 것인가: 박형준의 공진 국가구상』(서울: 메디치, 2014), 193과 김영순, 「복지국가 유형화 논의의 현단계와 그 이론적·정책적 함의」, 『사회과학논집』 48(1) (2017): 113 표를 혼합하여 연구자가 재구성.

고 의료보험(2001년)이 통합되는 등의 기초복지가 강화되었다. 이명박 정부 이후에는 시민단체들이 보편복지를 주장하며 2010년 무상급식 등 선거의 주요 쟁점으로 등장하게 되면서 기초노령연금(2008), 아동연금(2018) 등 점점 더 복지가 확충되는 단계이다.[13]

과연 한국이 유럽과 같은 복지국가를 지향할 수 있는가에 대해 학자들은 긍정적이지 않다. 우선 한국은 유럽과 달리 대통령제를 실시하고 있기 때문에 승자독식 구조를 가지고 있어 정치갈등이 심각하며 이로 인해 유럽 복지국가를 실현하기 위한 코포라티즘(협동조합주의, corporatism), 즉 정부와 기업, 노동자 등이 수평적으로 협의와 토론을 할 수 있는 시스템을 구축할 수 없다. 또한 한국은 복지국가가 추구하는 철학적 기반이 부재하여 소모적 논쟁만 반복하고 있으며 남북분단으로 인한 체제유지 비용이 지속적으로 발생하는 문제도 안고 있다고 지적된다.[14] 이러한 한계를 극복하기 위해서는 먼저 복지국가 실현을 위한 철학적 논의가 활성화되어야 하며 정부와 기업, 노동자 등 사회 구성원이 수평적 입장에서 복지철학과 방향에 대해 지속적으로 토론해야 할 것이다.

생존을 위한 기초적인 조건이 평등하게 보장되는 공생주의 사회는 국민의 생존권과 복지, 행복을 최우선의 과제로 생각하는 복지국가일 것이다. 그러나 공생주의 사회는 어떠한 복지국가의 형태가 될 것인가에 대해서는 그동안 논의된 바 없다. 다만 하늘부모님 아래 한 형제로서 서로를 위하는 배려와 나눔이 이루어지는 이상사회이기에 계층화가 낮으면서 계층 간 연대가 강화되는 사회, 선별적 복지보다는 보편적 복지로 중산층

---

13   신광영, 「현대 한국의 복지정치와 복지담론」, 『경제와 사회』 95 (2012): 42-48.
14   김지민, 196-199.

이 많은 북유럽과 같은 사회민주주의형 복지국가의 형태와 유사점이 많을 것이라고 전망해볼 수 있다. 이에 대해 보편복지라는 개념으로 4장에서 보다 심층적으로 논의해보고자 한다.

III. 코로나19 팬데믹과 긴급재난지원금

1. 코로나19 팬데믹과 경제정책

코로나19 팬데믹으로 인한 경제위기는 과거의 경제위기와 달리 바이러스 감염이라는 비경제적인 요인으로 인해 발생된 뒤, 전 세계적으로 경제의 조달, 생산, 물류 등 모든 단계의 공급망이 붕괴되고 사회적 거리두기로 소비 및 생산활동이 동시에 크게 위축되었다는 특징이 있다. 특히 국가 간 이동제한, 외국인 입국금지 등 봉쇄정책(lock down)을 우선적으로 추진하면서 국제공조를 통해 대응할 수 없는 어려움이 발생했다. 2008년 글로벌 금융위기가 금융시스템의 충격에서 시작되어 실물경제에 충격이 전달되고, 미국 부동산 붕괴를 시작으로 순차적으로 주변 국가에 파급된 것에 비해 코로나19 팬데믹은 수요 및 공급에 모두 충격을 주었으며 전 세계적으로 동시에 실물경제에 직접적인 충격을 가한 것이다.[15]

이로 인한 경제적 위축은 전 세계적으로 심각하였으며 미래에 대한 불확실성과 불안이 경제를 더욱 위축시키고 있다. 2020년 코로나19 팬데

---

15 김동환·임형석, 『코로나 사태' 이후 경제 패러다임 변화와 향후 과제』 KIF VIP리포트 (2020-16) (한국금융연구원, 2020), 15-18.

믹 충격으로 전 세계 경제는 -3.4%, G20국가는 -3.2%로 마이너스 성장률을 기록하였다. OECD 주요 선진국들 또한 한국(-1.0%)을 비롯하여 영국(-9.9%), 이탈리아(-8.9%), 프랑스(-8.2%), 일본(-4.8%), 미국(-3.5%) 등 마이너스 성장률을 나타냈다.[16] 이미 세계경제는 잠재성장률이 지속적으로 저하되는 구조적 장기침체(secular stagnation) 상태였기 때문에 코로나19 팬데믹으로 실업이 더욱 장기화되고 경제침체는 한층 심화될 것으로 예상된다.

이러한 경제위기를 타개하기 위해 OECD 주요 국가들은 2020년 금리를 동결하고 대규모 경제부양책을 실시하였다. IMF는 'COVID-19 대유행 국가 재정 조치의 재정 모니터 데이터베이스'에서 코로나19 대응을 위한 예산사업 추진 및 재난지원금 등의 현금지원과 기존 세액감면 등의 직접적인 지원방식을 '추가지출 및 기존 세액감면'(Additional spending or foregone revenues) 조치로 분류하고 추후 자금을 상환받는 것을 전제로 대출, 보증 등의 방법으로 간접적으로 지원하는 것을 '유동성 지원'(Liquidity support) 조치로 구분하였다. 이에 따르면 2020년 12월 말 통계기준으로 G20 경제선진국 10개국 중에서 코로나19 대응을 위한 GDP 대비 지출이 가장 높은 국가는 일본(44.0%)이었고 이어 이탈리아(42.5%), 독일(38.9%), 영국(32.4%), 프랑스(23.5%), 미국(19.2%) 순으로 나타났다. 한국은 13.6%로 10개국 중 10위로 GDP 대비 재정지출 규모가 가장 낮았다. 코로나19 대응 지출액 규모는 미국이 40,130억 달러(USD)로 가장 높았으며 일본 22,100억 달러, 독일 14,720억 달러, 영국 8,770억 달러, 이탈리아 7,900억 달러 순

---

16 최효정, 「OECD 올해 한국 경제성장률 3.3% 전망…"금년 중 이전 수준 회복"」, 『조선BIZ』 2021.3.9. https://biz.chosun.com/site/data/html_dir/2021/03/09/2021030902653.html

으로 많았으며 한국은 2,220억 달러로 10개국 중 10위였다.[17] 이러한 결과를 통해 한국은 OECD 10개국 중에서 GDP대비 지출이나 지출액 규모 면에서 제일 낮은 수준의 경제부양책을 실시한 것을 알 수 있다.

한편 G20 경제선진국 중 일본, 이탈리아, 독일, 프랑스, 스페인, 한국 등은 '유동성 지원'이 높은 반면 영국, 미국, 캐나다, 호주 등은 '추가지출 등'의 비중이 높게 나타났다. 한국은 추가지출 등에 GDP 대비 3.4%를 사용하였으며 간접적 지원인 '유동성 지원'에 10.2%를 사용하였다. 이를 도표로 정리해보면 〈표 2〉와 같다.

〈표 2〉 코로나19 대응 지출방식에 따른 GDP 대비 지출규모[18]

순	국가	GDP대비 지출규모	추가지출	유동성지원
1	일본	44.0	15.6	28.4
2	이탈리아	42.3	6.8	35.5
3	독일	32.4	11.0	27.8
4	영국	32.4	16.3	16.1
5	프랑스	23.5	7.7	15.8
6	미국	19.2	16.7	2.4
7	캐나다	18.7	14.6	4.0
8	스페인	18.6	4.1	14.4
9	호주	18.0	16.2	1.8
10	한국	13.6	3.4	10.2

이러한 경제부양 정책을 복지국가 유형과 겹쳐서 보면 영국과 미국,

---

17   정다연, 「국가별 코로나19대응 지출비교」, 『나라살림』 138(2021.2.2.)
      https://docs.google.com/document/d/e/2PACX-1vQkaan2GdIQpzjbbVUE6PdDTCXl
      pBx9BU5hHvlcdKv5sV3PC5IKSGaQC3qpqaib11WSyUGRBW40qx-a/pub
18   정다연, 「국가별 코로나19대응 지출비교」.

캐나다, 호주는 자유주의형 복지국가이고 독일, 프랑스, 이탈리아, 스페인은 통합조정형 복지국가이다. 사회민주주의형 복지국가는 긴급재난의 상황에서도 충분한 사회안전망이 구축되어 있기에 경제부양을 많이 하지 않아도 되지만 자유주의형 복지국가는 국가 중심으로 사회안전망이 구축되어 있지 않기 때문에 경제위기 상황에서 직접적인 현금지급, 헬리콥터머니(Helicopter Money)에 집중한다는 것을 보여준다.[19]

10개국 중 일본과 한국은 동아시아국가로 앤더슨의 복지국가유형 분류에 적합하지 않다는 지적도 있으나 낮은 탈상품화와 높은 계층화를 보여 대체로 자유주의형 복지국가로 분류된다. 그러나 일본과 한국은 '추가지출 등' 보다 '유동성지원'에 더 많은 지원을 투입하였다. 동아시아 국가가 직접적인 현금지원보다 안정적인 간접지원을 더 선호하는 성향 때문일 수도 있다. 특히 일본은 '추가지출 등'에 GDP 대비 15.6%를 투입하였지만 한국은 GDP 대비 3.4%를 투입하는데 그쳐 향후 '추가지출 등' 직접적인 재정지원 조치를 확대해야 한다는 제언도 있었다.[20]

2. 한국의 긴급재난지원금

코로나19 팬데믹으로 인해 한국은 2020년 -1.0%의 경제성장률을 기록했다. 경제성장률은 생각보다 낮게 나타나지 않았으나 경제침체가 전반적인 고용에 직접적인 영향을 준 것으로 나타나고 있다. 1997년 IMF

---

19 2020년 코로나19 팬데믹으로 인한 경제위기를 타개하기 위한 보편적 현금성지원책 시행 사례는 다음 표에 잘 정리되어 있다. 김공회, 「긴급재난지원금은 기본소득의 마중물인가?」, 『마르크스주의 연구』 17(3) (2020): 123. 〈표 3〉 보편적 현금성지원책 시행 사례

20 정다연, 「국가별 코로나19대응 지출비교」.

외환위기나 2008년 글로벌 금융위기 때와 달리 자영업자나 중견기업의 근로자까지 폭넓게 고용은 감소된 것이다. 2020년 한 해 동안 취업자는 21만 8천 명이 감소하여 전년대비 -172.4%를 기록하였다. 특히 2020년 대학졸업자의 취업률이 65.1%로 나타나 2011년 첫 조사를 시작한 이래 최저치를 보였으며 2019년에 비해 2% 감소하였다. 또한 남성 졸업자 취업률(67.1%)에 비해 여성 졸업자의 취업률(63.1%)은 4%가 낮게 나타나 성별 격차가 더욱 커진 것으로 나타났다.[21]

〈표 3〉 보편적 현금성지원책 시행 사례

국가	지급대상	지급단위	지급액	지급수단	예산규모
한국	전 국민	가구	가구원수별 차등지급 -4인 이상 100만원	신용·체크카드 선불카드 지역사랑상품권	14.3조원
미국	시민권자, 영주권자 취업비자 외국인 -연소득 7.5만 달러 이하	개인	성인 1,200달러 (약 150만원) -만 17세 이하 자녀 1인당 500달러 추가	계좌송금 수표발송	2,900억 달러
일본	전 국민		10만엔(약 114만원)	계좌송금	12.7조 엔
홍콩	18세 이상 시민권자, 영주권자		1만 홍콩달러 (약 160만원)	계좌송금	710억 홍콩달러
싱가포르	21세 이상 국민, 영주권자, 장기체류권자		소득기준 600-1200 싱 가포르달러 (약 52-104만원)	계좌송금 수표발송	57억 싱가포르달러

이러한 고용약화는 가구의 소득감소를 가져왔다. 전국에서 대표성을 가진 성인 표본집단을 대상으로 설문조사를 진행한 한 연구에 따르면

---

21 한국교육개발원, "2020년 고등교육기관 졸업자 취업통계,"
https://www.kedi.re.kr/khome/main/research/selectPubForm.do?plNum0=14077

코로나19로 응답자의 32.3%가 소득이 감소되었다고 응답하였으며 45.1%는 본인 또는 가구원의 소득이 감소했다고 응답했다. 특히 소득 중하위층과 프리랜서, 자영업과 고용주 집단에서 소득감소 경험 비율이 높게 나타났다. 또한 실직이나 무급휴직, 폐업으로 인해 2020년 3월에는 시장소득이 없는 비율이 36%로 나타났으며 소득이 없는 경우는 여성과 젊은 연령층, 60대 이상의 비율이 높았다.[22]

이에 한국 정부는 코로나19로 경제적 어려움에 처한 국민을 안정시키고 경제위기를 극복하기 위한 목적으로 제1차 긴급재난지원금을 제공하였다. 2020년 5월 14일부터 8월 31일까지 소득에 관계없이 모든 국민을 대상으로 가구 단위로 지급되었으며 지급금액은 가구원수를 반영하여 1인 40만원부터 4인 이상 100만원까지 차등적으로 지급되었다. 지급형태는 신용카드, 체크카드, 선불카드 등에 포인트로 지급되었고 현금은 계좌로 입금되었다.

이렇게 긴급재난지원금이 지급되는 과정에서 지급대상을 소득수준 70%로 하는가, 전 국민을 대상으로 하는가에 대한 논의가 진행되었다. 정부는 초기에 3월 의료보험 기준 소득수준 70% 이하의 국민에게 긴급재난지원금을 지급하려고 계획하였으나 건강보험료는 신속한 대상자 선정은 가능하지만 2-3월 사이에 발생한 매출감소, 실직, 폐업 등을 반영하는데 한계가 있다는 지적이 있었다. 건강보험료만으로 소득 및 재산인정 기준이 완전히 반영되지 않으며 가구원수별 소득의 경계 또한 정확하지 않다는 것도 문제요인이 되었다. 결국 긴급재난지원금을 지급하기 위한

---

22 이현주·정은희·김문길·전지현, 『가구소득에 대한 코로나바이러스 감염증-19의 영향과 정책 과제』 한국보건사회연구원 연구보고서 2020-1 (한국보건사회연구원, 2020), 26-29.

재정적 부담에도 불구하고 전 국민을 대상으로 긴급재난지원금을 지급하는 것으로 결정되었다.[23]

이러한 결정에는 총선을 앞둔 정치권의 정책 변화에 대한 여론의 변화가 큰 영향을 미쳤다. 제21대 총선을 앞두고 정치권에서 지급기준을 소득하위 70%에서 전 국민을 대상으로 확대하는 방안을 제안하면서 이에 대한 국민들의 여론변화를 조사한 것이 중요한 역할을 한 것이다. 오마이뉴스가 리얼미터에 의뢰하여 진행한 '오마이뉴스 주간 현안 여론조사' 결과 응답자 중 58.2%가 긴급재난지원금을 전 국민에게 지급하는 것이 좋다고 응답한 것으로 나타나면서 긴급하게 지급되어야 하는 지원금이 수급자 선정기준 때문에 시간이 걸리는 것보다 전 국민을 대상으로 지급하는 것이 좋다는 여론이 형성되었고 이에 정부의 정책 결정도 전 국민 지급으로 결정을 하게 되었다.[24]

다음으로 재원을 국비와 지방비 중 어떻게 마련하는가에 대한 논의가 있었다. 전 국민을 대상으로 보편적으로 긴급재난지원금을 지급하는 방안이 결정되면서 정부는 지방자치단체에 재정을 분담할 것을 요청하였고 결국 중앙 정부 추가경정예산 12.2조와 지방비 2.1조로 긴급재난지원금의 재정이 마련되었다.[25]

---

23 남재현·이래혁, 「코로나19 긴급재난지원금이 가구 소비에 미치는 영향」, 『사회복지정책』 48(1) (2021): 66-67.

24 이승훈, 「긴급재난지원금 전국민 확대 "찬성" 58.2%…보수층도 돌아섰다」, 『오마이뉴스』 2020.4.8. http://www.ohmynews.com/NWS_Web/Event/Special/opinion_poll_2019/at_pg.aspx?CNTN_CD=A0002630614&CMPT_CD=P0010&utm_source=naver&utm_medium=newsearch&utm_campaign=naver_news (검색일 2021.1.3.)

25 남재현·이래혁, 67.

이후 2차 재난지원금은 위기가구생계지원금과 소상공인 새희망자금으로 지원되었으며 3차와 4차는 소상공인 버팀목자금과 소상공인 버팀목자금 플러스로 소상공인을 대상으로 지원되었다. 5차 재난지원금은 코로나 상생국민지원금과 소상공인 희망회복자금, 상생소비지원금으로 지급되었으며 6차 재난지원금은 소상공인 방역지원금으로 지급되었다.

이중 일반 국민을 대상으로 하는 긴급재난지원금은 5차 재난지원금이었다. 5차 재난지원금도 전 국민에게 지급하자는 의견이 있었으나 정부에서 재정적 한계를 주장하여 건강보험료 기준 소득하위 80% 국민에게 지급하는 것으로 합의되었다. 1차 긴급재난지원금이 가구를 대상으로 한 것과 달리 개인별 지급이 이루어졌으며 1인당 25만원의 신용카드 및 체크카드, 지역사랑상품권, 현금지급 등이 이루어졌다. 국민건강보험공단은 건강보험료를 재난지원금의 지급기준으로 삼을 때 지역가입자는 월 소득과 그 외 기타 재산 등을 종합하여 고려하는데 보험료 산정시기가 각기 다르기 때문에 자료의 정확성이 다소 떨어질 수 있어 문제가 나타날 수 있다고 지적했다.[26] 결국 9월 한 달 동안 35만 91건의 이의신청이 있었으며 그중 14만 명에게 지원금이 추가 지급되었다.

6차까지 진행된 긴급재난지원금 중 가장 많은 관심을 받은 것은 1차 긴급재난 지원금이다. 긴급재난지원금을 통한 경기부양 효과는 물론 보편적 복지혜택의 경험에 관한 연구가 이루어졌다. 경제적 측면에서 긴급재난지원금은 전반적으로 가구 소비를 진작시키는 것으로 나타났다. 한국노동연구원(Korea labor Institute, KLI)에서 신용카드사의 일별 지출자료를

---

26 김민욱, 「건보료로 재난지원금 88% 갈랐는데…건보공단은 '부적합'」, 『중앙일보』 2021.8.3.

분석한 결과 긴급재난지원금의 지급으로 약 72%의 소비증가효과가 있었음을 보고하였다.[27] 또 다른 연구에서는 긴급재난지원금이 개별가구의 소비를 12.4% 증가시키는 효과가 있으며 소득 1, 2분위의 저소득집단에서 그 효과가 더 큰 것으로 분석되었다.[28] 긴급재난지원금이 저소득층의 소비진작 효과가 높다는 것은 다른 연구에서도 동일하게 분석되었다.[29]

제1차 긴급재난지원금의 복지혜택 경험을 주목한 연구도 있었는데 긴급재난지원금에 대해 긍정적으로 평가할수록 복지지출 확대와 기본소득 도입, 증세에 긍정적인 태도를 나타내는 것으로 분석되었다. 이러한 성향은 소득계층, 정치이념, 지지정당과 관계없이 일관되게 나타나 긴급재난지원금을 수령한 경험이 향후 한국 복지국가의 발전과 기본소득 도입을 위한 의미 있는 기반이 될 수 있는 것으로 제시되었다.[30]

이후 기본소득과 보편복지에 관한 논의는 계속 이어지고 있다. 긴급재난지원금의 지급을 결정하는 과정에서 지원금의 선별성과 보편성, 재정부담에 따른 증세까지 기본소득 도입으로 대표되는 보편복지를 위한 논의와 연결되는 점이 많았기 때문이다.[31]

---

27 홍민기, 「코로나19와 긴급재난지원금이 소비지출에 미친 영향」, 『노동리뷰』 189 (2020): 21-38.

28 이승호, 「코로나19 확산과 가구의 소득, 지출 변화」, 『노동리뷰』 189 (2020): 7-20.

29 남재현·이래혁, 63-95.

30 남윤민, 「코로나19 긴급재난지원금과 복지정치: 복지, 증세 그리고 기본소득에 대한 태도를 중심으로」, 『사회과학연구』 47(2) (2021): 177-204.

31 사실 이러한 표현은 현실적으로는 적합하나 개념적으로 모순된다. 기본소득은 기존의 복지제도를 기본소득으로 전환하자는 개념으로 북유럽국가에서는 복지제도를 시행하기 위한 행정비용을 줄이고 복지예산을 효율화하기 위해 기본소득제 도입을 논의하고 있다. 따라서 기본소득은 복지가 아니라 경제활성화를 위한 경제정책으로 보아야 한다는 관점도 있다. 그러나 현실적으로 한국 사회에서는 기본소득에 관한 논의가 확대되면서 노인기초연금, 아동수당, 고용지원금 등 보편복지가 확대되고 있다. 물론 이러한 제도의 확대를 약한 수준의 기본소득으로 보는가에 대해서도 이견이 많다. 다만 본 연구에서는 기본소득과 보편복지의

IV. 공생주의로 본 보편복지

1. 공생주의로 본 긴급재난지원금

이상의 논의를 바탕으로 공생주의를 중심으로 2021년 한국 정부가 코로나19 팬데믹 이후 실시한 제1차 긴급재난지원금에 대한 관점을 정리해보면 다음과 같다.

첫째, 공생주의로 볼 때 소득수준이나 고용여부와 관계없이 전 국민에게 제1차 긴급재난지원금을 지급한 것은 코로나19 팬데믹으로 인한 심리적 위축과 불안을 해결하는데 기여하였다는 면에서 긍정적으로 평가할 수 있다. 공생주의는 기존 경제철학에서 중요하게 다루지 않았던 소유의 심리적 측면을 주목하였기에 코로나19 팬데믹으로 인한 경제위기를 극복하기 위해 제1차 긴급재난지원금이 우선적으로 국민의 경제불안 해소와 소비심리 진작을 목표로 한 것은 향후 복지의 방향을 생각해보는데도 의미를 가진다.

재난은 계층에 따라 차별적인 피해를 준다. 물론 지진이나 해일과 같은 자연재해는 물론 코로나19 같은 감염병 또한 특정 집단에 더 큰 피해를 주는 것은 아니다. 그러나 재난에 대응할 수 있는 역량은 계층에 따라 다르게 나타난다. 특히 코로나19 팬데믹과 같이 감염병으로 인한 경제적 위기가 장기화될 경우 안정적인 고용이 보장되지 않거나 감염병에

개념적 차이와 관계를 연구하고자 하는 것이 아니라 현실적으로 진행되고 있는 기본소득으로 대표되는 보편복지 논의를 살펴보고자 하는 것이므로 이렇게 표현하였다.

대응할 수 있는 충분한 여건을 가지지 못한 계층인 취약계층에게 더 큰 피해를 주게 된다. 결국 재난은 필연적으로 계층에 따른 피해의 차이를 가져오며 그 차이는 개인의 책임이 아니기 때문에 재난피해에 대한 사회적 차원의 지원은 필수적이다.

이러한 상황에서 국가는 재난의 피해를 더 많이 받게 되는 취약계층에 물질적 지원을 집중할 수밖에 없다. 한국 정부 역시 제6차까지 진행된 긴급재난지원금 중에서 전 국민을 대상으로 지급한 것은 제1차뿐이었으며 이후 제2, 3, 4, 6차는 소상공인과 피해계층을 위한 지원에 집중하였고 제5차는 소득수준 하위 80%의 국민에게 지원금을 지급하였다.

이렇게 재난지원이 취약계층을 중심으로 이루어져야 함에도 불구하고 제1차 긴급재난지원금이 전 국민을 대상으로 이루어진 것은 코로나19 팬데믹 초기에 발생한 고용시장 악화와 소비심리 위축에 따른 경제위기를 극복하려는 목적이 강했기 때문이다.[32] 모든 국민들은 코로나19 팬데믹 초기에 국경이 봉쇄되고 세계경제가 마비되는 것을 경험하면서 감염병에 대한 두려움과 불안을 가졌고 경기는 위축되었다. 정부는 코로나19 팬데믹으로 위축된 소비심리를 진작시켜 경제를 활성화하기 위해 전 국민에게 긴급재난지원금을 지급하였다. 나아가 이러한 상황에서 지급된 긴급재난지원금은 국가적 위기상황에서 국가가 소득수준과 관계없이 국민의안전과 생존을 책임지고자 한다는 것을 전달하는 역할을 하였다.

---

32 2020년 4월 제1차 긴급재난지원금 지급이 처음 논의될 때에는 2020년 3월 의료보험료를 기준으로 소득수준 70%까지 지급하는 것으로 설계되었다. 그러나 2020년 2월 한국에서 본격화된 코로나19 팬데믹으로 인한 경제적 피해가 3월 의료보험료에 반영되지 않았고 이를 정확하게 산정하여 반영된 뒤에는 경제위기가 심화될 수밖에 없다는 지적이 대두되면서 긴급재난으로 인한 취약계층에 대한 경제적 보상의 성격보다는 국민 전체에 지급하여 위축된 소비심리를 진작시켜 국가 경제를 활성화하려는 목적을 가졌다.

둘째. 공생주의 관점에서 볼 때 제1차 긴급재난지원금은 일회적이지만 국민 모두가 재난지원금의 혜택을 경험함으로써 국가의 역할과 보편복지에 대한 경험을 제공하였다는 면에서 긍정적으로 평가할 수 있다. 공생주의는 미래사회에서는 모든 물질이 하나님과 나, 전체와 나, 이웃과 나의 공동소유라는 것을 인식하게 된다고 제시한다. 국가의 차원에서 보자면 국민은 모든 물질이 하나님과 나, 국가와 나, 이웃과 나의 공동소유라는 것을 인식하는 것으로, 국민으로서 소유하고 있는 모든 물질의 근간이 국가의 공동소유에 기초해 있기에 세금을 납부해야 하는 의무를 성실히 수행하게 되며 성숙한 국민일수록 세금 납부 이상의 기부를 하고자 노력하게 되는 것이다.

아직 이상국가가 이루어지지 않은 상황에서 국민은 대부분 자신의 이해관계에 따라 복지와 증세에 대한 태도를 가진다. 기존의 복지와 증세에 관한 고전적인 연구들을 살펴보면 복지혜택을 많이 받을 수 있고 증세의 부담이 적은 저소득층은 복지확대와 증세에 긍정적인 태도를 보일 가능성이 큰 반면, 고소득층은 복지혜택을 받을 가능성이 적기 때문에 복지확대와 증세부담에 부정적인 태도를 보였다. 흥미로운 것은 한국의 국민들은 복지와 증세에 대한 모순적인 태도가 많이 나타난다는 것이다. 소득계층에 관계없이 복지확대를 지지하지만 증세에는 반대하는 태도가 나타나거나 소득하위계층보다 중산층 또는 상위층이 복지 확대에 긍정적인 태도를 보이기도 하는 것이다.[33] 이런 국민들의 인식을 바꾸기 위해서는 소득에 관계없이 복지의 혜택을 받게 되는 보편복지를 확대시켜 국

---

[33] 남윤민, 180-181. 이에 대한 자세한 연구들이 소개되어 있다.

가에 대한 신뢰를 강화하여야 하며 고소득층에게 세금납부와 기부를 해야 하는 시민교육이 병행되어야 할 것이다.[34]

제1차 긴급재난지원금에 대한 연구에서도 긴급재난지원금에 대해 긍정적으로 평가하는 사람일수록 복지혜택의 확대와 증세, 기본소득 등에 대해 긍정적인 것으로 나타났다. 이러한 응답은 정치이념, 지지정당, 연령, 소득계층 등에 관계없이 동일하게 유의미한 것으로 나타나 제1차 긴급재난지원금이 복지확대와 증세에 긍정적인 경험으로 작용한 것을 알 수 있다.[35] 이러한 긍정적 경험은 국가의 국민됨에 대한 소중한 경험으로 공생주의의 공동소유에 대한 인식의 확대 측면에서 긍정적으로 평가할 수 있다.

공생주의가 전제한 이상국가는 현실에서 존재하지 않는 유토피아와 같은 국가가 아니라 현실세계에 실존하는 국가이기 때문에 어느 날 갑자기 실현되는 국가는 아니다. 이상국가로 나아갈 수 있는 변화가 점진적으로 이루어질 것이라면 복지혜택의 경험을 점진적으로 증가시키면서 시민교육을 강화하는 것은 중요한 의미를 가진다.

셋째, 공생주의 관점에서 볼 때 제1차 긴급재난지원금의 지급결정과정에서 나타난 포퓰리즘(populism)을 통해 긴급재난지원금에 대한 정치철학적 성찰이 필요함을 보여주었다. 긴급재난지원금을 지급할 때 선별적으로 소득하위계층을 대상으로 할 것인가, 보편복지의 입장에서 전 국민을 대상으로 할 것인가의 문제는 국가의 비전과 역할에 대한 철학, 코로나19

---

34 이윤경, 「사회서비스에 대한 복지태도의 결정요인 분석: 사회서비스 이용 경험 및 정책 추진에 대한 의견을 중심으로」, 『사회과학논집』 48(2) (2017): 49-79; 김윤태·서재욱, 「복지태도와 복지수급의 경험: 한국의 소득수준별 효과」, 『사회보장연구』 33(4) (2017): 31-56.
35 남윤민, 194-196.

1. 긴급재난지원과 보편복지   87

팬데믹으로 인한 경제위기에 대한 통찰 등을 요청한다. 그러나 전 국민을 대상으로 지급기준을 변경하는 과정에서 이러한 정치철학이나 국가비전에 대한 논의는 충분히 이루어지지 못했다.

앞에서 제시한 것처럼 제1차 긴급재난지원금을 전 국민에게 지급하게된 것은 코로나19 팬데믹으로 급격히 침체되는 경제를 신속하게 대응하기위한 목적과 감염병 위기가 범세계적으로 고조되면서 그 피해범위도 특정할 수 없는 상황이었기 때문이었다. 그러나 처음부터 이러한 계획을 수립한 것은 아니었다. 2020년 3월 30일 제3차 비상경제회의에서 긴급재난지원금 도입을 결정하고 4월 3일 범정부 TF를 구성하여 제시한 초안은 건강보험료 기준으로 소득기준 70%의 국민에게 4인 가구 기준 100만원을 지급하는 것이었다. 이후 제21대 총선(4.15 총선)이 본격화되면서 정치권을 중심으로 전 국민으로 지급범위를 확대하는 방안이 제안되었다. 여당을 중심으로 거의 모든 정당이 전 국민에게 긴급재난지원금을 지급하는 것을 공약으로 제시하였는데 각 정당의 정치적 이념과 국가비전에 근거한 공약이라기보다 선거를 앞두고 표심을 잡기 위한 선택이라는 지적이 많았다.

또한 국가의 재정적 부담이 가중되고 전 국민에게 지급되어도 효과가미미할 것이라는 등 비판도 거세게 제기되었다. 긴급재난으로 인한 국가경제의 위기를 타개하기 위해 전 국민을 대상으로 지원금을 지급하는 것이 올바른가에 대한 여러 논의 속에 기획재정부에서는 국가의 재정건전성을 이유로 끝까지 반대의견을 고수하기도 하였다. 이러한 비판과 반대에도 불구하고 4월 22일 정부는 전 국민 지급을 결정하였다. 코로나19 팬데믹이라는 긴급한 재난상황에서 이루어진 지원금 지급에 관한 것이었기에 국민복지에 대한 충분한 논의나 국가비전, 정치철학적 차원의 토론이 이루어지지 못한 것이다.

제1차 긴급재난지원금이 지급된 이후 기본소득에 관한 논의와 검토가 이루어지고 있으나 이 역시 근본적인 국가비전과 국가역할, 국민복지 등에 대한 명확한 제시는 부족한 상황이다. 공생주의의 관점에서는 이러한 논의가 심도 깊게 이루어져야 하며 국가의 명확한 국가비전을 수립한 후 보편복지에 대한 더 많은 구체적인 논의가 이루어져야 할 것이다.

2. 공생주의로 본 보편복지

공생주의의 관점에서 볼 때 보편복지는 국가가 추구해야 하는 복지의 방향이라고 할 수 있다. 공생주의는 하나님을 부모로 모시는 이상사회로 모든 인류가 하나님의 자녀로서 일정 수준의 생존을 보장받을 수 있는 균등한 환경과 평등한 기회를 공정하게 보장받는 사회이다. 이러한 공생주의는 경제평준화사상이라고 할 수 있는데 인류가 개발한 기술과 지식을 공유하여 과학과 교육을 평준화하고 물질과 금융도 평준화하는 것이다.[36] 이러한 평준화는 모든 사람들이 동일한 물질의 양적 평등을 이루

---

36 세계평화통일가정연합, 『천성경』 (서울: 성화사, 2003), 1141. 천10.4.4:1 지금까지는 분열적인 기준에 서 있었지만, 이제 때는 민족적인 관념을 초월하여 하늘적으로 볼 때 형제사회국가 시대로 들어오게 됩니다. 그렇기 때문에 전부 유엔 기구 아래 형제입니다. 그런데 형제가 싸움을 하는 것입니다. 가인과 아벨이 싸워 나왔습니다. 이제 평화적인 형제만 되면 다 됩니다. 그래서 세계는 형제라고 하는 동등한 입장에 있으니 미국이 가진 재산을 나눠 주자는 것입니다. 그 재산은 자기들이 만든 것이 아니라 부모에게서 상속받았으니 나눠 주는 것입니다. 껍데기를 나눠 주면 줄수록 화가 됩니다. 그래서 지금 때는 하늘을 위주로 한 심정의 세계가 반드시 되어야 합니다(151-082, 1962.10.07.).
세계평화통일가정연합, 『천성경』, 1148. 천10.4.4:28 이제 정책 방향이 필요 없는 때가 옵니다. 선진국가와 후진국가가 필요 없다는 것입니다. 지식은 전부 우주의 것이지 자기들 일개 나라의 것이 될 수 없습니다. 그래서 선생님이 1980년대부터 기술평준화, 지식 평준화, 그다

는 것이 아니라 각기 다른 개체목적과 연체의 격위 등을 고려하여 적정한 수준의 평준화를 이루는 것을 말한다. 이러한 평준화를 복지의 개념으로 보자면 보편복지의 개념과 연결된다.

복지의 보편주의(universalism)와 선별주의(selectivism)는 집합주의(collectivism)와 개인주의(individualism)로 연결된다. 집합주의는 국민의 역할이 커지면서 개인의 위험이 사회의 구조적 한계로 인해 발생된다는 관점으로 이러한 사회 구조적 한계를 인정하고 구성원들이 안정적인 삶을 유지할 수 있도록 사전에 개입하는 정책을 펼친다. 이에 비해 개인주의는 개인의 위험이 개인의 무능력이나 불성실에 의해 발생하는 것으로 보고 스스로 생활의 문제를 해결할 수 없는 사람들을 선별하여 사후에 개입하는 정책을 펼친다. 즉 보편주의는 집합주의에 기초하여 사회적 권리를 보장하고자 하는 것이라면 선별주의는 개인주의에 기초하여 무능력한 개인의 욕구에 대처하고자 하는 것이다.[37]

이런 면에서 선별주의를 자산조사로 대상의 욕구를 판별하는 잔여주의(residualism)라고 하기도 한다. 소득과 자산조사에 기초한 잔여주의는 개인의 빈곤에 대한 1차적 책임을 개인과 가정에 맡기고 국가의 개입은 최소화한다. 개인은 복지지원을 받기 위해 가난과 무능력을 증명해야 하

음에는 물물 평준화, 돈 평준화, 금융기관 평준화를 주장한 것입니다. 요즘에는 교육 평준화, 기술평준화를 주장해 나온 것입니다. 독일을 중심삼고 기술센터를 만들어 수많은 나라들이 경쟁하고 있습니다. 조그마한 부속품 하나를 개발하기 위해 각 나라가 경쟁을 합니다. 이것을 공식화시켜 원자재를 공급하고 시간만 투입하면 될 것인데 무한한 손실을 보고 있습니다. 이런 세계의 국제적인 분할 경제시대를 재고해야 됩니다. 그렇기 때문에 통일세계가 되지 않으면 안 됩니다(340-084, 2000.12.24.).

37 이태수, 「'보편적 복지' 논쟁의 맥락과 쟁점: 인천 복지정책이 주는 함의」, 『인천연구』 5 (2011): 7-19.

며 시혜적인 성격의 복지를 받게 된다. 이에 비해 보편주의는 소득과 자산조사 없이 인구사회학적 선별이나 개인의 기여 여부에 따라 수급대상을 정하는 것을 포괄한다. 이러한 개념을 중심으로 볼 때 공생주의는 개인주의, 잔여주의로 대표되는 선별주의보다 보편주의 복지를 지향한다고 할 수 있다.

공생주의는 사랑이라는 심리적 요소를 중심한 소유의 개념을 제시하면서 모든 물질을 하나님과 나의 공동소유이자 전체와 나, 이웃과 나의 공동소유로 생각하는 관점의 전환이 있어야 한다고 제시한다.[38] 참사랑에 근거한 공동소유의 원형으로 가정을 제시하고 있는데 가정에서 자녀의 모든 소유는 사실 부모의 것을 같이 사용하는 공동소유에서 출발하는 것이라고 한다. 또한 부모는 자녀가 일정 수준 이상의 경제적 소유를 가지고 행복한 생활을 하기 바라므로 공생주의는 모든 것을 공동소유로 인식하고 사적 소유도 개인의 이기적인 욕망이 아닌 공동체를 위한 사랑의 자산으로 이해해야 한다고 보고 있다.[39] 따라서 공생주의는 공동소유를 중심으로 일정 수준의 기본 생활이 가능한 보편복지를 지향한다. 물론 공생주의는 인간의 본심이 회복되어 모든 인류를 자신의 형제로 사랑할 수 있는 마음에서 출발하기에 공산주의와는 차이를 가진다.

공생주의로 볼 때 보편복지는 앞으로 더욱 확대되면서 미래사회의 공생경제를 구축할 것으로 기대된다. 북유럽국가들은 과거 균등급여를 제공하고자 노력하였으나 노동시장의 지위유지를 위해 소득에 근거한 차등

38 통일사상연구원, 762.
39 강화명, 「경제적 신자유주의와 문선명 선생의 경제평화사상」, 『말씀과 신학』 19 (2014): 23.

급여방식으로 변화되었다. 모든 국민이 동일한 욕구를 가지고 있지 않기에 기본적인 보장 이상은 개별 시민이 노동시장에서 성취한 상이한 성과를 반영할 수 있는 보편주의로 전환되어야 한다고 본 것이다. 이러한 입장을 '보편주의 내의 계층화(stratification within universalism)'라고도 한다.[40]

균등한 급여를 통해 빈곤을 구제하고 최저생활을 보장하려던 제도에서 소득비례형 차등급여를 통해 시민선택의 자유를 높이는 방향으로 변화된 것처럼 보편복지는 앞으로 또 다른 변화를 경험하게 될 것이다. 전통적인 복지국가는 안정적인 고용상태를 유지하면서 임금이 보장되는 경제활동을 하는 노동을 토대로 설계되었다. 완전고용에 가까운 노동환경에서 노동자의 기여를 토대로 설계된 사회복지는 보편적 복지를 지향할 수 있다. 그러나 이제 감염병 등의 예외적인 삶의 위기가 일상이 되고 있으며 불평등은 갈수록 심화되고 비정규직, 시간제 노동 등의 불안정 노동이 크게 증가하고 있다.

제4차 산업혁명으로 인한 급격한 경제구조의 변화 또한 안정적인 일자리 감소를 가시화하고 있다. 이러한 일자리 감소와 함께 빅데이터나 인공지능과 같은 인공적 공유자산에 기반하여 누구의 성과나 기여로 귀속할 수 없는 수익도 증가하게 된다. 대표적으로 최근 세계경제를 주도하고 있는 플랫폼(platform) 기업은 이용자와 서비스, 상품의 공급자와 수요자간의 접촉과 중개가 이루어지는 장소 또는 중개 플랫폼을 제공하는 기업으로 데이터의 추출, 수집, 분석, 이용, 판매, 독점 등을 통해 운영되기 때문에 고용을 축소하고 노동자들을 개인사업자 또는 비노동자로 만

---

40   이태수, 11-13.

들어 노동시장을 악화시킨다는 비판을 받고 있다. 이에 플랫폼 기업에 대한 엄중한 과세를 통해 플랫폼 자유노동에 대한 사회적 보상을 마련해야 한다는 주장이 제기된다.[41]

인류의 미래를 위협하는 감염병 위기와 인공지능으로 인한 노동의 위기 등을 대처하기 위해서는 보편복지가 확대되는 방향으로 국가의 역할이 강화되어야 할 것이다. 공생주의의 관점에서 이러한 변화를 미래사회로 나아가는 과정으로 보고 각 국가의 경제발전 상황을 고려하여 점진적으로 보편복지국가로 성장해 나갈 것으로 기대할 수 있다.

V. 인간존엄과 보편복지

코로나19 팬데믹사태가 장기화되면서 국가의 역할에 대한 관심이 높아지고 있다. 유럽 복지국가들은 보편적 사회보장제도가 이미 갖추어져 있어 코로나19 팬데믹 상황에서도 추가적인 정책을 입안하지 않아도 되었다. 긴급하게 지원이 필요한 대상을 선별하여 효율적으로 재정지원을 할 수 있는 제도가 이미 갖추어져 있기 때문이다.[42] 반면 보편복지가 정착되지 않은 미국은 경기부양패키지를 긴급 승인하면서 실업보험을 확대하여 선별적인 지원을 강화하였다. 앞으로 코로나19 팬데믹과 같은 감염병이 더 일어날 수 있다는 점을 감안하면 더 이상 이러한 일회적인 재정

---

41 장진호, 「플랫폼 자본주의의 부상과 문제들」, 『인문과학연구』 42(1) (2020): 161-193.
42 노대명, 「재난기본소득 논의를 통해서 본 한국 소득보장제도의 문제점과 향후 과제」, 『보건복지포럼』 281(2020): 64-84.

적 지원보다는 보편적인 복지를 강화하는 방안을 모색해야 할 시점에 서 있다. 물론 한국의 상황은 유럽과 다르기 때문에 한국의 정치와 경제 상황에 적합한 보편복지정책을 찾아야 할 것이며 이에 대한 사회적 합의도 이끌어 내야 할 것이다. 이러한 논의를 위해 먼저 한국의 복지 비전은 무엇이며 어떠한 사회를 목표로 하는가에 대한 심도 깊은 논의가 전제되어야 할 것이다.

본 연구는 이러한 시대적 이해를 바탕으로 이상사회의 경제사상이자 비전인 공생주의의 관점에서 제1차 긴급재난지원금과 보편복지를 바라보고자 하였다. 먼저 공생주의로 볼 때 제1차 긴급재난지원금은 경제의 심리적 측면에 주목하여 팬데믹으로 인한 심리적 위축과 불안을 해결하는 데 기여하였다는 측면과 일회적이지만 보편복지에 대한 경험을 제공하고 시민의식을 제고하였다는 측면에서 긍정적으로 평가할 수 있으며 포퓰리즘에 의한 지원금 지급은 경계해야 하며 국가의 비전과 역할에 대한 철학을 수립하기 위한 논의와 사회적 합의가 필요함을 볼 수 있었다. 나아가 공생주의 관점에서 보편복지는 국가가 추구해야 하는 복지의 방향이며 향후 미래사회의 여러 경제적 상황 변화 속에서 국민의 생존과 안전은 무엇보다 우선시되어야 하며 존엄성을 지킬 수 있는 환경을 조성하기 위한 보편복지는 확대되어야 할 것을 제시하였다.

긴급재난지원금 지급과 기본소득, 기본소득과 보편복지는 다층적이고 복합적인 논의의 틀을 가진 문제이다. 본 연구가 단편적으로 제시할 수 없는 한계가 있으나 연구의 단초를 제시하였다고 생각되며 이후 공생주의 관점에서 복지국가에 대한 후속 연구가 활성화되기를 바란다.

2

기본소득제 논의의 명암[1]

I. 기본소득도입 부결된 스위스

2016년 6월 5일 스위스에서 기본소득 도입을 위한 국민투표가 부결되면서 우리 사회에서도 기본소득에 대한 관심이 고조되었다. 특히 기본소득제가 도입되면 아무런 조건 없이 성인 일인당 월 300만원, 미성년인 경우 월 76만원 정도의 기본소득이 지급될 것으로 예상되는데도 70% 이상이 기본소득 도입을 반대했다는 점이 화제가 되었다.

기본소득 도입에 부정적인 사람들은 "포퓰리즘에 대한 스위스 국민들의 합리적인 선택"이라고 환호를 보냈으나 정책도입을 위한 준비부족, 풍족한 기존 복지제도로 인한 필요성 부족, 이민자 급증 우려 등 기본소득 도입 자체보다는 행정적인 준비와 주변국과의 상황 등 복합적 요인이 영향을 미친 것으로 분석되고 있다. 스위스의 많은 국민들은 기본소득 도

---

[1]   이 글은 『통일사상연구』 제12집(2017)에 게재된 논문이다.

입의 기본 취지에 공감하면서 행정적인 준비과정을 거쳐 기존 제도와 조율, 난민 유입 등의 문제가 해결한 뒤 향후 몇 년 안에 도입될 것으로 보고 있다는 설문조사 결과가 발표되기도 했다.[2]

  기본소득 도입이 시기의 문제일 뿐 조만간 도입될 것으로 예상하는 것은 지속적인 일자리 감소 때문이다. 4차 산업혁명 이후 전자동시스템으로 대표되는 근로환경 변화가 가속화되면서 일자리가 지속적으로 감소되는 현실 속에서 더 이상 노동에 근거한 소득이라는 관점이 유효하지 않을 것으로 전망되고 있다. 때문에 스위스 외에도 세계 여러 나라가 기본소득에 깊은 관심을 보이고 있다. 대표적인 복지국가로 꼽히는 핀란드는 기본소득을 본격적으로 도입하기 위해 먼저 2017년 1월부터 무작위로 선발한 25-58세 실업자 2천 명에게 2년간 매달 70만원을 지급하기로 했다. 시범적으로 선발된 사람들을 실험군으로 지정, 기본소득을 지급해보고 의미 있는 취업증가세나 긍정적인 변화가 있는지 보겠다는 것이다.[3]

  2017년 봄 대통령선거를 앞둔 대한민국 또한 기본소득을 둘러싼 논의가 쟁점이 되고 있다. 기본소득 도입에 대해서는 대선 후보들 사이에 이견이 있으나 일자리가 줄어들고 불평등이 심화되는 상황에서 기존의 복지제도만으로는 대응하기 힘든 현실에 대해서는 인식을 같이 하고 있기 때문이다.[4] 여러 후보들의 기본소득 공약 중 기본소득 도입을 공식적으로 내세우고 있는 후보는 이재명 성남시장이다. 이재명은 토지공개념을 적용해 국토보유세를 신설, 전 국민에게 연 30만원씩 기본소득을 제공

2   이현승, 「스위스 월300만원 기본소득 거부? 오해와 진실」, 『조선비즈』 2016.9.24.
3   하정민, 「기본소득 실험하는 시필레 핀란드 총리」, 『동아일보』 2017.2.23.
4   황예랑, 「조건 없는 기본소득, 조건 따져보니」, 『한겨레21』 1152, 2017.3.13.

하고 18세 이하 미성년과 장애인, 농민, 65세 이상 노인 등에게는 일인당 연 100만원을 지급하는 기본소득 공약을 발표했다.[5] 비록 일인당 지급금 액이 많지는 않지만 지급조건 없이 무조건 지급한다는 면에서 본격적인 기본소득 도입의 논의를 시작한 것으로 평가받고 있다. 물론 이재명 시 장의 공약에 대해 현실적인 재원마련 방안이 없으며 기존 복지혜택과 상 충된다는 등 비판도 제기되고 있다. 이러한 현실적인 비판은 물론 근본 적으로 노동 없는 소득이 가능한가에 대한 논의도 제기되고 있다.[6]

과연 우리나라를 비롯하여 세계적으로 논의되고 있는 기본소득이란 시기의 문제일 뿐 언젠가 도입될 미래적 대안인가? 통일사상의 공생주의 적 관점에서는 기본소득 논의를 어떻게 볼 것인가? 본 연구는 이제 통일 사상적 관점에서 기본소득을 어떻게 볼 것인가에 대한 논의가 시작되어 야 한다고 보고 그 출발점으로 통일사상의 공생주의와 기본소득 논의에 대한 논쟁점을 정리하여 통일사상적 관점에서 기본소득을 바라볼 수 있 는 관점을 제시해보고자 한다.

---

5   이형석·김상수, 「기본소득은 성장정책·한국사에 영구히 남을 것」, 『헤럴드경제』 2017.2.23.

6   대한민국 국민들이 연 30만원이 아니라 월 30만원의 기본소득을 받으려면 연 180조원의 재 원이 추가로 마련되어야 하는 것으로 분석되고 있다. 이에 대해 강남훈 '기본소득한국네트 워크' 이사장(한신대 교수)은 이재명 시장의 공약보다 두 배 높은 국토보유세 0.6%를 걷고 환경세와 시민세 등을 부과하는 방식을 도입하면 연 180조원의 재원마련이 가능하다며 재 원 모형을 제시하였다. 이 모형에 따르면 국민의 82%가 세금보다 기본소득을 더 많이 받는 순수혜자가 된다. 황예랑, 「조건 없는 기본소득, 조건 따져보니」, 29.

II. 통일사상의 경제관

1. 통일사상의 공생주의

통일사상요강은 서문에서 "통일사상은 하나님의 사랑을 중심한 새로운 가치관에 의한 애타(愛他)정신"이라고 명시하면서 공산주의의 투쟁심 및 물질주의를 제거하고 민주주의의 이기주의를 제거하여 공동으로 이상세계의 실현을 향하여 전진할 수 있도록 이끄는 사상이라고 시대적 책임을 기술하였다.[7]

특히 통일사상은 대립하는 이념과 종교, 사상, 국가와 민족을 화해시켜 인류 한 가족을 실현하는 사상으로 통일사상을 적용한다면 인류의 어떠한 난문제도 근본적으로 쉽게 해결할 수 있다고 설명하고 있다.[8] 다만 아직 사상을 중심으로 체계화하여 정치, 경제 등을 다루지 않고 있으나 필요하면 추가될 것이라고 첨언하였다.[9]

이러한 서술의 관점에서 보자면 이 책이 집필되었던 시기에는 민주주의와 공산주의 이념적 대립이 불러온 냉전체제를 종식시키는 것이 시대적 과업이었기에 전체적으로 사상적 관점에서 공산주의와 민주주의의 한계를 비판하고 그 대안을 제시하고자 한 것으로 보인다. 그러나 1990년대 이후 공산주의가 몰락하고 난 후 냉전시대는 종식되었다. 2000년대

---

7 통일사상연구원, 『통일사상요강』 (서울: 성화출판사, 1994), 2.
8 통일사상연구원, 2.
9 통일사상연구원, 8.

들어 인류는 더 이상 공산주의의 주장에 매료되지 않지만 이기적인 자본주의의 심화로 경제적 불평등의 그늘은 깊어지고 첨예한 경쟁과 갈등이 발생하고 있다. 개인과 사회는 물론 국가까지 이념적 지향보다는 경제적 실익을 추구하는 구조 속에 살아가고 있는 것이다.

앞서 통일사상요강에서 지적한 바와 같이 공산주의의 투쟁심과 물질주의처럼 자본주의의 이기주의도 제거되어야 했지만 오히려 이기적 경쟁은 심화되어 소득과 부의 불평등으로 인한 양극화가 자본주의의 위기를 가져오고 있는 상황에 처하게 되었다. 이제 통일사상의 경제관을 중심으로 자본주의 위기에 대한 새로운 대안을 제시해야 할 시점인 것이다.

통일사상요강에는 경제관이 별도의 장으로 다루어지지 않고 있다. 다만 부록으로 실린 '공생공영공의주의'에 대한 장에서 공생주의를 하나님주의를 경제적 측면에서 다룬 이념으로 소개하고 있다.[10] 이어서 공생주의는 "이상사회의 경제적 측면을 다룬 개념인 동시에 소유의 측면을 다룬 개념"으로 자본주의 경제와 공산주의 경제가 심리적 요소를 배제하고 물질적 소유를 논하는 한계를 넘어 물질적 소유의 근간을 이루는 심리적 요소, 특히 사랑이라는 개념을 전제한 소유를 제시하고 있다.[11]

특히 공생주의는 "하나님의 참사랑을 터로 한 공동소유"를 전제하면서 모든 물질을 "하나님과 나와의 공동소유이며 전체와 나, 이웃과 나의 공동소유"로 생각하는 관점의 전환을 제시한다. 이어 참사랑에 근거한 공동소유의 원형으로 가정을 제시하면서 "하나님의 참사랑을 터로 한 하나님과 나, 전체와 나, 이웃과 나라는 삼단계의 '타자와 나와의 공동소유"

---

10   통일사상연구원, 761.
11   통일사상연구원, 761.

라고 설명하고 있다.[12] 공생주의가 공동소유의 출발점을 인간이 아닌 하나님으로 보는 것은 모든 물질의 근원이 창조주 하나님의 소유라고 보기 때문이다. 인간은 하나님이 창조하신 피조물을 빌려서 쓰는 것이기에 감사하는 마음으로 물질을 아끼고 사랑하는 마음으로 관리하고 후손에게 물려주어야 한다.[13] 특히 원리강론은 미래사회의 경제구조를 공생주의로 설명하면서 하나님의 창조이상의 관점에서 보면, 인간에게 부여된 가치는 서로 어떠한 차이도 있을 수 없으며 부모이신 하나님에게 동일한 가치를 가지는 자녀와 같다고 전제한다. 부모가 모든 자식을 사랑하듯이 하나님도 모든 인류에게 균등한 환경과 평등한 생활조건을 주고 싶은 심정을 가지고 있다. 따라서 하나님의 창조이상이 실현되는 미래사회는 평등한 경제적인 조건이 보장되는 사회주의 사회가 될 것이라고 전망하고 있다.[14]

그런데 미래 사회주의 사회는 물질을 중심한 사회주의 사회가 아니라 하나님을 중심한 사회주의 사회이다. 즉 생산과 분배와 소비가 인체의 위장과 심장, 폐장과 같이 유기적인 관계를 가져서 필요하고도 충분한 생산과 공평하고도 과부족이 없는 분배, 전체적인 목적을 위한 합리적인 소비를 할 수 있는 사회라고 구체적으로 설명한다.[15]

그러나 인간은 타락하여 이러한 관점을 알지 못한 채 모든 만물을 자신의 것으로 생각하고 이기적으로 소유하고 인간중심적으로 이용함으로써 자연을 파괴하고 있는 것은 물론 필요 이상의 소유를 가지기 위한 투

---

12   통일사상연구원, 762-764.
13   통일사상연구원, 762; 문선명, 『평화를 사랑하는 세계인으로』(서울: 김영사, 2010), 374.
14   세계평화통일가정연합, 『원리강론』(서울: 성화사, 1995), 471-472.
15   세계평화통일가정연합, 471-472.

쟁을 계속해 왔다. 더 많은 소유를 위한 투쟁은 세계적인 단위에서 제국주의로 귀결되었다. 원리강론에서는 정치적으로 군주주의가 독재를 하였던 것처럼 금융자본에 대한 독점이 제국주의의 특징이 된다고 분석하면서 세계를 무대로 보다 많은 금융자본을 독점하기 위해 나선 것이 제국주의라고 설명한다. 그러므로 군주주의 이후 민주주의가 도래한 것처럼 제국주의를 타파하고 민주주의적인 경제사회를 이룩하기 위해 사회주의가 도래하게 되는데 이는 유물사관에 입각한 사회주의인 공산주의가 아니라 하나님의 참사랑에 기초한 사회주의라고 분석하고 있다.[16]

이러한 공생주의에 대해 김항제는 "프롤레타리아에 의한 완전공유를 주장하는 공산주의에 대한 현실적 극복을 위해 제시되었으나 공산주의는 물론 자본주의 이후를 제시하는 미래지향적 사상"이라고 평가하고 있다.[17] 황상석 또한 "공생주의는 소유의 측면을 다룬 이론으로 자본주의 경제가 추구하는 사적 소유와 사회주의 경제를 지탱하는 국가적 소유에서 '빠져 있던 영역'을 보완했다"고 평가하며 "자본주의와 사회주의 체제를 지탱하는 물질적인 소유의 개념에 정신적 소유, 더 나아가 공동소유의 개념을 추가하였다. 공생주의는 사적 및 공동소유를 기반으로 운영되는 이상적인 경제시스템을 구축하는 대안으로 제시된 것"이라고 설명하였다.[18]

그러나 하나님의 참사랑에 기초한 공생주의는 종교적 이상에 기반하고 있어 종교적인 차원의 인식전환과 실천이 전제되어야 한다는 특성을

---

16 세계평화통일가정연합, 467-474.
17 김항제, 『통일교의학연구II』 (아산: 선문대출판부, 2002), 164.
18 황상석, 「경제학적 관점에서 본 공생주의: 새로운 자본주의 대안모색을 중심으로」, 『천지인 참부모님 성탄 및 기원절 4주년 기념 학술대회 자료집』 (2017), 47-48.

가지고 있다. 문선영은 "공생주의는 종교적 이상세계에 기반을 두고 있는 완성한 창조본연의 인간상을 경제적 인간의 모습으로 전제하고 있다"고 하면서 공생주의의 출발점이 이상적인 인간과 이상적 세계의 모습을 전제로 전개되고 있다고 논하였다. "공생주의는 이기적인 인간이 아닌 이타적인 인간, 즉 양심에 의해 자율적으로 탐욕을 규제할 수 있는 인간들이 참사랑을 기반으로 나눔과 보살핌의 종교적 영성을 자발적으로 실천한다는 이상이 담겨 있기에 실천을 위해서는 끊임없는 자기수행과 성찰이 요구된다."는 것이다.[19] 강화명 또한 "공생의 경제는 사적 재산권을 개개인의 이기적 풍요를 위해서가 아니라 그가 속한 공동체가 책임져야 할 재산으로 이해할 것을 요구하고 있다."고 보았다.[20]

　이러한 측면에 대해 김항제는 공생주의는 이상세계가 실현될 때 이루어질 수 있기에 "공상적인 유토피아니즘이라 할 수 있다."고 지적하면서 유토피아니즘에 빠지지 않기 위해서는 현실세계 속에서 제도적 구체화가 이루어져야 한다고 지적하고 있다.[21] 황상석 또한 공생주의가 지향하는 실천적인 모델과 방안이 모색되지 않았기에 공생주의가 새로운 자본주의의 대안으로 제시되지 못했다고 지적하였다.[22] 자본주의의 위기에 대해 하나님의 참사랑에 기초한 사회주의인 공생주의의 제도적인 모델 또는 대안이 제시되어야 한다는 것이다.

19　문선영, 「토론: 경제학적 관점에서 본 공생주의: 문선명 경제사상을 중심으로」, 『천지인 참부모님 성탄 및 기원절 4주년 기념 학술대회 자료집』 (2017), 7.
20　강화명, 「경제적 신자유주의와 문선명 선생의 경제평화사상」, 『말씀과 신학』 19 (2014): 23.
21　김항제, 163.
22　황상석, 49.

2. 공생주의와 적정소유

공생주의에서 제시하는 공동소유는 적정소유라는 새로운 개념으로 대표되고 있다. 자본주의 경제는 사적 소유이며 공산주의 경제는 사회적 소유로 구분되지만 소유에서 사랑이라는 요소가 배제된 채 물질적 소유에 불과하다는 공통점이 있는 반면 공생주의 경제는 개인이 양심에 따라 자신의 욕망을 조절할 수 있는 적정소유를 기반으로 하나님과 나, 이웃과 내가 하나님의 참사랑을 기반으로 공동소유를 하는 것을 의미한다.[23]

적정소유란 개개인의 분수에 맞는 정도, 적정의 양과 질을 스스로 아는 것으로 양심이 맑다면 하나님이 그 양심을 통해서 가르쳐 주시기 때문에 분수에 맞는 심리양의 결정은 쉽게 이루어질 수 있다. 그런데 그 양은 첫째, 개인마다 독특한 개별상을 지니고 있어 성격과 취미가 각기 다르기 때문에 동일하게 정할 수 없다. 둘째, 각기 다른 개별상인 동시에 상호 관련된 연체이기 때문에 각기 격위가 다르므로 다른 사람을 위하여 베풀어야 할 물질의 양도 다르다. 따라서 분수에 맞는 적정량은 각자가 정할 수밖에 없다.[24] 이러한 적정소유에 대해 김항제는 "소유의 완전한 평등을 전제하지 않는 점과 소유의 심적 요소를 제기하는 점에서 사회주의와 구분된다."고 하면서[25] 사적 소유와 공적 소유와는 다른 개념이며 물질과 마음이 수반되는 소유이자 마음과 물질이 수수(授受)되는 소유라

---

23 통일사상연구원, 762.
24 통일사상연구원, 767-768.
25 김항제, 160.

고 규정한다.[26]

선주성은 적정소유의 의미를 공익 또는 공공선을 추구한다는 의미로 접근하였다. 공생주의의 적정소유가 공산주의의 공동소유와 달리 소유의 분배에 대한 심리적, 정신적 차원을 강조하며 공익을 침해하지 않는 선에서 사적인 이익을 인정한다고 본 것이다. 공동소유와 사적 소유의 조화를 추구하고 공익실현을 위한 공공선이 강조된다는 면에서 자본주의의 사적 소유와 구분된다는 점에 주목한 것이다.[27]

강화명은 적정소유의 적정량을 타인에게 물질적 피해를 주지 않는 선이라고 최소한의 기준을 제시하였다. 소유가 한 개인이나 특정계급의 물질적 욕망을 무한히 충족시키는 수단이 아니라 만민에게 적절하게 공유되어야 함을 강조하면서 개성진리체로 창조된 인간의 차별화된 능력과 업적에 따른 소유의 격차를 인정하기는 하나 그 정도가 타인의 물질적 궁핍을 초래할 정도로 심각해서는 안 된다고 강조하였다.[28]

적정소유가 개인의 사적 소유의 적정선을 타인의 소유를 침해하지 않아야 할 뿐 아니라 공익을 추구해야 한다는 것을 전제한다는 것은 의미가 깊다. 그러나 그 전제가 이상사회의 실현으로 한정되어 있고 개인의 양심이 분수에 적합한 적정소유의 양을 자연스럽게 알게 된다는 설명은 현대사회에서 그 현실적 의미가 제한될 수 있다는 비판도 제기되고 있다. 우선적으로 공생주의가 추구하는 적정소유에 기반한 공동소유가 제도적으로 어떻게 구현될 것인가가 명확하지 않기 때문이다.

---

26   김항제, 153.
27   선주성, 「통일교의 공생주의 경제론에 대한 고찰」, 『통일사상연구』 9 (2015): 118-120.
28   강화명, 「토론: 경제학적 관점에서 본 공생주의: 문선명 경제사상을 중심으로」, 34.

성범모는 "소유문제에 있어서 적정소유를 주장하는 것은 그 의미의 한계가 모호하다"고 지적하면서[29] 적정소유가 자본주의에 기반하기 때문에 사적 소유의 한도를 정한 것이 아니라 재물을 얻는데 탐욕을 부리지 말고 가난한 사람에게 폭리를 취하거나 부당한 이익을 얻어서는 안 된다는 대원칙을 지키라는 윤리적 의미로 해석하였다.[30]

공생주의 경제가 적정소유라는 사적 소유를 인정하기에 자본주의 경제체제의 틀에서 생각해야 한다는 주장에 대한 반론도 있다. 앞서 언급한 것처럼 공생주의 경제는 이상세계의 경제체제로 하나님주의에 기반한 사회주의라고 명기되어 있기 때문이다. 김항제는 공생주의의 소유는 "하나님의 참사랑을 터로 한 공동소유"[31]이기에 "제도적으로는 자본주의보다는 공동소유를 목표로 하는 사회주의가 인간중심주의에 빠지지 않는 한 창조이상과 역사발전에 훨씬 가깝다"고 하였다.[32]

21세기 세계 경제적 변화를 놓고 볼 때 적정소유에 기반한 공생주의체제가 자본주의와 사회주의 중 어디에 가까운가를 논의하는 것은 무의미할 수도 있다. 자본주의의 한계로 경제위기가 발생하면서 소득과 부의 불평등에 기반한 양극화가 심화되는 현실적 상황을 해결할 수 있는 대안이 자본주의 4.0 또는 따뜻한 자본주의 등 다양한 형태로 모색되고 있기 때문이다. 기본소득 또한 소득과 부의 양극화를 극복하기 위해 도입이 검토되고 있는 제도로서 통일사상의 공생주의 관점에서 생각해볼 점이 많다.

---

29   성범모, 「경제학적 관점에서 본 공생주의: 문선명 경제사상을 중심으로」, 『천지인 참부모님 성탄 및 기원절 4주년 기념 학술대회 자료집』 (2017), 7.
30   성범모, 56-57.
31   통일사상연구원, 758.
32   김항제, 153.

III. 기본소득제에 대한 이해

1. 개념과 특징

기본소득은 국가나 정치공동체가 모든 시민에게 아무런 조건 없이 지급하는 소득으로 소득 및 자산 조사를 하거나 근로 여부를 따지지 않고 모든 구성원에게 정기적으로 일정 현금을 지급하는 제도이다. 기본소득은 세 가지 특징으로 대표되는데 첫째, 모든 구성원들에게 지급되는 소득이라는 점에서 보편적 보장소득이며 둘째, 어떠한 심사나 제한 없이 무조건적으로 보장되는 소득이며 셋째, 가구나 가족 단위가 아니라 구성원 개개인에게 지급되는 개별적 보장소득이라는 점이다.[33]

기본소득은 사회가 추구하는 소득보조의 수준이나 목표 설정에 따라 완전한 기본소득, 부분적 기본소득, 전환기 기본소득 등으로 구분되기도 한다. 완전한 기본소득은 생활에 필요한 기본 수요를 충족하는 금액을 무조건 지급하는 것을 의미한다. 부분적 기본소득은 기본수요의 완전한 충족에는 미치지 못하는 금액을 지급하는 것으로, 기존 소득이나 복지 제도를 보조하는 성격을 띤다. 전환기 기본소득은 완전한 기본소득이나 부분적 기본소득을 도입하기 전에 도입하는 전환기적 제도로서 좁은 지역이나 세대를 한정하여 지급하는 제도이다.[34] 현재 대한민국에 도입되

---

33   기본소득에 관한 자료는 기본소득 도입을 추진하는 세계적인 네트워크인 '기본소득지구네트워크'와 연계하여 2009년 결성된 '기본소득한국네트워크' 홈페이지에 상세하게 제시되어 있다. http://basicincomekorea.org/all-about-bi_definition/ (2017년 3월 1일 검색)
34   박홍규, 「기본소득연구」, 『민주법학』 36 (2008): 135.

고 있는 초·중등학생 무상급식이나 유치원 무상교육 등이 이러한 전환기적 기본소득이라고 볼 수 있다.[35]

그동안 복지제도는 모든 국민이 인간다운 최소한의 삶을 살 수 있도록 보장하는 것을 목적으로 꾸준하게 확대되어 왔다. 그러나 제도적으로 운영과정에서 행정적 한계로 인한 사각지대의 존재, 부당수급 등의 문제가 발생되고 경제적 효율성이 저하되는 것으로 지적되어 왔다. 특히 경제적인 성장기나 안정기에는 완전고용을 목표로 가난한 사람들에게 최저생계비를 지급하고 일자리를 제공하여 빈곤에서 벗어날 수 있도록 지원하는데 집중하지만 경제가 침체되고 실업이 장기화되면 복지의 의미는 축소되며 수혜요건 또한 더욱 한정되었다.[36]

또 다른 문제는 수혜대상들의 복지의존성을 줄이는데 한계를 가진다는 것이다. 그동안 복지제도는 수혜대상들의 노동생산성이 저하되는 것을 막기 위한 노동연계복지 또는 생산적 복지로 발전되어 왔다. 사회적 일자리나 희망근로 등을 통해 가난하거나 도움이 필요한 사람들에게 생계비를 일방적으로 지원하던 방식에서 일정부분 노동을 하거나 노동의 질을 향상시키기 위한 직업교육을 이수하는 것을 전제로 복지를 제공하는 방식으로 전환되는 것이다. 그러나 이러한 노동연계복지를 적용해도 근본적으로 노동의욕을 진작시키지 못하는 것으로 보고되고 있다. 수혜대상들 대부분이 직업교육이나 공공노동에 참여하더라도 노동의욕이 높아지지 않으며 노약자, 중증장애인 등 노동능력이 없거나 부족한 사람들에게 또 다른 소외를 형성한다는 비판을 받고 있다.

---

35 노호창, 「기본소득에 관한 개관과 입법 사례의 검토」, 『노동법연구』 36 (2014): 407.
36 최광은, 『모두에게 기본소득을』 (서울: 박종철출판사, 2011),

더욱 근본적인 문제는 산업의 기계화로 더 이상 완전고용을 보장할 수 없는 현실이다. 고용을 통해 기본적인 사회보장이 이루어지는 현실 속에서 비정규직 확대와 실업 증가는 선별적 복지 대상의 증가를 의미하며 노동연계 복지 또한 효율적으로 이루어지기 힘든 현실을 보여준다. 임금노동의 의무와 조건을 전제로 복지적 권리가 승인되는 조건형 복지가 한계에 이르렀음을 보여주는 것이다.[37]

이러한 문제를 해소하기 위해 복지와 노동의 연계를 거부하고 복지를 국민의 기본 권리로 제공하고자 하는 기본소득에 대한 논의가 이어지고 있다.

2. 역사와 사례

1) 기본소득 논의의 역사

기본소득에 관한 아이디어는 16세기 토마스 모어의 유토피아에서 제시되었다고 알려져 있으며 모어의 친구였던 요하네스 루도비쿠스 비베스가 이를 위한 실용적이고 이론적인 계획을 수립한 것으로 소개되고 있다.[38] 이러한 구상은 18세기 콩도르세가 사회보험을 모든 국민에게 적용하는 방안을 제안한 뒤 그의 친구인 토머스 페인에 의해 더욱 구체화되었다. 페인은 "21세가 되면 무조건적인 일시금을 지급하고 15세가 되면 시민연금을 지급할 수 있도록 국민기금을 창설할 것"을 주장하면서 공공재인 토지의 지대수입을 일정하게 지급하자고 재원마련 방안을 제시하였

---

37 이명현 외, 『기본소득의 쟁점과 대안사회』 (서울: 박종철출판사, 2014), 152.
38 기본소득한국네트워크 홈페이지 참고.

다. 페인의 이러한 주장은 기본소득과 유사한 구상을 최초로 제안한 것으로 평가받고 있다.[39] 프랑스의 초기 사회주의자 샤를 푸리에는 기본적 자연권을 누리지 못하여 자신의 생활을 충족시킬 수 없는 사람들에게 최소한의 숙식을 제공하여 생존권을 보장해야 한다고 주장하였다. 또한 조셉 샤를리에는 1848년 토지의 임대료에 해당되는 금액을 모든 시민에게 매월 지급하는 토지 배당을 실시하자고 주장했다.

20세기에는 버트런드 러셀과 밀러 등이 일을 하느냐의 여부를 떠나 생존에 필요한 충분한 소득을 모두에게 주어야 한다고 주장하면서 논의를 이어 갔다. 먼저 20세기 초기 영국을 중심으로 '사회배당', '국가보너스', '국가배당'과 같은 이름으로 조건 없는 보편적 기본소득에 대한 제안이 논의되었다.

이러한 제안은 제도적으로 시행되지는 못했으나 1960년대 들어 미국에서는 제도적 도입이 시도되었다. 1968년 제임스 토빈을 중심으로 경제학자 1,200명이 데모그란트로 불리는 보편적 기본소득 도입을 촉구하며 민주당 후보의 대선 강령에 포함시키는 등 대중적인 지지를 받았다. 또한 마틴 루터 킹 목사 또한 "빈곤을 해결하는 가장 쉬운 방법은 기본소득 보장"이라고 제안을 하기도 했다. 그러나 이러한 대중적 지지에도 불구하고 제도화되지는 못했다. 이후 1970년대부터 유럽에서 기본소득에 대한 논의가 활발하게 진행되었다. 유럽은 성장이 둔화되면서 실업률이 상승하고 저출산이 심화되는 등 현실적인 문제들이 대두되면서 그 대안으로 기본소득에 대한 관심이 높아졌다. 이후 1986년 '기본소득유럽네트워크'가

---

39 박홍규, 127.

결성되었으며 이어 2004년 기본소득지구네트워크((BIEN, Basic Income Earth Network)가 조직되어 기본소득 지지자들의 연대를 강화하고 있다.[40]

2) 기본소득 도입의 사례

이론적인 논의에도 불구하고 완전한 기본소득이 제도적으로 도입된 국가나 사례는 없다. 현재는 일부 지역에 한정되거나 일부 사람에 국한되어 실험적으로 도입 또는 시행되고 있는 단계이다. 연령이나 소득과 무관하게 모든 사람에게 개별적으로 지급된다는 기본소득의 취지를 제도적으로 실현한 곳은 미국의 알래스카이다. 알래스카주의 주지사 제이 하몬드는 알래스카주에서 채굴되는 석유 수입의 일부를 투자하여 주민에게 소득으로 지급하는 기금을 설립할 것을 제안하였다. 그리고 1976년 주 헌법이 개정되면서 알래스카영구기금(APF)을 설치, 1982년부터 알래스카에서 최소 6개월 이상 공식적으로 거주한 모든 사람은 매년 일정한 배당을 받게 되었다. 이러한 기본소득 제도는 알래스카가 미국에서 가장 평등한 지역이 되도록 도움을 주고 있는 것으로 평가되고 있다.[41]

알래스카 외에도 인도와 아프리카 등 제한된 지역의 사람들에게 기본소득을 실험적으로 실시해보기도 했다. 인도는 2011년 6월부터 2012년 8월까지 자영업여성연합(Self Employed Women's Association·SEWA)에서 유니세프의 지원을 받아 마디야프라데시(MadhyaPradesh)주에서 성인 1인당 200루피(약 3,300원), 어린이 1인당 100루피(약 1,600원)를 매달 지급했다. 다음 해에는 각각 300루피(약 5,000원), 150루피(2,500원)로 지급액을 올렸다. 성

---

40   기본소득한국네트워크 홈페이지 참고.
41   곽노완 외, 『기본소득운동의 세계적 현황과 전망』(서울: 박종철출판사, 2014)

별, 연령과 상관없이 모두에게 현금으로 기본소득을 지급한 결과, 어린 이들은 영양실조가 크게 개선되고 학교 출석률이 높아졌다. 또한 기본소득을 받은 가정 중 21%의 소득 수준이 향상되어 긍정적인 평가를 받았다.[42] 아프리카 나미비아의 오미타라 지역에서는 민간단체들이 모여 '기본소득연합(Basic Income Grant Coalition)'을 설립해 2008년 1월부터 2009년 12월까지 지역주민 930명에게 매달 100나미비아 달러(1만4,000-1만5,000원)를 지급하는 기본소득 실험이 실시됐다. 그 결과 기본소득 지급전에는 '매일 먹을 음식이 부족하다'고 답한 주민이 전체 중 30%에 달했지만 기본소득 실험 이후에는 이 비율이 12%로 하락했으며 영양실조로 고통받고 있던 어린이 비율은 42%에서 17%로 하락했다. 실업률은 60%에서 45%로 15% 감소했고, 성인 1인당 평균 소득은 200나미비아 달러(약 1만 6,000원)에서 389나미비아 달러(약 3만1,000원)로 상승했다. 기본소득 지급액 이상으로 소득이 늘어난 것이다.

인도와 아프리카의 실험은 복지체제가 제대로 구축되지 않은 국가의 낙후된 지역에서 사는 소수의 인원을 대상으로 외부 단체의 기금을 지원받아 시도되었다는 조건적인 한계점이 있음에도 불구하고 기본소득이 노동의지를 약화시킬 것이라는 기우를 불식시키는데 기여하였다.[43]

저개발국에서 제한적으로 기본소득에 대한 성공적인 실험이 시도된 것에 비해 유럽은 기본소득에 대한 논의와 실험이 시도되고 있다. 서론에서 언급한 것처럼 스위스는 기본소득 도입에 대한 국민투표를 실시하

---

42 이윤정, 「사라트 다발라 "인도 실험 성공적, 로봇이 번 돈을 사람에게"」, 『조선비즈』 2016.11.14.
43 이윤정, 「인도와 나미비아의 기본소득 실험, 희망과 한계 사이」, 『조선비즈』 2016.9.26.

였고 핀란드는 2017년부터 실업급여를 받는 이들 중 2,000명을 무작위로 선발해 월 560유로(한화 73만원)의 기본소득을 지급하는 2년간의 시범사업을 시행하기로 했다. 성공적으로 평가되면 지급대상을 프리랜서, 소기업과 파트타임 근로자 등 저소득 그룹으로 단계적으로 확대해 나간다는 계획이다. 핀란드 정부는 기본소득을 도입한 후 시민들의 노동의욕이 촉진되고 기존의 복지체제를 유지하는데 필요한 행정 관리비용이 낮춰지기를 기대하고 있다. 네덜란드는 위트레흐트를 비롯한 19개의 지방자치체 정부가 기본소득 실험을 준비 중이다. 위트레흐트시 계획은 사회보장급여 수급자에게 기존의 수당 대신 월 660파운드(약 115만원)의 기본소득을 지급할 방침으로 알려졌다.[44]

3. 찬반론의 쟁점

기본소득은 무조건적 지급이라는 명확한 특성으로 인해 노동과 복지를 단절시킨다는 논쟁점을 만들어 지지자와 반대자 사이에 활발한 토론을 불러일으켰다. 그런데 흥미로운 것은 일반적으로 보수와 진보가 반대와 찬성으로 그 입장이 나눠지지 않고 옹호와 반대가 다양한 이데올로기 내에 존재하는 것이다. 예를 들어 시장주의적 시각을 가진 경제학자들 중에도 시장의 활성화와 정부개입 최소화를 위해 기본소득 도입을 주장하는 사람들도 있으며 마르크스주의적 시각을 가진 경제학자들 중에서도 노동과 사회적 발전의 인과관계를 해체한다는 점에서 기본소득

---

44 박수윤, 「가지 않은 길에 선 선진국들...곳곳서 '기본소득' 실험」, 『연합뉴스』 2016.12.25.

도입에 반대하는 학자들도 있다. 이러한 시각의 차이는 기본소득을 어떤 연령층에게 어느 정도의 액수로 지급할 것인가 등 설정 양태에 따라서 현저하게 나타난다. 즉 일반적으로 자유주의자들은 최소한의 기본소득을 주장하는 반면 진보주의자들은 충분한 수준의 완전한 기본소득을 주장하는 것이다. 이런 다양한 시각의 차이 때문에 기본소득에 대한 논쟁은 기본소득이 가진 보편적인 특성을 옹호하거나 반대하는 차원에서 기본소득의 형태에 대해 논쟁하는 차원으로 변화되고 있다. 따라서 기본소득에 대한 논쟁점을 단순화하는 것은 오류를 일으킬 가능성이 많다.[45] 이러한 한계에도 불구하고 논의의 전개를 위해 기본소득 도입에 대한 논점을 정리해보자면 크게 무임승차와 노동윤리 등의 윤리적 측면과 재원마련 등의 기술적 측면으로 나눌 수 있다.

윤리적 측면은 '호혜성(reciprocity)'에 근거한 비판이 주를 이룬다. 호혜성이란 사회적 협동으로부터 나온 경제적 이익을 자진해서 누리는 사람들은 이런 이익을 제공한 협동공동체에 생산적으로 기여할 상응하는 의무가 있다는 것이다. 물론 이때의 기여의 의무란 자신이 받은 이익의 가치에 정확하게 비례해야 한다는 의미는 아니다. 장애나 여타 능력의 차이로 인해 자신이 받은 이익만큼 기여할 수 없더라도 자신의 능력 범위 내에서 최소한의 기여활동을 수행해야 할 의무가 있다는 것이다.[46]

그런데 기본소득을 도입하게 되면 개인과 사회의 상호호혜의 의무를 위반하는 사회적 무임승차가 일어나게 된다. 개인이 사회에 대해 아무런

---

45 김혜연, 「이데올로기적 다양성에 따른 기본소득의 정책 특성에 관한 연구」, 『비판사회정책』 42 (2014): 95.

46 조현진, 「호혜성에 근거한 기본소득 비판에 대한 반론과 한국 사회에서의 그 함축」, 『통일인문학』 62 (2015): 372.

기여도 하지 않았는데도 사회가 개인에게 무조건적 보상을 해주기 때문이다. 특히 기본소득이 지급되면 노동을 하지 않아도 생계를 유지할 수 있기 때문에 신체가 건강한 사람도 사회에 기여하지 않을 수 있다.

엄밀한 의미에서 이렇게 사회에 기여할 수 있는 능력이 있는데도 노동하지 않는 사람이 나타나게 되면 노동하는 사람이 노동하지 않는 사람의 몫까지 더 많은 노동을 하게 된다. 결국 노동하지 않는 사람이 사회에 무임승차하는 것이 아니라 노동하는 사람에게 무임승차하는 구조가 되며 노동하는 사람들이 노동하지 않는 사람들의 기본소득까지 지급하기 위해 노동을 하고 세금을 납부하게 되므로 이것은 또 다른 형태의 기생 또는 착취일 수 있다.[47] 롤즈도 이런 맥락에서 열심히 일한 시민으로부터 거둔 세금으로 노동을 포기한 채 노는 걸 선택한 사람을 부양하는데 쓰는 것은 정의롭지 않다고 보았다. 능력이 있는데도 노는 걸 선택한 사람, 즉 최소수혜자가 아닌 사람은 부양할 수단을 스스로 마련해야 한다는 것이다.[48]

나아가 호혜성이 흔들리면 노동을 통해 사회에 기여하고자 하는 개인이 없어지게 되어 사회적 생산성이 떨어지게 되며 결국 사회가 붕괴될 것이라는 우려가 제기된다. 생산과 발전이 국가를 지탱한다는 시각에서 볼 때 기본소득이 제공되어 건강한 노동자들이 노동시장에서 이탈하게 된다면 사회 전체의 생산력이 저하되어 결국 기본소득의 세제기반이 붕괴된다는 것이다.[49] 윤리적인 문제제기에 대해 기본소득 도입 찬성론자들

---

47   김혜연, 99.
48   남기업, 「기본소득과 정의로운 재원」, 『한국행정학회 학술발표논문집』 (2015), 480.
49   김혜연, 100.

은 기본소득이란 노동으로 인한 총생산을 나누어 가지는 것이 아니라 국가가 소유하고 있는 자산의 1인당 몫의 가치에 해당하는 것을 돌려받는 것이라고 지적한다. 즉 노동하지 않는 사람이 노동하는 사람이 생산한 결과에 의지하여 기본소득을 받는 것이 아니기 때문에 착취가 아니며 태생적으로 발생하고 있는 소득과 부의 불평등으로 인한 부정의를 예방하는 더 큰 기능을 할 수 있다는 것이다. 나아가 기본소득 도입으로 분배의 정의가 보장된다면 모든 사람들의 자유로운 노동의 선택이 이루어져 진정한 의미의 호혜성의 원리가 작동될 수 있다고 주장한다.[50]

앞서 언급한 롤즈의 사상으로 볼 때에도 소유와 타고난 재능의 원초적 분배에서 발생하는 능력소득으로 인한 실질적 불평등은 어쩔 수 없는 것이지만 자산을 공평하게 분배하여 출발부터 사람들에게 평등한 상태를 유지해야 한다는 재산소유민주주의(property-owning democracy)의 관점에서 보면 토지소득, 상속·증여소득, 주식양도소득 등에 근거한 기본소득은 평등한 자유와 공정한 기회균등을 보장한다는 차원에서 도입되어야 한다는 것이다.[51] 기술적이고 현실적인 측면에서는 기본소득을 지급하기 위해서는 막대한 재원이 필요하고 세율 인상이 불가피하다는 점이 기본소득 도입의 가장 큰 장벽으로 꼽힌다. 특히 기본소득은 임금노동에 의한 자기기여와 연결되지 않고 전 국민에게 지급되는 지급규모로 인해 사회의 총체적인 부와 관계를 맺을 수밖에 없기에 기본소득의 재원을 어떻게 마련할 것인가는 현실적인 문제로 대두된다.

이러한 비판에 대해 프랑스의 밀롱도(Mylondo)는 재원마련이 문제가 아

---

50 조현진, 400.
51 남기업, 481.

니라 재원마련 방식을 어떻게 정하느냐에 따라 사회변화와 부의 분배에 미치는 영향력이 달라지게 된다고 지적하면서 재원마련 방안에 대한 신중한 접근이 필요하다고 지적하고 있다.[52]

재원마련 방안은 여러 방안이 제시되고 있는데 첫째, 기존의 재원을 재분배하는 안으로 사회보장을 위해 지출하는 유사한 예산들과 선별적 사회보장제를 운영하는데 들어가는 행정비용을 없애 모은 재원을 재분배하는 방안, 둘째, 금융시스템의 공유화, 토빈세, 환경세, 부유세 등의 새로운 세제안 도입 및 소득세 체계의 개편, 부가가치세를 인상하여 마련하는 방안, 셋째, 국공유 자연자원 이용에 따른 수익을 통한 재원조성 및 주요 기업의 국유화를 통한 재원마련 방안, 넷째, 투기소득이나 불로소득 등에 대한 중과세를 통해 재원을 조성하는 방안 등이다.

IV. 통일사상적 관점에서 본 기본소득 논의

1. 노동과 인류의 미래

통일사상의 경제관은 하나님의 참사랑에 기초한 공생주의로서 개인의 양심에 따른 적정소유에 기초한 공동소유를 추구하고 있다는 것을 2장에서 논의하였다. 이러한 관점에서 기본소득 도입을 둘러싼 논쟁을 살펴보고자 한다. 윤리적 측면에서 볼 때 기본소득 도입은 인간의 본질에 대

---

52   노호창, 428.

한 규정과 미래적 전망이 전제되어 있다. 즉 인간은 노동을 통해 사회에 기여하면서 사회로부터 대가를 부여받는다는 상호호혜성의 관점에서 볼 때 기본소득은 문제를 가질 수 있지만, 이보다 앞서 분배의 정의가 보장된다면 인간의 노동이 생존을 위한 소득이라는 틀을 벗어나 진정한 상호호혜성이 보장될 수 있다는 논점이 발생되는 것을 볼 수 있었다.

통일사상요강은 하나님의 참사랑을 닮아 자녀로 창조된 인간이 타락으로 인해 사랑을 알지 못하고 이기주의에 빠져 만물의 일부를 독점하게 되었다고 비판하면서 가난한 이웃의 고통을 외면하면서 양심의 가책을 느끼지 않는 모습을 구체적으로 서술하고 있다.[53] 타락한 인간은 소유를 물질 그 차제로만 생각하고 소유의 목적인 사랑을 잃어버리고 말았다. 개인의 소유는 자신의 것이 아니라 "타인에게 사랑을 베풀기 위해서 주어진 것"이라는 사실을 모르고 더 많은 소유를 하고자 노력하는 불행한 삶을 살고 있는 것이다. 따라서 창조본연의 인간으로 돌아가기 위해서는 더 많은 사람을 사랑하기 위해 노동하고 소유하는 인간의 본질을 알아야 한다.

나아가 통일사상요강은 미래의 경제가 "재화의 생산, 교환, 분배, 소비 등에 관한 활동의 총화"라는 과거의 경제양상과 완전히 달라질 것이라고 전망하면서 경제활동의 모든 과정이 물질적인 재화의 유통과정일 뿐 아니라 심정과 사랑, 감사와 조화가 함께 흐르는 물심일여(物心一如)의 통일적 과정이 될 것이라고 설명하고 있다.[54]

경제활동이 재화를 중심한 활동이 아니라 사랑과 감사의 통일적 과정

---

53 통일사상연구원, 763.
54 통일사상연구원, 768.

이 되기 위해서는 인간이 생존을 위한 노동에서 해방되어야 할 것이다. 제레미 리프킨은 1995년에 이미 기술혁신과 기계화, 정보화로 대표되는 제3차 산업혁명으로 21세기에는 "기계가 급속한 속도로 인간을 대체"하여 산업생산에서 "인간이 거의 필요 없는 문명의 세계"가 될 것이라 예견한 바 있다. 노동은 인간이 무리를 짓고 살기 시작한 구석기 시대부터 생존을 위한 인간활동의 핵심영역이었으나 21세기에는 그 노동이 바야흐로 사라질 위기에 처해 있다는 것이다. 그는 "인간의 노동은 현재 첫 단계인 생산과정부터 체계적으로 제거"되고 있으며 앞으로 "1세기 이내에 시장 부문의 대량 노동은 사실상 세계의 모든 산업국가에서 사라질 것"이라고 말했다.[55]

2004년 개정판을 내면서 그는 자신이 예견했던 것처럼 이미 일자리가 대량으로 사라지고 있다고 주장하면서 21세기에는 노동의 본질이 바뀔 수밖에 없다고 하였다. 2050년에는 전통적인 산업부문을 관리하고 운영하는데 전체 성인인구의 5% 정도밖에 필요하지 않게 될 것이라고 하면서 반복적인 단순 업무는 물론 고도로 개념적인 전문 업무까지 점점 더 많은 육체적, 정신적 노동을 값싸고 효율적인 기계가 담당하게 될 것으로 보았다.[56]

인간의 일자리가 상실되는 현상에 대해 리프킨은 인류에게 노동의 종말은 또 다른 의미의 새로운 르네상스가 열리는 계기라고 긍정적으로 해석하였다. 인류가 더 이상 영리를 목적으로 하는 노동을 하지 않아도 되기 때문에 사회적, 문화적으로 의미 있는 비영리적 활동을 하면서 삶의

---

55 제러미 리프킨, 『노동의 종말』, 이영호 역 (서울: 민음사, 2005), 47-57.
56 제러미 리프킨, 21.

의미를 찾게 될 것이라고 본 것이다. 22세기에 이르면 대부분의 사람들은 문화적 영역에 속하는 직업을 가지기 위해 교육과 훈련을 받게 되고 사람들은 내재적 가치를 창출하고 공유된 사회공동체의식을 재활성화하기 위해 해방될 것이라고 보았다.[57] 그러나 생존을 위한 노동에서 해방되고 창조적이고 의미 있는 비영리적 노동으로 기본적인 생계를 보장받을 수 있으려면 기본 생계를 보조할 수 있는 기본소득이 보장되어야 한다. 즉 모든 사람이 똑같은 소득을 보장받는 완전기본소득은 불가능하겠지만 최소한의 생계를 보장할 수 있는 최소 기본소득을 실시한 기반 위에 각자의 소득을 보장하는 방안이 검토되어야 하는 것이다. 노동환경의 변화를 감안할 때 비영리적 활동을 하면서도 생존을 지속할 수 있는 최소한의 기본소득 도입은 적절한 시점에서 도입이 검토되어야 하는 것이다. 기본소득이 보장된다면 통일사상요강에서 언급한 것처럼 재화를 생산하기 위한 경제활동, 생존을 위해 열악한 노동환경에서 견디며 일하는 것이 아니라 사랑과 감사를 나눌 수 있는 경제활동이 이루어질 수 있으며 공동소유의 기반 위에 적정소유가 보장될 것으로 기대된다.

2. 제도와 교육의 문제

통일사상요강은 이러한 변화의 핵심이 제도보다 인간의 양심에 달려 있음을 강조하고 있다. 즉 인간의 양심이 자신에게 적정한 소유를 스스로 알아서 조절할 수 있는 이상사회가 도래하면 어떠한 제도보다 쉽게

57　제러미 리프킨, 45.

적정소유를 통한 공동소유의 사회가 될 것이다. 그렇다면 어떻게 그러한 공생주의 사회로 갈 수 있는가? 앞서 2장에서 논의한 바와 같이 인간의 양심이 회복될 수 있는 제도적 모색이 이루어져야 한다.

　이러한 관점에서 현재 전 세계적으로 기본소득 도입을 둘러싼 과정을 살펴볼 때 흥미로운 점을 발견할 수 있다. 먼저 기본소득을 도입하는 과정이 단계적이며 민주적이다. 과거 공산주의는 개성진리체인 인간의 특성과 소유의 근원인 욕망을 간과한 채 소유를 물질적인 것으로 보고 사적 소유를 금지하고 모든 소유를 균등하게 공동소유하는 물질적인 공산주의를 강제적으로 일시에 도입하여 실패하고 말았다. 반면 자본주의는 하나님의 참사랑에 기초하는 공동소유를 외면한 채 인간의 이기적인 욕망만 인정하고 사적 소유만 극대화하여 소득과 부의 불평등을 심화시키고 있다. 이러한 현실에 대한 대안으로 등장한 기본소득 도입은 생존을 보장하는 최소의 기본소득을 공동소유로 인정하여 분배의 정의를 보장한 기반 위에 개개인의 개성과 욕망의 차이에 의한 사적인 소유를 인정한다는 면에서 공생주의와 만날 수 있을 것으로 보이며, 도입되는 과정에서 많은 논의와 실험적 적용을 거쳐 국민투표를 통해 도입된다는 면에서 민주적인 국민 선택의 과정을 거쳐 공산주의와 민주주의의 한계를 극복할 수 있을 것으로 보인다.

　기본소득 도입은 미래를 위한 대안적 제도이기 때문에 어떤 사람이나 집단에 의해 일방적이고 강제적으로 또는 시급하게 도입할 수 있는 제도가 아니다. 세계적으로도 최소한의 생존요건을 충족시키는 대안적인 기본소득 도입이 천천히 실험적으로 시도가 되고 있는 상황이다. 이러한 과정을 거쳐 그 사회의 구성원의 양심이 원하는 때에 원하는 형태로 기본소득이 도입될 수 있다. 스위스가 2016년 월 300만원 정도가 지급되는 기본소득 도입에 관한 국민투표를 실시하여 거부한 것과 같이 직접적인 국민투표 또는 대통령 후보의 선거공약을 통한 선거투표를 통해 국민의 선택이 반영되고 있는 것이다. 투표의 과정은 정책적 논의와 국민적 공감대를 형성할 수 있는 시간적 노력을 필요로 하므로 민주적인 여론 형성과 논의와 검토를 거쳐 점진적으로 도입이 모색될 수 있다.

더불어 제도적 도입에 앞서 실험적 적용 또한 다양하게 이루어질 수 있다. 인도와 아프리카는 물론 유럽과 미국, 캐나다까지 미래를 위한 제도로서 일부 지역 또는 일부 계층을 대상으로 기본소득을 도입하는 실험을 진행했거나 진행하고 있다. 이미 기본소득을 도입해본 지역에서는 조건 없이 주는 최소한의 기본소득이 인간을 병들게 하거나 타락시키지 않고 기본적인 생존권을 보장하며 물리적 안녕을 지켜주는 것은 물론 양심을 회복하게 하여 더 많은 자녀를 교육시키고 가족을 사랑하게 해주는 것으로 보고되고 있다. 이러한 실험적 적용은 기본적인 생존권이 보장될 때 인간의 양심이 회복될 수 있다는 희망적인 보고이다. 더불어 기본소득 도입과 실행을 위해서는 양심회복의 교육이 동반되어야 한다는 것도 생각해볼 수 있다. 양심적인 시민들이 많다면 기본소득의 도입과 실행 과정에서 성공적인 제도시행이 가능하겠지만 양심적인 시민들이 적다면 기본소득의 도입과 실행이 이루어질 수 없거나 왜곡될 가능성이 많다.

공생주의를 논의할 때에 가장 논점이 되는 부분 또한 적정소유의 적정선을 어떻게 생각하는가에 대한 것이었다. 공생주의가 기본적으로 공동소유를 인정하는 바탕 위에 개인의 적정소유를 인정한다고 할 때 각 개인의 양심이 정해야 하는 것이지만 사회적으로는 최소한의 윤리적 기준을 적용하여 적정 소유의 최소 기준을 제도화해야 할 것이다. 이런 면에서 공동소유에 해당되는 기본소득의 지급형태를 완전한 기본소득, 부분적 기본소득, 최소한의 기본소득으로 구분해본다면 생계를 위해 충분하지 않지만 최소한의 기준을 충족할 수 있는 최소 수준의 기본소득을 보장한다면 개인의 자유의지에 따른 근로소득은 개인의 적정소유를 보장할 수 있을 것이다. 이때 기본소득의 최소수준을 결정하는 것이 적정소유의 적정선과 연결되기에 하나님의 참사랑에 기초한 인간의 양심회복에 따라 기본소득 도입의 취지가 온전히 구현되는 것은 물론 개인의 적정소유도 보장될 수 있다는 것을 알 수 있다.

V. 기본소득과 공동소유

본 연구는 최근 우리 사회에서 논의되고 있는 기본소득을 통일사상의 경제관인 공생주의의 관점에서 바라보고자 한 연구이다. 이를 위해 먼저 통일사상요강에서 제시된 공생주의의 개념을 정리하고 그 핵심적인 논점인 적정소유에 대한 논의를 정리하였다. 그 결과 공생주의는 '하나님의 참사랑에 기초한 공동소유'를 추구하며 소유의 물질적인 측면이 아니라 사랑을 중심한 심적인 측면을 생각하여 개성진리체인 인간의 욕망에 기초한 사적 소유를 인정한 기반 위에 공동소유를 추구한다는 것을 알 수 있었다. 이의 실현을 위해서는 인간의 양심이 기준이 되어 자발적으로 하나님과 이웃을 위해 사적 소유를 적정하게 조절할 수 있는 적정소유를 할 수 있어야 했다. 공생주의는 공동소유만 강조한 공산주의와 사적 소유만 강조하는 자본주의의 한계를 넘어설 수 있는 근본적인 경제적 대안이지만 이상사회의 체제로서 과정적인 제도에 대한 모색이 부족하였다.

기본소득은 시민에게 어떠한 의무나 조건 없이 일정 기간마다 일정금액을 지급하는 제도로서 소득과 부의 불균형으로 인한 소득격차 심화와 인공지능 등장 등 산업의 기계화로 인한 일자리 부족 문제 등을 해결할 수 있는 미래적인 제도로 논의되고 있다. 세계적으로 정책적 실험과 제도적 논의가 이루어지고 있으며 이를 바탕으로 찬반의 논쟁이 활발하게 이루어지고 있다. 통일사상적 관점에서 기본소득의 개념을 볼 때 기본소득이 공공재에 기반한 공동소유로서 생존을 위한 기본소득을 제공하는 동시에 사적 소유를 인정한다는 면에서 제도적으로 긍정적인 측면에서 검토할 면이 있음을 알 수 있었다. 또한 인류에게 생존을 위한 노동에서 기쁨을 위한 노동, 영리추구를 위한 경제활동에서 공동체를 위한 비영리활동으로 전환할 수 있는 전환점이 된다는 면에서 공생주의에서 제시하고 있는 사랑과 감사의 미래적 경제활동을 위한 기반제도가 될 수 있는 가능성을 볼 수 있었다.

기본소득의 도입과정은 정책적 실험을 통한 단계적인 모색과 논의, 국민 투표나 선거투표를 통한 민주적인 과정을 거친다는 면에서 공생주의 경제제도의 도입을 위한 시사점을 주었다. 정책적 실험에서 기본소득을 통해 생존이 보장될 때 사랑과 감사의 양심적인 활동이 증가하는 것으로 보고되는 면에서 이상세계에서 적정소유를 통한 공생주의 실현의 가능성을 짐작하게 하였다. 더불어 인간의 양심이 얼마나 회복되는가에 따라 기본소득의 도입과 적용 또한 그 제도적 취지를 실현할 수 있는가 여부가 결정될 것으로 전망되었다. 기본소득을 도입하고 적용하기 위해서는 하나님의 참사랑을 중심한 양심회복을 위한 교육이 병행되어야 함을 알 수 있었다.

3

생활임금 담론과 경제불평[1]

Ⅰ. 팬데믹과 경제불평등

"빈곤한 가정은 무척 괴로운 처지에 놓였지만, 반면에 부유한 가정들은 부족한 것이라곤 거의 없었다. 페스트가 그 역할에서 보여준 것 같은 효과적 공평성으로 말미암아 시민들 사이에 평등이 강화될 수도 있었을 텐데, 페스트는 저마다의 이기심을 발동시킴으로써 오히려 인간의 마음속에다 불공평의 감정만 심화한 것이었다. 물론 죽음이라는 완전무결한 평등만은 남아 있었지만 그런 평등은 아무도 원하지 않았다."[2]

카뮈의 소설 『페스트』에 나오는 이 글은 감염병의 위기가 불평등의 민낯을 드러낸다는 것을 보여준다. 코로나19 팬데믹 역시 취약계층에게 더 큰 재난으로 다가왔다. 비정규직일수록 유급휴가나 재택근무가 불가능한 육체노동에 종사하는 경우가 많아 감염병에 더 많이 노출되었고 제때

---

1   이 글은 『통일사상연구』 제24집(2023)에 게재된 논문이다.
2   알베르 카뮈, 『페스트』 (서울: 민음사, 2011), 308.

치료받지 못하여 사망률이 높았다. 미국 시카고지역의 코로나19 사망자의 72%가 흑인이었으며 뉴욕의 저소득층이 많이 거주하는 지역의 치사율은 부유층이 많이 거주하는 지역에 비해 15배 높게 나타났다.[3]

팬데믹 이후에도 빈곤층은 실업과 소득감소 등으로 경제적 어려움을 겪고 있지만 부유층은 큰 타격을 받지 않은 것으로 나타났다. 경기가 회복된 이후에도 산업별, 계층별 집단에 미치는 경제적 효과는 다르게 나타나고 있으며 이러한 '재난불평등'은 사회적 갈등을 유발하는 등 부정적인 영향을 미칠 것으로 예상되고 있다. 이에 긴급재난과 같은 위기에 대응할 수 있는 정책적 패러다임이 요청되고 있다.[4]

그동안 경제가 발전하면 그 낙수효과로 빈곤과 불평등 문제가 해결될 것이라는 기대는 이미 여러 학자들에게 근거 없는 낙관론에 불과한 것으로 분석되었다. 스티글리츠(Joseph E. Stiglitz)는 세계화로 인한 생산성 증가는 많은 국가에서 빈곤을 심화시켰다고 분석하였으며 피케티(Thomas Piketty) 역시 21세기 미국은 역사상 가장 불평등이 심화된 상태라고 진단하였다. 또한 이러한 경제적 불평등은 기회의 불평등을 낳고 세대 간 불평등으로 고착화되기에 이를 해결하기 위해서는 신자유주의적 성장패러다임에서 새로운 패러다임으로 전환되어야 한다고 주장하였다.

이에 본 연구는 코로나19 팬데믹 이후 더욱 심화되고 있는 경제적 불평등을 완화하기 위한 여러 대안 중 생활임금제를 둘러싼 담론에 주목하였다. 생활임금(living wage)은 2009년 세계금융위기 이후 세계적으로

---

3   강화명, 「신자유주의를 넘어서는 '공생경제'」, 황진수·안연희·강화명·김민지, 『뉴노멀과 종교: 신은 무엇을 요구하나』 (서울: 청파랑, 2021), 166-168.
4   김윤태, 「코로나19 이후 시대의 불평등과 국가의 역할」, 『공공사회연구』 12(1) (2022): 252-253.

노동빈곤층이 급속도로 증가하면서 심화되는 불평등을 완화하기 위해 1994년 미국에서 생활임금제가 도입된 이후 영국과 캐나다, 뉴질랜드, 일본 등에서 도입된 제도이다.

한국 또한 최저임금을 보완할 수 있는 제도로 2014년 경기도에서 조례가 제정되어 시행된 이후 2023년 현재 17개 중 대구시를 제외한 16개 전국 광역지방자치단체에서 시행할 정도로 공공영역에서 확산되어 시행되고 있다.[5] 그러나 한국은 생활임금제에 대한 논의가 충분히 이루어지지 않은 상황에서 지방자치단체(이하 지자체)를 중심으로 도입되고 있어 공공영역에서 최저임금을 보완하기 위해 실시하는 제도로 인식되고 있었다.

생활임금제는 공공영역에 국한되어 실시하는 제도가 아니라 심화되는 경제적 불평등을 완화하고 공정성을 보장하기 위해 실시하는 제도로 세계적으로 공공영역뿐만 아니라 일반 기업까지 확대되고 있는 제도이다. 또한 인간의 존엄성을 보장하기 위해 공적 지원을 받는 기업은 물론 민간기업 역시 모든 노동자와 그의 가족에게 생활을 유지할 수 있는 임금을 보장해야 한다는 생활임금운동으로 전개되면서 경제적 불평등을 해결하기 위한 공정성의 확보 담론이 주축을 이루고 있다. 이에 본 연구는 팬데믹 이후 심화되는 경제적 불평등이 또 다른 재난불평등으로 이어져 사회적 갈등을 심화시킬 수 있다는 점에 주목하면서 공생주의의 관점에서 미국과 영국 등에서 이루어진 생활임금제 담론을 분석하여 경제불평등을 완화하기 위한 담론의 방향을 제언해보고자 하였다.

공생주의는 이상사회의 경제이념으로 공동소유를 기반으로 개개인의

---

5   한국에서 처음으로 지자체에서 생활임금조례가 제정되어 시행된 것은 2013년 서울시 성북구와 노원구이다. 다만 본 연구에서는 전국 광역지방자치단체 단위를 기준으로 정리하였다.

적정소유를 보장하는 공동경제사상이다. 이러한 경제는 물질적 재화의 유통과정을 넘어 심정과 사랑, 감사와 조화가 있는 물심일여(物心一如)의 통일적 과정으로 기업가의 이윤이 아니라 인류의 복지증진을 목적으로 하기에 현재 자본주의 경제의 패러다임이 전환되는 것을 전제로 한다. 따라서 공생주의 관점에서 인간의 존엄성을 위한 공정성 담론에서 진행되고 있는 생활임금제를 살펴보고 한국의 생활임금제 정착을 위한 담론의 방향을 제안하는 것은 공생주의의 발전적 논의에도 의미를 가질 것으로 기대된다.

II. 코로나19 팬데믹과 공생주의

1. 팬데믹과 불평등

쿠즈네츠(Simon Kuznets)는 소득수준이 낮을 때는 불평등이 심하지 않지만 경제가 발전할수록 심화되다가 소득수준이 더 높아지면 불평등이 감소한다고 주장하였다.[6] 이러한 가설에 따라 경제가 성장하면 불평등은 완화될 것이라는 예측이 많았으나 선진국의 불평등은 지속적으로 증가되었다. 이에 대해 피케티(Thomas Piketty)는 자본주의는 불평등의 증가를 유발하기 때문에 정책적 노력을 하지 않는 한 이러한 경향은 더욱 심화될 것이라고 비판하였다.[7]

---

6   Simon Kuznets, "Economic Growth and Income Inequality," *The American Economic Review* 45(1) (1955): 손정욱, 「세계불평등의 과거, 현재 그리고 미래」, 『JPI Research Series』 (2020), 163 재인용.

7   토마 피케티, 『21세기 자본』, 장경덕 역 (파주: 글항아리, 2014).

자본주의가 필연적으로 불평등을 심화시키는 경제구조라는 주장에 대해서는 이견들이 많지만 세계적으로 불평등이 심화되고 있는 현상은 누구도 부정할 수 없는 현실로 나타나고 있다. 특히 코로나19 팬데믹 이후 이러한 경제불평등은 더욱 격차를 벌이고 있는 것으로 보인다.

세계불평등연구소(WORLD INEQUALITY LAB)가 2022년 발표한 『WORLD INEQUALITY REPORT 2022』에 따르면 유럽을 제외한 세계의 모든 지역에서 하위 50%가 총소득에서 차지하는 비중은 15% 미만인 반면 가장 부유한 계층인 10%는 총소득의 40% 이상, 많은 지역에서 60% 가까운 소득을 차지하고 있는 것으로 나타났다. 〈그림 1〉을 보면 이러한 현상을 더 구체적으로 볼 수 있다. 총소득이 아닌 부를 기준으로 보면 세계적으로 하위 50%가 2% 미만의 부를 가지고 있는 것에 비해 상위 10%는 76%의 부를 가지고 있다. 이를 상위 1%로 좁혀보면 상위 1%가 부의 38%를 가지고 있는 것으로 나타난다.

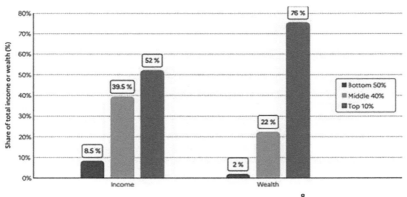

〈그림 1〉 글로벌 소득과 세계불평등(2021)[8]

8   WORLD INEQUALITY LAB, *WORLD INEQUALITY REPORT 2022*, 10.
https://wir2022.wid.world/www-site/ uploads/2023/03/D_FINAL_WIL_RIM_

특히 〈그림 2〉를 보면 상위 0.01%는 1995년 전체 부의 7%를 소유했으나 2021년 11%를 가지게 되었다. 이 기간 동안 전 세계 억만장자의 부 또한 1%에서 3.5%로 급증하였다. 팬데믹 기간이었던 2020년 상위 0.01%인 사람들과 억만장자들의 부는 가파르게 상승한 것을 확인할 수 있다.[9]

이렇게 불평등이 심화된 원인에 대해서는 여러 시각이 있으나 지구화와 기술의 진보와 같은 구조적 변화가 불평등을 심화시켰다는 분석이 많다. 즉 1990년대 이후 많은 국가에서 복지비용을 증가시켰음에도 불구하고 디지털 기술에 의한 소득 격차가 증가되고 있다는 것이다.[10] 팬데믹 기간 동안 이러한 현상은 더욱 심화된 것으로 보인다.

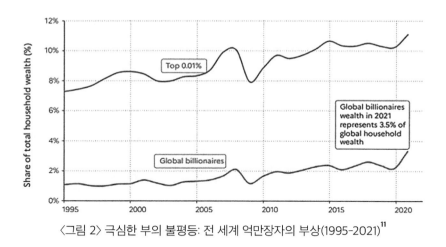

〈그림 2〉 극심한 부의 불평등: 전 세계 억만장자의 부상(1995-2021)[11]

RAPPORT_2303.pdf. (검색일: 2023.4.1.).
9   WORLD INEQUALITY LAB, 16.
10   에릭 브린욜프슨·앤드루 맥아피, 『제2의 기계시대』, 이한음 역 (서울: 청림출판, 2014).
11   WORLD INEQUALITY LAB, 16.

세계화로 인해 국가 간 불평등을 나타내는 글로벌 불평등은 감소하였지만 국가내 불평등이 증가한 것으로 나타났다. 즉 상위 10% 국가의 평균소득과 하위 50% 국가의 평균소득 간 격차는 약 50배에서 40배 수준으로 감소하였지만 국가내 불평등은 상위 10%와 하위 50%의 개인 간 평균소득격차는 8.5배에서 15배로 두 배 가까이 증가하였다. 이러한 불평등은 20세기 초반과 비슷한 상황으로 심각한 수준으로 세계불평등연구소는 위험수준이라고 분석하고 있다.[12]

한국은 유럽과 비슷한 수준으로 경제가 성장하였지만 불평등은 유럽보다 심각한 수준으로 나타난다. 〈그림 3〉을 보면 상위 10%가 국가전체 소득의 46.5%를 가져가는 동안 하위 50%는 16.0%의 소득을 가졌다. 1990년대 이후 상위 10%는 35%에서 45%로 10% 소득이 증가하였지만 하위 50%는 21%에서 16%로 5% 소득이 감소하였다.

소득이 아닌 부로 비교해보면 이러한 불평등은 더욱 큰 격차를 보인다. 한국은 아시아에서 가장 부유한 국가 중 하나이지만 상위 10%가 보유한 부가 전체 부의 58.5%를 차지하고 있으며 하위 50%는 5.6%의 부를 가지고 있는 것으로 나타났다. 소득기준으로 14배 차이였던 간극은 부를 기준으로 보면 52배 차이를 나타냈다. 이러한 부의 불평등은 1990년 이후 거의 비슷한 수준으로 유지되고 있어 사회갈등의 불안요소가 될 수 있다.[13]

---

12   WORLD INEQUALITY LAB, 11.
13   WORLD INEQUALITY LAB, 220.

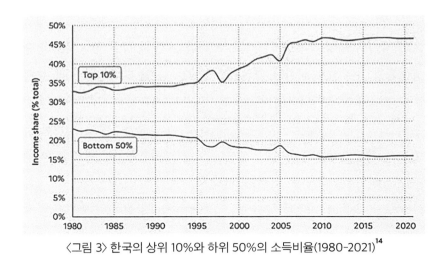

〈그림 3〉 한국의 상위 10%와 하위 50%의 소득비율(1980-2021)[14]

　이러한 경제불평등을 해결할 수 있는 방안은 무엇인가? 세계불평등연구소는 이러한 불평등이 필연적인 것이 아니라 정치적 선택에 따라 바뀔 수 있는 것이라고 주장한다. 1980년대 여러 국가에서 다양한 정책을 선택하면서 경제불평등 역시 차이를 보인다는 것이다. 미국과 중국, 인도 등은 국가가 통제를 완화하고 민간 부문이 주도하는 성장을 허용하여 경제불평등이 심화되었지만, 불평등을 견제하기 위해 기업과 시민사회, 정부가 노력한 유럽과 라틴아메리카 등은 경제불평등이 완화된 것으로 나타났다고 분석하여 그 근거를 제시하였다.[15]

　또 하나의 변수는 선거제로 분석되는데 비례대표제 국가들이 다수제 국가들에 비해 소득을 더 많이 재분배하여 경제불평등이 완화되는 것으로 나타났다. 비례대표제를 선택한 국가에서 빈곤층인 사회적 약자의 목

14　WORLD INEQUALITY LAB, 219.
15　WORLD INEQUALITY LAB, 3.

소리가 선거를 통해 반영될 수 있기 때문으로 분석되고 있다.[16]

2008년 세계금융위기 이후 정책적 노력을 통해 불평등을 완화하기 위한 여러 논의는 가속화되고 있다. 이미 세계은행과 국제통화기금(IMF) 등에서 불평등을 완화할 수 있는 '포용성장(inclusive growth)'을 강조하였으며 2012년 국제노동기구(ILO)는 임금주도성장으로 불평등을 줄이는 정책을 펼쳐야 한다고 주장하였다. 2014년 세계경제포럼(World Economic Forum)도 소득불평등을 가장 심각한 위험으로 지적하였다.[17] 이렇게 팬데믹 이후 더욱 심화되고 있는 불평등의 문제를 완화하기 위한 방안으로 소득의 가장 중요한 요소인 임금에 대한 정책 또한 더욱 관심이 높아지고 있는 상황이다.

2. 공생주의로 본 포스트 코로나와 적정임금

공생주의(共生主義, Principle of Mutual Existence)는 하나님의 참사랑에 기반한 이상사회의 경제이념으로 하나님이 주신 만물에 감사하면서 균등한 환경 속에 평등한 생활을 하면서 양심에 따라 자신에게 필요한 소유를 결정하는 적정소유(適正所有)를 가지는 이상적인 미래형 경제사상을 제시하고 있다.[18]

강화명은 공생주의가 추구하는 이상경제에 대해 ①부의 독점이나 축적이 없고 ②모든 사람이 경제활동에 소외되지 않고 참여하며 ③물질적

---

16   손정욱, 172.

17   김윤태, 258.

18   김항제, 『통일교의학연구II』 (아산: 선문대출판부, 2002), 164.

조건이 수평적으로 향유되고 ④지구의 전 생명이 더불어 살아가는 경제라고 제시하였다.[19] 나아가 이러한 이상경제는 가정의 경제윤리가 기업과 사회 공동체에도 적용되는 오이코노미아(Oikonomia), 즉 돌봄의 공동경제라고 하였다.[20]

만인의 경제복지를 목표로 하는 이상경제가 구체적으로 어떠한 형태인가에 대해서는 여러 논의가 있으나 공동소유를 기반으로 교육과 의료 등 생활의 기본적인 면이 일정 수준 이상 보장되고 개인의 사적 소유 또한 보장된다는 면에서 복지국가를 중심한 경제구조와 가깝다고 할 수 있다.[21] 완전한 이상경제는 아니지만 최대한 이에 가까운 현실적인 경제 구조라 할 수 있기 때문이다.

복지국가는 인간의 존엄을 추구하면서 기회의 평등과 자유를 기본 가치로 나와 타인의 호혜적 공존과 공동체의식, 사회 구성원에 대한 공정성과 사회정의를 구현하고자 하는 국가이기에[22] 공동소유와 사적 소유가 인정되는 적정소유의 공생주의와 상통하는 면이 많은 국가체제로 보인다. 물론 복지국가도 여러 유형으로 분류되기에 어떤 복지국가에 가까운가에 대한 논의가 이루어져야 하겠으나 계층 간 불평등이 최소화되어야 한다는 점에서 미국과 같은 자유주의형 복지국가보다는 유럽의 사회민주주의형 복지국가에 가까운 국가체제라 할 수 있을 것이다.[23]

---

19 강화명, 181.
20 강화명, 182.
21 김민지, 「공생주의로 본 보편복지」, 『통일사상연구』 22 (2022), 5.
22 김지민, 「복지국가 담론과 새로운 국가모델에 관한 시론」, 『한국과 국제사회』 5(1) (2021): 186-187.
23 앤더슨은 탈상품화와 계층화를 기준으로 복지국가를 분류하였다. Gosta Esping-Andersen, *The Three Worlds of Welfare Capitalism* (NJ: Princeton University

코로나19 팬데믹은 감염병의 위기 속에 빈곤층이 더욱 취약하다는 것을 잘 보여주었다. 빈곤층은 주로 기술이나 지식이 필요 없는 육체노동에 종사하기 때문에 사회적 거리두기 또는 봉쇄정책이 내려졌을 때 더이상 노동을 제공할 수 없어 일자리를 잃게 되는 경우가 많았다. 노동을 계속할 수 있는 경우에도 감염위험에 지속적으로 노출되어 감염률이 높았으며 감염되었을 경우에도 임금을 받을 수 없는 상황을 우려하여 발병 사실을 숨기는 경우도 나타났다. 공공의료 체계가 보장되지 않는 국가에서는 빈곤층의 경우 높은 의료비 부담으로 인해 즉각적인 격리와 적절한 의료조치를 받지 못하여 사망률이 높게 나타나기도 하였다.

빈곤층의 의료공백이 감염병 위기에서 생존의 위협으로 나타났다면 원격수업으로 인한 교육공백은 계층간 교육격차를 심화시켜 평등한 기회 상실이라는 기회의 위협으로 연결되었다. 팬데믹 기간 동안 온라인 학습을 위한 기기를 보급하는 등 학습자가 교육의 기회에 접근할 수 없는 교육기회제한이 일어나지 않도록 노력하였지만 교육의 내용이나 방법, 환경에 적응하지 못하는 교육부적응과 학습의 양이 불충분한 교육불충분과 같은 교육 소외가 일어났으며 이러한 교육소외는 학습자의 노력이나 능력보다는 부모의 사회경제적 차이 등에 의해 발생되는 교육불평등의 문제를 심화시켰다.

부모의 경제력에 의한 교육불평등은 향후 계층 격차와 사회적 불평등의 문제로 연결된다는 점에서 심각한 문제로 나타났다.[24]

Press, 1990, pp. 9-54).

24 최성광, 「현장교사들의 코로나19로 인한 학습격차 대응경험에 대한 초점집단면담(FGI) 연구: 원격수업을 중심으로」, 『학습자중심교과교육연구』 22(5) (2022): 245-261.

팬데믹은 빈곤층에게 교육과 의료로 대표되는 기회와 생존의 위협으로 나타났으며 이를 해결하기 위한 국가의 정책을 요청하였다. 공생주의의 관점에서 보았을 때 빈곤층의 생존을 보장하고 미래를 위한 기회를 공정하게 제공하는 것은 국가의 기본적인 책무라 할 수 있다. 공생주의 관점에서 이렇게 교육과 의료와 같은 보편복지를 강화하면서 적정소유를 보장할 수 있기 위해서는 기본적인 복지의 보장 위에 국민들이 각기 다른 이해와 요구에 맞는 일자리에서 적정한 임금을 받을 수 있는 '보편주의 내 계층화(stratification within universalism)'를 긍정적으로 검토할 필요가 있다.[25] 즉, 모든 사람들에게 균등하게 임금을 제공하는 것이 아니라 노동의 질과 양에 따라 차등한 임금을 제공하면서 선택의 자유를 높이는 방향으로 나아가야 하는 것이다. 따라서 공생주의의 관점에서 볼 때 국가의 경제발전 수준과 국민의 의식수준에 맞추어 보편복지를 확대하는 것과 함께 각자의 능력과 요구에 맞는 적정한 일자리를 선택할 수 있는 기회와 자유를 제공하고 이에 맞는 적정한 임금을 제공하는 것 역시 중요하다는 것을 알 수 있다. 적정임금은 한 사회의 사회, 정치, 경제 수준을 보여주는 척도로 자본주의 경제체제에서 경제불평등을 완화하기 위한 중요한 시민권이라고 할 수 있으며 노동과 복지를 통합적으로 살펴볼 수 있는 중요한 지표라 할 수 있기 때문이다.[26]

---

25 이태수, 「'보편적 복지' 논쟁의 맥락과 쟁점: 인천 복지정책이 주는 함의」, 『인천연구』 5 (2011): 11-13.
26 김진희, 「미국 생활임금 논의 재고찰: 인간적 존엄을 보장하는 임금은 가능한가?」, 『미국학 논집』 46(3) (2014): 58.

Ⅲ. 생활임금제와 그 담론

1. 생활임금제의 개념과 도입

생활임금은 전일제 노동을 하지만 빈곤층에 속해 있는 개인과 가족이 생활할 수 있는 최소한의 수준에 해당되는 임금으로 통상 법정 최저임금보다 더 많은 임금을 지급하는 것을 의미한다. 즉, 최저임금이 노동자의 생활안정과 노동력의 질적 향상을 위한 기능을 발휘하지 못하자 이를 보완할 수 있는 임금으로 도입된 것이다.[27]

자본주의 경제체제에서 임금은 고용주와 노동자 간에 자유롭게 책정되는 것이지만 노사 간에 대등하지 않은 관계로 인해 전일제 노동을 하는데도 불구하고 최소한의 생계를 유지할 수 없는 낮은 임금이 결정되는 경우를 방지하기 위해 국가가 임금의 최저기준을 법적으로 설정하여 강제한 것이 최저임금이다.[28] 이러한 최저임금제는 소득 격차를 줄여 소득 불평등을 완화할 수 있는 방안이자 소비를 진작시키고 물가수준을 결정하는 역할을 담당하고 있다.

국제노동기구(ILO) 역시 설립초기부터 최저임금제를 통해 노동자의 노동조건을 개선하고 실업을 예방하며 노동자가 충분히 생활할 수 있는 임금을 지급할 수 있도록 최저임금제의 국제적 확산을 위해 노력해 왔

---

27 공정원, 「사회복지정책에서 최저임금과 생활임금의 의의에 관한 탐색적 연구」, 『사회과학연구』 26(4) (2015): 371.
28 한광수, 「최저임금제의 의의와 내용에 대한 고찰」, 『노동법논총』 19 (2010): 524.

다. 그 결과 현재 전 세계 90%에 달하는 국가가 최저임금제를 시행하고 있다.[29]

한국은 헌법 32조 1항에 모든 국민은 근로의 권리를 가지며 국가는 근로자의 고용증진과 적정임금의 보장을 위해 노력하여 최저임금제를 법률로 정하여야 한다고 명기하였다. 또한 최저임금법 1조에서 근로자 임금의 최저수준을 보장한다고 규정되어 있다. 즉 최저임금은 인간의 존엄성을 보장받고 적정한 생계를 유지할 수 있는 임금인 것이다.

그러나 최저임금이 현실적으로 노동자의 적정한 생계를 유지할 수 없는 수준으로 설정되는 경우에는 노동빈민(working poor)이 발생될 수밖에 없다. 특히 1990년대 실업률이 증가하고 물가가 상승하는 가운데 최저임금의 상승률이 정체되면서 실질임금이 하락하는 상황이 발생하였다. 〈그림 4〉를 보면 미국에서 2004년 최저임금은 5.1달러로 1960년과 비슷하였다. 그러나 실질가치를 기준으로 보면 2004년 5.1달러는 1960년 1달러의 가치와 동일하다. 즉 2004년 최저임금 5.1달러는 1960년 물가기준으로 환산하면 시간당 1달러를 받는 것과 동일한 상황이었다.[30]

29 공정원, 372.
30 권순원, 「미국의 최저임금, 근로빈곤층 그리고 생활임금을 위한 캠페인」, 『국제노동브리프』 3(10) (2005): 81.

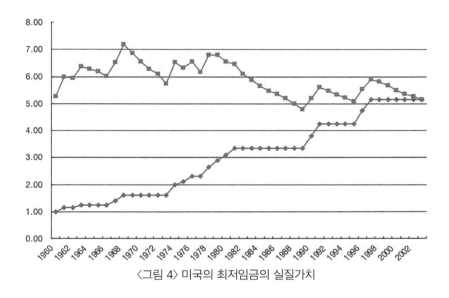

〈그림 4〉 미국의 최저임금의 실질가치

1989년 통계에 따르면 미국의 빈곤층 가운데 2/3는 취업상태에서 전일제 노동자인데도 불구하고 빈곤상태에 있었다. 당시 약 630만 명이 노동빈곤 상태였으며 1990년대에는 경기불황으로 이 수치는 더욱 증가하였다.[31] 그러나 최저임금이 적용되어야 하는 비정규직, 임시직, 사회적 약자 등은 임금 교섭능력이 부족하여 임금인상을 요구하기 어려워 최저임금으로는 생계를 유지하기 힘든 빈민층이 더욱 증가하였다. 이에 노동빈민층이 인간다운 최소한의 생활을 유지할 수 있는 생활임금에 대한 요구가 등장하였으며 이를 위한 시민단체의 운동이 등장하였다.

처음으로 생활임금운동이 등장한 곳은 미국의 볼티모어였다. 처음에는 지역사회의 경제적 환경을 근로계층의 관점에서 재활성화하여 지속

---

31 권순원, 82.

가능한 지역 경제를 창출하기 위한 운동으로 시작되었지만 차츰 이를 위한 생활임금 보장에 관한 조례 제정으로 방향이 모아지게 되었다.[32]

1994년 12월 당시 볼티모어 주 의회는 시와 대규모 계약을 하는 기업은 노동자에게 시간당 6.1달러의 생활임금을 지급하도록 규정하는 조례를 제정하였다. 당시 미국 연방정부에서 지정한 최저임금은 4.25달러였기에 생활임금 조례의 적용을 받는 노동자는 50%의 임금이 상승하게 되었다. 이후 생활임금은 다른 미국의 도시에도 확산되어 시와 계약을 한 기업이나 재정지원을 받는 기업 등에 적용되었으며 그 수준도 6.25달러에서 14달러까지 다양해졌다.[33]

이러한 흐름은 2008년 금융위기 직후 최고경영자와 일반 종업원 간의 임금격차 등 불평등에 대한 여론이 조성되면서 저임금 서비스산업 노동자들에게 영향을 주었다. 2012년 월마트와 맥도날드 등에서 일하는 노동자들이 생활임금 수준의 최저임금을 요구하며 파업시위를 벌이는 생활임금운동으로 확산된 것이다. 2014년 이 운동이 190개 도시로 확산되면서 1천만 명의 패스트푸드 노동자들이 참여하였는데 당시 이들은 미국 연방정부가 정한 최저임금 7.25달러보다 낮은 임금을 받았다. 이러한 운동의 결과 월마트나 맥도날드 등에서 시간당 9달러로 임금을 인상하는 등 최저임금을 높이려는 노력을 시작하였다. 이러한 결과는 이들이 요구한 시간당 15달러의 최저임금에는 미치지 못했지만 저임금 서비스 노동

---

32 권순원, 84.

33 Fred Brooks, "The Living Wage Movement: Potential Implications for the Working Poor Families in Society," *The Journal of Contemporary Social Services* 88(3) (2007): 437-442. https://scholarworks.gsu.edu/cgi/ viewcontent. cgi?article=1032&context=ssw_facpub.

자의 임금에 대한 사회적 공감대를 형성하게 되었으며 미국 연방정부의 최저임금 인상에도 영향을 주었다.[34]

미국의 이러한 생활임금운동은 영국, 일본, 캐나다 등 다른 나라에도 영향을 미쳤다. 특히 영국은 2000년 런던의 빈민층 문제를 토론하던 중에 미국 볼티모어의 생활임금 사례가 소개되면서 생활임금운동이 시작되었다. 이후 2008년 런던에서 생활임금제가 도입되었으며 영국 이외의 다른 도시들로 확대되었다. 이후 2011년 생활임금재단을 설립하여 공공부문뿐만 아니라 민간부문으로도 확산하였다. 이렇게 생활임금제가 노사 갈등 없이 확산될 수 있었던 것은 생활임금재단이 최저임금만으로는 생활이 어렵다는 캠페인을 지속적으로 벌였기 때문이다.

2016년 4월부터는 국가 차원에서 국가생활임금법을 제정하여 시행하면서 법적 제재가 있는 국가생활임금(National Living Wage)과 민간차원의 자발적 권고인 생활임금으로 이분화하여 확대되고 있는 중이다. 국가차원의 생활임금제는 21세 이상에게 적용되던 최저임금을 21-24세와 25세 이상으로 나누고 25세 이상의 성인에게 적용되는 최저임금을 국가생활임금으로 구분하였는데 2023년 4월 기준으로 시간당 10.42파운드이다.[35] 이에 비해 생활임금재단이 설정한 생활임금은 런던 지역은 2021년 기준으로 11.95파운드, 런던 이외 지역은 10.9파운드이다.[36]

---

34 황선자, 「최저임금과 생활임금의 역할과 과제」, 『노동저널』 2015(6) (2015): 8-9.

35 2023년 4월 1일 영국은 지방세, 수도요금, 통신요금 등을 물가상승률을 반영하여 인상하였다. 이와 함께 생활 임금도 2022년 9.5파운드에서 9.7%로 상승한 것이다. https://assets.publishing.service.gov.uk/government/up loads/system/uploads/attachment_data/file/1065743/The_National_Minimum_Wage_in_2022.pdf.

36 2022년 런던시 생활임금을 10.85파운드에서 11.05파운드로 상승했으며 런던시 이외의 지역은 9.5파운드에서 9.9파운드로 상승하였다. https://www.london.gov.uk/

한국 역시 1990년대 외환위기를 경험하면서 불안정한 고용이 계속되고 저임금 일자리가 증가하는 악순환이 심화되었다. 무한경쟁 속에서 중산층이 감소하고 임금과 소득의 양극화와 불평등이 더욱 심화되었지만 최저임금으로는 안정적인 생계를 유지할 수 없는 수준이었다.[37] 한국은 이러한 최저임금의 한계를 보완하기 위해 공공영역에서 지자체를 중심으로 생활임금제가 도입되었다. 제일 먼저 생활 임금제 조례안이 통과된 전국 광역지방자치단체는 경기도이다.

경기도는 2013년 10월 7일 도지사와 위탁·용역 계약을 체결한 기관의 사용자가 고용노동부 최저임금위원회에서 매년 고시하는 최저임금의 150%를 '생활임금'으로 지급하도록 노력해야 한다는 내용을 '경기도 생활임금 조례안'으로 입법예고하였고 경기도의회는 12월 20일 이 조례안을 통과시켰다.[38]

그러나 '생활임금 조례안'은 시행을 앞두고 거센 반대에 부딪혔다. 경기도는 조례규칙심의위원회를 열고 생활임금조례안이 최저임금법과 상충되는 것은 물론 도지사의 고유권한을 침해하고 있다고 주장하며 도의회에 재의(再議)를 요구하였다. 이후 경기도의회에서 재의과정에서 여야 간 갈등으로 확대되어 부결되었다.

이후 2014년 4월 한 정당이 생활임금제 추진을 지방선거 공약 1호로 걸면서 전국적인 선거 쟁점으로 부상하게 되었다. 고용노동부가 생활임금제는 헌법정신을 따른 것이라 보기 어렵다며 반대 입장을 나타냈지만,

programmes-strategies/business-and-economy/london- living-wage.

37 김건위·최인수, 「지방자치단체 생활임금의 쟁점과 적용가능성 탐색」, 『지방자치FOCUS』 96 (2015): 6.

38 김근식, 「경기도 생활임금 조례 갈등의 해소과정 분석」, 『공존협력연구지』 2(2) (2016): 29.

총선에서 이 공약은 유권자들의 환영을 받았다. 이후 경기도는 연정합의(聯政合議)를 하면서 도지사가 의회의 발의를 받아들여 2014년 7월 생활임금조례안을 통과시키게 되었다. 2015년 3월 1일부터 경기도는 도 산하 26개 공공기관이 직접 고용한 근로자를 대상으로 생활 임금제를 시행하였으며 이후 경기도 출자·출연기관의 무기계약직 및 기간제 근로자까지 지급범위를 확대하였다.[39]

2. 생활임금제 담론

생활임금제는 최저임금제의 한계를 보완하기 위해 도입된 제도로서 최저임금제와 몇 가지 부분에서 차이점을 가지고 있다. 먼저 생활임금은 노동자 본인뿐만 아니라 그 가족의 생활을 유지할 수 있는 수준의 임금이다. 최저임금은 미혼인 1인 노동자의 생존을 기준으로 책정되기 때문에 노동자가 가족과 같이 생활하기 위한 주거비와 교육비, 문화비 등 인간다운 생활을 하기에는 부족하다고 할 수 있다. 전일제 노동을 하는데도 불구하고 최저임금으로는 생활을 영위할 수 없는 빈곤층이 증가하면서 생활임금이 등장하게 된 것이다.

인간다운 생활을 유지하기 위한 임금이기 때문에 생활임금은 국가 단위로 법적으로 동일하게 적용되는 최저임금과 달리 지역에 따라 다르게 책정된다. 대도시와 중소도시, 소도시는 각각 생활을 위한 주거비와 문화비 등에서 차이를 보일 수밖에 없다. 이에 영국의 생활임금재단은 런

---

39 김근식, 31-40.

던과 런던 외 지역을 구분하여 생활임금을 발표하고 있으며 미국은 지역마다 실질적인 생활을 위한 부가적인 조항을 어떻게 포함시키는가에 따라 생활임금의 차이를 보이고 있다. 또한 3인 기준 가족 또는 4인 기준 가족 중 어떤 가족형태를 기준으로 하는가에 따라서도 생활임금은 차이를 보인다.[40]

최저임금제는 국가가 노사의 임금을 결정할 때 그 최저수준을 정하여 고용주에게 반드시 그 수준 이상의 임금을 지급하게 강제하는 제도인데 비해, 생활임금제는 지자체가 조례를 제정하여 법의 적용범위에 따라 고용주가 임금을 책정할 때 고려 또는 강제할 수 있도록 하는 제도이다. 영국의 경우 25세 이상의 성인에게 적용되는 최저임금을 국가생활임금이라고 명명하고, 생활임금재단에서 런던과 런던 외 지역으로 구분하여 생활임금을 제안하는 투 트랙을 적용하고 있으나 국가생활임금은 엄밀한 의미에서 최저임금을 다르게 표현한 것으로 보아야 할 것이다.

생활임금재단에서 런던과 런던 외 지역으로 구분하여 제시하는 생활임금은 지자체 등의 공공영역에서 적극적으로 시행되고 있는 반면 민간영역에서는 보편적 기준으로 제시되어 권고되는 수준이다.[41]

이렇게 생활임금제는 최저임금제의 한계를 보완하기 위해 등장하였지만 이에 대한 반론도 적지 않다. 생활임금제를 도입하는 것이 고용을 안정화시키고 빈곤을 감소시키는가에 대해 의문을 제시하는 것이다. 생활임금제 도입을 반대하는 사람들은 생활임금제가 도입되면 오히려 고용이 감소한다고 주장한다. 수요와 공급에 의해 결정되는 임금보다 더 높은

40　이강복, 「광주광역시 생활임금 도입과 실행」, 『사회경제평론』 47 (2015): 253.
41　김근주, 「영국의 생활임금」, 『노동리뷰』 119 (2015): 17.

수준의 임금을 책정하면 고용주는 고용에 대한 부담이 증가하여 고용을 최소화할 수밖에 없으며, 이로 인해 전체적으로 고용이 감소하게 되며 저임금 노동자들에게 고용불안을 심화시킨다는 것이다.[42]

또한 빈곤가구의 경우 일하는 사람이 없는 것이 근본적인 문제이기 때문에 생활임금으로 빈곤이 완화되는 효과가 거의 없으며, 생활임금이 적용되면 고용주들이 고용을 줄이기 때문에 빈곤가구 단위로 보았을 때 가구의 총소득이 오히려 줄어드는 악순환이 일어날 수 있다고 비판한다. 또한 생활임금이 적용되는 노동자가 가구 내 주 소득원이 아닐 경우에는 생활임금이 빈곤을 벗어나게 하는데 미치는 영향이 미미하여 생활임금이 소득불평등 완화에 미치는 영향은 거의 없을 것이라고 비판하였다.[43]

이러한 반대론자들에 대해 지지론자들은 생활임금은 가족의 생활을 보장할 수 있을 정도로 임금이 지급되면 자립이 가능하기 때문에 빈곤층에서 벗어나는 효과가 있으며 빈곤층을 부양하기 위한 공공부조비용도 감소할 수 있다고 주장한다. 생활임금제가 도입되어도 저임금산업의 고용이 감소되는 폭은 제한적이어서 도시 빈곤을 감소하는 효과가 크다는 것이다. 나아가 생활임금으로 노동빈곤층의 구매력이 상승하면 지역사회의 경제에도 도움을 줄 수 있다고 주장한다.[44]

보다 근본적으로 생활임금은 고용을 증대하는 데 목적이 있는 것이 아니라 노동 빈곤층의 생활을 개선하는 것에 목적이 있다는 주장도 있다. 전일제 노동자의 생활 개선은 물질적인 환경개선을 넘어 빈곤에서 탈

---

42 공정원, 378.

43 이시균, 「최저임금이 근로빈곤 탈출에 미치는 효과」, 『산업노동연구』 19(1) (2013): 35-64.

44 공정원, 378-379.

출할 수 있는 희망을 주며 자존감을 높일 수 있다. 성실하게 노동하는 사람들이 노동으로 생존하지 못하고 복지대상이 되는 것은 빈민층의 자립의지를 침해하기 때문에 생활임금을 통해 노동에 대한 적절한 보상을 하는 것은 중요하다는 것이다.[45]

　자본주의 경제구조에서 노동자는 노동을 통해 경제적 보상을 받으면서 타인에 의존하지 않고 독립된 시민으로서 자신을 인식하게 되며 이를 통해 공동체의 일원이라는 것을 인식하게 된다. 만약 성실하게 전일제 노동을 하고 있음에도 불구하고 자신의 생계를 스스로 책임질 수 없다면 독립된 자신의 권리나 공동체의 일원이라는 정체성을 가지기 힘들 수 있다. 따라서 생활임금이란 고용을 안정화하고 빈곤을 탈출하게 하는 경제적인 효과보다 인간의 존엄성을 보장하고 사회의 일원으로서의 정체성을 부여하는 가치적인 효과를 더 집중해서 보아야 한다고 주장한다.[46]

IV. 공생주의로 본 생활임금제 담론

1. 생활임금제 담론의 의미

　공생주의는 이상사회의 경제사상으로 하나님을 부모로 모든 인류가

45　Pamela Stone·Arielle Kuperberg, "Anti-Discrimination vs. Anti-Poverty? a Comparison of Pay Equity and Living Wage Reforms," *Journal of Women, Politics & Policy* 27(3) (2005), 23-39. https://libres.uncg.edu/ir/ uncg/f/A_Kuperberg_Anti-Discrimination_2005.pdf.
46　공정원, 379-381.

형제가 되어 참사랑을 나누며 함께 사는 경제를 추구한다. 이러한 국가는 경제불평등이 최소화되면서 교육과 의료 등 기본적인 생활이 보장되는 보편복지국가로 개인의 능력과 성향에 맞는 적정한 수준의 사적 소유도 보장되는 국가이다. 이러한 공생주의 국가로 나아가기 위해 각국의 상황에 맞추어 보편복지를 확대하고 다양한 일자리와 적정한 임금을 제공할 수 있도록 노동과 복지를 통합적으로 살펴보아야 할 것이다.

안타깝게도 코로나19 팬데믹은 감염병의 위기 속에 빈곤층이 의료빈곤으로 인한 생존의 위협과 교육빈곤으로 인한 기회의 위협에 노출되는 것을 보여주었다. 또한 빈곤층은 비정규직, 일용직 등의 일자리를 잃고 소득이 감소하는 반면 고소득층은 위기 속에 오히려 소득이 증대되고 부가 증가하는 불평등이 더욱 심화되었다. 이러한 경제불평등은 빈곤층에게 사회적 박탈감을 안겨줄 뿐만 아니라 분노와 불안을 심화시켜 사회적 갈등을 유발할 수 있는 요인이 된다.

본 연구는 이를 해소하기 위한 한 방안으로 공생주의 관점에서 생활임금을 중심으로 적정임금의 문제를 살펴보고자 하였다. 코로나19 팬데믹 기간 동안 긴급재난지원금 지급과 함께 관심이 증가된 기본소득이 보편복지의 영역이라면 생활임금제는 노동에 기초한 소득의 원천인 적정임금의 영역으로 경제불평등을 완화시킬 수 있는 방안으로서 의미를 가진다.

공생주의의 관점에서 생활임금을 둘러싼 담론의 의미를 보다 세분화하여 정리하면 다음과 같다. 첫째, 공생주의의 관점에서 볼 때 생활임금은 노동빈곤층의 인간적 가치와 그 생활에 관심을 가진다는 면에서 의미가 있다. 신자유주의 경제는 최저임금을 보장하지 않는 무한경쟁을 심화시켜 주40시간 이상 성실하게 노동을 하는 사람들이 빈곤한 생활에서 벗어날 수 없는 상황을 만들었다. 생활임금운동은 이러한 한계를 극복하기 위해 시작된 것으로 노동자의 인간다운 생활을 보장하는 것을 일차적인 목표로 하였다. 사회적 약자인 노동빈곤층을 인격을 가진 존엄한 존재로 바라보고 이들이 인간다운 생활을 영위할 수 있기 위한 임금의 문제에 집중한 것이다. 공생주의 역시 경제사상이지만 하나님의 참사랑을 기초로 타인과 사랑을 나누며 사는 적정소유의 경제, 즉 인간의 가치적이고 심리적인 측면을 우선적으로 전제하였다. 즉 자본주의 경제와 공산주의 경제 모두 인간의 사랑과 욕망 등 심리적인 요소를 배제하고 물질의 분배에만 관심을 가지고 있다고 비판하였다.[47] 이러한 관점에서 볼 때 생활임금은 경제적인 고용 효과보다 인간의 가치와 인간다운 생활에 주목하고 이를 위한 시민들의 연대가 운동으로 전개되었다는 점에서 긍정적인 의미를 가진다.

둘째, 공생주의 관점에서 볼 때 생활임금은 노동자뿐만 아니라 부양하는 가족의 생활을 포함하여 산출된다는 것에 의미가 있다. 생활임금은 노동자 1인의 생존을 기준으로 하는 최저임금과 달리 노동자 자신뿐만 아니라 3인 또는 4인의 가족을 포함하여 인간적인 생활을 기준으로 산정한다. 인간적인 생활의 최소개념에 가족을 전제하고 있다는 것이다. 가족과 함께 거주하고 최소한의 문화생활을 할 수 있는 임금으로 생활임금운동이 요청되었다는 것은 인간을 개인단위로 생각하는 것이 아니라 가족에 포함되어 있는 개인을 전제한다는 것을 보여준다.

---

47 통일사상연구원, 『통일사상요강』 (서울: 성화출판사, 1994), 761.

공생주의 역시 경제를 논의할 때 모든 소유는 하나님과 인간, 인간과 인간, 인간과 자연의 공동소유를 기초로 하며 하나님과 인간의 관계가 부자(父子)관계이기에 가정의 공동소유가 원형이 된다고 설명한다.[48] 자본주의는 봉건체제의 대가족 공동체 또는 지역공동체가 해체되면서 핵가족화 되었고 이제 가족은 분해되어 개인화되고 있다. 노동과 임금 역시 개인 단위로 진행되면서 가족을 전제하지 않는다. 그러나 공생주의는 모든 인간은 하나님과 부모와 자녀의 인연으로 연결되어 있으며 이웃과 형제의 인연으로 연결되어 있다고 전제하면서 이러한 확대된 가족의 관점에서 공동소유와 적정소유를 설명하고 있다. 이러한 관점에서 볼 때 개인이 아닌 가족의 인간다운 생활을 위한 생활임금은 가족을 전제한 경제제도로서 긍정적인 의미를 가진다.

셋째, 공생주의 관점에서 볼 때 생활임금제는 지역 단위로 조례가 제정되고 산출근거와 시행조건 등이 협의되는 과정을 거치는 것에 의미가 있다. 노동빈민층은 오랜 기간 최저임금이 정체되면서 생활의 어려움을 겪었으나 임금상승을 위한 단체행동이나 요구를 할 수 없었다. 이러한 지역사회의 노동빈민층을 위해 시민단체, 종교단체, 학교 등이 모여 논의를 하는 과정에서 생활임금운동이 시작되었다.

소득의 불균형이 심각한 상황에서 전일제 노동자가 인간다운 생활을 유지하기 위한 최소한의 임금인 생활임금을 보장받는 것은 정당한 권리이며 윤리적인 것이라는 생활임금운동의 주요 메시지는 많은 시민들의 공감을 얻으며 제도화되게 되었다. 이후 생활임금은 각 지역의 생활수준

48　통일사상연구원, 763.

을 기준으로 논의되고 책정되는 과정을 거쳤다. 이러한 일련의 과정은 소득불평등이 심화된 상황에서 노동빈민층을 위하는 지역공동체의 사랑에서 출발하여 여러 단체가 참여하고 논의하는 민주적인 과정이었다.

공생주의는 참사랑에 기초한 경제이념이므로 생활임금운동의 동기가 사회의 약자인 노동빈민층을 위하는 참사랑인 것을 긍정적으로 바라보며 생활임금제 도입과 조례 등을 진행하는 과정에서 더 많은 사람들이 빈민층의 생활을 염려하는 참사랑이 더해졌다는 데 의미가 있다고 본다.

공생주의의 관점에서 볼 때 생활임금은 노동빈민층의 인간다운 생활을 보장하기 위한 인간 존엄과 가치를 위한 개념으로 노동자와 그 가족을 위한 임금으로 가족을 임금의 설정단위로 반영되도록 하였고, 지역공동체가 노동빈민층을 형제와 같이 생각하는 참사랑으로 생활임금운동을 전개하고 제도로 도입, 정착되었다는 점에서 긍정적인 의미를 가진다.

2. 경제불평등 완화를 위한 시사점

4차 산업혁명 이후 인공지능과 언택트 사회의 도래는 소득불평등과 부의 불평등을 더욱 심화시키고 있다. 코로나19 팬데믹으로 이러한 불평등의 골은 더욱 깊어졌다. 불평등을 완화시킬 수 있는 대안은 무엇인가? 앞에서 생활임금의 특징으로 살펴본 인간 존엄과 가치, 가족과 참사랑을 중심으로 경제불평등 완화를 위한 방향을 제안해보고자 한다.

첫째, 인간중심의 패러다임으로 경제불평등을 완화해야 한다. 임금제도는 노동에 대해 정당한 보수를 받을 수 있는 권리를 보장하여 빈곤을 퇴치하고 불평등을 완화할 수 있는 정책 중 하나이다. 특히 노동빈민층의 경우 임금에 대한 생활의존도가 높아 노동에 대한 정당한 임금이 보장되지 않을 경우 생활을 유지할 수 없게 되어 복지의 대상이 될 수 있다. 헤겔(Georg Wilhelm Friedrich Hegel)은 노동이 개개인이 욕구를 충족시키면서 자기를 실현하는 과정이며 노동을 통해 다른 사람과 상호의존적인 관계를 형성하게 된다고 하였다. 그런데 성실하게 전일제 노동을 하는데도 불구하고 인간다운 생활을 유지할 수 없다면 자기를 실현하지 못하고 사회적 관계 맺기에도 문제를 가지게 된다. 나아가 노동의 정당한 대가를 가지지 못하는 사회는 공정성의 윤리를 유지하지 못하는 사회일 수 있다.

그러나 그동안 신자유주의는 경제의 효율성을 강조하면서 경쟁을 통한 성장의 패러다임을 유지해왔다. 무한경쟁 속에 노동자들은 노동의 대가인 임금으로 생활을 유지할 수 없는 상황 속에서 자신의 정체성을 잃고 사회적으로 소외되고 있는 것이다. 4차 산업혁명으로 양질의 일자리는 줄어들고 비정규직 노동자가 많아지는 상황은 노동빈민층의 증가를 가져오고 있으며 이로 인한 소득불평등의 문제가 더욱 심화되고 있다.

생활임금은 노동빈민층을 존엄한 인간으로 인식하고 그 가치를 유지하는 생활을 할 수 있도록 임금을 지급하는 개념으로 인간중심의 패러다임으로 최저임금에 접근하는 운동이다. 노동빈민층이 생활임금을 통해 복지의 대상이 아니라 경제적으로 자립하여 스스로의 생활을 책임질 수 있게 하는 것은 자존감을 높이고 사회의 건강한 일원으로 참여하도록 하는 대안인 것이다.

공생주의의 관점에서 볼 때 경제불평등을 완화하기 위해서는 생활임금뿐만 아니라 모든 노동자가 하나님의 자녀이며 서로의 이웃이자 형제라는 관점의 전환이 필요하다. 공생주의는 인간의 가치를 중심으로 경제불평등을 완화할 수 있는 다양한 접근을 제안해야 할 것이다.

둘째, 경제불평등을 완화하기 위해서는 고소득자나 1% 이상의 부자들이 공감대를 가지고 자발적으로 참여할 수 있는 캠페인과 교육 등이 진행되어야 한다. 마르크스(Karl Marx)는 자본주의 경제체제는 불평등이 심화되면서 노동자들이 자신이 생산한 상품을 구매할 수 없게 되고 노동과정에서 주체가 될 수 없다고 지적하면서 헤겔이 주장한 것과 달리 노동자들이 노동을 통해 스스로를 실현할 수 없고 다른 사람들과 사회적 관계를 형성할 수 없는 노동의 소외가 일어난다고 비판하였다. 그는 이러한 한계를 해결하기 위해서 계급투쟁이 일어나야 한다고 하였으나 이미 역사는 혁명으로 이러한 한계를 극복할 수 없다는 것을 보여주었다.

자본주의 경제의 여러 한계는 정부와 기업, 다양한 학자들과 시민단체, 종교단체 등에 의해 점진적으로 극복되고 있다. 미국과 영국의 생활임금제 도입과 시행 과정은 이러한 노력을 잘 보여준다. 시민들은 노동빈곤층이 처한 위기를 공정성의 위기로 받아들이고 생활임금운동을 자발적으로 전개하여 지자체가 제도로 도입할 수 있도록 촉구하였다. 대학의 연구소는 생활임금지급의 기준을 산출하였고 시민단체들은 재단을 설립하여 기업을 대상으로 캠페인을 전개하는 등 생활임금이 확산되도록 노력하였다.

경제불평등을 완화하기 위한 노력 역시 사회적 공감대 위에 자발적인 참여로 이루어져야 한다. 공생주의는 이상사회는 인간의 본심이 회복된 사회이기에 하나님의 참사랑에 기초한 공동소유를 확대하고 가족과 이웃을 사랑하기 위한 적정소유를 가지게 된다고 제시하고 있다. 이웃을 형제처럼 생각하는 사람은 이웃의 빈곤을 자신의 아픔으로 공감하면서 이를 위해 자신의 소유를 자연스럽게 나누게 된다는 것이다. 아직 모든 사람의 본심이 회복되지 않은 사회이지만 경제가 성장하면서 점점 더 이웃의 아픔에 공감하는 사람들이 많이 등장하고 있다. 미국의 워렌 버핏은 자신의 사무실에서 전화를 받는 직원과 청소부들이 자신보다 더 높은 세율을 적용받고 있다고 하면서 부자들에게 높은 세율을 적용할 것을 공개적으로 촉구하였다. 이외에도 미국의 백만장자 138명이 부자증세를 요구하는 서한을 의회에 제출하기도 했다. 부자들의 낮은 세금은 정부의 재정 적자와 부채 부담을 높일 것이라는 것이다.

셋째, 경제불평등 완화를 위해 종교단체의 적극적인 참여가 요청된다. 경제불평등 완화를 위한 자발적 노력은 노동빈곤층을 자신과 동일한 인간으로 느끼고 이들의 문제를 자신의 아픔으로 공감할 수 있는 본심의 회복에서 출발한다. 이러한 본심의 회복과 이에 기초한 사랑과 자비의 실천은 종교에서 가장 관심을 가지고 강조하는 덕목이다.

미국과 영국의 생활임금이 도입될 때에도 빈곤층이 증가하는 현실을 개선하기 위한 모임에 종교단체가 적극적으로 참여하였다. 생활임금제는 이데올로기의 문제가 아니라 성실하게 일하고 있는 노동빈곤층의 생활을 개선하기 위한 공정성의 문제이기 때문에 이를 개선하기 위해 노력하면서 종교단체는 생활임금 도입과 시행을 위해 노력하였던 것이다.

역사적으로 종교는 각기 다른 의례와 문화를 형성하였지만 시대와 지역을 초월하여 공통적으로 내면의 소리에 귀 기울이는 생활을 할 것과 사회적으로 소외된 빈곤층과 약자를 돌보며 사랑을 실천할 것을 강조해

왔다. 부유층이 본심을 회복하여 소득에 대해 더 많은 세금을 낸다면 노동빈곤층은 생활임금을 통해 안정적인 생활을 할 수 있을 것이며 의료와 교육 등의 보편복지도 확충할 수 있을 것이다. 종교는 부유층이 경제적으로 공정한 사회를 위해 증세에 자발적으로 참여하고 재단을 설립하는 등의 노력을 할 수 있도록 지속적인 노력을 기울여야 할 것이다.

V. 자본주의 한계 넘어서는 길

한국은 2023년 4월 18일, 2024년 최저임금 결정을 위한 최저임금위원회의 회의가 개최되면서 최저임금을 둘러싼 여러 논쟁이 불붙고 있다. 노동계는 물가상승으로 인해 실질임금이 감소되었다고 주장하면서 24.7% 인상된 12,000원을 제시하였으나 경영계는 경기불안과 소상공인의 지불능력의 한계를 호소하며 최저임금 동결을 주장하고 있어 난항이 예상되고 있다. 특히 소상공인들은 5인 미만의 소규모 사업장 중 최저임금 미만율이 높은 업종에 대해 최저임금을 낮게 책정하는 업종별 차등적용을 주장하고 있다. 최저임금을 둘러싼 논쟁은 매년 반복되고 있으며 보수와 진보의 입장 차이가 극적으로 나타나 사회 갈등요인이 되고 있다.

최저임금에 대한 공감대가 형성되지 않은 한국에서 생활임금제는 공공영역에서 최저임금보다 약간 높은 수준으로 지급되는 임금으로 인식되어 있다. 특히 민간부문에서는 생활임금은 민간영역의 기업에게 강제할 수 있는 임금이 아니기 때문에 이에 대한 관심이 거의 없으며 노동자의 임금상승은 기업의 수익성에 부담을 주어 경제성장에 도움이 되지 않는다고 보고 있다.

그러나 미국과 영국의 경험을 참고하여 생활임금과 최저임금의 선순환적 상호작용을 고려할 필요가 있다. 생활임금제의 수준과 적용대상을 확대하면서 제도를 보완하여 노동빈곤층 가구의 생계를 안정시키고 구매력을 증진하여 소비를 증가, 경기를 활성화하는 선순환이 이루어질 수 있으며 이를 통해 최저임금도 상승시킬 수 있기 때문이다. 생활임금과 최저임금은 소득불평등을 완화할 수 있는 중요한 정책이며 지속가능한 사회발전을 위한 균형과 조화를 위해 기여할 수 있는 방안이다.

공생주의의 관점에서 볼 때 기업은 노동자에게 생활임금이 보장되는 일자리를 제공하여 사회적 책임을 다하고, 정부는 이를 규율하여 사회적 공정성을 보장한다는 생활임금운동의 핵심담론은 인간을 노동과 이윤추구의 관점이 아닌 존엄과 가치의 관점으로 패러다임의 전환을 전제하고 있다는 것에 의미를 가진다. 또한 가족을 임금의 설정단위로 반영되도록 하고, 지역공동체가 생활임금운동을 전개하고 제도로 도입되도록 노력했다는 점에서 긍정적인 의미가 있다. 이러한 생활임금 담론은 공생주의 관점에서 볼 때 경제불평등 완화를 위해서는 담론의 중심이 경제성장의 패러다임이 아닌 인간 중심의 패러다임으로 전환되어야 하며 부유층이 자발적으로 참여할 수 있도록 지속적인 공감대 형성이 요청된다는 것을 알려 준다. 나아가 본심의 회복과 나눔과 사랑의 실천을 위해 종교단체의 적극적인 참여가 요청됨을 알 수 있었다.

제4차 산업혁명은 인공지능과 로봇의 보편화로 인간이 가지는 노동의 가치를 0으로 수렴되게 하고 있다. 소수의 전문가를 제외하고 대부분의 노동자는 일자리를 잃고 저임금노동자로 살아가게 된다는 암울한 전망도 많다. 이러한 소득의 양극화는 자본주의의 위기를 가져왔으며 따뜻한 자본주의, 자본주의 4.0 등의 새로운 경제체제, 자본주의의 한계를 보완할 수 있는 경제체제에 대한 대안이 연구되고 있다.

공생주의 역시 자본주의 경제위기를 넘어 공생주의 경제로 나아갈 수 있도록 다양한 제도에 대한 논의가 필요할 것이다. 이러한 관점에서 본 연구가 이후 발전적 논의로 이어지기를 바라는 바이다.

4

공유가치 창출론과 공생경제[1]

I. 기업의 공공성과 자본주의의 변화

2015년 12월 1일 페이스북의 최고경영자 마크 저커버그와 프리실라 첸 부부가 첫 딸의 탄생을 축하하며 재산의 99%, 450만 달러(약 52조 원)에 달하는 재산을 사회에 기부하겠다고 밝혀 화제가 되었다. 저커버그 부부는 "딸 세대의 세상이 더 좋아지도록 하기 위해" 기부를 결정했다고 밝히며 후대의 삶을 위협하는 질병과 빈곤 등을 퇴치하겠다고 구체적인 계획을 말하였다. 이들이 이렇게 기부를 결정한 것은 인류의 발전을 위해서는 평등한 사회가 되어야 하며 그런 사회를 만드는 것이 자신들의 도덕적 의무라고 생각했기 때문이라고 한다.[2]

저커버그뿐만 아니라 점점 더 많은 기업인들이 기업의 이윤추구나 사적인 부의 축적만을 생각하지 않고 공공의 이익과 윤리를 생각하는 것

---

1   이 글은 『통일사상연구』 제10집(2016)에 게재된 논문이다.
2   「딸 얻은 저커버그 "52조 규모의 지분 기부"」, 『세계일보』 2015.12.2.

을 자신의 의무로 느끼고 있다. 이미 오래 전부터 많은 기업들이 사회적 책임을 수행하기 위한 사회공헌활동을 해왔으나 이제 기업의 이익 중 일부를 사회에 환원하는 사회공헌활동을 넘어서서 보다 긍정적인 사회변화를 위해 기업이 보다 혁신적인 기여를 하도록 요청되고 있기 때문이다.

많은 학자들 또한 현재 자본주의가 한계 상황에 이르러 있다고 진단하면서 향후 자본주의 경제체제는 공공성이 핵심이 되는 상생의 경제가 될 것이라고 전망한다. 아나톨 칼레스키(Annatole Kaletsky)는 자본주의 4.0 시대에는 "앞선 사람들이 더 큰 성공을 이룰 수 있도록 이끌고, 뒤처지고 실패한 사람도 재기하고 일어설 수 있도록 견인하는" 경쟁과 배려, 공존이 핵심원리가 될 것이라고 전망하고 있다.[3]

이러한 기대는 기업과 소비자의 관계에서도 나타나고 있다. 필립 코틀러(Philip Kotler)는 산업화시대를 지나 정보화시대로 전환되면서 기업과 소비자는 가치의 시대를 살게 될 것이라고 예견하였다. 소비자가 기업에 참여할 수 있는 기회가 확보되면서 기업은 소비자가 원하는 가치를 구현해주어야 한다는 것이다. 그런데 차츰 소비자는 자신의 욕망뿐만 아니라 경제적, 환경적, 사회적으로 바람직한 환경의 변화를 갈망하고 이를 실현하는 기업의 상품에 관심을 가지게 된다. 이제 기업은 단순히 상품을 판매하는 차원을 넘어 상품을 통해 어떤 가치를 담을 것인가를 고민할 때 지속가능성을 가질 수 있다는 것이다. 흥미롭게도 그는 이러한 미래적 가치는 기능과 감성, 영성을 추구해야 한다고 제시하고 있다.[4]

---

3   김덕한, 『자본주의 4.0 로드맵』 (서울: 메디치미디어, 2012), 118.
4   필립 코틀러, 『마켓 3.0: 모든 것을 바꾸어 놓을 새로운 시장의 도래』, 안진환 역 (서울: 타임비즈, 2010)

문선명 선생은 일찍이 "인생의 근본원리는 상대와 이웃을 위해 사는 데 있다"고 강조하면서 이제 "힘이나 자기 본위의 생활이 주도하고 득세했던 선천시대가 가고 이제 절대가치관이 이상적으로 결실될 후천시대가 도래"했다고 하였다. "후천시대는 모든 장벽이 철폐되고, 위하는 참사랑으로 사는 자가 주인이 되고 중심이 되는 시대"로서 "절대가치관을 중심하고 서로 위하면서 더불어 살아갈 이상세계를 창건할 때"라고 말씀하였다. 그러면서 그 자리에 참석한 미국의 기업인들에게 "여러분의 투자가 이기적인 타산을 넘어서서 더불어 살아야 할 거시적인 평화이상과 남북화해 그리고 한반도의 평화에 초점이 맞추어진다면 가시적인 재산증식 이외에도 귀중한 것을 많이 얻을 것"이라고 강조하였다.[5]

변화되고 있는 시대에 자본주의가 추구하는 가치는 무엇인가? 문선명 선생이 말씀한 것처럼 '위하는 생활'이 절대가치로 정립될 수 있는가? 이익을 추구하는 기업의 기본 성격상 공익을 추구하는 것은 가능한가? 본 연구는 이러한 의문에 답하기 위해 최근 자본주의의 새로운 방향을 열 것으로 주목받고 있는 '공유가치 창출론'을 통일사상의 가치론을 중심으로 연구해보고자 한다. 이러한 연구를 통해 '공유가치 창출'이 통일사상 가치론으로 볼 때 어떠한 미래적 의미를 가지는가를 살펴보고 통일사상 가치론과 어떠한 연관성을 가지는가에 대한 시사점도 알아볼 수 있을 것이다.

---

5   세계평화통일가정연합, 『평화경』 (서울: 성화출판사, 2013), 195-198.

II. 통일사상의 가치론

1. 가치의 개념

『통일사상요강』은 가치론 서론에서 현대사회를 진단하면서 여러 문제의 원인이 전통적 가치의 붕괴에 있다고 진단하고 이를 해결할 수 있는 새로운 가치관의 정립이 요청된다고 제시하였다. 나아가 새로운 가치관의 정립은 앞으로 도래하게 될 미래의 이상사회를 대비하고 문화의 통일을 하기 위해서도 요구되고 있다고 말한다.[6]

새로운 가치관으로 대비해야 할 미래사회는 어떤 사회인가? 『통일사상요강』은 미래사회는 본연의 인간에 의해서 건설되는 사회라고 설명한다. 본연의 인간이란 하나님의 참사랑을 지닌 인격의 완성자로서 진미선의 가치를 추구하여 진실사회, 예술사회, 윤리사회를 실현한다. 또한 미래사회는 과학의 발달로 경제가 고도로 성장하여 경제문제가 완전히 해결된 풍요로운 사회이다.

『통일사상요강』은 주체의 욕망을 충족시켜 주는 대상의 성질을 가치라고 규정한다. 즉 어떤 대상이 주체의 욕망이나 소원을 충족시켜 주는 성질을 가질 때 그 주체가 인정하는 그 대상의 성질을 가치라고 하는 것이다. 이런 관점에서 볼 때 가치는 주체가 인정하는 대상가치이며, 주체에 인정되지 않으면 그것은 현실적인 것이 되지 못한다. 따라서 인간의 욕망

을 올바로 분석해야만 경제활동의 동기를 알 수 있고 경제문제를 해결할 수 있다고 말하고 있다.[7]

인간의 욕망은 진·선·미·애(眞善美愛)의 생활을 추구하고자 하는 성상(性相)적 욕망과 의·식·주·성(衣食住性)의 생활을 유지하려는 형상(形狀)적 욕망이 있다. 또한 욕망은 주어진 목적을 달성하려는 마음의 충동이므로 전체목적을 달성하려는 욕망과 개체목적을 달성하려는 욕망이 있다. 이때 전체목적을 달성하려는 욕망을 가치실현욕이라고 하며 개체목적을 달성하려는 가치추구욕이라고 부른다.

성상적 욕망은 전체목적을 달성하려는 가치실현욕과 개체목적을 달성하려는 가치추구욕을 포함하고 있으며 형상적 욕망 또한 전체목적을 달성하려는 가치실현욕과 개체목적을 달성하려는 가치추구욕을 포함하고 있다. 한 개인의 욕망을 예를 들어 설명하자면 개인적으로 진·선·미·애의 생활을 살고 싶은 가치추구욕과 진·선·미·애의 사회를 만들고 싶은 가치실현욕이 있으며 개인적인 의·식·주·성의 욕망을 해결하려는 가치추구욕과 의·식·주·성이 안정적으로 해결되는 사회를 만들고 싶은 가치실현욕이 있는 것이다.

2. 가치의 종류와 결정

『통일사상요강』은 가치를 물질적 가치와 정신적 가치로 구분한다. 물질적 가치란 상품가치와 같이 생활자료의 가치를 뜻하며, 정신적 가치는

---

7   『통일사상요강』, 294-295.

지·정·의의 기능에 대응하는 진·선·미를 말하는데 『통일사상요강』은 정신적 가치만을 다룬다고 한정을 짓는다.[8]

『통일사상요강』은 가치를 보다 세분화하여 주체의 욕망을 충족시켜 주는 대상의 성질을 잠재적 가치이자 본질적 요소로서 내용, 속성, 조건 등이 있다고 하고 주체와 대상 사이에서 수수작용에 의하여 결정되는 가치를 현실적 가치라고 설명하였다.[9]

현실적 가치는 주체인 인간과 대상인 만물과의 상대적 관계에서 수수작용에 의하여 결정 또는 평가된다. 먼저 주체가 개인적으로 진·선·미·애 또는 의·식·주·성의 가치추구욕을 가지고 대상에 관심을 가지는 것이 가치를 결정하는 전제조건이다. 이때 가치결정을 좌우하는 요소는 주관적인데 사상, 취미, 개성, 교양, 인생관, 역사관, 세계관 등에 의해 현실적 가치를 결정하게 된다. 이렇게 주체의 여러 주관적 요소가 대상에 반영되어 가치의 차이가 생기는 것을 주관작용이라고 한다.

이렇게 주관작용으로 인해 가치결정의 결과는 사람마다 다르게 나타나지만 주체적 조건에 공통성이 많을 때는 가치평가도 일치점이 많아진다. 주체적인 조건은 사상과 가치관, 문화 등에 영향을 받으므로 상대적이다. 이를 극복하여 절대적인 가치를 추구하려면 모든 인간이 하나님의 자녀로서 창조되었다는 것을 깨달아 하나님의 참사랑과 참진리, 즉 모든 인간은 위하여 살아야 한다는 가치관을 가질 때 가치판단과 가치결정이 일치되게 된다.[10] 이렇게 절대적인 기준은 가치실현욕에 따른 전체목적

---

8   『통일사상요강』, 293.
9   『통일사상요강』, 301.
10   『통일사상요강』, 308-309.

의 가치판단 기준이 되고, 각 개인의 주관작용은 가치추구욕에 따른 개체목적의 상대기준으로 존재한다.

이를 그림으로 나타내면 〈그림 1〉과 같다.

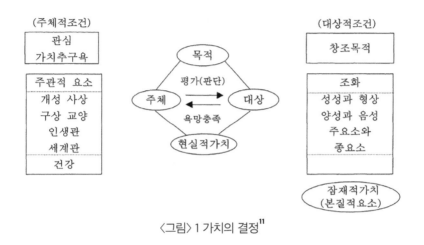

<그림〉1 가치의 결정[11]

III. 공유가치 창출론

1. 공유가치 창출의 등장배경

2008년 글로벌 금융위기 이후 자본주의의 새로운 방향을 모색하는 움직임이 활발하게 이루어지고 있다. 특히 자본주의에 대한 인식의 변화를 세대로 나누어 살펴보면서 향후 자본주의가 지향해야 할 변화에 대

---

11 『통일사상요강』, 303; 문병조, 「통일사상의 가치론으로 본 참가정의 행복관」, 『통일사상연구』 제9집(2015), 134 재인용.

한 논의가 이루어졌다.[12]

1세대 자본주의 또는 자본주의 1.0은 18세기 자본주의가 등장한 이후 1920년까지 시장의 기능이 극대화되고 정부의 개입이 최소화되는 자유방임주의를 추구하였다. 애덤 스미스의 '보이지 않는 손'에 의해 시장은 제한된 자원을 배분하며 최선의 결과를 가져올 것이라는 믿음이 이 시기의 전제조건이 되었다. 그러나 1929년 미국의 대공황을 시작으로 전 세계 경제가 침체되면서 이러한 믿음은 흔들리기 시작했다.

2세대 자본주의 또는 자본주의 2.0은 극심한 인플레이션과 대규모의 실업을 해결하기 위해 정부의 시장 개입이 인정되었다. 이 시기에 시장은 본질적으로 불안정한 것으로 인식되었으며 정부가 시장을 통제하여 경제를 관리해야 한다고 보았다. 이러한 수정자본주의는 정부의 재정적자를 심화시키고 물가를 상승시키는 스태그플레이션을 불러왔다.

1980년대 이후 정부의 개입은 줄고 시장의 역할을 복원하는 3세대 자본주의 또는 자본주의 3.0이 시작되었다. 정부의 정책은 시장의 흐름을 쫓을 수 없어 비효율적이어서 근본적으로 정책적 규제와 개입은 정부의 실패로 이어진다는 것이다. 기업활동에 대한 각종 규제가 완화되었으며 조세는 감면되었다. 정부는 작은 정부를 지향하여 공기업은 민영화되었으며 노조에 대한 강력한 대처로 기업활동을 지원하였다.

그러나 21세기로 들어오면서 지나친 규제완화는 기업 간 경쟁을 심화시켰으며 소득은 양극화되었다. 특히 금융자본에 대한 탈규제로 2008년

---

12 조동성, 「자본주의 5.0 시대의 경제민주화」, 『전문경영인연구』 제15권 제3호 (2012): 23-47; 최다운 외, 「공유가치 창출의 동기에 대한 이해당사자들의 인식이 성과에 미치는 영향」, 『국제경영연구』 제22권 제2호 (2015): 153-174.

금융위기가 발생하게 되었다. 이후 자본주의 4.0은 기업이 지속가능한 발전을 하기 위해서는 시장주의의 바탕 위에 사회공헌이라는 부가가치를 생산해야 한다는 인식에서 시작되었다.[13] 이를 위해 정부의 강한 개입으로 따뜻한 자본주의 사회의 구현을 목표로 하게 되었으며 '경쟁의 시대'를 넘어 '협력의 시대'를 모색하게 되었다.[14]

자본주의 4.0이 정부의 역할을 다시 강조하게 되면서 상대적으로 기업에 대한 현실적 고려가 부족하다는 비판에 직면하게 되었다. 따뜻한 자본주의를 추구할 기업은 현실적으로 존재하지 않으며 설령 있다고 하더라도 그런 기업은 영속성을 보장받을 수 없다는 것이다. 이에 기업의 이윤창출을 우선순위에 두면서 기업과 정부가 상호 균형있는 관계를 맺을 수 있는 공유가치 창출론이 등장하였다.

마이클 포터(Michael E. Porter)와 마크 크래머(Mark R. Kramer)는 사회와 공유할 수 있는 가치를 생산하는 기업이 새로운 경쟁 우위를 창출할 수 있다고 주장하였는데 이러한 주장에 근거하여 기업이 이윤을 추구하는 경제적 가치와 공공의 이익을 목적으로 하는 사회적 가치를 동시에 추구하는 것을 공유가치라고 하였다. 공유가치는 기존의 경제적 요구를 넘어서 사회적 요구가 시장을 만들어 낸다는 원칙에 기반을 두며, 관점의 변화와 혁신을 통해 경제, 사회적 가치의 총량이 확대되고 장기적으로 경제적, 사회적 비용을 경감하는 개념이다.[15]

13　아나톨 칼레츠키, 『자본주의 4.0』, 위선주 옮김 (서울: 컬처앤스토리, 2011).

14　최종태, 「자본주의 4.0 시대의 사회적 기업과 경영학」, 『사회적 기업연구』 제4권 제2호 (2011): 8.

15　신세원·김원택, 「공유가치의 창출을 위한 디자인 사회적 기업 비즈니스 모델연구」, 『디자인융복합연구』 제12권 6호 (2013): 388.

자본주의 1.0과 자본주의 2.0은 극단적인 시장/정부 중심의 시각을 견지하였으나 자본주의 3.0과 자본주의 4.0은 보다 완화된 시장/정부 중심을 선택하였다. 이에 비해 공유가치 창출은 시장과 정부가 서로 조화로운 협력관계를 가지고 기업과 사회도 상호 균형 잡힌 관계를 가지게 된다는 면에서 자본주의 5.0으로 구분하기도 한다.[16]

자본주의의 변화과정을 중심으로 공유가치 창출을 도표로 정리하면 〈표 1〉과 같다.

〈표 1〉 자본주의 진화형태[17]

자본주의	대두시기	주요 특징
자유방임주의 (Adam Smith) 자본주의 1.0	18세기 후반	자유롭게 경쟁적인 시장에서 각 주체들이 이윤추구원리에 따라 움직이는 경제가 생산성을 극대화한다고 보는 체계
수정적 자유주의 (John Keynes) 자본주의 2.0	1930년대 대공황 1960년대	독점의 폐해와 빈부격차 등을 국가의 개입으로 완화해야 한다고 주장
신자유주의 (Milton Friedman) 자본주의 3.0	스테그플레이션 1970년대	국가권력의 시장개입을 비판하고 자유시장과 자유무역, 규제완화, 국제적 분업을 강조
공생적 자유주의 (Anatole Kaletsky) 자본주의 4.0	2000년대 이후 본격화	시장주의 바탕 위에 사회공헌활동이 하는 부가가치를 생산해야 지속가능한 발전이 가능하다고 믿는 상생의 체계

---

16 조동성, 「자본주의 5.0 시대의 경제민주화」(2012); 최종태, 「자본주의 4.0 시대의 사회적 기업과 경영학」(2011).

17 이경화, 『공유가치 기반 장소 브랜딩 모델에 관한 연구』, 박사학위논문(홍익대학교, 2014), 66. 마이클과 포터가 공유가치 창출이라는 개념을 발표한 것은 2006년이며 본격적으로 연구결과를 정리하여 출판한 것은 2011년이다. 이를 계기로 본격적인 논의가 2013년 이후 진행되었기에 이경화는 이 표에서 공유가치 창출을 2013년에 대두된 것으로 정리한 것으로 보인다.

| 공유가치 창출
(Michael Porter)
자본주의 5.0 | 2013년 | 기업이 사회의 요구를 수용하고 문제해결을
통해 경제적 가치와 사회적 가치창출 |

2. 공유가치 창출의 개념

공유가치(Shared Value)란 기업이 이윤을 추구하는 경제적 가치와 공공의 이익을 목적으로 하는 사회적 가치를 추구하는 것으로 공유가치가 새로운 시장을 만들어 낸다는 이상에 기반을 두고 있다. 공유가치 창출(Create Shared Value: CSV)은 기업의 경쟁력과 공동체의 번영은 상호 공존한다는 전제를 바탕으로 경제적·사회적 조건을 개선시키면서 동시에 경영의 핵심 경쟁력을 강화하는 정책 및 경영활동을 말한다.[18] 즉 환경, 기후변화, 교육, 자연재해 등 다양한 사회적, 환경적 변화가 증가하는 상황에서 기업이 적극적인 사회적 역할을 할 때 기업의 경쟁력도 증대되며 새로운 시장도 창출될 수 있다는 것이다.

이를 그림으로 나타내보면 〈그림 2〉와 같다.

---

[18] 하버드 비즈니스 스쿨의 마이클 포터와 FSG의 공동창업자 마크 R. 크레이머가 2006년 1월에 하버드 비즈니스 리뷰에 발표한 "전략과 사회: 경쟁 우위와 CSR 간의 연결(Strategy and Society: The Link between Competitive Advantage and Corporate Social Responsibility)"에서 처음으로 등장하였으며, 2011년 1월에 발표한 "공유가치를 창출하라: 자본주의를 재창조하는 방법과 혁신 및 성장의 흐름을 창출하는 방법(Creating Shared Value: How to reinvent capitalism — unleash a wave of innovation and growth)"에서 본격적으로 확장되었다. 나종연 외, 「공유가치 창출(CSV) 시대의 소비자 연구 제안」, 『소비자학연구』 제25권 3호 (2014).

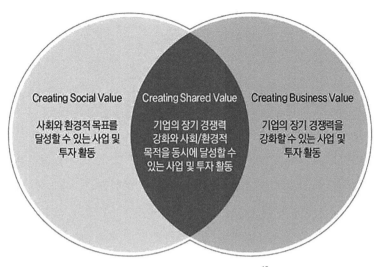

<그림 2> 공유가치 창출의 개념도[19]

이러한 공유가치 창출의 개념은 글로벌 경제위기를 계기로 새로운 가치창출의 원천이 어디 있는가를 모색하면서 등장하였다. 그동안 도외시했던 사회적 가치에 주목하게 되면서 기업들이 성장동력의 한계를 돌파할 수 있는 가능성 또한 공유가치에서 발견되었던 것이다.

공유가치 창출은 기업의 사회적 책임(Cooporate Social Responsibility: CSR)에서 개념적으로 도출되었다. 기업의 사회적 책임은 1953년 보웬(Bowen)이 "우리 사회의 목표나 가치적 관점에서 바람직한 정책을 추구하고 그러한 의사결정을 하거나 행동을 해야 하는 기업인의 의무"로 제시한 후 본격적인 논의가 이루어졌다. 기업의 사회적 책임은 기업의 활동으로 발생하는 사회경제적 문제의 해결을 위해 기업의 내부 관계자들과 외부 이해

---

19 도현명·전상욱, 「경제적·사회적 가치 모두 생산하는 임팩트 비즈니스가 온다」, 『Dong-A Business Forum』 88호 (2011년 9월호)

관계자 그리고 사회의 여러 기대와 요구를 충족시키는 기업행위의 규범적 가치라고 할 수 있으며, 사회에서 나타날 수 있는 위험요소를 미리 최소화하여 장기적인 관점에서 최대효과를 거두기 위한 기업행동이라고도 정의된다.[20]

그러나 여러 실증적인 연구에 의하면 기업의 사회적 책임은 소비자들에게 진정성을 인정받지 못하고 기업의 일방적인 활동으로 인식되는 경향이 있어 사회적 변화를 충분히 실현하지 못한다는 한계가 보고되었다. 기업의 사회적 책임은 기업이 이윤을 낸 다음 일정한 금액을 기부하는 '후기부' 방식이 소비자에게 당연한 기업의 책임으로 인식되고 이윤 여부에 따라 유동적으로 진행되어 불안정하게 운영되기 때문이다. 따라서 기업의 사회적 책임은 소비자의 구매행위에는 특별한 영향을 미치지 못해 기업의 매출증대에 기여하지 못하고 있다.[21]

이에 비해 공유가치 창출은 이득을 얻기 위한 과정으로 경제적, 사회적 비용에 대한 상대적 효용성에 가치를 두는 동시에 기업과 사회공동체 간 창출의 참여에 중점을 둔다. 사회적 활동이 기업을 성장시킬 수 있다고 전제하고 새로운 사업영역으로서 경제적, 사회적 가치를 창출하는 것이다. 사회적 가치 창출이 기업의 경영에 반영되어 있기 때문에 이익 손실에 관계없이 지속적으로 활동을 추진할 수 있으며 매출 전체가 공유가치 창출에 연결될 수 있다.[22]

포터와 크래머는 공유가치 창출을 위한 세 가지 실천전략을 구체적으

---

20 박홍수 외, 『공유가치 창출 전략: CSR에서 CSV로』 (서울: 박영사, 2014), 16-17.

21 유소이, 「윤리적 제품에 대한 소비자 구매 갭(gap)」, 『소비자문제연구』 41권 (2012): 1-18.

22 김세중 외, 「한국기업 CSR활동의 공유가치 창출에 관한 실증연구」, 『로고스경영연구』 제10권 제4호 (2012): 1-28.

로 제시하였다. 먼저 제품이나 서비스를 공급하는 방법이나 범위에 대한 재구성을 할 필요가 있다고 하였다. 그동안 간과한 고객이나 시장을 재발견함으로써 충족되지 않은 요구를 타겟팅하는 것이다.[23] 또한 상품에 반영할 수 있는 사회적 요구나 혜택 등을 파악하여 피라미드 하층부 시장에서 새로운 기회를 모색하는 BOP(Bottom of Pyramid) 전략을 모색할 수 있다.

둘째, 기업이 가치 사슬을 재정의하는 것이다. 기업의 특성별로 가치 사슬 단계에서 생산성과 연계된 사회, 환경 목표를 설정하고 이를 달성하기 위한 과정에서 공유가치 창출이 모색될 수 있다.[24]

셋째, 기업이 경쟁력을 확보하고 사회와 함께 성장하기 위해서는 지역 공급업체, 인프라, 인력 등과 함께 클러스터를 구축함으로써 지역경제를 주도할 수도 있다. 이렇게 기업이 지역경제의 주도권을 획득하면서 지역 사회와 함께 성장할 수 있는 공유가치 창출이 이루어진다는 것이다.

공유가치 창출은 이렇게 기업이 사회문제를 해결하고 사회가 지속적으로 건강해질 수 있는 기반을 만들어내는 과정에서 이윤창출의 기회를 찾는다는 새로운 관점을 제시하여 진보한 자본주의라고 평가받고 있다.

---

23 김승찬, 『한국형 BOP 디자인 비즈니스 모델 창출에 관한 적용 연구』, 박사학위논문 (경희대학교, 2013).

24 천혜정 외, 「공유가치 창출을 위한 기업의 역할 변화와 소비자 참여」, 『소비자학연구』 제25권 제3호 (2014).

IV. 통일사상으로 본 공유가치 창출론

1. 공유가치의 시사점

『통일사상요강』의 가치론은 오늘날의 상황을 가치관의 붕괴로 사회혼란이 극에 달했다고 진단하고 이를 수습하기 위한 대안으로 전통적인 가치를 소생시키면서 절대적 가치를 수립할 수 있는 새로운 가치관이 출현되어야 한다고 강조한다. 통일사상의 가치론은 이러한 시대적 요청에 대한 응답으로 가치와 사실이 성상과 형상과 같이 통일되어야 하며 올바른 가치관으로 과학을 인도하는 사상이다.[25]

『통일사상요강』의 가치론이 변화되는 시대적 요청에 대한 응답이라는 측면에서 볼 때 최근 연구되고 있는 공유가치의 개념은 몇 가지 사유할 지점을 제공한다.

첫째, 공유가치는『통일사상요강』에서 제시하는 가치론의 경제적 가치라는 측면에 대한 사유의 지평을 확장해줄 수 있다.『통일사상요강』은 가치가 주체의 욕망에 의해 결정됨을 언급하면서 경제적 문제를 해결하기 위해서는 경제활동의 동기가 욕망임을 알고 욕망을 분석해야 한다고 설명하면서 이를 알지 못했기 때문에 "물질적 가치를 취급하는 경제이론까지도 현재의 경제혼란을 해결하는데 거의 소용이 없게 되어 버렸다"고 지적하고 있다. 이어 욕망은 진·선·미·애를 추구하는 성상적 욕망과 의·

---

25 『통일사상요강』, 341.

식·주·성을 추구하는 형상적 욕망이 있으며 각각 전체목적을 추구하는 가치실현욕과 개체목적을 추구하는 가치추구욕이 있다고 제시한다.

이러한 설명을 경제적 가치에 적용해본다면 현대사회의 경제문제를 해결하기 위해서는 성상적 욕망이 형상적 욕망보다 우선되어야 하며 가치추구욕뿐만 아니라 가치실현욕도 충족시킬 수 있어야 한다는 결론에 이르게 된다. 즉 현대 경제문제는 개인의 의·식·주·성을 추구하고자 하는 욕망에 사로잡혀 공동체의 진·선·미·애를 실현하려는 욕망을 이루지 못하고 있는 것이라 볼 수 있는 것이다.

그렇다면 이를 해결하기 위한 방안은 무엇인가? 자신의 의·식·주·성을 추구하려는 욕망보다 공동체의 진·선·미·애를 실현하려는 욕망을 우선시하면 된다. 그러나 현실경제는 기업과 정부, 소비자라는 경제주체에 의해 움직인다. 그중에서도 자본주의 사회는 기업이 경제주체로서 많은 역할을 담당하고 있다. 자본주의 사회 구조에서 개인은 자신의 가치추구욕을 실현하기 위해 소비하는 경제주체로 한정되어 왔으며 기업은 이윤을 추구하는 생산주체로 규정되어 왔다. 이러한 구조에서는 자신의 의·식·주·성을 추구하려는 욕망보다 공동체의 진·선·미·애를 실현하려는 욕망을 우선시하는 개인이 나오기 힘들며 그런 개인은 특별한 소수의 개인에 국한되어 구조를 바꿀 수 없는 것이다.

소비주체인 개인의 변화와 함께 생산주체인 기업의 근본적인 변화가 수반되어야 현대 경제문제를 해결할 수 있다는 점에서 공유가치는 현대사회의 경제적 가치가 어떻게 변화되어야 하는가를 과정적으로 보여줄 수 있다는 의미를 지닌다.

둘째, 『통일사상요강』의 가치론에서 지적한 가치실현욕과 가치추구욕은 기업이 추구하는 공유가치를 설명하는 모델로서 유의미하다. 공유가치 창출론은 기업이 경제적 가치와 사회적 가치를 동시에 창출하는 방식으로 기업이 사회적 가치를 고려하여 이윤을 추구할 때 새로운 공유가치로서의 시장이 창출될 수 있다는 것을 보여준다.

『통일사상요강』의 가치론은 기업이 추구하는 가치에 대해 구체적으로 언급하고 있지 않다. 다만 개인이 전체목적을 지향하는 가치실현욕과 개체목적을 지향하는 가치추구욕을 가지고 있다고 분석하고 있다. 이를 기업에 적용해보면 모든 기업은 자사의 이윤을 추구하는 개체목적과 사회의 안녕과 발전을 지향하는 전체목적을 가질 수 있는 것이다. 이를 공유가치의 측면에서 볼 때 기업 또한 전체목적을 위한 가치실현욕과 개체목적을 위한 가치추구욕을 가지고 있다고 볼 수 있다.

공유가치란 기업이 사회적 가치와 경제적 가치를 동시에 추구하므로 그동안 자사의 이익창출이라는 개체목적에만 치중해 왔던 기업이 보다 큰 공동체인 사회와 국가, 세계의 평화와 안녕이라는 전체목적을 위한 가치실현욕과 자사의 이익창출이라는 개체목적을 위한 가치추구욕이 상호 조화를 이루는 시대를 맞이한 것으로 유의미하게 설명될 수 있다.

2. 공유가치 창출론의 시사점

공유가치 창출론은 과거 기업의 사회적 책임이 기업의 '책임'을 강조하였던데 비해 '가치'를 강조한다. 또한 경제적 가치를 두 사람 이상이 나눌 수 있는 것을 강조하면서 기업이 새로운 가치를 찾을 수 있도록 방향을 전환시키고 있다. 이를 위해 기업과 정부가 서로 조화로운 협력관계를 이루고, 소비자와 기업이 상호 협력하며 기업과 사회가 균형된 시각으로 서로 소통하는 모델로 상생과 협력이 중심적인 가치가 된다.[26]

이러한 공유가치 창출의 과정은 통일사상의 가치결정의 과정으로 보다 구체적으로 설명될 수 있다. 가치창출과 가치결정이라는 용어상의 차이가 있으나 그 과정에 대한 설명은 보다 구체화 가능하다. 『통일사상요강』은 현실적 가치는 주체인 인간과 대상인 만물과의 상대적 관계에서 수수작용에 의하여 평가된다고 설명한다. 이때 개체목적을 추구하는 가치추구욕의 주관작용으로 인해 가치결정은 사람마다 다르게 일어나지만 전체목적을 추구하는 가치실현욕의 측면에서 볼 때 공통된 가치관, 즉 절대가치에 기반하면 가치 결정은 일치되게 나타난다고 설명한다.[27]

통일사상의 가치결정으로 공유가치 창출의 과정을 설명하면 기업과 소비자, 기업과 사회, 기업과 정부는 각각 개체목적을 추구하는 가치추구욕의 측면에서 볼 때 가치의 창출이 제각각 다르게 결과될 수 있으나 보다 큰 공동체를 위하는 전체목적을 추구하는 가치실현욕의 측면에서 볼 때 경제의 세 주체, 즉 기업과 소비자, 정부 또는 지역사회가 서로 위하여 존재한다는 전체목적을 중심하고 수수작용하게 되면 공유가치가 창출될 수 있는 것이다. 공유가치 창출론에서는 이러한 수수작용의 과정을 보다 세부적으로 기업과 소비자, 정부 또는 지역사회가 공유가치를 창출하기 위해 각자의 자원을 재분배하고 창출된 자원을 공유하며 새로운 기회의 확인과 효과적인 조직화를 달성하는 과정을 거치며 계속적으

---

26   최종태, 「자본주의 4.0 시대의 사회적 기업과 경영학」(2011).
27   『통일사상요강』, 308-309.

174   제2부 공생주의

로 새로운 가치창출이 가능해진다고 설명한다.[28] 그러나 기업과 소비자, 정부 또는 지역사회가 수수작용을 할 때 각 주체들이 어떤 목적을 가지고 상호 수수작용하게 되는가를 설명하지 않는데 이 부분을 통일사상 가치론이 상세히 설명할 수 있다.

나아가 통일사상 가치론은 욕망을 중심으로 공유가치 창출론이 지향해야 할 목표를 보다 명확하게 제시할 수 있다. 공유가치 창출론은 아직 연구 초기단계의 개념으로 향후 자본주의가 추구해야 할 방향이자 기업에게 요청되고 있는 변화의 지향점이다. 그러나 이러한 개념이 현실적으로 적용되고 보편화되기 위해서는 기업, 소비자, 정부 또는 지역사회의 인식이 먼저 변화되어야 한다. 즉 기업, 소비자, 정부 또는 지역사회가 각자가 처한 상황의 변화를 주체적으로 인식하고 자원을 재배치하고 역할을 재설정해야 하는 것이다. 기업은 기존에 수행해왔던 경제적 가치뿐만 아니라 사회적 가치를 생산하는 역할을 수행함으로써 기업 활동의 사회적 정당성을 확보할 수 있다. 동시에 소비자 역시 기업과의 관계에서 제품의 선택자이자 사용자로서 경제적 역할 외에 사회적 의식을 지니고 사회공동체의 관점에서 사적 소비가 초래하는 공적 결과를 염두에 두는 사회적 차원의 소비자 역할이 강조된다.[29] 기업과 소비자가 그동안 보지 못했던 사회적 가치를 인식하면서 사회적 역할을 수행하는 것은 공유가치 창출론이 현실화되기 위한 핵심적인 과제이기도 하다.

이러한 핵심적 과제를 해결하기 위해서는 가치를 창출하는 욕망을 조절할 수 있어야 한다. 그동안 공동체에 대한 의무와 책임으로 설명되었

---

28 천혜정 외, 「공유가치 창출을 위한 기업의 역할 변화와 소비자 참여」, 9.
29 천혜정 외, 「공유가치 창출을 위한 기업의 역할 변화와 소비자 참여」, 2.

던 부분을 공유가치 창출론은 가치로 설명한다. 가치의 중심점을 옮긴다면 공유가치를 창출할 수 있으며 긍정적인 사회변화를 가져올 수 있다는 것이다. 통일사상 가치론은 여기서 한 단계 더 나아가 가치를 창출할 수 있으려면 욕망을 조절할 수 있어야 한다는 것을 제시할 수 있다.

객관적 시장상황의 변화를 경제주체들이 주체적으로 인식한다는 것을 통일사상 가치론으로 보면 욕망의 기준점을 변화시킨다는 말이 된다. 그동안 경제적 가치는 기업, 소비자, 정부 또는 지역사회가 전체목적을 실현하고자 하는 가치실현욕보다 개체목적을 추구하는 가치추구욕을 중심으로 상호 갈등하는 구조였다. 이러한 구조 속에서 보다 전체목적을 실현하고자 하는 가치실현욕이 큰 정부가 정책을 통해 경제적 상황에 맞춰 기업 중심이 되거나 정부 중심이 되는 변화가 있어 왔다. 이러한 과정에서 소비자와 기업은 가치실현욕을 인식하지도 못하는 상태에 있었다고 볼 수 있다.

기업과 소비자, 정부 또는 지역사회는 각각 보다 큰 공동체인 국가와 세계의 행복과 평화를 위해 존재한다는 가치실현욕을 인식하고 각자의 목적을 실현하고자 하는 가치추구욕보다 가치실현욕을 우선시하고 무게중심을 두어야 한다. 즉 마음으로부터 진정으로 사회적 가치를 실현하고자 하는 욕망을 가져야 한다는 것이다. 통일사상 가치론은 이러한 가치실현욕을 가질 때 공유가치가 창출될 수 있으며 역할의 변화 또한 의무나 책임이 아니라 성장과 행복을 위한 당연한 선택으로 귀결될 수 있다는 것을 시사한다.

V. 자본주의의 미래

공공성은 오늘날 점점 더 부각되고 있다. 다만 아직 자본주의 시스템으로 정착되지 못하고 각 개인의 지식과 사고, 활동 여하에 따라 공공성의 실현이 좌우되는 상황이다. 각 사회의 시민들의 실천에 따라 공공성이 개선되는가, 후퇴되는가가 달려있는 것이다. 전문가들은 공익의 입장에서 사고하고 실천할 수 있는 공공적 시민이 많이 나타나는 것이 향후 자본주의의 미래, 나아가 인류의 미래를 좌우하게 될 것이라고 예상한다.[30]

이러한 시점에서 본 연구는 자본주의의 새로운 장을 열 것으로 주목받고 있는 공유가치 창출론을 통일사상의 가치론으로 바라보고자 하였다. 통일사상의 가치론으로 볼 때 공유가치 창출론의 의미는 무엇이며 시사점은 무엇인지 정리해봄으로써 통일사상 가치론이 이 시대에 제시해야 하는 비전을 생각해보고자 함이다.

『통일사상요강』은 가치론을 설명하면서 물질적 가치와 정신적 가치 중 정신적 가치만 설명하겠다고 한정짓고 있으나 현실적 가치의 가치결정을 설명하면서 물질적 가치를 중심한 경제적 가치에 대한 설명 가능성을 열어두고 있다. 이를 바탕으로 통일사상 가치론과 공유가치 창출론은 상호 대화가 가능하였으며 이를 통해 다음과 같은 시사점을 발견할 수 있었다.

통일사상 가치론으로 볼 때 공유가치는 『통일사상요강』에서 제시하는

---

30 김봉진, 「공공철학의 지평」, 『철학과 현실』 제74권 (2007): 112.

가치론의 경제적 가치라는 측면에 대한 사유의 지평을 확장해 줄 수 있었으며 『통일사상요강』의 가치론에서 지적한 가치실현욕과 가치추구욕은 기업이 추구하는 공유가치를 설명하는 모델로서 유의미한 것으로 보인다. 또한 통일사상의 가치결정의 과정은 공유가치 창출의 과정을 보다 구체적으로 설명해 줄 수 있으며 통일사상 가치론은 욕망을 중심으로 공유가치 창출론이 지향해야 할 목표와 과제를 보다 명확하게 제시할 수 있었다.

자본주의의 미래이자 인류의 미래는 공공성을 가진 시민과 기업, 정부에 달려 있다. 공유가치 창출론은 공공성을 의무와 책임으로 인식하였던 기존의 패러다임을 가치로 설명하면서 경제적 가치와 사회적 가치를 함께 생각하는 공유가치를 통해 새로운 시장도 형성되고 보다 나은 사회가 실현된다고 강조하였다.

통일사상 가치론은 여기서 한 단계 더 나아가 공유가치를 결정하는 욕망을 설명하며 그 과정을 구체적으로 가치실현욕과 가치추구욕으로 세분화하여 인식하도록 한다. 가치추구욕으로 가려졌던 가치실현욕을 일깨워, 가치추구욕과 가치실현욕의 조화를 이룰 수 있는 소비자와 기업이 공공성 있는 사회의 기초가 되는 것이다.

자본주의 4.0을 넘어 자본주의 5.0의 미래를 논의하는 현 시점에서 본 연구는 부족하나마 통일사상 가치론으로 현 시대의 담론과 대화를 해보고자 하였다. 통일사상은 관념이나 사상체계에 머무는 것이 아니라 현 시대를 해석하고 미래를 전망하며 새로운 세계의 기초를 세우는 실천적이고 현재적인 사상이기에 향후 더욱 발전적인 논의가 이어지기 바란다.

제 3 부

공영주의

共生榮義

1
공영주의로 본 공화주의 담론[1]

I. 주목받는 공화주의

2018년 8월 자유한국당의 한 6선 의원이 '길 잃은 보수정치, 공화주의에 주목한다'는 주제로 세미나를 개최하면서 공화주의 담론이 다시 한번 부각되었다. 이미 개혁적 보수를 표방하는 바른미래당 전 대표가 공화주의를 자신의 정치철학으로 내세운 바 있기에 위기상황에 처한 보수정치가 공화주의를 기치로 연합을 모색하는 것이 아닌가 하는 추측이 제기되기도 하였다.

사실 공화주의는 2008년 촛불시위에서 정치적 구호로 등장하면서 보수는 물론 진보까지 대한민국의 새로운 정치 방향으로 관심을 모았다. 특히 2016년 촛불집회에서 법을 초월한 권력 독점과 자의적 지배에 저항하며 법 앞에 누구나 평등하다는 뜻으로 "대한민국은 민주공화국"이라

---

1   이 글은 『통일사상연구』 제15집(2018)에 게재된 논문이다.

는 구호를 외쳐 공적 가치와 법치, 견제와 균형을 표방하는 공화주의가 대한민국이 처한 민주주의의 위기를 극복할 수 있는 정치적 가치로 대중에게도 알려졌다. 민주주의가 주권이 국민에게 있다는 것을 천명하는 이념이라면 공화주의는 법의 공정성과 사회적 공공성을 강조한 이념이기 때문이다.

공화주의는 고대 그리스의 아테네에서 시작하여 로마에서 본격적으로 시도된 정치체제로 시민들이 군주의 자의적 일인 독재를 막고 법에 기초하여 시민의 자유와 권리를 보호받고자 하는 저항의 논리였다.[2] 사람에 의한 임의적 지배가 아니라 법에 의한 지배를 주장하며 공공선에 기초한 법의 제정과 이를 적극적으로 지지하고 참여하는 시민적 덕성을 강조하는 사상으로 다른 정치사상들의 전통과 구분되어 왔다.[3] 이후 군주의 독재를 염려할 필요가 없는 법치국가가 실현되면서 공화주의에 대한 논의는 더 이상 진행되지 않았으나 시민들이 공적인 삶에는 관심을 기울이지 않고 소비에 몰두하거나 정치에 참여하는 것은 물론 투표권을 행사하는 것을 기피하면서 국민이 주인이 되는 민주주의가 실현될 수 있는가에 대한 의문이 다시 제기되었다.[4] 신자유주의 체제 속에 살고 있는 국민들은 끊임없는 경쟁구조 속에 생존을 위해 자신의 이익에만 매몰되어 파편화, 이기주의화되어 공적 가치를 중요하게 생각하고 정치적으로 참여하는 시민이 될 수 없다는 문제제기와 함께 공화주의의 시민성 논의가 미국에서 다시 부활하였다.[5]

2   김경희, 『공화주의』 (서울: 책세상, 2009), 13.
3   모리치오 비롤리, 『공화주의』, 김경희·김동규 역 (고양: 인간사랑, 2006), 18.
4   Hannah Arendt, *On Revolution* (New York: Viking Press, 1965).
5   김상범, 「공화주의적 시민성의 윤리교육적 함의」, 『윤리연구』 87 (2012): 29.

앞에서 지적한 바와 같이 대한민국 사회 또한 민주화의 흐름 속에 형식적 민주주의는 정착되었지만 진정한 민주주의가 실현되기 위해서는 공화주의가 실현되어야 한다는 담론이 진행되고 있다. 과연 공화주의는 대한민국의 정치가 봉착한 위기를 극복할 수 있는 대안이 될 수 있을 것인가? 이에 대한 기대는 낙관적이지만은 않다.

우선 공화주의가 우리 사회에서 정치사상으로 논의된 바가 없기 때문에 공화주의에 대한 견해가 보수와 진보 모두 자의적이라는 점을 지적한다. 공화주의 같은 용어를 사용하고 있으나 이를 이해하는 관점과 정치적 목표가 상이하다는 것이다. 때문에 여러 정치지도자들이 자신의 정치적 신념을 공화주의라고 표명하였음에도 그 진정성이 받아들여지지 않고 있는 상황이다. 또한 공화주의는 복잡한 현대사회에서 정치적으로 실현가능성이 부족하다는 비판도 받고 있다. 파편화되어 있는 사회구조 속에서 시민들이 공적 가치를 중심으로 시민적 덕성을 함양하여 정치에 참여하는 것은 불가능하다는 견해이다.[6]

공화주의를 둘러싼 담론은 이상사회의 정치이념으로 제시되고 있는 통일사상의 공영주의에 대한 논의의 필요를 제기하고 있다. 공영주의 역시 민주주의 정치 체제의 근본적인 한계로 개인주의의 이기주의화를 지적한다. 기독교가 개인의 개성과 인격, 가치를 중요시하는 개인주의를 지도할 수 있는 공동의 원리로서 기능을 하지 못하면서 이기주의로 변질되었다는 것이다. 이러한 한계는 메시아의 현현으로 개인주의를 지도할 수 있는 공동의 원리인 참다운 가치관에 기초하여 모든 인간이 참사랑을 가

---

6   고봉진, 「공화주의 이론의 명암」, 『법과 정책』 24(1) (2018): 7-16.

진 인간으로 복귀되어 하나의 통일된 세계를 이룰 때 극복되며 공영주의의 정치체제로 실현된다고 본다. 그러나 아쉽게도 공영주의에 대한 논의는 아직 풍부하게 진행되지 못하고 있으며 통합적인 논의는 더더욱 이루어지지 못하고 있는 상황이다. 최유신을 시작으로 김항제, 정시구, 임현진 등이 공영주의의 이념적 논의부터 현실적 적용에 관한 연구를 진행하였으나 통일사상의 다른 논의에 비해 논의의 양이 부족한 상황이며 현대사회의 여러 정치적 위기를 공영주의가 어떻게 극복할 수 있는가에 대한 대안적 논의도 구체화되지 못한 것이다. 이에 본 논문은 현재 진행되고 있는 공화주의를 둘러싼 담론을 분석하여 봄으로써 공영주의의 논점을 정리하고 이에 대한 응답의 기초를 제안해보고자 한다.

II. 공화주의 담론

1. 공공선과 법치

중국에서 '공화(共和)'란 주나라 여왕(厲王)의 폭정을 막기 위해 제후들이 반란을 일으켜 집정하던 시기를 가리키는 말로 처음 사용되었다. 이후 왕 없이 정치가 이루어진다는 의미의 공화제(共和制)로 통용되다가 '공공의 것'이라는 의미의 라틴어 'res publica'에서 발전된 'republic'의 번역어로 사용되었다.[7]

---

7   김경희, 『공화주의』, 20.

서구의 공화국(republic)은 세습된 군주 대신에 선출된 공직자와 대의정부(representative government)를 갖춘 정치체제를 의미한다. 고대의 공화주의는 군주의 지배를 거부하고 공직자의 권력 전횡을 막기 위해 시민이 참여하는 자치정부를 구성하는 것을 의미했으나 모든 국민이 직접 정치에 참여할 수 없는 현실적 한계로 법에 기초한 대의정부를 통해 시민이 정치에 참여하는 정치체제를 의미하게 된 것이다.[8]

공화주의는 정치참여를 강조하고 있지만 대의정부와 자치정부 여부보다 국가의 공공선을 중요하게 본다. 공화국(republic)의 어원인 'respublica'가 사적 지배(domination)를 배제하고 어디에도 속하지 않는 공적 지배, 또는 공공재산을 강조하고 있는 것처럼 공화주의는 법에 근거하여 공적 사물, 공공재산, 공적 공간이 지켜지고 우선되는 국가를 의미하는 것이다.[9] 키케로(Cicero) 또한 "한 사람의 학정으로 모든 사람이 억압받을 때 도대체 누가 그것을 공화국, 즉 공공의 재산이라고 부를 수 있겠는가?"라고 하면서 공화국의 핵심이 세습군주들이 국가나 정부를 자신의 사적 소유물로 보는 것을 반대하고 국가가 공민들에 의해 통치될 수 있는 공적인 것이라는 공공선에 있음을 밝혔다.[10]

공화주의의 기원을 제시했던 아리스토텔레스는 "인간은 본성적으로 국가 공동체를 구성하는 동물로 군서 동물과는 본질적으로 다르다. 국가는 가정과 개인에 우선한다. 전체는 부분에 우선한다. 국가 형성은 정의실현의 전제다. 인간은 법과 정의가 없으면 가장 사악하고 가장 위험

---

8   김상범, 「공화주의적 시민성의 윤리교육적 함의」, 30.
9   비롤리, 『공화주의』, 16.
10   마르쿠스 툴리우스 키케로, 『국가론』, 김창성 역 (파주: 한길사, 2007).

한 동물이다. 정의는 국가 공동체의 질서를 유지해준다."고 하였다.[11] 즉 인간은 다른 동물과 달리 선과 악, 옳고 그름의 정의를 인식할 수 있으며 개인과 가정보다 우선시되는 국가를 구성하고 이를 기준으로 질서를 유지하기 위한 법과 제도를 제정한다. 국가라는 공적 영역에서 인간은 사적 이익을 넘어 공공선을 추구하게 된다는 것을 강조한 것이다. 이에 공화주의의 기원이라 할 수 있는 아테네는 동등하게 정치에 참여할 수 있는 시민들의 권리를 중요하게 생각하여 귀족을 넘어 광범위한 시민까지 정치에 참여하도록 하였다. 평등한 시민들은 민회와 인민법정을 통해 정치에 적극적으로 참여하였으며 추첨과 엄격한 임기제한 등을 통해 시민들에게 동등한 참여 기회를 제공하였다. 이렇게 아테네의 정체공동체는 직접민주주의를 구현하였지만 부모 모두 아테네 시민인 사람만을 시민으로 인정하면서 시민권을 특권화하고 독점과 지배의 수단으로 삼게 되었다.[12] 이렇게 권력 집단화된 시민들은 공공선보다는 자신의 사익을 우선시하는 선택을 하게 되었고 결국 아테네를 멸망으로 이끌었다.[13]

로마의 공화주의는 아테네의 이러한 문제점을 극복하기 위해 산술적인 평등이 아니라 집정관과 원로, 시민이 함께 참여할 수 있는 혼합정을 도입하여 상호견제를 통한 균형을 가져오게 하였다. 다수 집단에 의한 정치적 독점과 지배를 막기 위해 자질과 능력에 따른 차별적 평등을 추구하였으며 복수의 대표를 선출하고 임기를 짧게 하는 등 다양한 제도적 보완을 가하였다. 시민이 자발적으로 사익보다 공공선을 우선시하는데

---

11   아리스토텔레스, 『정치학』, 천병희 역 (서울: 숲, 2009), 17.

12   김경희, 「서구 민주공화주의의 기원과 전개」, 『정신문화연구』 30(1) (2007): 118.

13   김경희, 『공화주의』, 30-40.

문제가 발생할 수 있는 가능성을 인정한 것이다.[14]

이러한 역사적 과정을 거쳐 공화주의는 법에 의한 지배, 즉 법치를 강조한다. 법을 통해서 공적 사물, 공적 재산, 공적 공간이 지켜지기 때문이다. 물론 이러한 법은 공공선을 담고 있는 법으로 시민에 의해 제정되며 법 앞에서 시민들은 평등하다. 루소(Jean J. Rousseau)는 "나는 정부형태가 어떤 것이든 간에 법에 의해 통치되는 모든 국가는 공화국이라고 부른다. 왜냐하면 이때 비로소 공공선이 우위에 서고, 공공의 것이 중요한 것이 되기 때문이다"라고 하였다.[15]

이렇게 공공선과 법치는 공화주의의 핵심적인 개념이지만 공공선과 법치의 균형을 어떻게 잡을 것인가는 학자들마다 미세하게 견해를 달리한다. 모든 인간은 근본적으로 공공선을 추구하는 본성이 있기 때문에 공적 영역의 참여를 확대해야 한다는 견해와 공공선에 기반한 법의 제정과 법치를 강화해야 한다는 견해는 현실사회 속에서는 서로 충돌할 수 있는 지점을 가지고 있기 때문이다.

예를 들어 우리 사회에서 의료나 교육 등을 공공영역으로 보고 이를 위한 공공정책을 확대할 것인가에 대한 견해는 첨예하게 갈라진다. 우선 공공선을 우선시할 수 있는 성숙한 시민사회가 조성되어 있지 않기 때문에 계층별 이해관계가 상충되고 공적 영역의 토론이 이루어지지 못한다. 이러한 상황에서 시민사회가 성숙하여 공공선을 추구하는 본성이 회복되어서 성숙한 공적 토론이 이루어질 때까지 기다릴 것인가, 토론의 과정이 없더라도 공공선에 기반한 법을 제정하여 시민사회를 확대할 수 있는

---

14   김경희, 『공화주의』, 49-51.
15   비롤리, 『공화주의』, 16 재인용

사회안전망을 만들 것인가 하는 입장이 충돌하는 것이다.

또 다른 측면에서는 공공선이라는 것이 과연 현대사회에서 실현 가능한 개념인가에 대한 비판도 제기된다. 국가라는 공적 영역에서 시민은 공공선을 우선시하게 되며 공공선에 기반한 정치를 실현하고자 적극적으로 정치에 참여, 공공선에 기반한 법을 제정하기에 법에 기반하여 공공선이 확보된다는 공화주의의 비전은 과거 도시국가에서 추구하던 이상일 뿐이라는 것이다. 현대사회는 국가라는 공적 영역에서 시민들이 참여할 수 있는 기회 자체가 차단되어 있으며 혈연이나 지연에 기초한 소규모 공동체가 사라지고 상호 의사소통할 수 있는 기회조차 주어지지 않기에 공공선을 사익보다 우선시할 수 있는 시민이 출현할 수 없다는 것이다.[16]

2. 공화주의적 자유

공공선과 법치에 이어 공화주의의 핵심 주제로 논의되는 것은 자유이다. 공화주의에서는 자유를 타인의 자의에 예속되지 않는 것으로 본다. 공화주의적 자유의 개념적 논의를 보다 구체적으로 전개하기 위해 일반적인 자유의 개념, 즉 벌린(Isaiah Berlin)이 구분한 적극적 자유와 소극적 자유 개념을 살펴보자.

소극적 자유가 타인에 의한 간섭이 없는 상태로 로빈슨 크루소와 같은 상태의 자유라면 적극적 자유는 자신이 스스로의 삶을 지배하는 상

---

16   고봉진, 「공화주의 이론의 명암」, 10-12.

태로 자아를 실현할 수 있는 자유를 의미한다. 흥미롭게도 벌린은 적극적 자유는 다른 사람의 자유를 침해할 수 있는 전체주의적 위험이 있다고 보고 소극적 자유의 실현이 보다 현실적인 자유라고 이야기하였다.[17] 공화주의적 자유는 소극적 자유가 주목하는 간섭의 부재와 적극적 자유가 강조하는 자신의 지배를 접목하여 타인의 지배가 없는 상태를 말한다. 즉 자신이 삶의 주인이 되는 적극적 자유를 보장하지 않더라도 타인의 지배가 없는 상태에 있으면 공화주의는 자유롭다고 보는 것이다.

타인의 간섭이 없는 상태와 타인의 지배가 없는 상태는 '부재'라는 면에서 소극적이라는 공통점이 있지만 구체적인 상태에서는 차이를 보인다. 즉 관대한 주인에 속해 있는 노예는 큰 간섭 없는 상태에서 일상생활을 할 수 있다. 간섭이 없다는 면에서 이 노예는 소극적 자유를 가지고 있다. 그러나 주인과 노예라는 주종의 관계, 지배와 예속이라는 관계는 변하지 않기 때문에 공화주의적 자유를 가지지 못한다. 주인의 마음이 바뀌면 언제든지 주인의 자의에 따라 자유의 상태가 변화되기 때문이다.[18] 공화주의적 자유는 이렇게 정치적이고 법적인 상태에서 자유롭게 자신의 정치적 의사나 의지를 표현할 수 있는 자유를 강조한다.

물론 법적으로 자유가 보장되어 있더라도 타인의 위협적인 권력에 의해 지배받고 있다면 자유롭다고 할 수 없다. 독재자나 폭력적인 남편, 억압적인 고용주 등에 의해 자유로운 의사소통이 제한되고 법적인 보호를 받을 수 없는 사회라면 공화주의적 자유가 보장되지 않는 것이다.[19]

---

17   이사야 벌린, 『이사야 벌린의 자유론』, 박동천 역 (파주: 아카넷, 2014)
18   켄틴 스키너, 『자유주의 이전의 자유』, 조승래 역 (서울: 푸른역사, 2007)
19   필립 페팃, 『신공화주의』, 곽준혁 역 (서울: 나남, 2012), 6.

반면 공화주의적 자유는 법에 근거하여 개인의 자유가 제한되는 것을 인정한다. 예를 들어 소득에 비례하여 세금을 부과하는 누진세에 대해 자유주의자들은 국가가 세금을 통해 개인의 자유를 침해하고 간섭한다고 보지만 공화주의자들은 공공선에 기초한 법은 타인의 자의에 의한 예속이 아니라 사회 질서를 유지하기 위한 법적 예속이기에 자유를 침해하지 않는다고 보는 것이다. 오히려 공화주의자들은 시민들의 합의에 의해 공공선을 우선한 법 제정은 필수적이며 이러한 법에 의한 사회의 유지는 공화주의적 자유를 보장한다고 주장한다.[20] 블랙스톤(William Blackstone)은 공공선을 위한 법 제정은 필수적이며 신중하게 고안된 법은 자유를 파괴하는 것이 아니라 오히려 자유를 창출한다고 하면서 "법이 없는 곳에는 자유도 없다"고 말하였다.[21]

이러한 주장에 대해 자유주의자들은 공화주의적 자유가 공공선을 우선시하여 국민의 기본권을 침해한다고 본다. 현대사회의 모든 개인은 자신의 행복을 추구할 수 있는 자유가 있는데 이를 법적으로 제한할 수 있는 근거가 공화주의 안에서는 제시되지 못한다는 것이다.

공화주의적 관점에서 보면 공공선을 우선시하는 시민들이 공론의 장을 통해 기본권을 제한하는 법을 제정하면 공화주의에서 전제하는 법에 의한 자유라는 기본 조건이 성립할 수 있다. 그러나 개인화된 현대사회의 시민들은 공공선을 우선시하지 않으며 공론의 장에 참여하지도 않기 때문에 국가가 주도하는 기본권 제한은 공화주의의 이상에 적합하지 않으며 공화주의적 자유란 현대사회에서 결코 실현될 수 없는 이상에 머물

---

20 비롤리, 『공화주의』, 95-96.
21 페팃, 『신공화주의』, 107.

고 만다는 비판도 제기된다.

반면 적극적 자유를 주장하는 평등지향적 자유주의자들은 적극적 자유를 실현하기 위해서는 자원이 있어야 하는데 빈곤한 사람은 이러한 자원을 박탈당한 상태에 있기 때문에 자신의 생존은 물론 자유를 실현할 수 있는 자원의 배분이 먼저 이루어져야 한다고 주장한다. 이러한 관점은 적극적 자유를 보장할 수 있는 최소한의 자원을 확보하기 위해 부자의 기본권이 제한될 수 있다는 명확한 논리를 제시한다. 이에 비해 공화주의는 자유와 공공선이 충돌할 때 이를 해결할 수 있는 명확한 논리를 제시하지 못한다.

또한 모든 사회 구성원이 합의할 수 있는 공공선이라는 것이 과연 존재하는가도 문제가 될 수 있다. 물론 공화주의는 공동체주의처럼 공동체가 공유하는 가치가 있다고 보지는 않지만 시민들이 사익을 넘어 공공선을 우선시한다는 면에서는 유사한 부분이 있다. 예를 들어 하나의 정책에 대해 서로 다른 의견을 가진 집단이 충돌할 때 두 집단이 자기 집단의 이해를 넘어 두 집단의 공공선에 기반한 법에 합의할 수 있는가에 대한 의문이 제기된다.[22]

소극적 자유를 추구하는 자유주의자와 적극적 자유를 추구하는 공동체주의자 또는 평등지향적 자유주의자들의 이러한 비판에 공화주의는 명쾌한 응답을 제시하지 못하고 있다.

---

22 고봉진, 「공화주의 이론의 명암」, 13-16.

3. 시민적 덕성

시민적 덕성은 공화주의의 본질이라고 할 수 있는 핵심적인 개념으로 공공선을 위해 헌신하려는 시민들의 품성을 뜻한다. 고대 로마 공동체에서는 안전과 방어를 책임진 시민군인 성인 남성의 덕성을 포괄하는 의미로 남자다움과 용맹성을 나타내다가 점차 도덕적이며 윤리적인 덕성까지 포괄하는 의미로 확장되었다. 전쟁에서 승리하기 위한 군인의 덕목 외에 정치공동체에 참여하고 헌신할 수 있는 시민으로서의 의식과 덕목을 나타내게 된 것이다.[23]

시민적 덕성의 반대개념은 '부패'로 개인의 사적인 논리가 공적 영역에 침투하여 공공선을 침해하고 이를 대체할 때 발생한다. 로마시대에도 공화정을 실시하였지만 시민적 덕성이 갖추어져 있을 때에는 행정관을 선임할 때 지원자 중 가장 적합한 능력과 자질을 갖춘 사람을 선출하였으나 시민들이 부패하자 권세 높은 자들만 행정관에 지원하였고 시민들은 자신들에게 제공되는 후의에 따라 행정관을 선택하게 되었다. 이러한 부패는 공정한 법 제도와 공적 질서가 무너진 결과 불평등이 심화된 사회에서 일어나는데 권력과 재산이 많은 사람과 없는 사람 사이에 공정한 룰이나 법 제도의 적용이 차이가 발생하면서 더 이상 시민들이 능력과 자질을 함양하는 노력을 하지 않게 된다.[24]

따라서 시민이 시민적 덕성을 함양할 것인가, 부패할 것인가는 시민 자신의 선택이 아니라 시민들이 시민의식 또는 시민적 덕성을 형성할 수

---

23   김경희, 『공화주의』, 11.
24   김경희, 『공화주의』, 90-92.

있는 정치체제에 달려 있다. 센델(Micheal Sendel)은 이러한 정치를 '형성적 정치(Formative politics)'라고 하였다. 형성적 정치란 시민들이 탐욕과 나태, 사치 등의 부패에 빠지지 않는 법적 장치를 넘어 교육을 비롯한 여러 수단을 통해 시민적 덕성을 지속적으로 공급할 수 있는 정책을 포함한다.[25] 물론 로마 전통의 공화주의에서는 적극적인 정치 참여로서의 시민적 덕성보다는 정부의 정책을 견제할 수 있는 소극적 차원의 시민적 덕성을 주장하기도 한다. 이러한 차이에도 불구하고 공화주의는 공공선을 위해 공동으로 정치에 참여하는 과정을 강조한다는 면에서 정치 참여를 통한 시민적 덕성의 함양을 전제한다고 볼 수 있다.

시민적 덕성의 핵심적인 내용이 무엇인가에 대해서는 이견이 있으나 일반적으로 시민이 속한 국가에 대한 사랑, 즉 애국심 또는 조국애를 공통적으로 꼽는다. 앞에서 제시한 것처럼 시민적 덕성이라는 말 자체가 전쟁이 일어났을 때 나라를 지킬 수 있는 시민의 요건에서 출발하였기 때문에 국가에 대한 사랑은 두드러진 공공선으로 인정받았다. 그러나 공화주의에서 말하는 조국애는 민족주의에서 강조하는 애국심과 차이가 있다. 민족주의적 애국심은 선험적으로 같은 민족이면 가지게 되는 감정인 반면 공화주의적 조국애는 제도적으로 소속되어 있는 국가의 정치에 참여하면서 가지게 되는 후천적 경험의 산물이다.[26] 테일러(Charles Taylor)는 공동체 구성원에 대한 신뢰와 일체감이라는 결과에서는 민족주의와 공화주의의 애국심이 동일하게 보일 수 있지만 시민적 자유와 공동체에

---

25   Micheal Sendel, *Democracy's Discontent: America in Search of a Public Philosophy* (Cambridge, MA: Harvard University Press, 1996), 6.
26   김상범, 「공화주의적 시민성의 윤리교육적 함의」, 34-35.

대한 헌신을 통해 정치공동체의 성격과 내용까지 나아갈 수 있다는 면에서 민족주의적 애국심과 차이가 나타난다고 하였다.[27]

공화주의는 시민적 덕성으로 공화주의적 애국(republican patriotism)과 함께 시민적 우애(civic friendship)를 강조한다. 시민적 우애는 아리스토텔레스가 모든 인간은 자연적으로 시민으로 태어나며 시민적 삶에 참여하면서 자기완성에 이르는 정치적 동물로서 삶을 공유하는 다른 구성원에 대한 자연적인 애정(philia)과 연대를 통해서 상호 인정을 경험하며 자기를 실현할 수 있다는 견해에서 출발한다. 시민적 우애를 가지기 위해서는 모든 시민이 공통된 지식과 정보를 공유해야 한다는 입장과 보다 좋은 삶을 영위하기 위한 구성적 공동체 경험이 중요하다는 입장의 차이는 있으나 공동체에 참여할 수 있는 상호 연대를 강조한다는 면에서는 공통적이다.[28] 공화주의적 애국과 시민적 우애 등의 시민적 덕성에 대해서 개인주의화 되어 있는 현대사회에서 과연 이러한 시민적 덕성이 존재할 수 있는가부터 시민적 덕성을 어떻게 함양할 것인가 등에 대한 논의가 이루어지고 있다. 즉 자유민주주의의 위기에 대해서는 인식을 같이 하면서도 다수의 시민이 공공선을 우선시하는 공적 의식을 가지고 정치적 삶에 능동적으로 참여하는 공화주의가 현실적인 대안인가에 대한 근본적인 회의부터 보편적 윤리교육을 통해 시민적 덕성을 함양할 수 있는가에 대한 방법적인 한계가 지적되고 있는 것이다.

---

27 Charles Taylor, "Cross-Purposes: The Liberal-Communitarian Debate", Nancy L. Resenblum ed. *Liberalism and the Moral Life* (Cambridge: Harvard University, 1989), 178.

28 이양수, 「혼돈 시대의 민주주의: 공화주의와 삶의 가치」, 마이클 샌델, 『공동체주의와 공공성』, 김선욱 외 역 (서울: 철학과 현실사, 2008), 321.

III. 공영주의의 응답

1. 천부주의 중심의 형제주의 정치

공영주의는 이상세계의 정치이념으로 하나님의 참사랑을 중심한 공동정치, 하나님의 대신 되는 메시아를 부모로 모시고 사는 형제주의 정치를 이상으로 제시한다. 인류는 만인이 한 부모의 사랑을 이어받은 형제자매의 입장에서 국경 없는 공동체를 이루며 공동정치에 참가하며 살게 된다.[29]

공영주의의 이러한 이상은 하나님의 참사랑에 기초한 공동정치이기에 세계가 메시아를 중심으로 통일되어야 실현 가능하다고 설명한다. 그러나 메시아왕국이 실현되기 이전이라도 지도층이 노력한다면 하나님을 참부모로 모시는 공영정치의 이상은 어느 정도 실현될 수 있다고 부언하였다.[30] 학자들 또한 공영주의에 대한 연구의 관점을 현실 사회에서 실천 가능한 정치적 이념으로 접근하였다. 김항제는 공생공영공의주의는 이상세계의 비전을 그리는 것에 머물지 않고 이상세계를 실현하고 성취할 수 있는 실천적 이데올로기라고 하였다.[31] 최유신 또한 공생공영공의주의가 이상세계를 전제한 이념이지만 통일사상 전체에서 가장 현실적이고 실천적인 문제를 다루고 있기에 현실적 실천 가능성 여부가 중요한 부분이라

---

29 통일사상연구원, 『통일사상요강』 (서울: 성화사, 1998), 777.
30 통일사상연구원, 『통일사상요강』, 778.
31 김항제, 「공생공영공의주의와 T. More의 유토피아 사상」, 『통일사상연구논총』 5 (1999): 101.

고 전제하면서 향후 더욱 이론화되고 구체화되어야 할 것이라고 지적하였다.[32]

공영주의를 현실사회에서 구체적으로 적용하기 위해서는 어떠한 부분이 논의되어야 하는가? 김항제는 공영주의가 민주주의의 새로운 패러다임을 논의하고 있는 현대 정치학과 그 지평을 상당 부분 같이 하고 있다고 전제하면서 대의제 민주주의의 한계를 극복하기 위한 심의 민주주의, 결사체 민주주의, 전자 민주주의 등의 대안적 민주주의가 민주적 참여는 활성화할 수 있으나 민주적 책임의 문제를 해결할 수 없는 문제가 있다고 지적하였다. 이를 해결할 수 있는 대안으로 공영주의는 민주적 참여와 책임의 진정성을 구현할 수 있으며 공동체적 가치와 공공선을 추구할 수 있는 정치철학이라는 점을 구체적으로 논의하였다.[33]

임현진 또한 공영주의를 한국의 현실정치가 가진 문제를 해결할 수 있는 정치 개혁의 방향으로 제시하면서 이러한 논의에 답하려 하였다.[34] 그는 공영주의의 근본정신이 인류를 위한 사랑의 정신인 공공애에 있다고 제시하면서 공영주의에서 제시하는 선거제도의 개혁방향을 기준으로 한국 선거제도의 문제를 분석하고 이를 극복할 수 있는 현실적 대안으로서 공영정치에 기초한 선거제도의 방향과 원칙, 형식 등을 제시하였다. 즉 인류가 공공애를 회복하는 것도 중요하지만 현실 정치의 문제를 개선할 수 있는 대안적 정치를 도입하는 것 또한 미룰 수 없다고 본 것이다.

---

32 최유신, 「제3의 대안으로서의 공생공영공의주의」, 『통일사상연구』 2 (2001): 64-120.

33 김항제, 「한국사회의 구조적 모순과 공영주의적 평화의 모색」, 『평화학연구』 7(3) (2006): 61-77.

34 임현진, 「공생공영공의주의로 본 공영정치 정책원칙과 선거제도에 관한 연구」, 『통일사상연구』 14 (2018): 1-22.

또한 임현진은 공영주의의 정치를 공동·균형·책임 정치로 정리하고 만인공동 참가의 정치를 실현하기 위해 대의원 선출에 의한 선거정치가 아닌 추첨에 의한 정치를 도입해야 하며 기초단체장 등의 정당공천제를 폐지하고 책임정치를 실현할 수 있는 매니페스토 정책선거를 강화해야 한다고 대안을 설명하였다.

이러한 대안적 선거제도를 중심한 공영주의의 논의는 먼저 공공애를 가진 사람들이 있어야 한다는 근본적 질문으로 돌아오게 한다. 거대한 사회구조 속에 분절적인 삶을 살아가는 현대인들이 과연 공공애를 가질 수 있는가? 공화주의를 논의할 때 공공선 또는 공공선을 갖춘 시민이라는 것이 현대사회에 존재할 수 있는가 하는 의문이 제기되듯이 현대사회에서 공공애 또는 자기애보다 공공애를 우선시할 수 있는 사람이 있을 수 있는가 하는 회의적 질문이 제기될 수 있는 것이다.

이러한 근본적 의문에 최유신은 종교공동체가 개인의 양심회복은 물론 공공애와 공공선, 공동의 정치의 경험을 가장 효율적으로 가르쳐 줄 수 있는 공동체이며 하나님은 가장 공적인 존재이기에 공공선과 공공애의 기준이 된다고 보았다.[35] 국가 권력은 법에 의한 규제를 중심으로 인간의 행위의 동기를 제공하고 억압하기에 행위의 외적 결과만 규제할 뿐 그 동기를 교육할 수 없는 한계를 가지는데 비해 종교공동체는 행위의 동기에 대해 가치를 부여하며 그 동기가 더욱 선한 방향으로 발전할 수 있도록 격려하기에 현실적 이해관계를 넘어 공공선과 공공애를 추구할 수 있는 동기와 과정을 제공할 수 있는 것이다. 다만 종교공동체가 배타적

---

35 최유신, 「제3의 대안으로서의 공생공영공의주의」, 64-120.

믿음을 기반으로 다른 종교공동체와 연대하고 소통할 수 있는가는 역사적으로 문제가 되어 왔다. 다종교사회에서 자기 종교공동체의 이해를 넘어 다른 종교공동체와 공공애를 추구할 수 있다면 종교공동체를 중심으로 이러한 난제를 해결할 수 있을 것이다.

나아가 최유신은 정치철학의 관점에서 공영주의에 대한 상세한 설명을 시도하였다. 그는 통일사상의 공생공영공의주의가 각각 경제, 정치, 윤리에 대응되는 이념으로 제시되고 있으나 이상세계의 이념으로 통합적으로 보는 것이 더 적절하다고 제시하면서 공생공영공의주의사회는 하나님을 중심한 사회주의로 자유보다는 평등, 개인보다는 공동체에 더 관심을 가진다고 보았다. 자유와 평등이 적절한 조화를 이루는 것이 공영주의의 이상이지만 자유보다는 평등의 실현이 어렵기 때문에 공동체가 그 균형을 이루기 위해 평등에 축을 두고 자유를 실현하는 정치철학이라는 것이다.[36]

그러나 공영주의가 추구하는 평등이란 사회주의가 제도화하는 평등과는 차이를 보인다. 김항제는 공생공영공의주의를 모어의 유토피아니즘과 비교하면서 공영주의가 추구하는 이상을 구체화하였다. 모어는 사회적 정의와 평등을 제도화하여 물질적 행복과 쾌락을 보장하는 복지사회가 이루어지면 정신적 행복과 쾌락을 이룰 수 있다고 유토피아를 그리고 있다. 유토피아에서 모든 사람은 완전하고 전면적인 평등을 가져 2년마다 도시민과 농민이 서로 교체되며 주택도 10년마다 추첨에 의해 교환되고 공동식탁에서 먹고 공동의복을 착용하는 것으로 형상화된다. 김항제

---

36 최유신, 「제3의 대안으로서의 공생공영공의주의」, 64-76.

는 이러한 제도로 사회적 정의와 평등을 이룰 수는 있겠지만 정신적 행복과 쾌락을 성취할 수는 없다고 지적한다. 모든 개인은 각기 다른 능력과 관심, 취향과 욕망을 가지고 있기에 동일한 옷과 음식, 주택으로 정신적 만족을 가지는데 한계가 있는 것이다. 공영주의는 이에 대한 대안으로 하나님의 참사랑에 바탕을 둔 공동참여의 정치를 통해 진정한 복지사회를 실현할 수 있다고 밝히고 있다.[37]

공영주의가 추구하는 평등은 물질적이고 양적인 평등이 아니라 주관적이고 질적인 평등이다. 모든 사람은 하나님의 자녀로서 가치적으로 평등하지만 서로 관계를 맺기 위해 다른 위치를 가진다. 각자 다른 격위(格位)를 가진 관계에서 평등이란 모든 사람이 같은 격위에서 동일한 권리를 가지는 것이 아니라 각자의 능력에 적합한 격위에서 서로를 존중하며 사랑으로 충만한 평등을 누리게 된다.[38]

김수민은 이러한 통일사상의 평등 개념이 사랑으로 동등한 가치가 부여하는 것으로 현실의 부족도 내면의 만족으로 포용할 수 있다는 면에서 중요한 의미를 가진다고 평가하였다. 그러나 동시에 인간이 감내하고 수용할 수 있는 불평등의 수준을 정하지 않으면 공허한 논의가 될 수 있다고 지적하였다.[39] 즉 공영주의가 자유민주주의와 사회주의, 자본주의와 공산주의의 한계를 극복할 수 있는 미래적 이상으로 각 이념의 강점을 포괄하고 한계를 극복할 수 있는 상생의 사상이 되기 위해서는 개인의 양심이 회복되는 것도 필요하지만 개인으로부터 가정, 사회, 국가, 세

---

37   김항제, 「공생공영공의주의와 T. More의 유토피아 사상」, 95-119.
38   통일사상연구원, 『통일사상요강』, 262.
39   김수민, 「통일사상에서 본 평등」, 『통일사상연구』 2 (2001): 166-168.

계까지 하나의 공동체로서 공동의 정치에 관심을 가지며 공동체의 문제에 집중하여 최소한의 평등이라 생각할 수 있는 제도적 기준을 합의하여야 한다는 것이다.

이러한 논의는 공화주의에서 시민적 덕성과 제도의 도입 중 어떤 것을 우선시해야 하는가에 대한 담론과 만난다. 자신의 능력과 욕망에 따라 자신의 격위에 만족하며 사랑으로 타인과의 관계를 형성할 수 있는 본연의 인간으로 회복되는 것을 우선시할 것인가, 공영주의의 이상을 현실화할 수 있는 제도화에 중점을 둘 것인가가 현실적으로 논의될 수 있는 것이다. 공영주의는 개인의 변화와 제도적 변화를 통합적으로 이루어야 한다고 제시하지만 개인의 변화를 보다 근본적인 변화로 본다는 면에서 공공애를 우선시할 수 있는 개인의 육성을 강조한다. 즉 추첨제도를 통한 정치를 하기 전에 타인을 형제로 느끼고 사랑할 수 있는 정치인을 육성하는 것을 우선시해야 한다는 것이다. 불평등의 문제 역시 불평등 해소를 위한 제도의 도입을 서두르기보다는 그런 제도의 도입을 환영할 수 있는 시민을 양성하고 시민의 의식을 바꾸기 위한 노력을 먼저 해야 한다.

2. 원리적 자유

공화주의는 적극적 자유와 소극적 자유의 논의 중에 법에 의해 자유가 보장되는 법적 자유를 선택하였다. 법적 자유란 타인의 자의에 구속되지 않는 자유로 소극적 자유에 속한다. 이러한 자유 개념에 대해 공영주의는 근본적인 한계가 있다고 지적한다. 자유민주주의는 자유와 평등을 실현하고자 출발하였지만 현대사회에서 경제적 불평등과 부자유를 낳아 빈민층의 정치적 평등과 자유를 구속하고 있으며 정당을 위한 정치를 하고 있다고 비판하면서 참된 자유와 평등, 박애를 실현하지 못한다고 본다.[40]

통일사상은 모든 인간은 공동체의 일원이라는 연체로서의 전체목적과 개성을 가진 개체로서의 개체목적을 가진 존재로 살아가기에 개인을 위하는 삶과 사회와 국가를 위한 삶을 조화롭게 통합하며 살아간다고 설명한다. 전체목적과 개체목적은 상호보완적이고 조화의 관계에 있지만 격위를 가져 질서를 이루는데 전체목적이 개체목적보다 주체적이고 성상적인 격위에 있다. 만약 두 삶이 부조화를 이루거나 갈등을 일으키면 전체목적을 우선시하게 된다는 것이다. 전체목적을 우선시한다는 것은 전체목적이 개체목적을 억압하거나 무시할 수 있다는 의미는 아니다. 통일사상은 모든 인간은 각각 소우주적 가치를 가지기에 개체목적 또한 중요하다고 보며 전체목적과 상호보완적이고 균형과 조화를 이루어야 한다고 강조한다. 모든 인간은 하나님을 닮아 개성진리체로서 천부적인 자유와 가치를 지닌 평등한 존재라는 이해는 자유주의와 사회주의의 균형점을 제시한다.[41]

반면 주재완은 원리강론에 제시된 자유의 의미를 중심으로 그 개념을 구체화해보고자 하였다.[42] 그는 이 논문에서 자유를 형이상학적 본성으로서의 자유와 가치적 관점에서 판단된 자유로 구분하여 논의를 전개하

---

40   통일사상연구원, 『통일사상요강』, 770-771.
41   최유신, 「제3의 대안으로서의 공생공영공의주의」, 100-102.
42   주재완, 「『원리강론』의 타락론에 사용된 자유의 의미에 대한 소고」, 『통일신학연구』 13 (2008): 29-46.

였다. 즉 모든 인간은 본성적 지향성, 즉 내부의 욕망에 기초하여 여러 행위를 고려할 수 있으며 그중 어떤 것을 스스로 선택하여 실천할 수 있는 본성적 자유를 가지는 동시에 로고스적 존재로서 어떤 규범이 허용하는 범위 내에서 자유롭게 행위하고자 하는 가치적 자유를 가진다는 것이다. 따라서 가치적인 의미에서 창조본연의 인간은 원리 안에서 책임과 실적 있는 자유를 추구하게 되며 법칙 안에서만 본연의 자유가 성립된다고 보았다.

야가사키 히데노리는 이러한 자유의 궁극적 의미를 사랑과 연결하여 설명하였다.[43] 자유는 자기 자신의 존재 방법을 자신이 결정하고 완전을 향한 자기실현과 자기 창조를 이루어 나가는 것으로 자신의 존재가치를 실현하여 인정받고 사랑받고 싶은 욕망 또는 사랑하고 싶은 욕망을 추구하는데 근본적인 존재이유가 있다고 보았다. 존재가치를 실현하고 사랑을 주고받으며 기쁨을 가지는 것이 자유의 진정한 의미라는 것이다.

통일사상의 자유에 대한 논의를 종합하여 보면 인간은 본성적으로 자유를 추구하는 존재이므로 타인의 강제로부터 자유롭게 자신의 욕망을 추구할 수 있는 자유의지를 가진다. 이러한 본성적 자유의지는 소극적 자유와 닿아있다. 그러나 이러한 소극적 자유만으로 진정한 자유를 구현할 수는 없다. 자유의지는 행위로 표현되는데 여러 욕망 중 자아실현 또는 사랑을 추구하고자 하는 본성을 추구하여 적극적 자유를 실현하고자 한다. 정치사상에서 설명하는 적극적 자유는 타인의 자유를 침

---

43 야가사키 히데노리, 「통일사상에 근거한 새로운 정치사상의 고찰」, 『통일사상연구』 3 (2002): 22-23.

해하거나 구속할 수 있는 가능성을 가지지만 통일사상의 원리적 자유[44]
는 개체목적과 전체목적의 조화로운 상태를 추구하므로 자신의 욕망을
넘어 공동체를 생각하고 보다 큰 공동체를 위한 선택과 행위를 하여 보
다 큰 사랑과 기쁨을 추구하게 된다.

통일사상의 원리적 자유는 소극적 자유를 추구하는 자유주의자와 적
극적 자유를 추구하는 공동체주의자 또는 평등지향적 자유주의자들이
공화주의적 자유에 제기한 비판에 명쾌한 해답을 제시할 수 있다. 즉 자
유는 개체목적을 추구하는 개인의 자유는 전체목적을 추구하는 공동체
를 전제하여 행사되어야 하며 보다 큰 사랑과 기쁨을 위해 제한될 수 있
다는 철학적 근거를 설명하는 것이다.

3. 애적인간과 가정

공화주의를 둘러싼 여러 담론의 핵심은 시민적 덕성을 어떻게 함양할
것인가로 좁혀진다. 시민적 덕성을 가진 시민에 의해서만 자유가 있을 수
있기에 시민적 덕성이란 구체적으로 무엇이며 현대사회에서 어떻게 시민
적 덕성을 함양할 것인가에 대한 대안이 논의되고 있는 것이다.

공영주의 역시 자신의 개체목적보다 전체목적을 우선시할 수 있는 공
공애를 가진 국민들이 정치적 책임과 참여를 해야 한다는 전제가 있다.
통일사상은 인간의 본질을 사랑으로 규정하고 있으며 공생공영공의주의

---

44 『원리강론』과 『통일사상요강』은 자유에 대해 특별한 이름을 붙이지 않았으나 법칙 또는 로
고스 안에서의 자유를 강조하였다. 본 연구에서는 논의의 편의를 위해 창조본연의 자유라
는 성격과 원리, 책임, 실적을 추구하는 자유의 원리, 법칙과 로고스의 중요성 등을 담아 '원
리적 자유'라고 명명하고자 한다.

사회 역시 하나님의 참사랑에 기초한 사회이기에 공화주의의 시민적 덕성만큼 사랑은 공영주의에서 중요한 핵심이다. 하나님의 참사랑을 중심한 공동참여의 정치이며 타인을 한 부모의 사랑을 이어받은 형제자매로 생각하고 사랑할 수 있는 책임정치이기 때문이다.[45]

통일사상은 인간의 본성을 심정, 로고스, 창조성으로 제시하면서 그 중 가장 중요한 본성을 심정이라고 한다. 심정이란 "사랑을 통해 기쁘고자 하는 정적인 충동"으로 사랑의 원천이자 사랑을 하지 않고 견딜 수 없어서 자기 중심한 생활을 할 수 없으며 사랑의 생활을 하게 된다. 따라서 통일사상은 인간을 애적인간(愛的人間; homo amans)이라고 정의한다.[46]

이러한 이해를 바탕으로 야가사키 히데노리는 인간은 전체의 행복을 위해 자신을 희생하더라도 아깝지 않은 마음을 가진 존재였으나 잘못된 욕망으로 사랑의 방향성에 문제가 생기면서 타인을 희생하여 자신의 욕망을 채우려는 자기중심적인 사랑을 하게 되었다고 보았다. 전체목적과 개체목적은 조화와 상호보완의 관계를 가져야 하는데 전체목적을 도외시하고 개체목적만 추구하는 인간은 결국 파멸에 이르게 되기에 인간은 잃어버린 사랑의 본질을 찾아가는 구원의 과정이 필요하다는 것이다.[47]

최유신은 통일사상은 사랑의 관계 원리 또는 조화의 원리라고 규정하면서 사랑과 조화의 관계는 하나의 원형이자 이상으로 제시된 것이기에 사랑의 관계를 현실화하기 전 단계로서 실천적 덕목인 관용이 필요하다고 제시하였다. 모순과 갈등으로 가득 차 있는 현실에서 사랑의 관계라

---

45   통일사상연구원, 『통일사상요강』, 777.
46   통일사상연구원, 『통일사상요강』, 243.
47   야가사키 히데노리, 「정치이론 기초로서의 인간성론」, 『통일사상연구』 4 (2003): 175-176.

는 이상을 이루려면 관용의 단계를 통과해야 한다는 것이다.[48] 서로 다른 의견과 입장이 충돌할 때 누구나 불완전할 수 있기에 합리적 대화를 통해 잘못을 수정할 수 있고 진리에 가까이 도달할 수 있다는 입장을 공유하면 조화와 일치의 관계인 사랑의 단계로 진입할 수 있다. 최유신은 이러한 과정을 나와 다른 타인을 존중하고 서로 상대기준을 조성하여 수수작용을 하려는 단계로 보았다.

이러한 관용의 자세를 가지기 위해서는 나와 다른 타인을 존중할 수 있는 교육이 필요하다. 최유신은 개인주의적 사고를 공동체에 대한 사랑과 유대로 바꿀 수 있는 방안으로 NGO나 종교공동체에서 젊은이들이 사회를 위해 봉사할 수 있는 경험과 교육의 장을 마련해야 한다고 제안하고 있다.[49] 또한 공생공영공의주의에서 개인과 사회를 연결하는 단계로 가정을 설정하여 공동체의식을 훈련할 수 있는 장으로 두고 있어 민주시민교육과 공동체교육의 방안으로 생각해볼 수 있다고 보았다.

김항제는 이를 통일교 가정공동체주의라고 명명하면서 가정에서 이루어지는 생명의 보전과 심정과 사랑의 체험을 통해 하나님의 참사랑을 중심으로 개인완성과 가정완성이 추구되는 경험을 함으로써 개체목적과 전체목적이 조화되는 경험을 할 수 있다고 하였다. 또한 가정에서 사회적 지위와 능력과 무관하게 자연인으로서 서로 다른 구성원을 존중하고 대화를 통해 상호 이해하는 경험을 할 수 있다. 무조건적 관계와 희생, 봉사의 관계가 성립되며 참사랑에 기초한 자유와 평등이 경험되고 교육

---

48   최유신, 「관계의 측면에서 본 사랑과 관용」, 『통일사상연구』 1 (2000): 261-281.
49   최유신, 「제3의 대안으로서의 공생공영공의주의」, 105.

되는 장이다.[50]

통일사상은 하나님의 참사랑을 자녀의 사랑, 부부의 사랑, 부모의 사랑, 형제자매의 사랑으로 보아 종적인 사랑인 아가페와 횡적인 사랑인 에로스를 통합적으로 인정하고 가정에서 경험할 수 있다고 한다. 모든 사람은 가정에서 자녀로 태어나 성장하면서 부모를 사랑하는 자녀의 사랑을 경험하고 횡적으로는 서로 다른 나이와 의견, 취향을 가진 형제자매와 소통하며 주고받는 형제자매의 사랑을 경험한다. 한 남자와 여자로 성장한 후에는 부부로 만나 부부의 사랑을 경험하며 자녀를 낳은 뒤에는 부모의 사랑을 경험하게 되는 것이다. 이러한 4대 사랑 중에서 가장 대표적인 사랑은 부부사랑으로 공시적이고 동시적으로 사랑의 관계를 가질 수 있다. 남편은 아버지, 오빠, 남동생, 아들을 대표하는 입장이며 아내는 어머니, 누나, 여동생, 딸을 대표하는 입장에서 입체적이고 통합적으로 사랑을 경험할 수 있다.[51]

물론 현실사회에 존재하는 가정은 하나님의 참사랑에 기초한 가정이 아니기에 진정한 자유와 평등, 상호 인정과 소통이 왜곡되거나 파괴적으로 일어나기도 한다. 그러나 다른 공동체에 비해 가정은 생득적인 관계가 설정되고 공생공영공의할 수 있는 최소한의 공동체로 경험될 수 있기에 정치철학적으로 중요성을 가진다. 따라서 공생공영공의주의는 가정의 파괴와 상실을 경계하며 가정의 회복을 가장 중요한 과제로 제시하고 있다.

---

50 김항제, 「통일교 정치사상으로서의 공의론」, 『신종교연구』 24 (2011): 171-172.

51 마스다 요시히코, 「통일사상의 관점에서 본 심정과 참사랑: 니그렌의 아가페와 에로스론에 대한 비판을 중심으로」, 『통일사상연구』 4 (2003): 186-210.

IV. 공영주의의 현실적 대안

대한민국 헌법 제1조 2항에 "대한민국의 주권은 국민에게 있으며, 모든 권력은 국민으로부터 나온다"고 명시되어 있다. 국가권력의 정당성이 국민에게 있고 모든 통치 권력의 행사를 최후적으로 국민의 의사에 따라 행사해야 한다는 의미이지만 대의제를 시행하고 있는 현실적 상황에서 국민이 생활 속에서 이러한 의미를 일상 속에서 경험하기는 쉽지 않다.

어떻게 대의제 민주주의의 한계를 극복하고 국민이 참여하는 정치를 실현할 것인가? 본 논문은 최근 활발하게 진행되고 있는 공화주의 담론을 통해 통일사상의 공영주의의 논의점을 정리하고 대안을 제시해보고자 하였다.

공화주의를 둘러싼 주요 담론을 간략하게 정리하는 것은 여러모로 한계가 있으나 발전적 논의를 위해 비판적으로 제기된 문제제기를 정리해보면 다음과 같다. 첫째, 공화주의가 추구하는 시민의 정치참여는 과거 도시국가에서 직접민주주의가 가능할 때 추구하던 이상일 뿐 공동체를 경험할 수 없는 현대사회에서는 실현 불가능하다. 둘째, 법적 제도로 공공선과 시민적 덕성을 강제할 수 없으며 자발적으로 시민적 덕성이 성숙되어 공공선을 추구하기에는 한계가 있다. 셋째, 공화주의적 자유는 법적으로 개인의 자유로운 기본권을 제한할 수 있는 철학적 근거를 명확하게 제시하지 못하고 있다. 넷째, 시민적 덕성은 그 실체가 모호하며 현대사회에 부적합하거나 함양할 수 없어 비현실적인 이상에 불과하다 등이다.

통일사상의 정치이념인 공영주의는 공화주의에 제기되는 비판적 의문에 대해 다음과 같이 응답할 수 있다. 첫째, 공영주의는 시민의 정치참여를 위해 추첨제 선거제도 등의 대안적 선거제도를 제안하며 공동·균형·책임정치를 추구한다. 둘째, 공영주의의 공공애는 법적 규제만으로는 함양할 수 없으며 종교공동체의 교육과 활동을 통해 함양할 수 있다. 셋째, 공영주의는 전체목적과 개체목적의 조화를 추구하며 전체목적을 개체목적보다 우선시함으로써 공동체를 위해 개인의 자유를 제한할 수 있는 철학적 근거를 명확하게 제시하고 있다. 넷째, 공영주의는 인격의 핵심을 사랑으로 보고 가정공동체에서 자녀·형제자매·부부·부모의 사랑을 경험함으로써 공공애를 함양할 수 있다고 설명한다.

이러한 응답을 출발점으로 공영주의의 정치철학적 논의는 향후 더욱 구체화되어야 할 것이다. 현실적으로 위기에 처해 있는 가정공동체가 공공애를 함양하기 위한 경험과 교육의 장이 될 수 있는가 또는 그렇게 되기 위해서는 어떤 노력을 기울여야 하는가, 배타적 믿음을 강조하는 종교공동체가 타 종교공동체와 공공애를 위해 협력할 수 있는가 또는 협력하기 위한 방안은 무엇인가 등등 후속 연구에서 보다 깊은 논의가 이어지기 바란다.

2

코로나19와 세계공동체[1]

I. 팬데믹으로 멈춰선 세계화

2020년이 시작되었을 때 누구도 코로나바이러스감염증-19(이하 코로나19) 팬데믹으로 인해 한번도 경험해보지 못한 기록적인 상황을 맞이할 것을 예상하지 못했다. 그러나 9월 28일 현재 세계의 누적 확진자수는 3,317만 명을 넘어섰으며 사망자는 100만 명을 넘어섰다. 그중에서도 미국은 확진자 729만 명, 사망자 20만 명으로 세계 1위의 피해를 기록하고 있다.[2]

문제는 이대로 백신이 개발되지 않는다면 향후 100만 명이 더 사망할 것으로 예상된다는 것이다. 코로나19는 이렇게 강한 전파력으로 일상 전반에 많은 변화를 가져왔다. 국경은 봉쇄되었으며 외출도 금지되었다. 경

---

1   이 글은 『통일사상연구』 제19집(2020)에 게재된 논문이다.
2   "COVID-19 Conronavirus Pandemic," https://www.worldometers.info/coronavirus/ (검색일: 2020.9.26).

제는 마비되었고 교육은 온라인으로 전환되었다. 코로나19로 인해 일어난 이러한 여러 변화는 이미 생활의 여러 측면을 재편성하고 있으며 '블랙스완(Black Swan)'처럼 기존 상식으로는 예측할 수 없을 것이라는 전망도 있다.

코로나19로 인한 여러 변화 중에서도 국경을 초월하여 형성된 세계화의 흐름은 가장 큰 타격을 맞은 것으로 보인다. 코로나19의 확산은 세계화의 현실적 문제와 한계를 드러냈으며 이에 따라 반세계화 또는 역세계화의 흐름이 나타나고 있다.[3] 일부에서는 포스트 코로나시대의 탈세계화가 중국과 동아시아지역, 유럽지역, 북남미지역과 같은 지역 블록의 출현을 앞당길 것이라는 분석을 제기하기도 한다.[4]

1990년대 이후 냉전이 종식되면서 미국을 중심으로 세계 전체가 사회·경제적인 상호의존성이 증가하여 단일한 체계로 통합되어가는 세계화의 흐름이 가시화되었다. 국가 간 교류의 폭은 확대되었으며 정보기술의 발달로 세계의 공간 및 시간의 거리는 축소되고 기업은 세계를 활동무대로 자유롭게 자본과 물자를 이동시켰다. 이러한 세계화의 흐름은 누구도 막을 수 없는 역사적 귀결로 인식되었다.

그러나 코로나19 팬데믹이 선언되자 주요 국가들은 자국민의 건강과 안전을 보장하기 위해 의료물자를 비축하고 여행을 제한하며 물적·인적

---

3   Michael Auslin, "Beijing Fears COVID-19 Is Turning Point for China, Globalization," *Real Clear Politics*, March 18, 2020. https://www.realclearpolitics. com/articles/2020/03/18/beijing_fears_covid-19_is_turning_point_for_china_ globalization 142686.html (검색일: 2020.8.13)

4   Michael T. Klare, "From Globalization to Regionalization?" *THE Nation*, March 22, 2020. https://www.thenation. com/article/economy/globalization-regionalization-covid/ (검색일: 2020.8.12)

왕래를 가로막아 기업과 국가 간의 상호의존을 취약하게 만들었다. 특히 선진국들은 국경을 봉쇄하고 국제적 협력보다 자국민의 안전과 자국 중심의 경제위기 해결에 집중했다. 전 지구적인 생산과 소비의 동반 폐쇄는 인류가 지금까지 경험해보지 못한 새로운 도전으로 다가오고 있다. 세계화의 흐름은 중단되었고 세계공동체[5]의 이상은 자국 우선주의의 벽 앞에 위기를 맞이했다.

물론 코로나19로 인한 세계공동체의 위기를 극복하기 위해서는 더욱 강한 국제적 연대가 필요하다는 의견도 있다. 요슈카 피셔(Joschka Fischer)는 "코로나19 대유행의 충분한 함의를 아직 결론내릴 수는 없지만, 더 큰 재앙을 막기 위해 국내외 정치가 변화해야만 하고 변화할 것이라는 것은 이미 확실하다. '큰 정부'와 '국제적 연대'가 필요한 새로운 세계에 진입하고 있다"고 전망했다.[6] 코로나19를 계기로 국제적 연대가 강화되고 세계화의 속도는 더욱 가속화될 것이라는 것이다.

과연 세계공동체는 어떠한 운명을 맞이하게 될 것인가? 자국우선주의의 높아진 국경을 넘어 더욱 강력한 세계적 연대를 형성하기 위해 어떠한 리더십이 필요한가? 본 연구는 통일사상의 공영주의 관점에서 코로나19로 인한 세계공동체 위기를 극복하기 위한 방안을 모색해보고자 한다.

---

5 세계공동체(世界共同體, World Community)는 전 세계를 하나의 공동사회 또는 지역사회로 보고 인종과 종교, 언어와 문화를 초월하여 하나의 세계라고 인식하는 하나의 세계를 이루는 것으로 국가는 물론 빈부격차, 인종, 종교 등 다른 어떤 속성으로도 차별받지 않고 동등한 권리를 가질 수 있는 인간존중의 이념으로 평화세계를 이루는 것을 말한다.

6 Joschka Fischer, "The Politics of the Pandemic," *Project Syndicate*, April 1, 2020. https://www.project-syndicate. org/commentary/european-union-covid19-politics-by-joschka-fischer-2020-04 (검색일: 2020.8.23).

II. 리더십의 위기와 글로벌 연대

1. 코로나19로 인한 리더십의 위기

코로나19 팬데믹에 대처하는 국가들은 코로나19로 인한 위기를 바이러스로 인한 새로운 형태의 전쟁에 비유하면서 대처하고 있다. 문재인 대통령이 취임 3주년 대국민연설에서 코로나19 상황을 경제전시상황이라고 비유하였고 이탈리아의 코로나19 책임자 역시 이탈리아가 코로나19를 맞아 전시경제를 갖추어야 한다고 이야기하였다. 시진핑 주석 또한 현 상황을 '인민전쟁'이라고 지칭하였고 트럼프 대통령도 자신을 '전시대통령'이라고 하였다.

이렇게 각국의 지도자가 코로나19로 인한 위기를 전쟁에 비유하는 것은 코로나 19로 인한 자국 국민의 생명과 안전의 위기를 강조하고 이를 지켜야 하는 자신의 임무를 부각하기 위한 비유만으로 볼 수 없는 측면이 있다. 미국의 경우 1945년 제2차 세계대전 이후 한국전쟁을 비롯하여 5대 전쟁의 사망자보다 2배가 넘는 사망자가 나왔다.[7] 사실 2020년 1월 중국 우한에서 코로나 19로 인한 확진자와 사망자가 발생하였을 때만 해도 각 국가는 자국 국민의 생명과 안전을 지키기 위해 중국에서 오는 입국자를 막는 조치만 취하였다. 그러나 전 세계적으로 코로나19가 확산되면서 2월 말 자국의 국경을 전면적으로 봉쇄하고 다른 국가와 비우호적

---

7   유광석, 「코로나19 사망자 100만 명…'전쟁보다 무섭다'」, 『KBS』 2020.9.28. http://news. kbs.co.kr/news/view. do?ncd=5014709 (검색일: 2020.9.29.).

인 관계를 형성하였던 것이다.

이렇게 국경이 봉쇄되면서 세계공동체가 무력화되는 현상에 대해 월터 러셀 미드(Walter Russel Mead)는 "코로나19가 세계를 더욱 폐쇄적이며 퇴행적인 상황으로 몰아가고 있으며 치명적인 바이러스에 대한 부적절한 기획들, 무능력한 지도력들이 인류를 암울한 미래로 이끌어갈 듯하다"고 비판하였다.[8] 그의 지적처럼 1990년대 냉전의 종식 이후 미국을 중심으로 형성되었던 세계화의 흐름이 전염성 강한 바이러스의 공격 앞에 얼마나 무기력해지는가를 보면서 선진국 중심의 리더십에 대한 각성과 회의가 일어나고 있다.

그동안 세계화는 극단적인 빈부격차로 인한 계급 갈등, 환경문제의 지구화, 난민문제와 인종차별 등 많은 문제를 발생시켰으나 여전히 선진국이 중심이 되어 이러한 많은 위기와 문제들을 해결해 나갈 수 있을 것이라는 막연한 기대가 있었다. 그러나 미국은 코로나19로 인한 위기의 상황에서 세계를 이끌어 왔던 전통적인 리더십을 포기하였으며 자국의 안전도 지키지 못하고 있다. 독일, 영국, 이탈리아 등 주요 7개국(G7) 정상들 역시 뒤늦은 상황대처로 리더십의 한계를 노출하였으며 국제적인 리더십을 발휘하지는 못했다.

이러한 상황에 대해 "코로나의 첫 번째 피해자는 리더십"[9]이라는 지적이 대두되었다. 코로나19로 세계를 이끌 수 있는 리더십이 사라졌다

---

8   Walter Russell Mead, "China's Coronavirus Opportunity," *The Wall Street Journal*, March 16, 2020. https://www.wsj.com/articles/chinas-coronavirus-opportunity-11584398121 (검색일: 2020.8.15).

9   Matthew Karnitschnic, "The incompetence pandemic," *POLITICO*, March 16, 2020. https://www.politico.com/ news/2020/03/16/coronavirus-pandemic-leadership-131540 (검색일: 2020.8.30).

는 것이다. 물론 세계적 리더십의 부재가 코로나19 이전에 이미 나타났다는 분석도 있다. 브레머(Ian Bremer)는 이미 2011년에 국제적인 과제 해결을 주도하는 나라나 체계가 없는 G0의 시대가 도래했다고 언급했다. 그동안 주요 7개국을 합쳐 G7이라고 불렀지만 더 이상 연대나 공조가 없는 시대가 되었으며 신뢰자산을 기반으로 글로벌 리더 역할을 할 수 있는 국가가 없다는 것이다.[10] 글로벌 리더의 위상은 부와 권력에서 나오는 것이 아니라 정권의 정당성과 국제사회에 공공재를 제공하는 역할, 위기를 극복할 수 있는 리더로서의 조정력 등에서 나오지만 트럼프 정부 이후 미국은 이러한 역할을 포기하였다는 분석이 많았다.[11]

2. 미국과 중국의 균열

1990년 이후 미국은 세계를 이끄는 리더의 역할을 충실히 수행하였다. 그러나 2008년 금융위기 이후 미국은 심각한 경제적 타격을 받았으며 국제사회를 위한 역할을 축소하기 시작하였다. 미국의 위상은 2010년 이후 미국과 중국의 균열이 심화되면서 더욱 위기를 맞게 되었다.

중국은 1978년 이후 개혁개방 정책을 펴면서 경제적으로 자본주의를 선택하였으나 정치적으로는 공산주의 정치를 지속해왔다. 시장의 개방을 시작으로 중국의 정치 또한 자유민주주의 체제로 변화될 것으로 기

---

10   Ian Bremer, *Every Nation for Itself*, 박세연 옮김, 『리더가 사라진 세계』 (파주: 다산북스, 2014).
11   Kurt Campbell and Rush Doshi, "The Coronavirus Could Reshape Global Order," *Foreign Affairs* 99(2) (2020). https://www.foreignaffairs.com/articles/china/2020-03-18/coronavirus-could-reshapeglobal-order (검색일: 2020.9.8).

대되었으나 중국은 공산주의 체제를 고수하면서 정부 주도의 시장경제체제의 발전을 주도하였다. 오히려 경제발전을 이룬 중국은 미국 주도의 국제경제 질서에 반기를 들기 시작하였다.

미국과 중국의 전략적 패권경쟁은 점점 더 중국 경제의 시장경제 원칙 준수 여부를 중심으로 심화되었다. 미국이 중국 경제에 대해 지적재산권 위반과 기술 도용, 정부의 기업에 대한 과도한 보조금 지급, 관치 금융의 폐쇄성, 중국 정부의 불투명한 경제 운용과 왜곡된 통계자료 등을 문제 삼으면서 제재를 가하기 시작한 것이다. 이러한 상황은 점점 악화되어 2018년 9월부터 미국과 중국은 관세·환율·기술·지적재산 등 모든 분야에서 갈등으로 분출되면서 무역전쟁에 이르게 되었다.[12]

코로나19를 둘러싸고 이러한 미국과 중국의 갈등은 폭발하고 있는 상황이다. 트럼프 미국 대통령은 코로나19를 '중국 바이러스' 또는 '우한 바이러스'로 지칭하면서 코로나19의 중국 책임론을 강조하였으며 전 세계가 이로 인해 심각한 경제적 타격을 받았다고 주장하고 미중 무역합의의 파기를 추진하였다. 또한 중국내 모든 재래시장 폐쇄와 여행금지, 비자 철회, 미국 내 중국 자산 동결, 대출 제한, 주식시장 상장 금지 등을 포함한 대중국 제재권한을 부여하는 '코로나19 책임법' 제정을 추진하였다. 호주 역시 미국의 중국 책임론에 동의하며 중국에 대한 코로나19 발원지 국제조사를 요구하였고 영국과 인도는 중국에 코로나19 손해배상 청구소송을 준비하기도 했다.

---

12 Thomas J. Wright, *All Measures Short of War: The Contest for the Twenty-First Century and the Future of American Power* (New Heaven & London: Yale University Press, 2017).

나아가 미국은 WHO가 중국 편향적이라고 맹비난하며 WHO총회의 기조연설을 거부하였고 미국 분담금인 연 4.5억 달러를 중국 수준인 0.38억 달러로 축소할 수 있다고 위협하였다. 이러한 위협은 트럼프 대통령이 WHO 사무총장에게 중국으로부터 WHO 독립성을 증명하는 개선안을 제출하지 않으면 분담금 집행을 완전 중단하고 탈퇴하겠다고 서한을 보내면서 현실화되었다. 이후 7월 6일 미국은 UN 사무총장에게 WHO 탈퇴서를 제출하였는데 1년간 탈퇴 절차를 거치게 되면 최종적으로 2021년 7월 6일에 WHO 탈퇴가 확정되게 된다.

미국이 이렇게 세계적 리더 역할을 완전히 포기하는 동안 중국은 미국의 코로나19 중국 책임론을 비판하며 대규모 경제보복조치를 감행하였다. 우선 미국의 우방국 호주를 대상으로 호주산 보리 반덤핑조사를 실시하여 80% 관세를 부과하였다. 또한 월 2억 달러 규모의 호주산 소고기 수입을 전면 중단하는 대신 러시아산 소고기를 수입하였다.

또한 중국은 남미와 아프리카 등에 코로나19 방역을 위한 기부물자를 보내면서 정치적 관계를 강화하고 있다. 코로나19 초기에 중국은 자국의 코로나19 관련 정보를 은폐하고 늦장 공개하는 등 국제적 확산의 원인을 제공하였다는 비난을 받았으나 코로나19에서 회복한 뒤에는 중국의 경험을 다른 국가에 적극적으로 공유하고 의료장비를 공급하겠다고 제의하는 등 국제사회에서 영향력 있는 리더가 되기 위한 노력을 하였다.

미국과 상반되는 중국의 이러한 노력은 국제사회에서 일정부분 영향을 미쳤다. 미국은 반중 정서를 자극하면서 우방국 및 동맹국과의 연대를 강화하고자 하였으나 대부분의 국가가 중국과의 관계 악화를 우려해 중국 책임론에 전적으로 동조하지 않았다. 중국은 이런 기회를 이용하여 바이러스와 같은 위기상황에는 중앙집권적 통제가 민주주의보다 빠른 대응을 할 수 있다며 체제 우월성을 선전하고 민주주의 체제를 폄하하였다. 물론 이러한 시도는 오히려 반중 정서를 고조시켰으며 중국 경제 의존도 감소를 위해 교역을 다변화하고 중국의 약탈적 투자를 견제하려는 정책을 추진하는 국가들도 생겨났다.

국제사회에서 중국의 영향력을 강화하기 위한 노력은 이미 2013년 일대일로(一帶一路, One belt, One road) 전략 구상에서부터 시작되었다. 일대일로란 중국 주도의 신(新) 실크로드 전략구상으로 2014년부터 2049년까지 35년 동안 중국과 주변 국가의 경제, 무역 합작을 확대하는 새로운 실크로드를 구축한다는 것이다. 2013년 시진핑 주석이 제안한 이후 일대일로로 연결되는 국가들에 일대일로를 위한 인프라 건설을 가속화하여 80여 개 국가 및 국제기구가 참여하고 있다.[13]

1945년 제2차 세계대전이 종전된 후 자유민주주의의 수호자이자 민주 세계의 리더로서 역할을 해왔던 미국이 리더십을 포기한 현재 정치적으로 공산주의를 유지하고 있는 중국의 국제적 연대는 세계공동체의 가장 중요한 위기로 우려되고 있다. 즉 미국과 중국의 자국 중심적인 국제연대는 결국 세계공동체를 이끌 수 있는 리더십의 부재로 이어져 코로나19로 인한 세계공동체의 위기는 더욱 악화되고 있는 것이다.

---

13   Belt and Road Portal, https://eng.yidaiyilu.gov.cn/ztindex.htm (검색일: 2020.9.25).

III. 공영주의로 본 세계공동체의 위기

1. 세계공동체를 위한 새로운 리더십의 요청

세계적 리더십의 부재 속에 미중 갈등이 심화되고 있는 중에도 코로나19로 인한 위기를 극복하기 위한 국제적인 연대는 여전히 요청되고 있다. 3월 26일, 코로나19 대응을 위한 'G20 특별화상 정상회의'가 개최되었다. 주요 20개국의 정상들은 코로나19를 인류의 '공동의 위협'으로 규정하고 공동의 위협에 대해 '투명한 정보 공유', '역학 및 임상자료 교환', '연구와 개발에 필요한 자료 공유', '세계보건기구 국제보건규정의 완전한 이행' 등 국제보건 레짐(Regime) 강화에 합의하였다. 이후 UN 사무총장 안토니오 구테헤스(Antonio Guterres)는 주요 20개국(G20) 정상들에게 보낸 서한에서 전 인류적 위기상황에서 전시계획이 필요하며 그만큼 국제적 공조가 중요하다고 강조하였다. 국제적 연대를 통해 세계가 코로나19에 공동 대응해야 한다는 것이다.[14]

유발 하라리(Yuval Noah Harari) 역시 "코로나19라는 전쟁의 전략물자를 인류가 공유해야 하며 피해가 적은 국가는 자국의 의료진을 피해가 심한 국가에 파견하는 등 국제적 연대를 강화해야 한다. 만일 자국 중심의 분열의 길을 택할 경우 코로나19 상황이 장기화되는 것은 물론 미래에 더 큰 재앙으로 나타날 수가 있다. 인류가 글로벌 연대를 택한다면 이는 코

---

14 김유진, 「유엔 인권최고대표, 코로나 대응 위해 대북 제재 완화 촉구」, 『경향신문』 2020.3.25.

로나 바이러스 19를 상대로 한 승리이자 21세기 모든 감염병을 상대로 한 인류의 승리가 될 것"이라고 강조하였다.[15] 코로나19로 인한 세계적 위기를 극복하기 위해 각국 정부는 글로벌 협조와 신뢰를 기반으로 정보를 투명하게 공유하고, 주고받는 데이터를 신뢰하고 공동으로 대응방안을 모색하여 글로벌 차원에서 의료물자를 생산하고 배분하는 공조를 해야 한다는 것이다.

그러나 문제는 이러한 국제적 연대를 이끌 수 있는 리더십의 부재에 있다. 이러한 위기를 극복하기 위해 UN이나 WHO가 있으나 현재 그 역할을 수행하는 데 한계를 보이고 있다. UN이 세계의 평화유지를 위한 국제적 연대를 위해 설립되었지만 세계공동체를 이끌 수 있는 리더십을 발휘하지 못한다는 것은 이미 UN의 근본적인 한계로 지적되어 왔다. UN은 설립 초기부터 국제연맹과 달리 집단안전보장기구로서 평화유지를 위한 군사적 강제조치를 할 수 있도록 국제연합헌장을 제정하였다. 그러나 집단안정보장조치를 위해서는 안전보장이사회와 회원국 간에 특별협정 (Special Agreements)을 체결하도록 되어있어 회원국가가 거부권과 자위권 등을 내세우면 특별협정을 맺을 수 없는 한계를 안고 있다.[16]

이러한 한계를 보완하고자 평화유지(Peace-Keeping)기능이 나왔지만 실질적으로 국제분쟁이 발생하였을 때 안전보장이사회에 상황을 보고하고 사전예방하려는 노력은 이루어지지 않았다. 강대국들은 자국의 이익을

---

15 Yuval Noah Harari, "The world after coronavirus," *Finance Times*, March 20, 2020. https://www.ft.com/ content/19d90308-6858-11ea-a3c9-1fe6fedcca75 (검색일: 2020.9.21).

16 김인홍, 「탈냉전시대 UN평화유지활동의 새로운 역할: 그 가능성과 한계성」, 『행정논총』 23 (1995): 43-47.

중심으로 국제분쟁을 판단하고 개입하지 않고 있으며 결과적으로 5대 상임이사국의 이익을 위해 UN이 좌지우지된다는 비판을 받게 되었다.[17] 결국 UN은 창설 이후 중요한 위기 상황에서 문제해결능력을 보여주지 못했으며 국제분쟁에 취약하고 국제기관의 사안들을 조정할 수 있는 능력 또한 부재하다는 한계를 노출하였다.[18]

코로나19로 인한 세계적인 위기 속에서 세계공동체를 이끌 수 있는 리더십이 부재한 현재 상황은 흑사병으로 인한 유럽의 변화를 연상하게 한다. 흑사병은 14세기 유럽에서 발생해 7,500만 명에서 2억 명이 사망한 것으로 알려져 있다. 유럽 인구의 1/3에서 1/2 정도가 줄어들게 되었지만 당시 유럽을 이끌던 가톨릭은 흑사병으로 죽어가는 사람들을 위해 아무 것도 할 수 없는 무기력한 리더십을 보여주었다. 이후 사람들은 가톨릭이 가지고 있던 절대적인 권력에 대해 새로운 각성을 가지게 되었으며 중세시대를 정신적으로 종식시키고 인간의 이성을 중심한 르네상스시대를 열게 되었다. 흑사병은 르네상스시대를 거쳐 종교개혁을 시작으로 근대 계몽시대를 여는 결정적인 계기로 평가받는다.

코로나19로 인한 세계공동체의 붕괴 또한 UN의 역할에 대한 인류의 각성을 가져올 것으로 보인다. UN이나 WHO가 코로나19 위기에 제한적 역할만 담당한다는 자각은 결국 자국의 이익을 넘어 세계공동체를 이끌 수 있는 진정한 리더십을 요청하게 될 것이다. 울리히 벡(Ulrich Beck)은 "위험사회는 산업사회의 위협이나 재난과 같은 부작용들로 인해 등장하

---

17   김계동, 「국제평화기구로서 유엔역할의 한계: 유엔의 한국전 개입평가」, 『국제정치논총』 34(1) (1994): 98-100.
18   금상문, 「탈냉전시대 국제연합의 한계와 개조」, 『한국이슬람학회논총』 8(1) (1998): 31.

는 사회"라고 하였다. 현대사회는 산업사회가 내린 결정으로 통제될 수 없는 위협들이 등장하고 재화의 분배뿐만 아니라 재앙의 분배를 둘러싸고도 위험이 일어나고 있다.[19]

특히 산업화의 위험은 지구화되어 테러, 마약, 불법 이민, 대량 난민, 국제범죄 등 국경을 초월하여 나타나고 있으며 환경오염, 기후변화, 자원제약, 감염병 확산 등의 문제까지 등장하고 있으나 국제적 연대나 협력이 실천되지 못하고 있었다. 현실적으로 국가이익을 우선해야 하는 국가행위자들은 이러한 문제에 대해 적극적으로 나서지 못하기 때문에 비국가 행위자들인 다국적 기업, 국제비정부기구, 국제기구, 국제사회에 영향력을 발휘하는 개인이나 사회단체 등 국가 이익을 초월할 수 있는 새로운 리더십이 요청되고 있는 것이다.[20]

2. 공영주의와 종교유엔

통일사상의 공영주의는 미래사회의 정치이념으로 하나님의 참사랑을 중심한 공동정치를 지향한다. 하나님을 인류의 참된 부모로 모시고 사는 형제주의 정치를 이상으로 하고 있기에 인류는 만인이 한 부모의 사랑을 이어받는 형제자매의 입장에서 국경 없는 공동체를 이루며 공동정치에 참가하며 살게 된다.[21] 이러한 공영주의는 현재 민주주의가 가지는 한계를 극복할 수 있는 대안이라는 측면에서 미래사회의 정치 특성을 다

---

19   울리히 벡, 『정치의 재발견』, 문순홍 옮김 (서울: 거름출판사, 1998), 21.
20   김현규, 「코로나19'를 통해 본 '新안보'와 국제질서」, 『이슈브리프』 2020-10 (서울: 아산정책 연구원, 2020).
21   통일사상연구원, 『통일사상요강』 (서울: 성화사, 1998), 777.

룬 개념으로 자유민주주의가 자유, 평등, 박애를 지향하면서도 자본주의의 구조적 모순에 의해 경제적 불평등과 부자유를 발생시켜 정치적 불평등과 부자유를 가지는 한계를 극복하고자 한다.[22]

공영주의는 민주주의가 출발부터 정교분리(政敎分離)를 표방하여 가치관의 절대기준이 되는 종교의 공공성을 인정하지 않아 필연적으로 개인주의가 이기주의로 흐를 수밖에 없는 위험을 안고 있었으며 이로 인해 민주주의 국가들 역시 더욱 국가 이기주의를 표방하게 되었다고 지적한다.[23] 따라서 공영주의는 가치관의 절대기준인 하나님을 부모로 모시는 형제주의 정치이며 그 이상 또한 사해동포주의(四海同胞主義)가 현실적으로 민족적·국가적 특수성의 제약을 받고 있는 것을 극복할 수 있는 힘을 가지게 된다.[24] 즉 공영주의는 종교를 중심한 정치공동체, 즉 하나님이라는 공통분모를 가진 하나의 가족이 되는 인류공동체라는 이상을 지향한다. 이러한 공영주의의 관점에서 보면 세계화의 흐름은 미래사회로 나아가는 역사의 흐름이며 코로나19로 인한 세계공동체의 위기는 진정한 인류한 가족 사회로 나아갈 수 있는 성찰의 기회라고 할 수 있다.

통일사상의 주창자인 문선명·한학자 총재는 하나님을 중심한 인류 한 가족 사회를 위해 기존 UN의 역할에 한계가 있음을 지적하면서 UN의 구조적 한계를 극복할 수 있는 대안을 제시한 바 있다. "유엔에서 국가 대표자들이 세계평화를 실현하고자 하는 노력은 상당한 장애를 안고 있으며 이를 개선하기 위해 정치인들과 종교지도자들이 유엔을 중심으로

---

22 통일사상연구원, 769-770.
23 통일사상연구원, 772.
24 통일사상연구원, 777-779.

서로 협력하고 존중하는 관계"를 가져야 한다고 하였던 것이다.[25] 인간이 몸과 마음이 통일체가 되어야 올바른 인격체가 될 수 있듯이 UN도 몸을 대표하는 정치와 마음을 대표하는 종교가 하나가 되어 세계의 문제를 해결하고자 함께 노력해야 한다고 제시하였다. 그동안 몸과 외적인 세계를 대표하는 정치인들이나 외교가들이 평화로운 세계를 이루려고 노력하였지만 자국의 이익을 대표할 수밖에 없는 한계가 있었기에 마음과 내적인 세계를 대표하는 종교인들이나 NGO 지도자들이 국가의 이익을 초월하여 평화로운 세계를 이룰 수 있는 방안을 모색해야 UN이 추구하는 평화로운 세계를 이룰 수 있다는 비전을 주창한 것이다.[26] 문선명·한학자 총재는 각 국가를 대표하는 종교인으로 구성되는 종교UN을 창립하고 이를 중심으로 인간의 정신세계를 대표하는 종교인과 NGO의 지도자들을 모아 상원 성격을 지니는 아벨UN을 창립하였다. 천주평화연합(UPF)을 아벨UN으로 세워 세계의 여러 국가가 정신적 지도자들을 중심으로 서로 화합할 수 있도록[27] 한 기반 위에 기존의 UN과 하나되는 평화유엔을 창설하여 세계공동체의 이상과 항구적인 평화세계 실현을 목표로 활동하고자 하였다.[28]

공영주의가 제시하는 하나님을 중심한 인류 한 가족을 이루는 형제주의 정치는 하나님이라는 인류의 공통분모를 가져야 하는 정치로 궁극적 실재인 '신'의 존재를 전제하고 있다. 그러나 르네상스 이후 종교는 정

---

25 세계평화통일가정연합, 『평화경』 (서울: 성화사, 2013), 1388.

26 세계평화통일가정연합, 1388-1389.

27 문선명선생말씀편찬위원회, 『문선명선생말씀선집』 제518권 (서울: 성화출판사, 2011), 307. 2006.2.15.

28 문선명선생말씀편찬위원회, 『문선명선생말씀선집』 제420권 (서울: 성화출판사, 2011), 31. 2003.10.10.

치와 분리되면서 개인적이고 비이성적인 영역으로 치부되었다. 이에 대해 문선명·한학자 총재는 "종교인들이 사랑의 실천의 본이 되지 못"하고 "자기 개인의 구원이나 종파 이익에 급급한 나머지 온 세상의 구원에 전력하지 못"했기 때문이라고 지적하며 그 책임이 종교에 있음을 지적하였다.[29]

　　문선명·한학자 총재의 이러한 지적은 현재 코로나19로 인한 세계공동체의 위기에도 그대로 적용될 수 있다. 코로나19로 위기에 빠진 인류를 위해 종교는 어떠한 사랑의 실천을 해야 하는가를 제안하거나 실천하지 못하고 있으며 개인의 구원이나 종파 이익에 빠진 일부 종교는 코로나19를 전파하는 진원지가 되고 말았다. 종교를 위한 종교가 될 것인가, 인류를 위한 종교가 될 것인가 하는 기로에 서 있는 것이다. 대부분의 종교는 코로나19로 인한 세계의 위기 속에 종교의 위기를 같이 느끼며 새롭게 요청되는 종교의 역할을 모색하고 있다. 불안이 고조되는 위기의 시대에 종파의 이익을 넘어 종교UN이 세계를 위한 역할을 수행할 수 있다면 세계를 이끌 수 있는 리더십을 만들 수 있으며 UN의 개혁을 위한 종교계의 힘을 보여줄 수 있는 전환점이 될 수 있을 것이다.

3. 세계공동체를 위한 종교유엔의 역할

　　종교UN은 세계공동체가 코로나19를 극복하기 위해 어떤 역할을 담당해야 할 것인가? 먼저 종교UN는 코로나19를 극복할 수 있는 새로운 리

29　세계평화통일가정연합, 1389.

더십으로 전 세계 인류를 위한 올바른 가치관과 정서적 안정을 제공할 수 있다. 베버(Max Weber)가 프로테스탄트 정신이 자본주의 탄생의 모태가 되었다고 주장한 것처럼 세계공동체를 위한 종교의 연대가 평화의 새로운 질서를 만들 수 있다.[30] 벡(Ulrich Beck) 또한 세계공동체를 만들기 위한 종교의 역할을 간과할 수 없다고 지적하였다. 개인의 내적 신앙을 중요하게 생각하는 종교적 세계관이 근대의 기초가 되었듯이 혈연이나 지역을 넘어설 수 있는 종교적 보편성이 세계화의 견인차 역할을 해온 동력이었다고 지적하면서 탈지역, 탈경계, 탈국가적 선택이 가능한 종교가 새로운 경계를 세워나갈 수 있다고 하였다.[31] 하버마스(Jürgen Habermas) 역시 근대의 공론장이 활성화되지 않는 결정적인 요인으로 종교의 가치와 역할을 과소평가했기 때문이라고 지적하였다. 다양한 의견이 충돌하는 상황에서 근대국가는 종교적 자원을 존중하여야 하며, 종교 역시 공공의 장에서 공적 역할을 담당해야 한다는 것이다.[32]

코로나19는 성숙한 시민의식과 실천이 방역의 궁극적 핵심이라는 것을 보여주었다. 코로나19의 성공적인 방역사례로 손꼽히는 한국의 방역정책이 이를 증명한다. 한국의 방역정책은 중국과 같이 전체주의적 감시와 봉쇄 없이도 시민적 역량으로 코로나19를 극복할 수 있다는 것을 보여주었다. 한국뿐 아니라 대만, 싱가포르 등은 적극적인 검사와 투명한 정보공개, 시민들의 자발적인 참여로 코로나19 확산을 막아내고 있다. 일

---

30 이찬수, 「공동체의 경계에 대하여: 세계화시대 탈국가적 종교공동체의 가능성」, 『대동철학』 74 (2016): 209-210.

31 울리히 벡, 『자기만의 신』, 홍찬숙 옮김 (서울: 길, 2013), 101.

32 Jürgen Habermas, *Between Naturalism and Religion* (Cambridge: Polity, 2008), 114-122.

상생활이 크게 제한받지 않는 민주적 통제 속에서 방역 효율을 재고한 것이다.[33] 이와 달리 중국은 국가중심적인 통제와 봉쇄로 코로나19를 효과적으로 통제하면서 권위주의적인 통제모델의 유용성을 증명하려고 노력하였다. 우한시 전체를 봉쇄하면서 봉쇄기간 동안 식료품 등을 수급하면서 폭동이 일어나지 않도록 잘 통제하였다고 강조하는 것이다.

한국이나 중국과 달리 서방 선진국은 초기에 적극적인 국가개입을 망설이며 적절한 대응을 수립하는 데 실패하였다. 이후 중국과 같은 적극적인 봉쇄를 선택한 국가는 있었지만 한국과 같이 자발적인 시민의 참여를 이끌어 내지는 못하였다. 결국 국경을 차단하고 사회적 활동을 폐쇄하는 극단적인 조치를 취하지 않고는 위기관리가 어려워졌으며 경제보다는 안전을 우선시하는 조치를 내렸던 것이다. 그러나 경제봉쇄를 지속하는 것은 국가경제의 몰락을 유발하므로 제한조치는 해제할 수밖에 없었고 다시 코로나19가 확산되는 악순환이 반복될 수밖에 없는 상황이다.

사실 그동안 한국, 대만, 싱가포르 등 아시아 국가와 미국, 유럽 등의 서구 국가는 동일한 자유민주주의 정치체제를 채택하고 있지만 아시아에 비해 오랜 민주주의의 전통을 가지고 있는 서구 사회가 더욱 성숙한 시민의식과 민주주의를 실현하고 있는 것으로 평가 받아왔다. 그러나 코로나19로 인한 위기상황에서 아시아 국가가 공공의 안전을 위해 개인의 자유를 스스로 제한하는 성숙한 시민의식을 실천한 것으로 나타나면서 이에 대한 분석도 다양하게 제시되고 있다. 서구 사회의 시민의식이 개인

---

33 Josh Rogin, "South Korea shows that democracies can succeed against the coronavirus," *Washington Post*, April 11, 2020. https://www.washingtonpost.com/opinions/2020/03/11/south-korea-shows-that-democracies - can-succeed-against-coronavirus (검색일: 2020.8.28).

주의로 인해 왜곡되어 나타나는 것이라는 분석부터 아시아 국가의 유교적 문화적 전통이 국가에 대한 신뢰와 이에 대한 순종을 이끌어 냈다는 분석까지 견해의 차이가 있다.

서구의 자유주의는 이성적이고 합리적인 개인을 전제로 개인의 자유를 극대화하고, 어떠한 선택을 하던 이에 대한 책임을 질 수 있다면 사회는 그 자유를 허용해야 한다는 것을 강조해왔다. 어떠한 상황에서도 개인의 자유는 제한될 수 없다는 것이 자유민주주의의 지향점이었던 것이다. 사불레스쿠(Julian Savulescu)의 "적극적 자유와 건강한 삶, 구속받지 않을 자유와 건강 사이에 긴장감이 형성됐다"[34]는 평가는 이러한 서구의 관점을 잘 보여주고 있다.

이렇게 개인의 자유와 건강, 즉 공공의 안전이라는 문제가 서구 사회에서는 갈등을 일으키고 시민들의 참여를 이끌어내지 못한 반면 아시아는 공공의 안전을 위해 개인의 자유를 제한하는 것에 대한 거부감이 적어 자발적으로 참여가 가능했다고 볼 수 있다. 아시아의 유교사상은 선공후사(先公後私)의 가치관을 가지고 있어 공동체를 위해 자신의 개인적인 목적이나 지향을 희생할 수 있어야 한다는 것을 전통적으로 강조해왔다.

이러한 차이는 어떠한 사회가 성숙한 시민의식을 가진 사회인가를 떠나 현대사회에서 시민들의 가치관의 바탕에 종교가 큰 영향을 미치고 있다는 것을 보여주고 있다. 이제 종교는 왜 우리는 개인의 자유보다 공공의 안전을 우선시해야 하는가에 대한 응답을 제시해 주어야 하는 것이

---

34 Heather Murphy, "14 Days With a Quarantine Tracker Wristband: Does It Even Work," *New York Times*, April 8, 2020. https://www.nytimes.com/2020/04/08/world/asia/hong-kong-coronavirus-quarantine-wristband. html (검색일: 2020.9.25).

다. 뒤르켐(Emile Durkheim)은 종교가 사회의 지배적인 가치와 규범을 정당화하면서 사회 구성원들 사이에 공통된 집합의식을 마련해주고, 이에 따라 사회질서와 안정에 기여할 수 있다고 하였다.[35] 특히 가치관이 충돌하는 아노미 상황에서 종교는 도덕적 의미의 위기에 대해 의미와 질서를 마련해주면서 사회적 역할을 담당할 수 있다.[36]

또한 종교는 집단적 목표와 이상을 위해 개인적인 목표와 이상을 통제할 수 있도록 도덕적 가르침을 제공하며 이러한 가르침이 궁극적이고 거룩한 초월적인 준거로 작동할 수 있도록 강력한 힘을 가진다.[37] 세계를 대표할 수 있는 종교지도자들이 한자리에 모여 포스트 코로나시대 인류가 가져야 하는 공통의 가치관은 무엇이며 그 의미는 무엇인가에 대해 공유하고 각 종교별로 교육할 수 있는 과정이 요청되는 것이다.

나아가 종교UN은 이러한 가치의 충돌을 조정하고 바람직한 개인의 실천을 교육할 수 있는 역할을 할 수 있다. 자신의 이익보다 타인의 안전과 행복을 우선시할 수 있는 실천이 가지는 가치를 알려줄 수 있는 것이다. 일반적으로 종교는 공동체 속에서 개인을 다른 사람들과 의미있는 관계로 연결해주고, 위기에 직면한 개인들이 위기를 극복할 수 있게 도와주며 소외된 계층에 대한 사회복지 역할을 담당하여 사회생활에 적응할 수 있도록 도와준다.[38] 코로나19로 인해 발생한 여러 사회적 문제를 해결하기 위해 각국의 종교지도자들이 앞장서서 실천을 호소한다

---

35 Emile Durkheim, *The Elementary Forms of the Religious Life* (New York: Free Press, 1995).

36 이원규, 「한국 기독교의 사회변동적 기능」,『기독교와 한국사회』 7 (2000): 26.

37 이원규, 「한국 기독교의 사회변동적 기능」, 21.

38 이원규, 「한국 기독교의 사회변동적 기능」, 20.

면 이해관계를 초월하여 인류가 한마음으로 코로나19를 극복할 수 있을 것이다.

한편 종교는 개인이 가지는 불안과 우울을 명상과 기도로 치유할 수 있는 힘이 있다. 한 설문조사에 따르면 2020년 4월, 6월, 9월에 전국 성인남녀 5,256명(누적 조사 대상)을 대상으로 조사한 결과, 코로나 우울을 경험했다는 응답이 4월 54.7%에서 6월 69.2%, 9월 71.6%로 늘었다. 100점 만점으로 우울감 정도를 조사한 평균 점수 또한 4월 49.1점에서 6월 53.3점, 9월 67.2점으로 증가했다. 코로나 우울의 원인과 증상도 4월 조사에서는 '외출 자제로 인한 답답함 및 지루함'(22.9%)이 가장 많은 비율을 차지했지만 6월엔 '일자리 감소·채용 중단 등으로 인한 불안감'(16.5%), 9월 조사에서는 '무기력함'(16.2%), '사회적 관계 결여에서 오는 우울감'(14.5%)을 꼽았다.[39] 이러한 불안과 우울을 치유하기 위해서는 내면을 강화할 수 있는 종교유엔의 역할이 요청된다.

IV. 종교와 세계공동체

코로나19는 특정 국가의 악의나 저의에 의해 특정 국가를 대상으로 시작된 감염병이 아니라 모든 국가에서 감염으로 인한 사망자가 발생할 수 있는 인류 공동의 위협으로 국가 간 신속한 협력을 필요로 하는 인류 공동의 위기이다. 그러나 이에 대한 인류 공동의 대응은 이루어지지 않

---

39   김철선, 「'코로나 우울증' 갈수록 확산...10명 중 7명 "경험했다"」, 『연합뉴스』, 2020.9.21.

고 있다. 위기의 순간에 선진국들은 자국의 국민을 보호하기 위해 국경을 봉쇄하고 국가 간 이동을 제한하는 자국 우선주의의 대응을 취하였다. 아이러니하게도 미국이 가장 많은 확진자와 사망자를 기록하면서 방역에 실패하고 유럽의 선진국들도 방역의 모델을 보여주지 못하고 있다. 키신저(Henry A. Kissinger)는 이러한 상황에 대해 "코로나19 팬데믹은 세계질서를 영원히 바꿀 것이며, 포스트 코로나19 질서의 전환을 시작하고 있다. 그것이 야기하는 정치경제적 불안은 몇 세대 동안 지속될 수 있다. 각국이 협력의 토대 위에서 당면한 문제를 해결해야 하며, 그렇지 않으면 최악의 결과를 맞게 될 것이다."라고 경고하였다.[40]

그러나 코로나19로 인한 불안과 위기를 해결하기 위한 세계공동체의 협력은 희망적이지 않은 상황이다. 세계공동체의 리더십은 실종된 상태이며 미국과 중국의 갈등은 심화되고 있다. 미국은 더 이상 평화세계의 리더로서의 역할을 수행할 의지가 없으며 중국이 자유민주주의로 전환되기를 희망하고 있다. 반면 중국은 결코 정치적으로 인민민주주의를 포기하고 자유민주주의를 선택할 의사가 없으며 오히려 코로나19로 인한 리더십의 공백을 공략하여 중국을 중심한 세계공동체를 이루고자 노력하는 중이다. 평화세계 실현을 위해 출범한 UN 또한 각국의 정치·경제적 이익을 벗어날 수 없는 현실적 한계를 안고 있다.

하나님을 부모로 모시는 인류 한 가족의 이상을 가지고 있는 공영주의의 관점에서 볼 때 이러한 현실적 한계가 극명하게 나타나고 있는 코로

---

40 Henry A. Kissinger, "The Coronavirus Pandemic Will Forever Alter the World Order," *Wall Street Journal*, April 4, 2020. https://www.wsj.com/articles/the-coronavirus-pandemic-will-forever-alter-the-world-order-115 85953005 (검색일: 2020.8.24).

나19의 위기는 세계공동체를 위한 새로운 리더십의 출현을 위한 요청이자 기회일 수 있다. 모든 인류가 한 부모 아래에서 공생공영공의할 수 있는 형제로서 평화를 구현하기 위해서는 종교와 NGO 대표들로 구성된 UN 상원이 구성되어 새로운 리더십을 구성해야 한다. 기존의 정치권 대표로 구성된 UN을 하원으로 하여 몸과 마음의 조화처럼 정치와 종교를 대표하는 지도자들이 협력할 때 세계공동체의 리더십이 형성될 수 있을 것이다.

이를 위해 종교는 종파의 벽을 넘어 다른 종교와 화합하여야 하며 종교의 공공성을 회복하고 사회를 위해 사랑을 실천하고 봉사하는 종교 본연의 역할에 충실하여야 할 것이다. 종교의 공공성을 회복한다면 종교는 코로나19의 시대에 충돌하는 가치관을 중재하면서 시대적으로 요청되는 가치관의 명분을 제공하고 사회를 통합시키는 역할을 할 수 있으며 타인을 위해 봉사하는 실천을 제공할 수 있다. 나아가 종교는 코로나19로 인한 불안과 우울을 정서적으로 치유하는 역할을 할 수 있을 것이다. 자신의 종교를 위한 종교가 아니라 사회를 위한 종교로 돌아가 이러한 역할을 수행할 때 종교는 세계공동체를 위한 리더십을 회복하는 중심이 될 수 있을 것이다.

3

일본 마쓰시타 정경숙과 공영주의[1]

I. 정치인 충원과 새 정치

2019년 12월 27일 공직선거법 개정안이 국회를 통과하면서 투표 가능연령이 만 19세에서 만 18세로 조정되고 준연동형 비례대표제가 도입되었다. 준연동형 비례대표제란 지역구 253석, 비례대표 47석 규모인 기존의 국회의원 의석 구조를 유지하면서 비례대표 의석 중 30석에 연동형 비례대표제(연동률 50% 적용)를 도입하여 각 당의 지역구 당선자수와 정당 지지율 등에 따라 배분하는 것이다. 법안 개정 후 처음으로 실시되는 2020년 4월 15일 국회의원 총선거는 준연동형 비례대표제가 실시되어 정당득표율이 높은 소수정당의 비례의석수가 늘어날 가능성이 높아져 한국 정치권의 지형변화가 일어날 것이라는 기대가 조성되었다. 그러나 자유한국당이 총선을 대비하여 보수연대를 강화하며 미래통합당을 창당하

---

[1]   이 글은 『통일사상연구』 제18집(2020)에 게재된 논문이다.

면서 비례대표 의석 확보를 목표로 자매정당으로 미래한국당을 창당하면서 이러한 기대는 흔들리기 시작했다. 이에 대항하기 위해 더불어민주당을 중심으로 비례연합정당인 더불어시민당이 창당되면서 결국 준연동형비례제 도입에도 불구하고 거대양당에 의한 양극화의 틀은 그대로 유지되게 되었다.

소수정당의 원내 진출을 원활하게 하여 거대정당의 양당구도를 바꾸고 다양한 국민의 의견을 반영하고자 도입된 준연동형 비례대표제의 취지가 무색해지면서 양당정치의 구조적인 변화에 대한 기대는 더욱 절망적인 상황이 되었다. 기존 정당 또한 새로운 정치인을 충원하기 위한 인재영입의 청사진을 발표하였으나 발표된 인재들에 대한 여러 의혹들이 제기되면서 자진사퇴, 공천탈락 등이 이어져 국민적 실망감과 피로감을 주어 새로운 정치인 충원에 대한 국민적 기대를 충족시키지 못하게 되었다.

거대양당 중심의 선거에 대한 국민적 무관심이 깊어질수록 주권을 가진 국민을 대변하는 진정한 대의제 민주주의는 실현되기 어려워진다. 선출제에 기초한 민주주의가 정착되기 위해서는 제도의 올바른 작동과 함께 국민들의 높은 민주적 정치의식, 귀속적 요소에 제한받지 않는 정치권의 정치엘리트 충원 체계 등이 갖추어져야 하기 때문이다.

통일사상의 공영주의는 이러한 자유민주주의의 한계가 선거에서 오히려 집약적으로 드러나고 있다고 비판하면서 국민의 주권이 행사되는 장이 되어야 할 선거가 "정치적 이권의 쟁탈전"이 되고 있으며 "신성해야 할 인민을 위한, 인민에 의한, 인민의 정치가 되지 못하고 정당인을 위한, 정당인에 의한, 정당인의 정치"가 되고 있다고 지적하였다. 이에 대한 대안으로 대의원선출을 통한 공동정치를 이상으로 제시하면서 선거에 참여하는 후보자는 주위의 천거에 의해 출마하게 되는 형제자매의 관계이며 기도와 의식이 수반되는 추첨방식이 될 것이라고 제안하고 있다.[2]

이러한 추첨식 형제주의 정치를 어떻게 현실화할 것인가에 대해 김항제는 대의민주주의의 한계를 보완하기 위해 정치학에서 논의하고 있는 심의민주주의, 결사체민주주의, 전자민주주의 등을 검토하면서 이러한 제도적 보완을 공영주의의 관점에서 검토하고 그 가능성을 전망하였다.[3] 임현진은 이러한 제도중에서 추첨식 선거제도를 제도적으로 도입하기 위한 현실적인 제안의 하나로 국민추첨제 국회의원제를 제시하였다. 현재 한국의 국회의원 의석수 300석에 100석 규모의 국민추첨제 국회의원제를 둔다면 만민공동참가의 정치이념을 구현하고 정당정치의 폐해와 반목을 해결할 수 있는 선출방식의 변화를 가져올 수 있다고 하였다.[4]

양순석은 이를 보다 구체화하여 공영주의 선거제도의 법제화를 위한 연구를 시도하였다. 공영주의 선거제도는 제1단계에서 지역주민이나 공신력 있는 단체에 의해 전체 유권자를 대표할 수 있는 후보군을 층화 표출한 뒤 후보를 천거하며 제2단계에서 전자투표를 통해 민의를 대변하는 후보군을 집약하고 제3단계에서 대표성을 확보한 후보들이 신의에 따라 추첨을 하게 된다. 더불어 양순석은 추첨식 선거제도를 현실화하기 위한 단계적 방안으로 교회, 주민자치위원회, 정당 등에서 대표를 선출

2   통일사상연구원, 『통일사상요강』 (서울: 성화사, 1994), 770-771.
3   김항제, 「한국사회의 구조적 모순과 공영주의적 평화의 모색」, 『평화학연구』 7(3) (2006): 61-77.
4   임현진, 「공생공영공의주의로 본 공영정치 정책원칙과 선거제도에 관한 연구」, 『통일사상 연구』 14 (2018): 1-22.

할 때 도입하는 방안, 공공정책 또는 특정 분야의 법제화를 위한 투표
단이나 참여단 구성에 도입하는 방안, 시민 주도 또는 국민투표를 위한
숙의를 위해 활용하는 방안, 선거와 추첨의 혼합형 양원제의 의회를 구
성하는 방안, 선거와 추첨의 단일제 의회를 구성하는 방안 등을 제안하
였다.[5]

　이러한 연구는 천거-투표-추첨으로 제시되어 있던 공영주의 선거제도
를 보다 구체화하고 추첨식 선거제도를 단계별로 도입할 수 있는 현실적
접근을 한 면에서 공영주의 선거제도에 대한 논의의 지평을 확대하였다.
그러나 이러한 제도에 대한 논의 이전에 국민을 대표할 수 있는 능력과
자신의 이해관계를 떠나 국민을 형제로 생각하고 봉사하고자 하는 마음
을 가진 정치인 후보군을 어떻게 양성할 것인가에 대한 근본적인 의문을
남긴다.

　김항제 또한 대의제 민주주의의 개혁을 위한 여러 대안을 검토하면서
이러한 제도적 변화만으로는 형제주의 정치를 위한 본질적인 변화를 견
인하기에는 한계가 있다고 지적하였다.[6] 최유신은 이러한 근본적인 변화
는 종교공동체가 중심이 되어 가장 공적인 존재인 하나님을 공공선과 공
공애의 기준으로 삼아 개인의 양심 회복은 물론 공공애와 공공선, 공동
의 정치 경험을 가질 수 있도록 해야 한다고 강조하였다.[7]

　민주주의 실현을 위한 양심의 회복은 공화주의에서 논의하고 있는 쟁
점 중 하나로 자기 이익보다 공공선을 우선시할 수 있는 시민교육이 이

5　양순석, 「선거제도 개혁에 관한 연구 : 공영주의를 중심으로」, 『통일사상연구』 16 (2019):
　　33-69.
6　김항제, 73.
7　최유신, 「제3의 대안으로서의 공생공영공의주의」, 『통일사상연구』 2 (2001): 64-120.

루어져야 진정한 민주주의가 제도적으로 실현될 수 있다고 보고 시민적 덕성을 함양할 수 있는 방안에 대해서 학자들마다 다른 입장을 취하고 있다.[8]

사익보다 공공선을 우선하는 가치관과 정치적 역량을 갖춘 정치인을 어떻게 양성하여 새로운 정치인으로 충원할 것인가? 문선명·한학자 총재는 1990년대 초 세계평화여성연합을 창립하면서 종교공동체를 넘어 정치를 바로 세울 수 있도록 여성이 중심이 되어 '국민을 교육할 수 있는 정당'으로 가정당을 창당하라고 말씀하였다.[9] 이후 기존의 정당(政黨)이 아니라 가정을 바로 세운 사람들이 정치에 참여하는 '정당(政堂)', 정권을 가지기 위해 투쟁하는 정당이 아니라 행복한 가정을 위해 국민을 교육할 수 있는 정당이 되어야 한다고 누차 말씀하여 2003년 3월 천주평화통일가정당을 창당하였으나 선거에 참여하지 않아 2007년 3월 19일 정당등록이 취소되었다.

국민교육정당으로서 가정당의 비전은 2008년 4월 한국에서 실시된 제18대 국회의원 총선거에 평화통일가정당의 이름으로 245명의 후보가 출마하여 '가정이 바로서야 나라가 바로 섭니다'라는 캐치프레이즈를 걸고 선거캠페인을 펼치며 현실화되었다. 비록 당선자를 배출하지는 못하여 국회 진출에는 실패하였지만 공영주의 정치의 이상을 알리는 계기를 만들었으며 평범하고 도덕적인 국민이 정치에 참여하여 일상의 문제를 정책화하여야 한다는 생활정치의 문제를 이슈화할 수 있었다. 이후 공영주의 정치를 현실화하기 위한 노력은 직접 정당을 창당하여 참여하는 방식

---

8   김민지, 「통일사상 공영주의로 본 공화주의 담론」, 『통일사상연구』 15 (2018): 109-133.
9   문선명선생말씀편찬위원회, 『문선명선생말씀선집』 232 (서울: 성화사, 2003), 34. 1992.7.1.

에서 선회하여 NGO 차원에서 정치분야와 연대하는 간접적인 참여방식으로 진행되고 있다.

이에 본 연구는 공영주의가 이상하는 형제주의 정치를 현실 속에서 실현하기 위해 시민적 덕성과 정치적 역량을 가진 정치인을 어떻게 양성하고 새롭게 충원할 것인가에 대해 탐구해보고자 한다. 이를 위해 먼저 정치인 충원의 일반적인 이해를 정리하고 이를 바탕으로 정치인 충원을 위한 교육시스템 중 하나로 일본의 마쓰시타 정경숙(公益財団法人 松下政経塾, The Matsushita Institute)의 정치를 실현하기 위한 정치인 충원과 이를 위한 교육시스템을 제안해보고자 한다.

II. 정치 엘리트론과 정치인 충원

1. 정치 엘리트론

근대의 민주주의 정치는 국민이 주권을 가지고 정치에 직접적으로 참여하는 것을 이상으로 하고 있으나 모든 국민이 직접 권력을 행사하기에는 현실적인 한계가 있기에 대중의 지지를 확보한 정치 엘리트 혹은 정치인이 선출되어 국민을 대신하여 정책결정과정에 참여하는 대의정치의 방식을 선택하고 있다. 대의정치는 사회 구성원 중 특정 인물이 선거를 통해 선출되거나 집권자의 임명을 받아 권력 구조의 특정 지위나 역할을 담당하게 되는 과정을 거치게 되는데 이러한 과정을 정치인 충원이라고 한다.

정치인 충원형태 중 선거를 통한 충원은 세습이나 시험, 임명 등을 통한 충원방식에 비해 개방적인 형태의 충원방식으로 근대 민주주의에서 가장 보편화된 충원방식이다. 또한 국민주권주의에 기초하면서 주권을 위임할 대표자를 선출하여 정책결정과정을 대행하도록 하는 형태로 대부분의 대표자가 국민들의 투표를 통해 선출된다. 그러나 국민들의 정치의식이 높지 않거나 봉건적 인식이 남아있을 경우에는 능력보다는 학벌과 재산, 신분, 혈연이나 지연, 성별이나 종교 등의 귀속적 요인들이 국민의 대표가 될 수 있는 우선적 요건으로 고려되어 폐쇄적이고 편향적인 형태의 정치인 충원이 이루어질 수 있다. 따라서 어떠한 사람들이 정치인으로 선출되며 어떠한 경로를 통해 선출되는가에 대한 정치인 충원에 관한 연구(political recruitment study)는 정치학의 한 분야로서 지속적으로 연구가 이루어지고 있다.

　　초기의 정치인 충원에 관한 연구는 1900년대 초 민주주의 정치체제를 도입한 국가라 하더라도 현실적으로 소수의 엘리트가 지배하는 권력구조를 유지한다는 비판적 여론에 대한 응답에서 시작되었다. 고전적 엘리트 이론가들은 이러한 비판을 부정하지 않고 오히려 모든 사회조직은 소수의 지배를 기초하여 운영된다고 주장하며 특정계급에서 정치인이 배출되는 것은 모든 사회의 보편적 현상이며 합리적인 과정이라고 주장하였다.[10]

　　고전적 엘리트론을 주장한 파레토(V. Pareto)는 사회에서 직·간접적으로 정책결정에 참여하는 엘리트를 통치엘리트라고 지칭하고 정책결정에 참

10　　게랑 페리, 『정치 엘리트』, 진덕규 옮김 (서울: 이화여자대학교출판부, 1999), 13.

여하지 않는 비통치엘리트와 구분하였다. 통치엘리트는 직접 정치에 종사하는 정치엘리트와 군사, 종교, 기업, 문화 등의 분야에 종사하며 정책결정에 영향을 미치는 엘리트를 포함하는 것으로 파레토는 권력을 둘러싼 투쟁은 지배권을 가진 엘리트와 이에 대항하는 엘리트 사이에서 생기는 갈등으로 대다수의 사람들은 비조직적인 상태에 있기 때문에 정치적 영향력을 가지지 못하며 엘리트에 의해 조직화될 때만 정치적인 참여를 하게 된다고 분석하였다.

모스카(Guatano Mosca) 또한 마르크스가 주장한 프롤레타리아 계급혁명 이후에도 지배하는 자와 지배받는 자가 나뉘지며 소수의 지배계급이 정치권력을 독점하여 정치적 기능을 수행, 이익을 점유하게 된다고 보았다. 소수자는 조직화되기 쉬운데 비해 다수인 대중은 조직화되기 어렵기 때문에 조직화된 소수에 의해 지배된다는 것이다. 소수인 지배계급은 다수인 피지배계급을 합법적인 제도나 수단으로 지배계급의 통제를 받도록 하는데 이러한 제도를 과두제적 통제장치라고 하였다.

미헬스(Robert Michels) 역시 정치를 포함한 모든 인간의 조직은 소수가 지배하는 과두제적 경향이 있다고 지적하면서 민주주의 정치체제에서 엘리트 중심의 경직성을 완화해줄 것으로 기대되었던 정당과 노동조합 등도 관료화, 중앙집권화, 보수화되는 경향을 나타낸다고 하였다. 그는 이렇게 소수에 의한 과두지배적 경향이 필연적으로 나타나는 것을 과두제적 철칙(the Iron Law of Oligarchy)이라고 명명하였다.[11]

이러한 고전적 엘리트론은 헌터(F. Hunter), 밀즈(Charles W. Mills)에 영향

---

11   게랑 페리, 66-67.

을 주어 권력 엘리트론을 탄생시켰다. 권력 엘리트론은 피라미드형의 권력구조를 가진 사회구조에서 최상층부에 있는 구성원인 통치엘리트가 피라미드의 다른 단계의 집단을 지배하며 정책형성과정에서 결정적 영향력을 행사한다는 것이다. 헌터와 밀즈는 권력이 소수에게 고도로 집중되어 있다는 이론을 구체적이고 경험적인 조사를 통해 입증하였다.[12]

먼저 헌터는 아틀란타(Atlanta)시에서 지역사회 내에서 정책형성과정에 가장 큰 영향을 미치는 사람을 조사하기 위해 저명인사록에서 정치, 경제, 관료, 문화, 교육 등 여러 집단의 지도자를 선별하고 이들 중 더 영향력 있는 사람을 엄선하는 방식으로 핵심적인 인사를 좁힌 결과 50% 이상이 경제인이며 이들이 일정한 장소에서 정기적인 만남을 가지고 있다는 것을 밝혀냈다.[13] 이후 연구범위를 미국 전역으로 확대한 뒤에도 권력구조의 최상층부에 경제인이 영향력을 행사하고 있다는 것을 밝혀냈다.

밀즈는 미국의 저명인사목록에 기록된 인사들 중 경제적으로 가장 알려진 인사를 1900년, 1925년, 1950년의 세 시기로 구분하여 상호연관성을 비교해본 결과 아버지가 상류사회인 사람이 1900년에는 39%였으나 1950년에는 68%로 증가되었으며 자녀 또는 친족의 결혼으로 서로 연결되어 있는 사람도 1900년 33%에서 1950년 62%로 증가되었다. 이러한 통계로 볼 때 미국의 권력엘리트는 그들 사이의 일체감을 가지고 있으며 계급적 동질성과 순환성을 가지고 있어 사회의 다양한 이해를 대변하지

---

12 Floyd Hunter, *Community Power Structure* (Chapell Hill, N. C.: University of North Carolina Press, 1953); Charles W. Mills, *The Power Elite* (New York: Galaxy, 1959); 게랑 페리, 67-70 재인용.

13 Floyd Hunter, 23; 한기영, 『한국 지방정치 엘리트의 사회·경제적 배경과 정치적 충원에 관한 연구』, 박사학위논문 (동국대학교, 2011), 12-13 재인용.

못하며 그들 공동의 이익을 위한 정책을 입안한다고 분석하였다. 결국 대중은 이들에 의해 형성되는 정책에 적응하는 역할만 하게 된다는 것이다.[14]

고전적 엘리트론이나 권력 엘리트론의 입장은 민주주의 정치체제에 대해서 부정적인 입장을 가지게 한다. 민주주의의 정책결정과정은 형식일 뿐 엘리트에 의해 사회가 지배되고 있다고 보기 때문이다. 이러한 견해에 대해 달(Robert Dahl)을 비롯한 다원주의 엘리트론 연구자들은 민주주의 정치체제 내부에는 다양한 성격의 엘리트와 지도자 집단이 존재하며 이들은 각기 다른 심리적 동기와 정치, 경제적 상황에 따라 개인의 재능, 경험, 정치적 자원을 사용하기 때문에 권력의 차이가 나타나게 된다고 분석하였다.[15]

이러한 다원주의는 자유주의 정치철학을 바탕으로 정치에는 다양한 가치와 제도, 집단 등이 존재하며 국가를 포함하여 어떠한 기관도 절대 집권적인 성격을 지니지 않는다는 것을 강조한다. 단일한 권력엘리트가 모든 정책의 영역을 지배하는 것이 아니라 서로 다른 영역에서 영향력 있는 행위자가 각기 상이한 역할을 수행하며 정책결정과정에서 다양한 집단을 대표하는 엘리트들은 수평적인 위치에서 독립적인 영향력을 행사하게 된다는 것이다.

---

14   Charles W. Mills, *The Power Elite* (New York: Galaxy, 1959); 한기영, 13 재인용.
15   노병만, 「지역할거주의 정치구조의 형성과 그 원인 분석: 지역감정·지역갈등 개념을 대신하여」, 『한국정치학 회보』 32(1) (1998): 27-28.

2. 정치인 충원의 구조

정치인 충원 이론중에서 노리스(Pippa Norris)의 연구는 후보자의 요인을 넘어 정치인 충원에 영향을 미치는 각 국가의 선거제도, 정치제도, 정당제도 등을 종합적으로 연구하였다. 노리스는 민주주의 제도를 채택하고 있는 9개 국가의 정치적 충원을 분석하면서 정치적 충원 연구의 4가지 주요 요소를 정리하였다. 첫째, 특정 국가의 정치체제가 가지고 있는 제반 규정과 제도에 의해 한정되는 구조, 둘째, 정당 내에서 이루어지는 충원 제도, 셋째, 정당이 선택할 수 있는 후보 자격에 대한 요구, 넷째, 후보자들이 공급할 수 있는 다양한 자원과 지원자들의 지원동기이다.[16]

이와 함께 정치인 충원은 대표성, 민주성, 정책집행의 문제, 능률성과 효과성과 같은 가치를 가져야 한다고 제안하였다. 즉 정치인 충원은 ① 그 사회의 구성원들을 대표할 수 있는 방향으로 이루어져야 하며 ②특정 연령층의 선호나 사상을 과도하게 반영하면 정치에 대한 무관심과 반감을 일으키므로 민주적이어야 한다. ③정책집행에 영향을 미칠 수 있는 다양한 정치적 배경과 경험을 가진 후보를 충원해야 하며 ④낮은 비용으로 훌륭한 인물을 유입시키는 능률성과 효과성을 가져야 한다는 조건을 정리하였다.[17]

그러나 노리스의 분석결과 국가 간의 차이는 다소 있으나 대부분의 국가는 높은 지위의 사람들이 그렇지 않은 계층의 사람들보다 더 많이 의회

---

16 Pippa Norris, *Political Recruitment: Gender, Race, an Lass in the British Parliament* (Cambridge University Press, 1995); 한기영, 23-24 재인용.
17 Pippa Norris, *Passage to Power: Legislative Recruitment in Advanced Democracies* (Cambridge University Press, 1997); 한기영, 23-24 재인용.

에 진출하며, 교육수준이 높을수록, 재산이 많을수록 더 많이 정책결정 과정에 참여하는 정치인으로 선출되었다. 이들 대부분은 중년 이상의 남성이었으며 노동계급의 정치인 충원은 지난 40년 동안 계속해서 감소되는 것으로 나타났다. 노리스의 이러한 연구는 미헬스의 과두제의 철칙을 입증하는 결과를 나타내 정치 충원이 불평등을 완화할 수 있는 여성할당제, 비례대표제 등을 도입하고 확대해야 한다는 제안과 사회적 인식이나 통념을 바꿀 수 있는 국가적 노력이 있어야 하는 것으로 대안이 제시되었다.[18]

미국에서 진행된 또 다른 연구로는 1980년대 말 미국의 하원의원 선거에서 현직의원이 자신의 지역구에서 재출마할 경우 상원은 70%, 하원은 90%를 상회하는 재선율을 보이는 것을 설명하기 위해 진행된 연구가 있다. 연구결과 현역의원의 재선성공여부를 결정하는 주요 변수는 풍부한 경험과 탄탄한 자금력을 가진 후보의 출마여부인 것으로 나타났다. 즉 경험이 많고 자금이 충분한 후보가 선거 경쟁에 나오는 경우에는 현역의원에게 위협이 된다는 것이다.[19] 특히 경제적인 여건은 선거비용으로 투자되어 많이 지출할수록 더 많은 유권자와 접촉이 가능해져 인지도 및 지지율을 높일 수 있기 때문에 선거결과에 결정적인 영향을 미치는 것으로 나타났다. 이러한 연구결과에 대해 현직의원이 해당 지역구에 대한 장악능력이 강할 경우 새로운 후보자가 낙선할 가능성이 높기 때문에 역량 있는 후보자가 출마하지 않는다는 반론이 제기되기도 하였다. 현직

---

18 한기영, 23-24.
19 Gary C. Jacobson, "Strategic Politicians and the Dynamics of U.S. House Elections, 1946-1986," *American Political Science Review* 83(3) (1989); 김준석·김민선, 「도전자의 역량이 선거구의 투표율과 도전자의 당선 가능성에 미치는 영향: 제18대 국회의원 선거를 중심으로」, 『대한정치학회보』 16(3) (2009) 재인용.

의원의 취약성이 오히려 중요한 지표가 된다는 것이다.[20]

한국 또한 당선된 국회의원들의 '직업, 교육, 출신지역, 정당소속'부터 '성별, 연령, 출생지, 학력, 출신학교, 해외유학, 전직, 충원횟수', '연령, 학력, 성별, 재산, 납세, 병역' 등을 분석하는 연구들이 시도되었다.[21] 특히 김용호·김현우 등이 제헌국회부터 15대 국회까지 역대 국회의원 3,370명의 사회적 배경과 그 변화를 분석한 결과는 흥미롭다. 40-50대 남자로서 지역구에서 정당공천을 받아서 4년 임기의 국회의원을 한 국회의원이 가장 전형적인 정치인으로 나타났으며, 갈수록 국회의원들의 연령과 교육 수준이 높아지며 법학과 정치학 전공자, 고시출신의 비율은 높아지고 공직경험은 낮아지는 것으로 분석되었다.[22]

윤종빈 역시 17대 국회의원 중 초선과 다선을 비교하고 16대 전체의원과도 비교하였는데 그 결과 17대 초선국회의원은 연령이 젊어졌고, 교육 수준이 높아졌으며, 전문직 종사자 비율이 증가한 것으로 나타났다.[23]

반면 유승익·문우진은 정당정치가 강화된 7대부터 17대 국회의원의 신상을 분석하여 국회의원의 충원은 보수적인 성향을 가진 정치 엘리트가 정당의 위계적 절차를 거치지 않고 선거를 통해 국회에 충원되는 방계적 구조를 지녔다는 것을 분석하였다. 이러한 방계적 구조는 개방적으로 보이지만 소수의 정치 엘리트만이 국회로 진출할 수 있는 가능성을

---

20 김준석·김민선, 73-98.
21 송인국, 「한국 정치문화 형성에 영향을 준 정치 엘리트의 특성에 관한 연구」, 『공주교대 논총』 22(2) (1986): 109-133; 유종빈, 「17대 초선의원들의 사회경제적 배경」, 『의정연구』 10(2) (2004).
22 김용호·김현우·박경산 외, 『국회의 어제, 오늘 그리고 내일: 이론과 실제』 (서울: 국회의정연수원연구부, 1998).
23 유종빈, 「17대 초선의원들의 사회경제적 배경」, 『의정연구』 10(2) (2004).

가지고 있으며 사회의 다양한 직능집단이 직접적으로 국회에 진출할 수 있는 가능성을 막는 구조를 이룬다는 것을 시사한다.[24]

한국의 정치 엘리트가 대체로 해당 사회의 일반적인 수준보다 높은 교육을 받고 안정적인 소득을 가진 전문직 출신이 많으며 40대 이상의 연령이 높은 고학력 남성이 다수를 차지하고 있다는 것은 다른 나라의 경우와 유사하다. 지방 정치 엘리트 또한 이러한 경향은 유지된다. 2000년대 이후 한국에서 실시된 3회의 지방선거를 분석한 결과에서도 강한 남성 중심의 정치 충원구조를 가지고 있으며 지방 의회의원은 40-50대의 연령, 지방자치단체장은 50-60대의 연령이 다수인 것으로 나타났으며 고학력, 고소득으로 안정적인 경제기반을 갖춘 후보자가 많았다.[25]

다원주의 엘리트론의 관점에서 볼 때 이렇게 정치 엘리트의 사회·경제적 배경이 유사한 정치인이 많은 것은 다양한 견해를 가진 집단의 이해관계를 정책에 반영하는데 걸림돌이 된다. 한국 정치의 경우 각기 다른 정당과 단체를 대표하여 정치에 참여하게 되더라도 경제적으로 안정된 기반을 가진 40대 이상인 고학력의 전문직 남성이라는 공통의 정체성이 다수를 차지하게 되면 정책결정과정에서 다른 연령, 학력, 성별, 계층에 속해 있는 국민의 이익과 관심이 반영될 수 있는 가능성이 줄어들게 되기 때문이다.

다양한 사회·경제적 배경을 가진 정치엘리트를 충원하기 위해 앞서 노리스가 제안한 여성할당제와 비례대표제의 확대와 유권자의 인식전환을

---

24 유승익·문우진, 「한국 국회의원 충원방식과 대표성: 7대에서 17대 국회의원 선거 분석」, 『의정연구』 23 (2007).
25 박명호·한기영, 「한국 지방정치 엘리트 충원의 계속성과 변화에 관한 시론-최근 지방선거를 중심으로」, 『한국 정당학회보』 10(2) (2011).

위한 국가적 노력이 이미 시도되고 있으나 기존 정치지도자들에 비해 정치역량이 부족한 여성이나 청년들이 국민들의 선택을 받지 못하고 있으며 비례대표로 참여하더라도 수적인 열세에 있어 역할을 하지 못하는 경우가 많다. 본 연구에서는 정치의 새로운 비전인 공영주의적 정치이상을 가진 사람들이 정치역량을 강화하여 정치인으로 충원될 수 있는 가능성을 현실화하기 위해 공영주의 실현을 위한 정치인양성기관을 운영하는 방안을 모색해보고자 한다.

Ⅲ. 정치인 충원과 마쓰시타 정경숙

1. 마쓰시타 정경숙의 정치인 충원 현황

정치인 충원과정은 각 국가의 선거제도와 정당의 영향력 등에 따라 세부적인 면에서는 차이를 가진다. 정당조직이 발달되어 있는 영국은 정당의 일원으로 활동하면서 정책을 학습하고 정당의 후보자로서 선택되는 것이 정치인 충원과정에서 중요하지만 상대적으로 정당의 영향력이 크지 않은 미국은 지역의 대표로서 후보자 개인의 역량과 경력이 중요성을 더 가진다. 일본은 중선거구제를 실시하고 있어 한 지역구에서 2-5명이 선출되는 구조로 정당이 후보자의 선거운동을 지원하는데 한계를 가지기 때문에 후보자의 선거운동을 뒷받침해주는 후원회 조직이 중요성을 가지게 되었다.

이렇게 정치인 충원과정에서 정당, 후보자 개인역량, 후원회 조직 등 국가별로 부각되는 중요한 요인은 차이가 있으나 앞에서 지적한 것처럼 특정한 계층, 성별, 연령, 직업 등의 귀속적 요인이 뒷받침되어야 한다는 것에는 변함이 없다. 다양한 귀속적 요인을 가진 국민들을 대표할 수 있는 사람들이 정치인으로 충원되기 위해서는 정치적 능력과 경험이 필요한데 이를 키울 수 있는 통로가 확보되지 않기 때문이다.

본 연구에서는 정치인 충원을 위한 교육기관으로 일본 마쓰시타 정경숙에 대해 고찰해보고자 한다. 마쓰시타 정경숙은 일반인을 대상으로 정치를 교육하고 정치가를 양성하는 교육기관으로 1979년 설립되어 졸업생이 1990년대 정치권에 진출한 대표적인 정치인 교육기관으로 현재 일본의 여러 정치숙(政治塾)[26]의 모델이 되고 있기 때문이다.[27] 또한 마쓰시타 정경숙은 정당이나 혈연, 지연, 학연 없이 정치신인들을 발굴하여 정치인으로 양성하여 일본 정치의 한계를 극복하고자 한 모델이 되었기에, 마쓰시타 정경숙의 설립배경과 운영방침, 교육내용, 성과 등에 대해 고찰함으로써 공영주의 정치인을 양성하여 정치인으로 충원할 수 있는 방안을 제안해볼 것이다.

마쓰시타 정경숙은 마쓰시타전기산업(현 파나소닉)의 창업자인 마쓰시타 고노스케(松下幸之助)가 1979년 사재 70억 엔을 기부하여 설립한 정치인

---

[26] 정치숙(政治塾)의 숙(塾)은 일본의 '학원' 개념으로 기업, 정당, 대학, 언론인, 행정, NPO 등이 설립운영주체가 되어 사회지도자를 양성하는 기관을 칭하는 용어이다. 정경숙은 정치인을 비롯한 사회일반적인 지도자 양성을 목적으로 1990년대 마쓰시타 정경숙을 모델로 많이 생겨났으며 지방자치단체가 지역리더를 양성하기 위해 설립한 지역창생숙(地域創生塾)을 설립하여 운영하고 있다. 장지은·권대봉·안진숙, 「일본에서의 정치경제지도자 양성의 실천사례-마츠시다 정경숙의 지도자교육」, 『평생교육학연구』 15(1) (2009): 95-96.

[27] 최은봉·석주희, 「일본의 정치리더십과 마쓰시타 정경숙-교육철학, 세력화, 에토스」, 『담론 201』 17(4) (2014): 155-181.

양성 교육기관으로 22-35세의 젊은이들을 연수생으로 선발하여 매월 20만엔의 생활비를 지원하였다. 2019년 11월 현재 282명의 졸업생을 배출하였고 그 가운데 정치인은 111명으로 현역의원 또는 지사 등의 정치인으로 67명이 활동하고 있다.[28] 제1기 졸업생으로 2011년부터 2012년까지 총리를 역임했던 노다 요시히코(野田佳彦) 민주당 최고고문과 제8기 졸업생으로 외무상을 지낸 마에하라 세이지(前原誠司), 자민당 여성정치인이자 총무상인 제5기 졸업생 다카이치 사나에(高市早苗), 관방장관을 역임한 제11기 졸업생 오노데라 이쓰노리(小野寺五典) 등 여러 정당을 통해 일본의 대표적인 정치인을 배출하였다.[29]

졸업생들의 현황을 정리하면 〈표 1〉과 같다. 2019년 11월까지 집계된 통계에 따르면 정치분야가 111명으로 전체 졸업생 중 40%로 가장 높은 비중을 차지하고 있으며 경제분야가 109명으로 39%를 나타냈다. 정치분야와 경제분야를 합하면 79%로 대부분의 졸업생이 정치나 경제분야에서 활동하고 있는 것을 알 수 있다. 경제분야의 비중이 높은 것은 초기 입학생 중 마쓰시타회사의 직원 중 우수한 사람들이 있었기 때문에 졸업 후 회사로 돌아간 비율이 높아서 나타난 현상이다.

〈표 1〉 마쓰시타 정경숙 졸업생 현황[30]

분야	정치분야	경제분야	연구교육	언론	기타	합계
인원(명)	111	109	43	9	10	282
비율(%)	40	39	14	3	4	100

---

28 마쓰시타 정경숙 홈페이지 참고. https://www.mskj.or.jp (검색일: 2020.3.4.)
29 최은봉·석주희, 159.
30 마쓰시타 정경숙 홈페이지 참고하여 연구자가 재구성하였음. https://www.mskj.or.jp (검색일: 2020.3.4.)

그중에서도 정치분야의 졸업생을 구체적으로 분류해보면 〈표 2〉와 같다. 가장 높은 비중을 차지하는 것은 정당활동에 참여하고 있는 직원과 정당인으로 44명, 39.6%이며 국회의원을 하고 있는 사람이 33명으로 29.7%로 나타난다. 지방의원을 하고 있는 졸업생은 23명으로 20.7%이며 도지사, 시장, 정장 등의 기초단체장을 맡고 있는 졸업생이 11명으로 9.9%를 나타냈다.

〈표 2〉 마쓰시타 정경숙 졸업생 중 정치분야 활동분류[31]

분야	국회의원		지방의원		수장(首長)			정당활동		합계
	중의원衆議院	참의원參議院	도도부현都道府県	시구정촌市区町村	지사知事	시장市長	정장町長	직원	정당인	
인원(명)	24	9	8	15	2	8	1	7	37	111
소계(명)	33		23		11			44		111
비율(%)	29.7		20.7		9.9			39.6		100

〈표 2〉는 2019년 11월 현재 졸업생이 일본 정치에서 활동하는 것을 정리한 것인 반면 〈표 3〉은 그동안 졸업생들이 정치분야에서 활동했던 경력을 모아 정리한 것이다. 즉 전·현직을 포함한 결과를 보면 마쓰시타 정경숙의 영향력을 짐작해볼 수 있다. 마쓰시타 정경숙 졸업생 중 총리, 장관, 차관, 정무관 등의 정무직에 진출한 졸업생은 60명에 달한다. 졸업 후 정치분야에서 활동하는 111명 중에서 54.1%가 정무직까지 진출한 것이다. 이러한 비율은 전체 졸업생 282명 중에서도 21.2%를 차지하는 것으로 마쓰시타 정경숙이 일본 정치인양성 교육과정의 모델로 자리매김

---

31 마쓰시타 정경숙 홈페이지 참고하여 연구자가 재구성하였음. https://www.mskj.or.jp (검색일: 2020.3.4.)

한 것을 알 수 있다.

<표 3> 마쓰시타 정경숙 졸업생의 정치진출[32]

분야	국정 정무직				지방 정무직				합계
	총리	장관	차관	정무관	지사	시장	특별구장	청장	
인원(명)	1	13	21	25	3	14	1	1	
소계(명)	60				19				79
비율(%)	75.9				24.1				100

2. 마쓰시타 정경숙의 설립배경과 특징

이렇게 마쓰시타 정경숙이 정치인양성과정으로 설립되어 지속적으로 운영될 수 있었던 것은 설립자인 마쓰시타 회장의 철학이 관철되었기 때문이다. 마쓰시타 회장은 '사람을 키워야 기업이 큰다'는 경영철학을 바탕으로 종신고용을 통해 직원들을 가족공동체로 생각하는 경영을 하였으며 '좋은 물건을 싸게 공급하여 가난을 몰아내고 사람들을 행복하게 한다'는 사훈과 함께 '번영을 통한 평화와 행복(Peace and Happiness Through Prosperity)'을 연구하는 PHP연구소를 설립하였다. 1973년 80세가 되면서 경영일선에서 물러난 마쓰시타는 85세이던 1979년 일본이 경제력에 부합하는 정치적 지도력을 갖추어야 한다는 생각으로 마쓰시타 정경숙을 설립하였다.[33]

---

32 마쓰시타 정경숙 홈페이지 참고하여 연구자가 재구성하였음. https://www.mskj.or.jp (검색일: 2020.3.4.)

33 권혁기, 『마쓰시타 고노스케-일본이 낳은 경영의 신』 (파주: 살림출판사, 2009).

마쓰시타가 정경숙을 구상한 것은 요시다 쇼인(吉田松陰)이 운영하였던 쇼카손주쿠(松下村塾)의 영향 때문이라는 분석도 있다. 쇼인은 일본이 근대화를 통해 세계의 강국이 될 수 있다는 사상으로 무사들을 교육하여 메이지유신의 기초를 만들었다. 마쓰시타는 일본의 근대화를 이끌었던 쇼카손주쿠와 같은 정치지도자 양성기관이 일본의 정치적 발전을 위해 필요하다고 생각하였던 것이다.[34]

이러한 신념에 기초하여 설립된 마쓰시타 정경숙은 특별한 연수시스템과 연수 방법을 구축하였다. 먼저 마쓰시타 정경숙은 선발된 연수생들에게 매월 20만엔의 교육비를 지급하면서 기숙사에서 합숙을 하도록 하는 연수시스템을 유지하고 있다. 일반적으로 연수생이 교육에 상응하는 비용을 지불하는 것과 달리 일정 정도의 생활이 가능한 수준의 비용을 지급 받으면서 교육을 받는 것이다. 마치 한국에서 사법고시에 합격하면 공무원의 자격으로 급여를 받으면서 사법연수원에서 2년 동안 교육을 받는 것과 유사하다.

설립자인 마쓰시타는 기업가로서 마쓰시타 정경숙의 연수생을 정치나 사회 제분야에서 활동할 예비 지도자로 선발하여 교육한다는 관점에서 신입사원과 같은 수준의 급여를 지급하고자 하였던 것이다. 연수생에게는 매월 지급되는 연수비 외에 활동비와 가족에 대한 생활보조비가 별도로 지급되어 연수생 1인당 3년 동안 직접 지불되는 금액만 1천만엔 이상으로 추정된다.[35]

---

34 최은봉·석주희, 160-161.
35 고선규, 「정치엘리트 충원과 기업의 사회적 역할: 일본 마츠시다 정경숙 사례를 중심으로」, 『한국시민윤리학회보』 22(2) (2007): 175.

마쓰시타 정경숙의 이러한 연수시스템은 일본 사회의 청년들에게 매력적으로 다가갔다. 제1기 연수생을 모집할 때 지역적 기반이나 학력, 재력이 없는 평범한 사람이라도 '일본에 도움이 되는 일을 하고 싶은 사람'을 선발하여 연수비를 지급하고 소수 엘리트교육을 한다는 운영시스템은 화제를 모았으며 수백 대 1의 경쟁률을 나타냈다. 이러한 관심과 참여는 현재도 매년 300명 선의 지원자가 모이는 수준으로 이어지고 있다.[36]

연수생을 선발하는 과정은 필기시험 없이 서류심사와 면접으로 진행된다. 서류심사에서 가장 중요한 것은 '장래에 대한 의지와 신념을 기술한 소논문'이며 1차 면접 역시 소논문에 대한 심층적인 내용으로 진행된다. 즉 자신이 사회와 타인을 위해 실현하고자 하는 포부와 이를 실현할 수 있는 구체적인 방안을 선발의 기준으로 삼는다. 2차 면접은 합숙면접으로 생활습관, 생활태도, 합숙토론 등의 형태로 집단면접을 실시하며 3차 면접은 마쓰시타 정경숙의 임원들이 면접을 진행하여 최종 연수생을 선발한다. 매년 30명의 연수생을 선발한다고 공지되어 있으나 2-19명까지 인원수에 제한 없이 기준에 맞는 연수생을 소수 정예로 선발하고 있다.[37]

다음으로 마쓰시타 정경숙은 현장의 다양한 경험을 통해 배울 수 있는 액션러닝 프로그램(Action Learning Program)을 통해 리더십을 함양하도록 연수과정이 설계되어 있다. 설립자인 마쓰시타가 지도자는 지식을 많이 알고 있는 사람이 아니라 알고 있는 지식을 사회를 위해 사용할 수 있는 사람이라고 생각했기 때문에 경험을 통해 습관이 형성되고 역량을 키

36   고선규, 174.
37   고선규, 174-175.

우는 액션러닝 방식을 사용하였던 것이다.

마쓰시타 정경숙의 교육과정은 처음에는 5년으로 운영되었으나 1997 년부터 3년으로 줄여서 운영하고 있는데 크게 기초과정과 실천과정으로 구분된다.[38] 기초과정은 1년 차부터 2년 차 상반기까지 1년 반 기간 동안 이수하는 과정으로 지도자로서 인성수양을 핵심으로 설립자 연수, 인간 관 연수, 역사관 연수, 국가관 연수, 일본전통 연수, 정치이념, 경영이념, 입지연수 등 8개의 연수과제를 중심으로 스스로 수련하고 깨우치는 것을 원칙으로 한다. 특별히 이 과정에서 100㎞ 행군, 다도 등 일본 예절교육 등에 참여하기도 한다. 이 기간에는 일방적인 주입식 강의가 아니라 기초 강의 위에 문헌연구, 현장조사, 탐구 등을 통해 현장의 사람들을 통해 직접 연수생이 연구를 하는 과정으로 진행된다.[39]

실천과정은 2년차 후반기부터 3년차까지 1년 반 기간 동안 진행되는 데 자신의 포부를 실현하기 위해 지도자로서 국내외에서 실천적인 시도를 해보는 프로그램으로 진행된다. 특히 실천과정은 자유연수의 생활로 매월 1회 1,500자 내외의 월례 보고서를 제출하고 연 2회 자신의 연수결과를 보고하는 발표회에 참여하는 규정 외에는 어떠한 의무도 부여되지 않는다. 연수생 스스로 프로젝트 계획서를 작성한 뒤 심사를 통과하면 소정의 활동비를 지원받아 자주적으로 프로젝트를 추진하게 된다.[40]

이러한 프로젝트 실천과정은 그 결과를 집필하여 발표하는 포럼을 개최하며 동기생끼리 연수성과를 정리한 졸업보고서를 작성한다. 이러한

---

38   장지은·권대봉·안진숙, 105-106.
39   장지은·권대봉·안진숙, 117.
40   장지은·권대봉·안진숙, 111.

결과보고서는 홈페이지를 통해 일반인에게도 공개하고 있다. 이러한 실천과정과 그 결과는 수신, 입지, 자립의 관점에서 외부 전문가에게 활동과정과 성과가 엄격하게 평가받는다.[41]

이렇게 마쓰시타 정경숙만의 연수시스템과 연수방법을 지속성 있게 유지할 수 있었던 것은 오랜 준비기간과 연구, 안정적인 재정기반, 실천적 전략 등이 뒷받침되었기 때문이다. 이러한 세 가지 요인을 정리하면 다음과 같다.

첫째, PHP연구소의 오랜 연구와 활동이 뒷받침되어 마쓰시타 정경숙만의 교육적 정체성이 유지될 수 있었다. 사실 마쓰시타 정경숙을 설립하기 전 마쓰시타 고노스케는 PHP연구소와 사회운동을 바탕으로 하는 조직적 기반을 가지고 있었다. 우선 1952년 '신정치연구회(新政治研究會)'를 설립하여 1966년까지 운영하면서 1960년대 도덕재무장운동을 이끌었다. 당시에도 마쓰시타 기업의 후원으로 정경숙을 설립하는 것을 구상하였으나 '신정치연구회' 회원들이 기업이 정치에 영향을 미치는 것에 반대하여 무산되었다. 이에 마쓰시타는 1946년 설립하여 운영하고 있었던 PHP연구소를 중심으로 마쓰시타 정경숙 설립을 준비하였다. 1961년부터 정기적으로 리더십에 관한 잡지를 발행하고 '번영을 통해 행복과 평화를 실현하는 캠페인'을 펼치면서 오랜 기간 정경숙 설립의 구상을 현실화하였다. 이러한 과정을 거쳐 1976년 PHP연구소의 직원들이 마쓰시타 정경숙 설립을 위한 주요 운영위원으로 참여하였으며 PHP연구소에서 마쓰시타 정경숙에서 사용하는 교재 및 보고서를 발간할 수 있었다.[42] 이렇게 준

41 고선규, 176-177.
42 최은봉·석주희, 169-170.

비해온 기반이 있었기에 마쓰시타 정경숙은 설립 초기부터 큰 시행착오 없이 안정적으로 운영될 수 있었던 것이다.

둘째, 설립 초기에 설립자와 기업이 기부한 안정적인 재정기반이 있었기에 경제적 상황에 영향을 받지 않고 운영될 수 있었다. 마쓰시타 정경숙은 1979년 설립 당시 마쓰시타가 개인적으로 기부한 70억 엔과 마쓰시타 그룹에서 출연한 50억 엔을 모아 120억 엔의 기금으로 설립되었다. 설립 당시 20억 엔을 들여 대학캠퍼스와 같은 큰 규모의 건물과 토지를 마련하였으며 100억 엔에 대한 이자수익을 운영기금으로 활용하고 있다. 직원은 대략 15명 내외가 근무하고 있으며 인건비와 연수비 등에 지출되는 금액이 연 3억 엔 정도의 규모인 것으로 알려져 있다.[43]

이자수익을 운영기금으로 운영하고 있기 때문에 마쓰시타 정경숙의 운영기금은 경제상황에 맞물려 변동이 될 수밖에 없다. 1979년 이후 1980년대에는 흑자경제로 이자수익이 많았으나 1990년대에는 저금리시대가 시작되면서 이자수익이 줄어들었다. 장기적으로 일본 경제가 침체되면서 운영기금도 부족한 상황이 될 수 있지만 설립 초기에 충분히 자금을 확보한 덕분에 재정적인 어려움 없이 지속적으로 운영되고 있다. 이렇게 안정적인 재정기반은 설립자인 마쓰시타의 설립취지와 사상, 운영철학을 유지할 수 있는 기반이 되고 있다.

셋째, 변화되는 시대적 상황에 맞추어 정치적 지형을 바꿀 수 있는 실천적 전략을 지혜롭게 운영하였기 때문에 설립이념과 교육시스템을 유지할 수 있었다. 마쓰시타 정경숙은 설립 후 10년 동안 졸업생 중 한 사람

---

43 고선규, 174.

도 정치권으로 진출할 수 없었다. 1983년에 제1기 졸업생 19명이 졸업하면서 지방정치가로서 의회진출에 도전하였으나 한 명도 당선되지 못했다. 마쓰시타 정경숙이 선거운동을 전면적으로 후원하였지만 결과는 참패였다.

이후에도 계속 선거에서 패배를 거듭하면서 저조한 성과로 부진하던 중 1989년 설립자가 93세로 타계하였다. 설립자의 사망 이후 지원자 또한 급감하였다. 1기부터 10기까지 10-19명을 선발하였지만 11기는 지원자가 줄어들어 3명의 소수만 선발했으며 12기도 2명만 선발하였다. 이후 지도부는 5명 내외의 소규모 인원을 선발하는 것으로 선발규모를 축소하였다.

이후 마쓰시타 정경숙은 전략적으로 새로운 돌파구를 모색하면서 지도부는 지역에서 새로운 정치문화를 만드는 치니카운동 전략을 수립하였다. 졸업생 중심으로 정경숙의 직원을 선발하고 지역별로 마쓰시타 정경숙 분원을 설립, 운영하면서 졸업생들이 지역사회에서 새로운 정치문화를 만드는 치니카 운동을 펼칠 수 있도록 적극 지원하였던 것이다. 설립 후 10년 동안 정치진출이라는 성과를 내지 못했지만 새로운 정치문화를 지역사회에서 이끌어내려는 실천적 전략을 수립한 것은 마쓰시타 정경숙의 새로운 전환점이 되었다. 마침 이 시기에 구마모토현의 지사로서 인연을 맺었던 호소카와 모리히로(細川護熙)가 일본신당을 창당하면서 마쓰시타 정경숙이 참여, 1993년 15명의 졸업생이 대거 당선되면서 정치분야 진출을 이루었다. 이후 1996년 총선에서도 졸업생 14명이 당선되어 정치에 뜻을 둔 젊은이들의 교육기관으로 완전히 자리매김하게 되었다.

1990년대 후반 경기가 침체되고 저금리시대가 시작되자 지도부는 합리화전략을 선택하여 1997년부터 5년의 교육과정을 3년으로 축소하고 후반부 실천과정은 선거에 직접 참여하면서 선거연수를 할 수 있도록 마쓰시타 정경숙 운영의 변화를 시도하기도 했다.[44]

　물론 마쓰시타 정경숙이 가지는 한계도 있다. '사회를 위해 헌신하고자 하는 지도자'를 육성하기 위해 설립되었으나 국수주의적 경향이 강하다는 한계도 지적받고 있다. 이러한 성향은 정치적으로 지지를 얻기 위해 민족주의적 상징인 국가의식의 부활, 정치군사 대국, 신자유주의에 입각한 작은 정부 등을 내세우게 되었다는 분석도 있는데,[45] 마쓰시타 정경숙의 기반이 되는 PHP연구소가 2006년 발표한 정책제언에 일본 수상의 적극적인 야스쿠니 신사 참배와 일본 문화의 국제적인 확산을 위한 방안 구축, 동아시아 지역에서 일본의 주권 확립, 일본의 국제위상 강화 등이 담겨있어 일본의 신보수주의를 대표하고 있다고 분석된다.[46]

3. 마쓰시타 정경숙이 공영주의 정치에 주는 시사점

　공영주의는 하나님주의에 기초한 정치사상으로 하나님을 부모로 모시는 인류가 참사랑의 마음으로 '형제의, 형제에 의한, 형제를 위한' 정치를 이상으로 한다. 이러한 이상은 현실 속에서 실현되어야 하기에 현실정치 속에서 공영주의 정치를 실현할 수 있는 단계적 방안이 최근 연구되고 있으나 근본적인 정치인 충원에 관한 부분은 미흡하다. 이에 본 연구

44　장지은·권대봉·안진숙, 107-110.

45　이기완, 「1990년대 일본 정치의 변동과 사회당: 사회당 노선전환을 중심으로」, 『국제정치논총』 43(3) (2003): 275-293.

46　최은봉·석주희, 172-175.

에서는 정치인 충원을 위한 교육시스템으로 일본의 마쓰시타 정경숙의 설립과 운영, 교육방법 등을 검토하였다. 이러한 연구가 공영주의 정치를 실현할 수 있는 정치인 양성 시스템에 주는 시사점은 다음과 같다.

첫째, 공영주의 정치를 실현할 수 있는 정치인 양성기관에 대한 장기적인 연구와 실천적 노력이 선행되어야 한다. 현실정치를 변화시키기 위해서는 하나님을 중심한 형제주의 정치라는 공영주의 이상을 가진 새로운 정치인이 양성되고 현실정치의 장에 충원될 수 있어야 한다. 이를 위해서는 정치인 양성기관에 대한 오랜 연구와 준비가 필요하다.

마쓰시타 정경숙은 앞에서 살펴본 바와 같이 설립자인 마쓰시타 고노스케가 정치인 양성기관의 설립을 오랜 기간 구상하였으며 본격적으로 PHP연구소를 통해 1961년부터 설립을 준비하여 1979년 설립을 하게 되었다. 거의 20년 가까운 기간 동안 PHP연구소의 연구활동을 통해 구체적인 설립방안을 모색하고 교육기관 설립을 위한 여론을 형성하였으며 정치를 변화시킬 수 있는 정치개혁운동 또한 전개하였다. 또한 PHP연구소의 주요 연구진이 마쓰시타 정경숙의 운영진으로 참여하여 오랜 연구결과를 실행에 옮겨 설립 초기의 시행착오를 줄일 수 있었던 것이다.

공영주의 정치를 실현하기 위해 PHP연구소와 같은 연구소를 설립하여 일본의 마쓰시타 정경숙 외에도 미국의 케네디스쿨 등 다양한 정치인 교육기관을 연구하고 한국 정치현실에 적합한 교육시스템과 정치적 문제에 대한 대안 등을 제안할 수 있는 정기간행물 발행, 정치개혁 캠페인 전개, 교육프로그램 개발 등을 준비단계로 운영할 필요가 있다.

둘째, 공영주의 정치실현을 위한 정치인 양성기관 설립 기금을 조성하여 안정적인 기금을 마련해야 한다. 마쓰시타 정경숙은 연수생에게 급여

를 지원하고 연수비용은 물론 기숙사 비용까지 지원하여 재정적으로 막
대한 비용이 소요되고 있으나 설립자인 마쓰시타와 마쓰시타 그룹이 초
기 설립자금으로 120억 엔을 투입하여 안정적인 재정기반을 조성하였기
에 1979년 설립 이후 여러 경제적인 위기 속에서도 안정적으로 운영할
수 있었다.

공영주의 정치실현을 위한 교육기관 역시 마쓰시타 정경숙처럼 전원
기숙사 생활과 급여 지원을 할 것인가에 대해서는 보다 심층적인 연구가
필요하다. 전원 기숙사 생활은 정체성을 강화하고 소속감을 부여하며 생
활습관을 교정시켜 인격성장에 효과적이라는 면에서는 긍정적이지만 최
근 젊은 세대에게 의무적인 기숙사 생활과 강도 높은 교육방식이 외면을
받고 있다는 지적도 있다.[47] 기숙사 생활을 하지 않고 연수생에게 급여를
지원하지 않는다면 교육에 대한 충성도가 부족할 수 있으나 연수비용을
지원하고 연수생들의 프로젝트 비용을 지급하는 수준을 유지하는 방안
도 검토해볼 수 있다.

또한 교육기관을 별도로 설립하지 않고 기존의 교육기관을 활용하
여 부설기관으로 운영한다면 제반 비용의 발생도 최소화할 수 있다. 예
를 들어 대학에서 운영하고 있는 최고지도자과정과 결합하여 운영하거
나 언론기관에서 운영하고 있는 부설 교육과정으로 운영하는 방식도 가
능하다.

교육시스템과 운영방식에 따라 소요되는 비용이 크게 차이가 날 수
있지만 교육기관을 지속적으로 운영하기 위해서는 비용이 발생하므로

---

47 최은봉·석주희, 175-176.

안정적인 기금구축이 필요하다. 특히 소기의 성과를 낼 때까지 장기간 소요되므로 기금을 구축하고 운영하는 효율적인 방안이 모색되어야 할 것이다. 공영주의 정치에 대한 비전을 제시하고 새로운 정치를 위한 정치인 양성기관을 설립하려는 취지에 공감하는 개인과 기업 등이 참여할 수 있도록 기금을 조성하는 운동을 전개하는 것도 고려해볼 수 있다.

셋째, 공영주의 정치실현을 위해서는 통일사상의 교육론에 입각하여 현장중심적 연수방법이 심도 깊게 개발되어야 한다. 평범한 청년을 공영주의 정치지도자로 양성하기 위해서 공영주의의 정치적 신념과 비전을 가지고, 이를 실현할 수 있는 경험과 역량을 갖출 수 있는 교육이 이루어져야 한다.

마쓰시타 정경숙은 강의중심의 교육이 아니라 다양한 경험을 통해 실질적인 역량을 개발하는 교육을 지향해 왔다. 전천후 교육과정은 100km 행군, 일본 전통예절 등을 통해 심신을 단련하고 인간관과 기본이념을 공부하면서 신념을 확립하도록 하였고 후반부 교육과정은 스스로 프로젝트 기획서를 작성하여 제출하면 이에 상응하는 비용을 지원받아 자주적으로 추진하면서 정치적 역량을 강화할 수 있게 하였다. 특히 후반부에 정치적 활동을 전개하면서 역량을 강화하는 자유연수기간은 연수생들에게 귀중한 학습과 성장의 기회를 제공하는 것으로 평가받고 있다.

공영주의 정치 역시 하나님의 참사랑을 마음으로 느끼고 이웃을 형제로 생각하고 형제를 위한 정치를 해야 하기 때문에 지식보다 심정적 성장이 우선적으로 필요하다. 이를 위해서는 추후 많은 연구가 필요하겠으나 통일사상 교육론에 기초하여 경험을 통해 심정을 체휼하는 심정교육

단계와 정치인으로서 익혀야 하는 예절과 규범을 배우고 습관화하는 규범교육의 단계, 정치인의 역량과 경험을 가지는 실무교육 단계의 3단계로 나누어 설계할 수 있다. 각 단계는 모두 지식을 일방적으로 학습하는 강의식 교육보다는 경험을 통해 학습하는 체험형 교육으로 설계되어야 할 것이다.

IV. 공영주의를 위한 정치인 충원

다양한 국민들의 의견을 대표할 수 있는 진정한 대의제 민주주의가 실현되기 위해서는 다양한 국민의 대표가 정치인으로 충원될 수 있는 구조가 만들어져야 한다. 그러나 현재 민주주의 선거시스템에서는 국민을 대변할 수 있는 사람들이 정치인으로 선출될 수 있는 통로를 가지지 못하고 있다. 공영주의 정치가 추구하는 형제주의 정치 또한 현실 정치구조 속에서 새로운 정치를 시도할 수 있는 정치인을 양성해야 하지만 이에 대한 연구는 시도되지 못하고 있다.

새로운 정치인을 어떻게 양성할 것인가는 현재 대한민국 정치에서도 고민하고 있는 문제이다. 기존 정치인의 대다수가 40대 이상 고학력 전문직 남성이었기에 편향적인 정치적 결정을 할 수밖에 없는 구조를 가지고 있다는 지적이 많았고 이를 보완하기 위해 선거 때마다 여성과 청년이 정치인으로 충원될 수 있도록 하겠다는 공약이 많이 제시되었다. 21대 국회의원 선거에서도 여야를 막론하고 미래를 이끌 수 있는 청년정치인을 '퓨처메이커'로 공천하겠다고 공언하였다. 그러나 후보공천을 마친 뒤 공개된 지역공천 후보의 연령은 20대 국회의원 선거에 비해 달라진 것이 없는 것으로 나타났다. 더불어민주당은 20대 총선 당시 후보 평균 연령이 54.1세였으나 21대 총선에서는 54.9세로 후보들의 평균 연령이 0.8세 높아졌으며 미래통합당도 56.3세에서 55.7세로 0.5세 낮아지는 등 큰 변화가 없었다. 청년정치를 표방했지만 실제로는 기존 정치의 구조와 제도를 유지하고 있는 것이다.[48]

여성후보도 마찬가지인 상황이다. 지역구에 등록한 후보자 1,118명 중 여성비율은 19.1%에 불과하다. 여야 모두 그동안 공천개혁을 통해 여성후보를 30% 이상 공천하겠다고 약속했지만 공천결과 여성후보 비율이 더불어민주당은 12.6%, 미래통합당은 10.9%에 불과했다. 공직선거법 47조에 '전국 지역구 총수의 30% 이상을 여성으로 추천하도록 노력하여야 한다'고 규정되어 있지만 '노력하여야 한다'는 권고에 머물러 있어 정당이 지역공천에서 여성후보를 적극적으로 공천하지는 않는 상황이다. 비례대표 후보에 여성 할당제 50%가 적용되고 있지만 20대 국회의원 중 여성의원은 51명으로 17%에 불과했다.[49]

본 연구에서는 이러한 문제를 정치인 충원의 관점에서 접근해보고자 하였다. 전통적으로 고전적 엘리트론과 권력 엘리트론의 입장에서는 이러한 구조가 변화될 수 없다는 견해를 가지고 있으나 다원주의 엘리트론은 이러한 구조가 민주주의의 근본적인 한계임을 지적하면서 다양한 배경을 가진 국민의 대표가 정치적 엘리트로 충원될 수 있어야 대의제

---

48 최정호, "여야, "청년공천으로 세대교체"…'말의 성찬'뿐 밥상은 '초라'," 『헤럴드경제』 2020.3.27.
49 김효성·김정연, "말로만 청년·여성…물 건너간 개혁공천", 『중앙SUNDAY』 2020.3.28.

민주주의가 실현될 수 있음을 지적하였다.

이러한 현실정치의 여러 문제를 해소하기 위해 문선명·한학자 총재는 새로운 교육정당으로 평화통일가정당을 창당하고 전원 여성후보를 공천할 것을 제안하였다. 기존의 남성 중심의 경쟁하는 정치의 흐름을 바꾸어 여성 중심의 화합하는 정치의 모델을 보여주고자 한 것이다. 또한 공영주의의 정치적 이상이 하나님주의가 실현되는 이상사회에 자동적으로 이루어지는 것이 아니라 단계적으로 현실정치 안에서 시도되고 현실화될 수 있어야 한다는 것을 보여주고자 하였다.

이에 본 연구는 공영주의의 정치적 이상을 현실화할 수 있는 방안 중 하나로 정치인 충원의 구조를 다양화한 것으로 평가받는 정치인 양성기관 일본의 마쓰시타 정경숙의 설립배경과 교육시스템, 교육과정 등을 살펴보았다. 이를 통해 공영주의 실현을 위한 정치인양성기관을 설립하기 위해서는 장기적인 연구와 실천적 노력, 안정적인 기금 마련, 현장중심적 연수방법 등이 갖추어져야 한다는 것을 알 수 있었다. 우선적으로 작은 규모라도 공영주의 정치실현을 위한 연구소를 설립하여 단계적 준비를 하는 것을 모색해볼 수도 있을 것이다.[50] 본 연구를 기점으로 이상적인 사회의 정치체제로서 제시된 공영주의를 현실정치 속에서 실현할 수 있는 논의가 이어져 공영주의 연구의 새로운 지평이 열리기를 기대해본다.

---

[50] 2008년 18대 총선 이후 천주평화연합(UPF) 산하에 '생활정치아카데미'를 설립하여 현재까지 정치인 교육과 생활정치운동을 시도해오고 있다. 교육 중심의 활동보다 연구활동을 강화하여 공영주의 정치 현실화에 대한 연구를 진행, 그 결과를 잡지, 보고서, 서적 등으로 발간하고 세미나 등을 통해 그 결과를 공유하는 활동을 장기적으로 펼친다면 효율적인 변화를 준비할 수 있을 것으로 기대된다.

4
한국 청년정치를 위한 대안[1]

I. 한국 청년정치의 명암

한국은 2019년 12월 27일 공직선거법 개정안이 국회를 통과하면서 선거권이 만 18세로 하향되었다. 당시 경제개발협력기구(OECD) 34개 회원국 중 한국은 유일하게 선거연령이 만 19세였던 국가였다. 미국과 영국 등 32개국은 이미 만 18세 이상, 오스트리아는 만 16세 이상에게 선거권을 부여하고 있었다. 만 18세 선거권 부여를 둘러싸고 시작된 한국 청년정치에 대한 논의들은 이후 2020년 제21대 국회의원 선거와 2022년 제20대 대통령선거, 제8회 전국동시지방선거를 거치면서 더욱 심화되고 있는 상황이다.

이미 유럽의 여러 국가들은 청년세대가 정치에 참여하는 차원을 넘어 정치를 주도하고 있다. 2017년 프랑스 마크롱(Emmanuel Jean-Michel Frédéric

---

1   이 글은 『통일사상연구』 제23집(2022)에 게재된 논문이다.

Macron) 대통령이 39세의 나이로 프랑스는 물론 G20국에서 역대 최연소 대통령으로 기록되고 2019년 34세의 나이로 핀란드 산나 마린(Sanna Mirella Marin)이 총리에 임명되면서 세계 최연소 여성 정부 수반으로 등록되는 등 유럽에서 청년정치 시대의 개막을 알린 바 있다.

한국의 청년정치는 어떠한가? 한국 역시 30대 당대표가 선출되고 20대 여성이 공동비상대책위원장으로 선임되는 등 MZ세대를 중심으로 청년정치의 새로운 바람이 부는 것은 아닌가 기대가 모아지기도 하였다. 그러나 이들이 임기를 채우지 못하고 퇴출되면서 거대정당들이 청년의 표를 모아 위기를 돌파하기 위해 청년정치인을 임시방편으로 활용하였다는 비판적 평가가 제기되었다.[2] 물론 이러한 상황은 청년정치인 개개인이 가지고 있는 한계와 정당이 처한 복합적 상황 등과 맞물려 있기에 한국 청년정치의 한계로 일반화할 수 없지만 만 18세 선거권 부여에도 불구하고 한국이 청년정치를 할 수 있는 여건이 성숙되어 있지 않다는 것에는 이견이 없다.

2019년 이후 한국 청년정치의 근본적인 문제는 무엇이며 대안은 무엇인가에 대한 연구가 이루어졌으나 공영주의 관점에서의 연구는 시도되지 못했다.[3] 공영주의는 이상사회의 정치적 측면을 다룬 사상으로 하늘

---

2 고기정, 「'청년정치' 이준석과 박지현, '토사구팽' 불과했나」, 『MBN뉴스』 (2022.8.20.) https://www.mbn.co.kr/ news/politics/4827350 (검색일: 2022.9.30.)

3 청년정치에 관한 본격적인 논의는 최태욱. 「고령화 저성장 양극화 시대의 청년정치 부상 가능성」. 『민주사회와 정책연구』 31(2017)를 시작으로 청년정치 참여의 필요성과 이를 위한 제도 등을 제안하는 연구들이 있다. 그 이전에 나온 자료로는 박종훈, 『사상최대의 경제사기극, 세대전쟁』 (파주: 21세기북스, 2013)이 있으나 세계적으로 저성장 국면에서 일어나는 세대간 갈등을 경제적 측면에서 다루면서 이를 해결하기 위해 청년정치가 필요하다는 논의로 한국 청년정치에 대한 연구로 보기에는 무리가 있다.

부모님 아래 인류가 한 가족으로 지내며 공동으로 정치에 참여하는 형제주의 정치를 추구하면서 현실정치에 대한 대안을 제시하고자 하였다. 이에 본 연구는 공영주의의 관점에서 한국 청년정치를 어떻게 바라보고 그 대안을 제시할 것인가를 모색해보고자 한다. 문선명·한학자 선생은 새로운 시대를 열 수 있는 세대로서 청년을 사랑하였고 격려하였다.[4] 미래세계의 정치사상인 공영주의 역시 하늘부모님을 중심한 새로운 정치사상으로 청년정치를 통해 현실세계에서 시도될 수 있기에 청년정치에 깊은 관심을 가져야 할 것이다. 그러나 아쉽게도 그동안 공영주의에 대한 논의는 정치사상, 선거제도, 정치인 충원 등의 주제를 중심으로 논의가 이루어졌으나 청년정치에 대한 논의는 시도되지 못하였다.[5] 이에 본 연구는 공영주의의 관점에서 한국의 청년정치의 현황을 분석하고 그 대안을 제시해보고자 한다.

---

4   "참다운 새 참사랑의 이상을 향한 인간의 열정이 세계 역사 변화의 원동력이었음을 생각할 때, 누구보다 높은 참가정이상을 추구하고 강한 실천 의지를 지닌 청년 여러분이야말로 이 역사적 대전환기의 주체요 주역이 아닐 수 없습니다. 그러므로 새 세기의 문을 열고 새로운 이상적 가정의 변화를 갈망하는 인류에게 여러분은 소망의 상징으로 나타나는 것입니다. 역사상에는 문학작품들을 통하여 청년들의 역할과 특성 또는 그에 대한 예찬의 말들이 많이 있어 왔습니다. 그러나 오늘날처럼 가정과 국가 그리고 세계에서 청년의 역할과 책임뿐만 아니라 참된 가정에 대한 혁명이 강조되는 때는 드문 일이라 생각합니다.", 세계평화통일가정연합, 『평화경』 (서울: 성화출판사, 2013), 1020.
5   최근 5년간 공영주의에 관한 연구는 5편으로 다음과 같다. 임현진, 「공생공영공의주의로 본 공영정치 정책원칙과 선거제도에 관한 연구」, 『통일사상연구』 14 (2018); 김민지, 「통일사상 공영주의로 본 공화주의 담론」, 『통일사상연구』 15 (2018); 양순석, 「선거제도 개혁에 관한 연구: 공영주의를 중심으로」, 『통일사상연구』 16 (2019); 김민지, 「공영주의 실현을 위한 정치인 충원에 관한 연구: 일본 마쓰시타 정경숙을 중심으로」, 『통일사상연구』 18 (2020); 김민지, 「공영주의로 본 코로나19와 세계공동체」, 『통일사상연구』 19 (2020).

II. 공영주의와 정교분리

공영주의는 이상사회의 정치적 측면을 다룬 개념으로 자본주의 정치이념인 민주주의에 대한 대안이자 미래사회의 정치의 특성을 다룬 개념이다. 민주주의는 인민대중의 자유와 평등을 추구해왔으나 두 가지 측면에서 한계를 가진다. 첫째 자본주의를 정치적으로 뒷받침하고 있기 때문에 경제적 불평등과 부자유의 문제를 해결하지 못하고 있으며, 둘째 막대한 자금을 필요로 하는 선거제도 때문에 정당인을 위한, 정당인에 의한, 정당인의 정치가 되고 있는 것이다. 자유민주주의의 이러한 결함 때문에 인민민주주의의 이름으로 공산주의가 등장하였으나 이 역시 참된 자유와 평등을 실현시켜 주지 못하였다고 분석하였다.[6]

공영주의는 자유민주주의의 근본적인 문제가 정교분리에 있다고 지적한다. 개인의 개성과 인격과 가치를 중요시하는 것은 마땅하지만 하나님을 떠난 개인은 이기적인 욕망을 추구하는 존재이기에 자본가는 이윤의 극대화를 추구하고 정치가는 정권을 사유화하기 위해 노력하게 되었다는 것이다. 공영주의는 이렇게 정교분리가 이루어진 것은 기존 종교가 책임을 다하지 못하더라도 깨어있는 민의에 의해 메시아를 영접할 수 있도록 하기 위한 것이었다고 제시하면서 그 한계 또한 지적하였다.[7]

종교가 독립적인 영역으로 분화되지 않은 사회에서 상층집단은 정치적, 군사적, 종교적 권력을 독차지하는 경향을 보였으며 종교는 사회의

---

6   통일사상연구원, 『통일사상요강』 (서울: 성화사, 1998), 769-770.
7   통일사상연구원, 772.

기존 제도를 강화하고 가치체계를 정당화하면서 사회적 변화를 가로막는 역할을 하였다. 이후 종교가 독립적 영역을 가지게 되더라도 국가권력에 종교가 이용되는 경우가 많았다. 종교는 정치체제를 정당화해주는 대가로 자신의 영향력을 확대하고자 하였기 때문이다.[8]

17세기 영국에서 종교의 이름으로 국가권력이 이단을 심판하고 종교의 자유를 억압할 때 어떠한 문제가 생기는가를 성찰한 존 로크(John Locke)는 국가와 종교를 분리하여 국가는 국민의 안전과 재산을 지키는 공적 영역의 세속적 통치를 담당하고 종교는 개인의 영적 구원과 평안을 위하는 사적 영역을 담당해야 한다고 주장하였다. 모든 종교는 각각 자신의 종교가 정통성이 있다고 생각하므로 국가권력으로 이를 강제할 수 없다고 본 것이다. 다른 사람의 신앙을 인정하고 관용을 베푸는 것이 진정한 종교인의 자세라고 생각하였다.

그러나 이러한 정교분리는 종교가 사회질서에 대해 무관심하게 되는 문제를 가져왔다. 벨라(Robert N. Bellah)는 정교분리 상황에서도 종교는 종교적 교리에 근거한 이상을 모델로 현존 사회체제를 비판하고 도전하는 창조적 긴장을 유지해야 한다고 보았다. 종교는 절대자에 대한 절대적 신념을 가지고 있기에 생명의 위협을 초월하여 정의에 대한 목소리를 낼 수 있는 유일한 집단이자 공공선을 위한 최후의 보루이기 때문이다.[9]

공영주의 역시 하나님의 참진리와 참사랑을 가지고 오는 재림메시아를 민의로 영접하기 위해 자유민주주의는 정교분리를 실시하였다고 하면서 그 필요성을 서술하였다. 정교분리로 인해 새로운 신앙의 자유가 보

---

8   오경환, 『종교사회학』 (파주; 서광사, 2010), 332-337.
9   피터 버거, 『종교와 사회』 이양구 옮김, (서울: 종로서적, 1981), 112-116.

장되었으며 재림메시아 현현과 함께 정교분리는 그 책임을 다하였다. 즉 재림메시아의 현현 이후에는 정교분리가 더 이상 필요하지 않은 사회가 도래한다는 것이다. 공영주의는 재림메시아를 인류의 참부모로 모시고 사는 가족적 형제자매의 공동참가의 정치를 하게 되는 것으로 종교적 가치관이 국가의 근간이 되는 사회가 되는 것이다. 공영주의는 인류의 참부모를 중심으로 형제를 위한, 형제에 의한, 형제의 정치이기에 천부주의(天父主義)를 중심한 형제주의 정치라고 명시하고 있다. 이러한 정치체제를 이루기 위해서는 종교의 정치참여는 필수적으로 요청되는 것이다. 그렇다면 현재와 같은 자유민주주의 체제에서 어떻게 종교가 정치에 참여할 수 있을 것인가?

벨라가 제시한 것처럼 종교는 정치의 여러 문제를 지적하고 근본적인 대안을 제시하는 창조적 긴장을 가질 수 있다. 역사를 보면 독일의 농민전쟁과 영국의 청교도혁명, 프랑스혁명, 간디의 비폭력운동 등 종교가 정치체제에 대한 비판세력으로 등장하여 사회를 근본적으로 개혁시킨 사례가 많다. 공영주의 역시 종교적 가치관에 기반한 새로운 정치사상으로 적극적으로 현실정치의 한계에 대해 지적하고 근본적인 대안을 제시하면서 실천적 참여를 시도해야 할 것이다. 본 연구는 이러한 관점에서 한국청년정치의 담론을 분석하고 그 대안을 모색해보고자 한다.

III. 한국 청년정치의 현실과 그 문제

1. 청년정치의 개념과 특징

청년(靑年, youth)은 생애주기에서 청소년기를 지나 부모로부터 완전히 자립하는 성인이 되기까지의 과도기적 시기를 말한다. 신체적·정신적으로 성인에 진입하면서 경제적으로 독립을 준비하는 시기로 장년, 중년, 노년 등과 같이 성인기 과정의 한 시기이기도 하다. 그러나 부모로부터 완전한 독립이란 각 사회마다 다르며 역사적 상황에 따라 변화되기 때문에 구체적인 연령대는 다양하게 규정하게 되고 있다.[10]

유엔(UN) 산하의 여러 조직들도 〈표 1〉과 같이 각기 청년의 연령을 규정하고 있으나 대체로 15세에서 24세를 청년으로 규정하고 있다.

〈표 1〉 UN의 청년 연령[11]

조식/기관	나이
UN Secretariat/ UNESCO/ILO	15-24
UN Habitat(Youth Fund)	15-32
UNICEF/WHO/UNFPA	Adolescent:10-19, Young Peaple:10-24 Youth:15-24
UNICEF/The Covention on Rights of Child	Child until 18
The African Youth Charter	15-35

---

10 최선, 「한국 청년세대의 정치적 대표성과 정치참여」, 『대한정치학회보』 28(4) (2020), 273-274.

11 https://www.un.org/esa/socdev/documents/youth/fact-sheets/youth-definition.pdf (검색일: 2022.9.15.)

한국은 여러 국가 중에서도 부모로부터 자녀의 독립이 늦은 국가로 청년의 연령 또한 다른 국가에 비해 높은 편이다. 통계청은 청년을 19-39 세로 산정하여 발표하고 있으며 「경제활동인구조사」에서는 청년을 15-29 세로 산정하고 있다. 또한 '청년기본법'에서는 19-34세로 법적 대상을 명기하였다. 이렇게 청년의 연령이 과거에 비해 높아진 것은 1990년대까지 학교 졸업 후 취업과 독립, 결혼 등이 서른 이전에 순차적으로 진행되었던 것에 비해, 2000년대 이후에는 학교 졸업 후에도 경제적 자립과 생활적 독립을 이루는 진입 시점이 늦어지게 되었기 때문이다. 이러한 영향으로 한국 청년정치를 연구하는 여러 연구들은 19-39세를 청년의 연령으로 규정하고 있으며 2030세대로 지칭하고 있다.[12]

청년정치란 청년세대를 대표하는 청년이 청년세대의 문제를 해결하기 위해 직접 정치에 참여하여 청년을 위한 정책을 입안하는 것을 의미한다. 현대 정치는 선거를 통해 국민을 대표하는 대표자를 선출하는 대의민주주의이기 때문에 어떠한 대표자를 어떻게 선택하는가, 국민의 어떠한 권한을 위임하는가 등이 쟁점이 된다. 이럴 때 대의기관이 사회 구성원들의 인구통계학적 특성을 그대로 반영해야 한다는 소세계(microcosm) 모델로 생각하면 특정 사회의 성별, 연령, 종교, 계층, 지역 등의 구성분포가 의회에 그대로 반영될 수 있어야 한다.

노리스(Pippa Norris)와 로벤두스키(Joni Lovenduski)의 인구통계학적 정치 대표성유형(demographic type)에 따르면 정치적 대표자는 자신이 속한 계층, 인종, 성 등에 따라 그 집단의 가치나 태도를 공유하며 그 집단의 이

---

12 이윤주, 「인구구조 변화에 따른 청년 사회 정치참여의 필요성 및 방안」, 『법과사회』 61(2019), 30-31.

익을 대변하는 역할을 하게 된다. 자신이 속한 공동체의 경험을 공유하는 대표자가 그 집단의 이익을 가장 효율적으로 대리할 수 있다는 것이다.[13] 그러나 이러한 시각은 이상적이지만 현실 세계에서 이루어지기 어렵다. 복잡한 사회구조를 완벽하게 비례해서 대표를 뽑을 수 없기 때문이다. 그러나 인구통계학적 정치대표성은 여러 구조적인 차별을 개선할 수 있는 이론적 근거가 되고 있으며 청년을 비롯하여 여성, 장애인 등 다양한 유권자의 대표성 확보를 추구해 왔다.

현실적인 정치에서는 소세계모델보다 정당대표(partisan)모델이 작동된다. 국민과 대표자 사이에서 정당이 매개적인 역할을 하는 것이다. 일반적으로 국민들은 정당의 이념과 정책을 따라 선호와 지지를 결정하며 이에 기반하여 대표자를 선택하는 것이다. 즉 청년정치를 위해 청년세대가 정치에 참여해야 한다는 것은 소세계모델의 관점이고 청년을 위한 정책을 주장하는 정당의 대표를 선택해야 한다는 것은 정당대표모델의 관점이다.

청년의 대표성이 실현되기 위해서는 다음과 같은 조건이 충족되어야 한다. 첫째, 대표성은 투표를 기반으로 성립된다. 즉 선거제는 보다 많은 선택을 받는 사람이 대표로 선출되는 것이므로 인구학적 비율이 높은 집단이 유리하고 투표 참여율이 높은 집단일수록 대표로 선출되기 용이한 것이다. 둘째, 대표성은 다수대표제와 비례대표제의 비율, 정당의 공천 방식, 특정 계층에 대한 할당제 여부, 경선 및 본선 기탁금 정도, 정부의 선거비용 지원 여부 등 다양한 제도적 요인들로부터 영향을 받는다. 다

---

13 Pippa Norris & Joni Lovenduski, *Political Recruitment: Gender, Race and Class in the British Parliament* (NY: Cambridge University press, 1995).

수대표제보다 비례대표제의 비율이 높은 나라가 다양한 계층이 대표성을 가지게 되며 정당의 공천 방식이나 할당제, 기탁금 지원 등에 따라 청년들의 정치참여가 다르게 나타나고 있다. 셋째, 집단의 정치 참여 의지가 강할수록 대표성이 커질 가능성이 높다. 여성이나 노인들과 같이 정치 참여 의지가 강한 경우 그들의 대표성을 강화하는 방향으로 영향을 받는다.[14]

2. 한국 청년정치의 문제

1) 청년세대의 인구 비율 감소와 정치적 무관심

저출산 고령화로 인한 청년세대의 인구 비율 감소는 60대 이상 노년층의 인구 비율 증가와 함께 정치적 영향력을 감소시키고 있다.

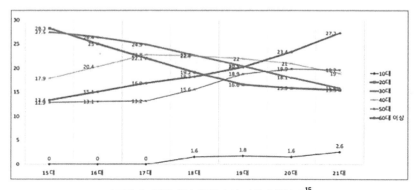

〈그림 1〉 연령대별 유권자의 비율 변화(%)[15]

---

14   최선, 278.
15   중앙선거관리위원회 중앙선거정보포털(https://www.nec.go.kr); 최선, 280 재인용.

〈그림 1〉의 한국 유권자 비율의 변화를 보면 이러한 흐름은 극적으로 나타난다. 1996년 2030세대 유권자 비율은 28.3%와 27.5%로 전체 유권자 중 55.8%를 차지했으나 2020년에는 각각 15.5%와 15.9%로 31.4%를 나타냈다. 25년 사이 24.4%의 비율이 감소한 것이다. 이에 비해 60대 이상 유권자는 1996년 13.4%에서 2020년 27.3%로 2배 이상 그 비율이 증가하였다. 즉 1996년에는 유권자 중 절반 이상이 2030세대였으나 이제 10명 중 3명 수준으로 감소한 반면 60대 이상 노년 세대가 2030세대와 비슷한 비중으로 증가한 것이다.

이렇게 청년세대의 인구 비율이 감소한 것뿐만 아니라 청년세대의 투표율이 낮게 나타나는 것 또한 문제로 지적된다. 전체적인 투표율이 감소되고 있는 중에도 2030세대의 투표율은 항상 모든 세대 중 가장 낮은 투표율을 나타냈다. 2020년부터 2021년까지 진행된 3차례의 선거를 보면 20대 평균 투표율이 46.6%인데 비해 65세 이상 투표율은 90.1%로 나타난다.

〈표 2〉 2020-2021 선거 연령별 투표참여율[16]

연령	제19대 대통령선거	제7회 전국동시지방선거	제21대 국회의원선거	평균
19-29세	49.9	35.8	54.1	46.6
30-39세	86.4	69.8	80.7	79.0
40-49세	92.6	75.5	84.2	84.1
50-59세	94.6	81.7	87.2	87.8
60세 이상	95.6	84.9	87.6	89.4
65세 이상	95.5	86.6	88.2	90.1

16 사회통합실태조사, 2021, 선거투표참여여부, 통계청 https://kosis.kr/statHtml/statHtml. do?orgId=417&tblId=D T_417001_0028&vw_cd=MT_ZTITLE&list_id=D2_002_003 &scrId=&seqNo=&lang_mode=ko&obj_var_id=&itm_i d=&conn_path=E1 (검색일: 2022.9.22.)

이렇게 유권자 중 청년세대의 인구비율이 감소되는 것과 함께 투표 참여가 저조한 현상은 정치영역에서 정책적 우선순위를 청년세대보다 노인세대에 두도록 하였다. 청년세대는 이러한 정치권에 더욱 회의적 반응을 하게 되고 무관심은 심화되고 있는 것이다.

2) 청년의 과소대표성

청년세대의 정치참여의 한계는 과소대표에서도 나타난다. 과소대표성이란 전체 인구 중 청년세대가 차지하는 비율에 비해 국회의원 등의 정치인 비율이 현저하게 낮은 것을 말한다. 2020년 선거에서 뽑힌 21대 국회의원 300명 중 2030세대 의원은 20대 2명, 30대 11명으로 13명에 불과했다. 이는 전체 의원 중 4.4%에 불과해 유권자 중 2030세대가 31.4%였던 것에 비해 현저히 낮은 수준이다. 물론 2016년 20대 국회에서는 20대 1명, 30대 2명으로 전체 의원 중 1%를 차지했던 것에 비해 높아진 비율이기는 하지만 청년세대를 대표하기에는 부족하다.

최선은 2030세대 국회의원 당선자 비율 변화를 보다 상세히 비교해보기 위해 〈그림 2〉에서 50대 이상 국회의원 당선자 비율과 변화추이를 비교하였다. 1985년 12대 국회까지는 2030세대와 40대, 50대 이상의 비율이 큰 차이를 보이지 않았으나 1988년 13대 국회부터는 2030 국회의원의 비율이 현저히 낮아지고 50대 이상 국회의원 비율이 크게 증가하면서 격차가 확대되고 있는 것을 확인할 수 있었다.

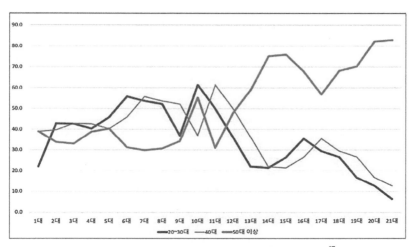

<그림 2> 역대 국회의원 당선인의 연령대별 비율변화[17]

이러한 격차는 장년 및 노년세대를 대표하는 국회의원의 비율이 인구대비 높은 과대대표성을 가지고 있는 반면 청년세대는 인구대비 낮은 과소대표성을 가지는 문제를 발생시킨다. 청년세대의 과소대표성은 청년세대를 정치와 더 멀어지고 불신하게 하여 정치체계를 불안정하게 만드는 요인이 된다.

한국은 청년세대의 과소대표성이 다른 국가에 비해서 두드러지게 나타나고 있다. 국제의회연맹(IPU)에서 발표한 자료에 따르면 세계적으로 청년의원의 비율은 30세 미만 2.2%, 40세 미만 18.3%로 낮게 나타났다. 그중에서도 40세 미만은 유럽과 미주대륙은 24.1%였지만 아시아는 16.0%로 상대적으로 낮게 나타났다. 우리나라는 30세 미만 0.6%, 40세 미만 3.6%로 세계 여러 국가 중에서도 낮은 편이다.[18]

---

17 최선, 283.
18 IPU, Youth Participation in National Parliaments(2021), 58-64: 이종희, 「청년정치대

OECD 국가와 비교해보면 이러한 차이를 보다 극명하게 알 수 있다. OECD 국가 중 우리나라는 40세 미만 청년의원 비율에서 최하위를 차지하고 있다. 40대 미만 의원 비율이 가장 높은 국가는 이탈리아 42.7%, 노르웨이 34.3%였으며 코스타리카, 콜롬비아 등 남미 국가와 네덜란드, 스웨덴, 덴마크, 슬로바키아 등의 유럽국가들이 청년의원 비율이 높았다. 이에 비해 OECD국가 중 40세 미만 청년의원 비율이 낮은 국가는 독일, 미국, 일본, 대한민국 순이었다. 45세 미만 의원 비율에서는 하위그룹인 일본 22.1%, 미국 20.7%인데 비해 대한민국은 7.6로 나타나 청년의원 비율이 극히 낮은 것으로 집계되었다.

〈표 3〉 OECD 주요 회원국 중 청년의원 비율 순위(%)[19]

국가	30세 미만	국가	40세 미만	국가	45세 미만
노르웨이	13.6	이탈리아	42.7	이탈리아	59.5
덴마크	9.5	노르웨이	34.3	네덜란드	55.3
스웨덴	9.4	코스타리카	33.3	벨기에	54.0
칠레	8.3	네덜란드	33.3	슬로바키아	52.0
오스트리아	7.6	콜롬비아	32.7	라트비아	51.0
그리스	0.6	독일	11.5	독일	23.2
대한민국	0.6	미국	11.5	일본	22.1
미국	0.4	일본	8.3	미국	20.7
독일	0.4	대한민국	3.6	대한민국	7.6

3) 세대 갈등과 상대적 박탈감

청년세대의 과소대표성은 세대간 갈등으로 연결되고 있다. 저출산 고

표성의 현황과 개선과제: 유럽 사례들의 시사점을 중심으로」, 『한독사회과학논총』 31(3), (3021), 60-63 재인용.

19 IPU, Youth Participation in National Parliaments(2021), 58-64: 이종희, 62-63 재인용. 연구자가 가독성있게 다시 정리함.

령화 현상과 함께 저성장 양극화 등의 문제가 심화되면서 취업난에 직면해 있는 청년세대는 연애와 결혼, 출산 등 일상생활을 포기하고 있으며 노인세대를 우선시하는 복지정책 등에 정치불신을 가지고 있다.

청년세대를 대표할 수 있는 대표자들이 청년정책을 반영하여 이와 같은 불평등의 문제를 완화시켜야 하지만 위에서 살펴본 바와 같이 한국의 청년세대를 대표하는 정치인은 절대적으로 부족한 상황이다. 자원분배 과정에서 청년세대는 정치에 적극적으로 참여하는 노인세대에 밀려 경로 정치(敬老政治, gerontocracy)의 방관자가 되어가고 있는 상황이다.[20]

한국 사회는 급격한 산업화와 민주화 등을 경험하면서 세대별로 다른 청년시절을 보냈으며 〈표 4〉와 같이 다른 특성을 가지고 있다.

<표 4> 한국의 세대별 특성[21]

구분	출생시기	주요 특성
1차 베이비붐세대	1955-1963년	-민주화, 산업화를 주도 -가장 두터운 인구층 -대학진학은 10명 중 3명 -본격적 은퇴세대, 고령화문제의 중심
2차 베이비붐세대	1968-1794년	-대학교육 장려 혜택을 누림 -정치, 경제적으로 매우 풍요로운 시기에 성장 -급격한 사회변화 및 과도기 경험 -현재 사회 중추를 이루는 세대
밀레니엄세대	1980-2000년	-1차 베이비붐 세대의 자녀로서 전체 인구의 20% 차지 -교육수준이 높고 디지털 기술 및 네트워크 환경에 익숙함 -수평적이고 자유로운 의사소통 속에 성장

---

20 Craig Berry, *The Rise of Gerontocracy?: Addressing the International Democratic Deficit*, (Intergenerational Foundation, 2012). https://www.if.org.uk/wp-content/uploads/2012/04/IF_Democratic_Deficit_final.pdf (검색일: 2022.9.15.)
21 오재호, 「청년에게 무엇이 필요한가?」, 『이슈&진단』 338(2018), 15.

청년세대는 일자리가 줄어드는 상황에서 고령화로 인한 복지부담이 가중된다고 상황을 인식하고 있으며 청년세대에게 분배 및 복지 상황이 더 불리한 방향으로 가고 있다고 인식하여 '세대간 불평등문제'를 큰 불만으로 안고 있다.[22] 1차 베이비붐세대는 25세 이전에 결혼한 사람이 54.5%였으나 1979년부터 1992년 사이에 태어난 사람 중 8.3%만이 25세 이전에 결혼하였다. 이들은 자녀 양육과 교육비 부담 때문에 결혼과 출산을 포기했으며 학자금 대출을 안고 사회생활을 시작하였다.[23]

그러나 한국은 지속적으로 노인복지를 강화하면서 청년복지에는 관심을 기울이지 않았다. 노인에게 유리한 정치를 펼쳐온 결과이다. 일본과 미국 등 선진국 역시 많은 유권자 수와 높은 투표율로 인해 노인의 정치적 영향력이 막강하다.[24]

이에 대항하기 위해 이탈리아와 스페인 등에서 청년정치가 시작되었고 현재 유럽 등에서 2030세대를 중심한 새로운 정치가 시도되고 있다. 그러나 한국에서는 2010년 청년노동자들로 구성된 청년유니온이 출범한 후 2011년 청년연합 36.5 창립, 2012년 복지국가청년네트워크 발족, 2013년 알바노조, 2014년 민달팽이 유니온 등이 출범하는 등 사회적 연대를 통한 적극적인 자구책 마련을 시도하였지만 청년정치로 나아가지 못하였다. 2012년 대선에서 문재인 지지자를 중심으로 청년당이 설립되기도 하였으나 당선자를 내지 못하고 자동 해산되었다.[25] 이후에도 기성

---

22 최태욱, 「고령화 저성장 양극화 시대의 청년정치 부상 가능성」, 『민주사회와 정책연구』 31 (2017), 261.
23 박종훈, 100-104.
24 박종훈, 39-40.
25 최태욱, 272-274.

정당에 들어가 청년조직을 강화하거나 청년들의 새 정당 창립을 도모하는 등 청년정치에 관한 시도가 이어지고 있으나 전망은 밝지 않다. 아직 청년세대를 대표할 수 있는 개혁 추진세력이 나오지 않고 있으며 청년세대가 신뢰할 수 있는 정치지도자가 구심점 역할을 하지 못하고 있기 때문이다.[26]

IV. 공영주의로 본 한국 청년정치

1. 공영주의와 청년정치

공영주의는 만인이 참가하는 공동정치(共同政治)에 관한 이론으로 하나님 대신인 메시아를 부모로 모시고 만인이 그 부모의 사랑을 이어받은 형제자매의 입장에서 참부모를 중심한 형제를 위한, 형제에 의한, 형제의 정치, 즉 천부주의(天父主義)를 중심한 형제주의 정치이다. 자유민주주의 또한 대의원선출을 통한 공동정치를 표방하고 있으나 정치가 자본주의로 인해 빈부격차가 심화되면서 국민의 자유와 평등 실현이 침해되는 근본적 문제를 안고 있으며, 막대한 선거자금이 투입되어야 하는 선거제도로 인해 국민을 위한 정치인이 선출되지 않는 한계를 가지고 있다고 지적하였다. 이에 비해 공영주의는 대의원선거에 입후보하는 후보들이 이웃 형제의 천거에 의해 출마한 후보들로 상호 라이벌 관계가 아니라 하나님

---

26   최태욱, 276-280.

의 참사랑을 기반한 가족적 형제자매의 관계가 된다. 이들은 엄숙한 기도와 의식 속에 추첨방식에 의해 투표를 진행하여 누가 선출되더라도 상호 협조할 수 있는 관계이다.[27]

공영주의는 본심이 회복된 인간을 중심으로 메시아 왕국이 이루어진 사회의 정치사상으로 이상적인 이론이지만 자유민주주의 체제의 정치의 한계에 대해 비판하면서 새로운 정치체제로 나아가게 하는 현실적 힘을 가진다. 이러한 관점으로 한국 청년정치의 문제를 새롭게 접근할 수 있다.

한국 청년정치는 앞에서 지적한 바와 같이 첫째, 청년세대의 인구비율이 감소되고 청년세대가 정치에 무관심해지면서 정치권에서 정책적으로 배제되고 있으며 둘째, 청년세대를 대표하는 2030세대가 정치지도자로 선출되지 못하는 과소대표성의 문제를 안고 있다. 이러한 문제는 셋째, 청년세대에게 상대적 박탈감을 안겨 주고 있으며 60대 이상의 노년세대에 대한 혐오와 갈등을 깊게 하고 있는 상황이다.

공영주의의 관점에서 본다면 이러한 문제의 근본 원인은 하늘부모님 아래 한 형제로서 모든 세대가 서로를 위하여 주는 마음을 가지지 못한 것에서 기인한다. 즉 노년세대는 청년세대를 자신의 자녀이자 동생, 후배 등으로 생각하고 배려하여야 함에도 불구하고 자기 세대의 이해관계를 우선시하고 있으며 자기 세대의 관점으로 청년세대를 평가하고 재단하고 있는 것이다. 특히 한국의 60대 이상 노년세대는 가난한 국가에서 태어나 산업화를 통한 경제발전을 경험하고 민주화 과정을 생활 속에서 경

---

27   통일사상연구원, 770-771.

험한 세대이다. 이러한 노년세대의 관점에서 보면 현재 청년세대는 경제적으로 풍족하고 민주화된 생활환경 속에서 태어나 성장하여 나약하고 이기적이며 예의를 알지 못하는 철부지, 즉 어린 세대로 인식될 수밖에 없다. 그러나 노년세대가 청년세대를 신뢰할 수 있는 사회 구성원으로 인정하고 미래를 이끌어 갈 새로운 문화를 선도할 수 있는 가능성과 잠재력을 가진 세대로 존중하는 마음을 가지지 못한다면 한국의 미래 자체가 있을 수 없을 것이다. 따라서 공영주의 관점에서 볼 때 청년정치는 청년만의 문제가 아니며 한국 사회의 미래가 걸린 문제라 할 수 있기에 형제의 관점에서 모든 세대가 함께 해결하고자 노력해야 하는 공동의 문제인 것이다.

통일사상은 세대 간 갈등이 일어날 때 노년세대가 청년세대를 먼저 존중하고 배려해야 할 것을 제시하고 있다. 하늘부모님의 참사랑으로 창조된 인간은 한없이 대상을 위하는 참사랑을 실천하는 삶을 살아야 하는데 먼저 부모와 스승, 주인의 위치에 있는 사람이 자녀와 제자, 부하의 위치에 있는 사람을 내리사랑(下向愛)하면 자연스럽게 대상의 위치에 있는 사람이 올리사랑(上向愛)을 실천하게 된다고 하였다.[28] 즉 부모와 스승, 주인의 위치에 있는 사람이 먼저 모범된 삶을 실천하면서 사랑을 주면 자녀와 제자, 부하의 위치에 있는 사람은 자연스럽게 부모와 스승, 주인을 따라하면서 배우고 실천하게 된다는 것이다. 따라서 깊어지는 세대갈등을 풀기 위해서는 노년세대가 참된 부모이자 스승, 주인의 입장에서 청년세대를 위해 모범을 보이면서 먼저 사랑을 주어야 한다. 노년세대가 위하

---

28 통일사상연구원, 751-756.

는 사랑을 줄 때 청년세대는 자연스럽게 노년세대를 존경하고 따르면서 노년세대를 위하는 사랑을 실천하게 되는 것이다.

청년세대는 연령에 따른 구분이기에 시간이 흐르면 중년세대가 되고 노년세대가 된다는 면에서 중요성을 가진다. 문선명·한학자 선생은 기존의 질서와 문화로부터 자유로운 세대이자 새로운 세계를 꿈꿀 수 있는 개방적 마음을 가진 청년세대가 보다 큰 이상을 실현할 수 있기에 하나님이 가장 좋아하는 것도 청년이라고 하였다.[29] 또한 20세부터 40세가 되는 청년시기가 인생에서 가장 중요하다고 하면서[30] 차원 높은 윤리관을 가지고 민족과 세계를 위한 생각을 가져야 한다고 강조하였다.[31] 그리고 이러한 청년들이 공생공영공의주의를 중심한 평화세계를 실현하는 중심이 될 수 있도록 세계평화청년학생연합(Youth and Students for Peace: YSP)을 창설하였고 원모평애장학원을 통해 미래인재양성을 위한 사업을 이끌어 왔다.[32]

---

29 "모르는 사람을 만나면 '너는 누구냐?' 하고 묻습니다. 하나님도 우리에게 같은 방법으로 물으실 것입니다. 하나님이 기뻐하는 대답은 '나는 청년입니다' 하는 것입니다. 제일 좋은 때는 청년 때입니다." 문선명선생말씀편찬위원회, 『문선명선생말씀선집』 11권(서울: 성화출판사, 1993), 117.

30 "인간에게 있어서 제일 중요한 때가 언제냐? 소년시대가 아닙니다. 청년시대를 넘어서 장년시대로 가는 시기, 즉 20세를 넘어서 40세에 이르는 시기가 제일 중요한 때입니다. 사람은 20살부터 30세에 이르기까지 사람 노릇을 할 수 있는 터를 닦고, 거기에 자기가 생활할 수 있는 확고한 기반을 닦아 놓아야 합니다. 또 앞으로 뚜렷한 목적을 향해 나갈 수 있는 기반을 환경적으로 갖추어야 합니다." 문선명선생말씀편찬위원회, 『문선명선생말씀선집』 22권(서울: 성화출판사, 1993), 314.

31 "자기 자신만의 행복을 생각하는 것보다는 더 차원 높은 윤리관에 입각해서 민족을 위하고 세계를 위해 생각해야 합니다. 그렇게 차원 높고 넓은 시야의 행복관을 가져야 하고 그 행복관을 실천할 수 있어야 합니다. 여러분은 이런 중심적인 사명의식을 가져야 함을 원리를 통해서 잘 알고 있을 줄 압니다." 문선명선생말씀편찬위원회, 『문선명선생말씀선집』 25권(서울: 성화출판사, 1993), 79.

32 한학자, 『평화의 어머니』(파주: 김영사, 2020), 256-274.

공영주의의 관점에서 볼 때 청년정치는 미래평화세계 실현을 위해 활성화되어야 하며 공생공영공의주의의 가치관을 가진 청년세대의 정치 참여는 필수적인 것이라 할 수 있다. 청년세대를 위한 청년정치가 아니라 인류의 미래를 위한, 평화세계 실현을 위한 청년정치가 요청되는 것이다.

2. 공영주의로 본 한국 청년정치를 위한 제언

1) 비례대표제의 확대

공영주의의 관점에서 볼 때 한국 청년정치가 활성화되기 위해서는 먼저 비례대표제가 확대되는 방향으로 선거제도가 변화되어야 한다. 자유민주주의 체제의 선거제도는 현재 다수대표제와 비례대표제, 양자를 병행하는 혼합제 등 3가지 방식으로 운영되고 있다. 다수대표제는 투표를 통해 다수의 표를 얻은 후보자가 지역을 대표하는 체제로 지역을 중심으로 대표자와 유권자가 연결되는 특징을 가지고 있다. 이에 비해 비례대표제는 투표를 통해 비례적으로 후보가 선출되는 방식으로 군소정당이나 소수정당도 의회에 진입할 수 있는 장점이 있으며 정당정치를 활성화시켜 청년세대와 같이 지역적 기반이 부족한 정치신인이 의회에 진출하기에 용이한 제도라는 장점이 있다. 한국은 다수대표제의 비율이 높게 적용되는 혼합형 선거제도를 운용하고 있다.

공영주의는 공동정치로 대의원선거에 가족적 형제자매의 자세로 입후보자들이 이웃들의 천거에 의해 출마하여 신의에 따라 국민을 위해 봉사하겠다는 마음으로 기도와 의식을 수반한 뒤 추천방식의 투표를 진행하게 된다고 서술하고 있다.[33] 이러한 공동정치를 현실화하기 위해 임현진은 국민추첨제 국회의원제를 제안하였고[34] 양순석은 후보군 천거-전자투표를 통한 후보군 집약-신의에 따른 추첨으로 세부적인 단계로 구체화하였다.[35] 이러한 추첨식 투표를 도입하려면 입후보자들이 형제의 심정으로 서로를 존중하고 국민을 봉사하려는 참부모, 참스승, 참주인의 사랑을 가져야 한다. 그러나 아직 이렇게 본심이 복귀된 입후보자가 나오기 전 단계에서는 추첨식 투표를 도입하는데 한계가 있을 수 있다.

　추첨식 투표를 도입하기 전 단계로 현재 한국에서 이루어지는 다수대표제 중심의 혼합형 선거제도를 다수대표제의 비율을 낮추고 비례대표제를 확대하는 비례대표제 중심의 혼합형 선거제도로 바꾸는 방안이 필요하다. 비례대표제는 공영주의에서 비판하고 있는 고비용 저효율의 다수대표제를 보완할 수 있는 제도로 사회를 구성하는 다양한 집단을 대표하는 다양한 사람들이 국회로 진출하여 정책결정에 참여할 수 있는 장점이 있다. 비례대표로 추천되기 위해서는 다양한 계층과 단체를 대표하기 위한 활동을 한 실적, 즉 자신이 속한 계층 또는 집단을 위해 참사랑을 실천한 공적이 있어야 하며 이들을 대표하여 정치에 참여한다는 공적인 기준을 가져야 한다. 최근 여러 연구에서 비례대표제가 정치에서 소외되고 있는 다양한 국민들의 이해를 반영하기에 더 적합하다는 것이 보고되고 있다. 특히 핀란드는 광역 단위의 전면 비례대표제를 실시하면서

33　통일사상연구원, 770-771.

34　임현진, 「공생공영공의주의로 본 공영정치 정책원칙과 선거제도에 관한 연구」, 『통일사상연구』14 (2018): 1-22.

35　양순석, 「선거제도 개혁에 관한 연구: 공영주의를 중심으로」, 『통일사상연구』16 (2019): 33-69.

청년, 여성 정치인이 대표가 되는 특징을 나타냈다.[36]

청년정치를 위해 논의되고 있는 청년할당제도 공영주의 관점에서 긍정적으로 검토할 수 있다. 청년할당제란 기존의 여성할당제와 같이 청년세대를 대표할 수 있는 대표자를 일정 수준 이상 선출하는 제도이다. 청년할당제는 의석의 일부를 청년에게 배정하도록 법률에 규정하는 지정의석 할당제와 정당의 후보자 공천에서 일정 수준 이상 청년을 의무적으로 공천하도록 하는 법정의무 할당제, 정당이 자율적으로 청년후보자 공천 여부를 규정하는 정당자율 할당제 등으로 구분되는데 지정의석 할당제와 법정의무 할당제를 도입한 국가들이 다른 국가들에 비해 청년세대의 정치적 대표성이 증가한다는 연구결과가 있다.[37]

2) 청년세대의 선거비용 지원 확대

공영주의 관점으로 볼 때 청년세대의 선거비용 지원은 확대되어야 한다. 공영주의에서 비판하는 막대한 선거자금은 2030세대가 국회 진출을 적극적으로 도전할 수 없는 결정적인 걸림돌이 되고 있다.[38]

정당의 지역구 국회의원 후보 경선에 참여하기 위해서는 경선 후보 등록비 외에도 대략 5천만원 정도가 소요되는 것으로 알려져 있다. 경선 후보로 선출되면 선거기탁금 1,500만원 외에 1억 5천만원 정도가 필요하다. 정당의 지역구 경선부터 본선에 참여하기 위해서는 2억원 정도의 비용이 필요한데 청년세대에게 이러한 비용은 큰 부담이 될 수밖에 없다.

---

36 이종희, 76.
37 이종희, 64-68.
38 장선화·김윤철, 「한국 청년의 정치적 대표성: 제도, 문화, 정당을 중심으로」, 『NGO연구』 16(1) (2021), 105.

정치적 경력이 부족한 청년세대의 후보자는 후원회를 통한 모금이나 기탁금 환급을 위한 최소투표율 등을 득표하는 것이 쉽지 않기 때문에 청년세대의 정치 도전 자체가 힘든 것이다. 이러한 문제를 개선하기 위해 정당들이 청년세대의 정치 참여를 위해 경선 후보자 기탁금 지원, 경선 후보자 심사료 지원, 경선비용 면제 등의 지원방안을 마련하고 있으나 청년세대에게는 여전히 정치진입장벽이 높은 상황이다.[39] 여성들의 정치 참여를 활성화하기 위해 현재 운영중인 정당의 국고보조금 중 10%를 여성 정치발전을 위해 사용하도록 한 규정과 여성추천보조금을 명기한 것과 같이 청년의 정치참여 활성화를 위해 국고보조금을 증액하고 그중 일부를 청년정치에 사용하도록 하는 방안과 청년추천보조금을 신설하는 방안 등이 모색되고 있다.[40]

공영주의의 관점에서 볼 때 이러한 선거비용의 문제는 비례대표제의 확대와 청년할당제 도입 등의 방안으로 다수대표제의 비율을 낮추면서 정당에게 지급되는 국고보조금으로 청년세대의 선거비용을 지원하는 방안과 적은 선거비용으로 선거에 참여할 수 있도록 청년정치 참여를 지원하는 NGO 확대 등의 방안을 고려해볼 수 있다. 현재와 같은 고비용 선거제도 자체를 바꿀 수 있는 시민 참여적인 선거제도를 모색해보아야 한다.

---

39 21대 총선에서 더불어민주당은 예비후보자 심사비와 경선후보자 기탁금을 20대 후보자는 전액, 30대 후보자는 반액을 지원했고, 미래통합당은 지역구 경선후보자 심사료를 20대 후보자에게 전액, 30대 후보자에게 반액 지원하였으나 그 효과는 미미하였다. 최선, 288.
40 최선, 289.

3) 청년정치인의 양성과 충원

공영주의는 청년정치가 단지 청년세대의 의사를 대변하기 위한 것이 아니라 평화로운 미래를 위한 새로운 정치를 실현하기 위한 것임을 명확히 밝히고 있다. 이러한 공영주의 가치를 대변할 수 있는 청년정치인을 육성하는 것 또한 단계적으로 논의되어야 할 것이다. 이미 공영주의의 관점에서 이러한 문제를 해결하기 위해 정치인양성기관을 운영하는 방안에 대한 연구가 있었으나[41] 청년정치인 육성 프로그램에 대한 논의 등이 보다 활발하게 논의되고 시도되어야 할 것이다.

그동안 청년세대를 대표하는 2030세대 정치인이 수적으로 증가한다고 하여 청년세대의 정치적 대표성이 향상되는 것은 아니라는 비판이 있어왔다. 청년세대가 정당의 의사결정과정에 주도적으로 참여하고 청년세대의 의사에 기초하여 정책을 입안하는 정치문화가 형성되어야 한다는 것이다. 그러나 보다 근본적인 것은 청년정치가 지향하는 목표가 무엇인지 명확히 하는 것이다. 청년세대란 단지 나이가 젊은 세대를 대표하는 것이 아니라 새로운 정치, 미래를 위한 정치를 할 수 있는 새로운 세대로서 의미를 가지기에 이러한 젊은 정치인을 양성하여 충원하는 청년정치인 양성시스템에 대한 논의도 이루어지고 있다.

정치인이 사회화되는 사회적, 경제적 배경은 정치적 이념과 신념이 형성되는 과정으로 정책을 선호하고 입안하는데 영향을 미친다. 직업이나 경력 등이 유사한 사람들이라고 하더라도 출생지역이나 성별, 종교 등에

---

41   김민지, 「공영주의 실현을 위한 정치인 충원에 관한 연구: 일본 마쓰시타 정경숙을 중심으로」, 『통일사상연구』 18 (2020); 73-99.

따라 서로 다른 정책적 태도를 가진다는 연구들이 있다.[42] 한국의 많은 정치인들이 높은 교육수준과 안정적인 직업을 가진 전문직이 많고 50대 이상의 연령의 남성으로 구성되어 있다는 것은 다양한 견해를 가진 국민을 대표하여 정책에 반영해야 하는 대표성에 문제를 가진다. 이를 해결하기 위한 정치인 충원에 대한 연구들이 시도되고 있다.[43]

핀란드의 경우 정당의 청년지역위원회 활동을 통해 청년세대가 기초의원으로 선발되고 이들이 중앙정치 진출을 위한 체계적이고 단계적인 인재 육성과정을 거치면서 자연스럽게 정치적 역량을 함양하여 45세 미만의 국회의원이 전체 의원의 45%를 차지할 정도로 높은 청년의원 비율을 가지게 되었다. 2019년 총선에서 34세 젊은 여성인 산나 마린(Sanna Marin)이 총리로 당선되었고 연립정부를 구성한 4개 정당대표 중 30대 여성이 3명일 정도로 청년이면서 여성인 정치인들이 활발하게 활동하고 있다.[44]

프랑스는 하원의원 중 40세 미만 의원의 비율이 23.2%로 2012년 총선에서 7.6%였던 것에 비해 급격히 증가하였다. 30세 미만 의원 비율은 0.2%에서 5.5%로, 45세 이하 의원 비율은 15.5%에서 36.9%로 급증하였다. 이는 정당 내 청년조직들의 활발한 활동을 통해 청년정치인이 배출되었기 때문이다. 비례대표제 도입, 피선거권 연령 조정, 할당제 도입 등 제도적 변화가 있었으나 그보다는 정당 내부에서 청년조직 또는 모임을 잘 갖추고 있어 청년들이 정치적 목소리를 내고 청년조직 안에서 선거경

---

42 Pippa Norris, *Passage to Power: Legislative Recruitment in Advanced Democracies* (NY: Cambridge University Press, 1997).

43 김민지(2020), 83-84.

44 이종희, 72-73.

험을 쌓는 등 적극적인 정치활동을 해온 기반이 있었기에 이런 실질적인 변화가 가능했다고 분석된다. 특히 마크롱을 중심으로 '전진하는 공화국 (LREM)'의 청년조직인 '마크롱과 함께 하는 청년들(Les Jeunes avee Macron, JAM)'과 급진적인 청년세력인 '굴복하지 않는 프랑스(LFI)'의 '굴복하지 않는 청년들(Jeunes Insonmises)' 등이 이러한 변화를 견인하였다.[45]

한국의 경우 지역단위의 청년정치참여의 기회가 많지 않고 정당별로 청년정치인을 육성하기 위한 교육과정을 운영하고 있다. 더불어민주당은 2014년부터 '청년정치스쿨'을 연 1회 실시하고 있으며 국민의힘은 2018년 부터 2019년까지 '청년정치캠퍼스Q'를 운영하였다. 정의당은 2017년에 '청 년정치학교'를 운영하였고 2018년부터는 '진보정치 4.0 아카데미'를 운영하고 있다. 그러나 2020년 코로나19 팬데믹 이후 이러한 교육과정이 실질적으로 운영되지 못하는 경우도 있었다.[46]

주목할 만한 단체는 2017년 바른정당의 프로그램으로 시작되었으나 2022년 '청년정치학교 총동문회'가 '사단법인 청정'으로 독립하여 운영하는 '청년정치학교'이다. 5선의 정병국 전 의원이 학교장을 맡고 있으며 3 선의 김세연 전 의원이 교감으로 참여하고 있다. 2022년의 경우 만 39세 이하 청년을 대상으로 48명을 모집하여 24주 과정을 운영하였다. 서류접수 후 면접을 거쳐 합격자발표를 하였으며 정치인 특강 및 경제, 외교 등 다양한 분야의 특강을 주 1회 150분 운영하였고 수강료는 24만원(대학생 12만원)이었다.[47] 공영주의 역시 청년정치인 육성을 위해 천주평화연합과

---

45   황인정, 「2017년 프랑스 총선의 청년정치대표성 결정 요인분석」, 『글로벌총선연구』 14(1) (2021); 121-151.
46   이종희, 73.
47   https://blog.naver.com/PostList.naver?blogId=youth_politics&categoryNo=25 (검색

세계평화청년학생연합 등을 통해 '청년정치학교'와 같은 프로그램의 운영을 시도해볼 수 있을 것이다

V. 청년정치는 미래를 위한 정치

최근 청년 또는 미래세대는 기후 위기에 대한 대응을 촉구하고 그 실천을 촉구하는 기후 운동을 이끌고 있다. 2005년 청년총회(Conference of youth; COY)가 결성된 후 유엔기후변화협약(UNFCCC) 당사국총회(COP)에 의견을 전달한 것을 시작으로 2009년부터 청년선거구(youthNGO: YOUNGO)가 당사국총회의 공식적인 시민조직으로 참여하고 있다. 이들은 "우리 없이 우리에 관한 결정은 없다(No decisions about us, without us!)", "당신은 2050년에 몇 살인가(How old will you be in 2050?)"라는 슬로건 등을 내세우며 기후변화의 가장 큰 이해관계자인 청년의 권리를 주장하였다. 2018년 스웨덴의 툰베리(Greta Thunberg)가 시작한 학교파업 운동 '미래를 위한 금요일(Friday for Future)' 또한 세계적으로 파문을 일으켰다. 이들은 기성세대의 온실가스 배출로 인해 청년세대가 미래를 꿈꾸지 못하게 되었으며 그 피해를 감당해야 한다는 비판과 함께 기후변화 대응 과정에 청년세대가 주도적으로 참여할 수 있어야 한다고 주장한다.[48]

과학기술의 발달과 기후 위기로 인한 급속한 환경 변화 등 미래를 예

일: 2022.9.30.)

48 안새롬, 「기후 커먼즈 정치에서 청년 및 미래 세대론이 갖는 함의」, 『ECO』 26(1) (2022), 142-143.

측할 수 없는 불안이 가중되는 현대사회에서 청년세대는 미래를 이끌 세대로 주목받고 있는 동시에 저출산 고령화로 인한 실업률 증가로 꿈을 잃은 세대로 낙인찍힌 모순 속에 살고 있다. 이러한 모순을 해결할 수 있는 대안은 노년세대가 아닌 청년세대 스스로 주체적인 선택과 실천의 과정 속에서 모색될 수 있을 것이다.

그러나 안타깝게도 청년세대는 이러한 기회를 제공받지 못하고 있으며 정치에서 소외되고 있다. 이러한 문제를 해결할 수 있는 대안을 모색하기 위해 본 연구는 공영주의의 관점에서 한국 청년정치의 문제를 바라보고 그 대안을 제안해보고자 하였다.

하늘부모님을 모시는 형제주의 정치이자 공동참가의 정치를 추구하는 공영주의의 관점에서 볼 때 한국 청년정치의 소외는 해결되어야 하는 문제이며 이를 해결하기 위해 노년세대가 청년세대의 부모이자 스승, 주인의 위치에서 모범을 보이면서 먼저 참사랑을 주어야 하며 청년세대도 노년세대를 존경하고 따를 수 있어야 한다고 보았다. 나아가 청년정치는 청년세대의 의사를 대변하는 정치가 아니라 인류의 미래를 위한, 평화세계 실현을 위한 청년정치가 되어야 함을 제시하였다. 한국 청년정치의 활성화를 위해서는 첫째, 추첨식 선거제도가 도입되기 전 단계로 비례대표제가 확대되는 방향으로 선거제도가 변화되어야 하며 둘째, 청년세대의 선거비용을 국고보조금에서 지원하는 방안과 청년정치 참여를 지원하는 NGO 확대 방안이 모색될 수 있으며 셋째, 공영주의적 가치관을 가진 청년정치인 양성과 충원을 위해서는 NGO와 연계하는 프로그램의 운영 등이 요청됨을 제안하였다.

공영주의는 이상사회의 정치제도로서 한국 사회의 정치적 담론을 분석하고 그 대안을 제시하는데 한계가 있을 수 있다. 그러나 공영주의가 현실과 유리된 세계의 정치사상이 아니라 현실 속에서 실현되어야 하는 정치사상이라면 여러 한계에도 불구하고 한국의 정치적 담론에 대한 대화 속에 실천될 수 있는 지점을 늘려갈 수 있어야 할 것이다. 본 연구가 후속 연구로 발전되어 한국 청년정치에 대한 공영주의 담론의 장을 확장할 수 있기를 바란다.

제 4 부

공의주의

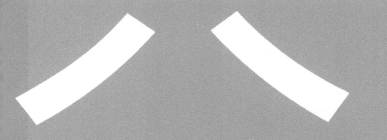

共生榮義

1

공의주의의 가정주의 연구 고찰[1]

I. 한국 가족의 변화

한국 사회는 1인 가구가 빠르게 증가하면서 전통적인 가족의 개념이 붕괴되고 있다는 지적이 많다. 행정자치부의 통계에 따르면 2022년 12월 기준 전국 등록가구 중 1인 가구는 972만 4,256가구로 41%로 집계되었다.[2] 통계청이 조사를 시작한 1970년에는 5인 이상 가구가 61.5%(5인 가구 17.7%, 6인 이상 가구 43.8%)였으나 1990년 28.5%로 감소되었다가 2010년 8%, 2020년 4.5%에 불과할 정도로 감소되었다. 이에 비해 1970년 집계대상에 포함되지도 않았던 1인 가구는 1990년 9%로 처음 집계된 후 2010년 23.9%, 2020년 31.7%로 증가하였다. 1970년 가장 많은 가구형태는 6인

---

1   이 글은 『통일사상연구』 제25집(2023)에 게재된 논문이다.
2   2023 행정안전통계연보. 1인 가구 통계는 집계하는 부처에 따라 차이를 보인다. 통계청이 집계한 결과에 따르면 2022년 기준 1인 가구는 750만 2,350가구로 전체 가구 중 34.5%이며 보건복지부의 통계는 2021년 기준 717만 가구로 전체 가구 중 33.1%인 것으로 집계되었다. 행정자치부의 통계는 주민등록가구를 기준으로 하고 있으며 가장 최근인 2022년 12월 을 기준으로 하여 인용하였다.

이상 가구(43.8%)였지만 2022년은 1인 가구(34.5%)가 가장 많은 가구 형태로 변화되었다.[3]

1인 가구 천만 시대에 가족이란 어떤 의미를 가지는가? 만혼과 비혼, 이혼율 증가와 출산율 감소로 부모와 자녀로 구성된 정상가족 또는 건강가족의 형태가 감소하는 현상을 가족의 위기라고 진단하고 이를 해결할 수 있는 대안을 모색하는 노력이 이어지고 있다. 한편으로는 시대적 변화를 수용하여 혼인과 혈연에 기초하여 구성되었던 가족의 개념에서 벗어나 생활을 공유하는 다양한 가족의 형태를 인정해야 한다며 '생활동반자법'을 발의하는 단체도 있었다.[4]

빠르게 변화되는 가족[5]의 변화를 어떻게 바라보아야 하는가? 통일사상의 공의주의는 하나님의 창조이상이 실현된 이상사회의 윤리의 측면을 다룬 이념으로 하나님의 참사랑에 기초한 공동윤리 사상이다. 그 핵심적인 내용은 참사랑을 실천하는 삼대주체사상과 참사랑을 배우고 성장

---

3   통계청, "e-나라지표 '가구원수 규모'," https://www.index.go.kr/unify/idx-info. do?idxCd=4229 (검색일 2023.9.5.)

4   '생활동반자법'은 '생활동반자 관계에 관한 법률'로 혼인이나 혈연관계가 아니더라도 1명과 동거하며 부양하고 협조하는 관계를 맺고 있는 성인을 생활동반자 관계라고 정의하고 기존 가족에 준하는 법률적 보호와 권리, 의무를 가지도록 하는 내용의 법안으로 2023년 4월 26일 기본소득당 용혜인 국회의원 등 11인이 발의한데 이어 정의당 장혜영 의원도 5월 31일 발의하였다. 이 법안은 동거, 비혼출산, 동성애 등을 포함한 느슨한 가족제도로 이해되어 심한 반발에 부딪혔으며 2023년 현재 국회에 계류중이다.

5   가족과 가정은 사전적으로 의미의 차이가 있다. 가족은 부부나 부모, 자녀와 같이 혼인이나 혈연, 입양 등으로 맺어진 사람들 또는 공동체를 말하고 가정은 가족이 생활하는 공간 또는 공동체라는 의미를 가지고 있다. 일상 생활에서는 가족보다 가정이 보다 포괄적인 의미로 사용되나 법률적 또는 학문적으로는 가족이 더 보편적인 용어로 사용된다. 통일사상에서는 가정이라는 용어를 주로 사용하고 있으며 참가정주의라고 지칭하고 있으나 본 연구에서는 학술적인 용어로 가족을 사용하고 사회를 이루는 기초공동체라는 의미에서 가정과 동일한 의미로 혼용해서 사용하고자 한다.

시킬 수 있는 참가정주의로 제시된다.[6] 특히 공의주의는 사회의 기본 단위를 가정이라고 전제하면서 가정은 참사랑이 시행되는 기초라고 강조한다. 조부모, 부모, 부부, 자녀, 형제자매 등 가정에서 하나님의 참사랑을 주고받는 이상가정이 실현되면, 이런 가정을 기반으로 사회, 국가, 세계가 이루어지는 이상적인 세계를 이룰 수 있다는 것이다.[7]

김항제는 이렇게 이상적인 가정을 통해 평화세계를 실현할 수 있다는 사상을 '가정주의'라고 명명하였으며[8] 주재완은 이러한 종교적 이념을 '가정구원론'이라고 명명하기도 하였다.[9] 그러나 이러한 공의주의 사상에 대해 최유신은 "가장 종교적인 색채를 띠면서 사회정치철학적 설명으로서는 매우 미흡하다고 느끼는 부분"[10]이라고 지적하면서 혈연관계에 기반한 가정윤리의 확대로서 사회윤리와 국가윤리를 이해해서는 안 된다고 비판하였다.[11] 이재일 역시 가정은 혈연으로 맺어진 공동체이고 사회는 구성원의 욕망이 상충되는 이익사회이므로 이질적인 구조를 가지고 있다고 지적하였다.[12] 이러한 논의에 대해 강화명은 가정과 사회의 불연속성을 전제하고 가족적 사랑의 윤리와 정의로운 제도적 규범의 정립을 함께 모색해야 한다고 하였다.[13]

이렇게 공의주의에 관한 연구 중 가정 또는 가정주의에 관한 연구는

---

6   김민지, 「공의주의로 본 볼프의 공공신학」, 『통일사상연구』 21 (2021): 4.
7   통일사상연구원, 『통일사상요강』 (서울: 성화사, 1998), 782-783.
8   김항제, 「통일교의 가정주의」, 『신종교연구』 17 (2007): 221.
9   주재완, 「세계평화통일가정연합의 가정구원론 연구」, 『종교연구』 81(1) (2021): 149.
10   최유신, 「제3의 대안으로서의 공생공영공의주의」, 『통일사상연구』 2 (2001): 65.
11   최유신, 「통일정치사상의 정립을 위한 정의문제」, 『통일사상연구』 3 (2002): 64.
12   이재일, 「가정윤리의 확대적용으로서의 사회윤리에 대한 재조명」, 『통일사상연구』 8 (2015): 140.
13   강화명, 「통일사상의 가정주의에 관한 연구」, 『통일사상연구』 23 (2022): 22.

여러 논의들이 많이 진행되어 왔으며 여러 학자들의 관심을 받고 있다.[14] 이에 본 연구는 공의주의의 가정주의를 둘러싼 여러 논의들을 정리하고 이를 바탕으로 이후 공의주의 사회를 이루기 위한 연구의 방향을 제안해 보고자 한다.

II. 공의주의의 가정주의의 연구동향

1. 공의주의의 가정주의

통일사상의 공의주의는 자본주의와 공산주의 이후 도래하게 될 이상사회의 공동윤리사상으로 만인이 지위의 고하를 막론하고 동일한 윤리관을 가지고 사는 이념이다. 미래사회의 경제사상인 공생주의와 정치사상인 공영주의의 근간이 되는 사상이기도 하다. 공의주의가 제시하는 이상세계는 이미 종교의 목적이 달성된 이후의 사회이기에 종교가 없는 사회라고 할 수 있다. 이러한 공의주의 사회는 모든 사람들이 동일한 가치관을 가지고 살게 되기 때문에 신앙 위주의 종교교리가 아니라 실천 위

14 　각주 5에서 제시한 바와 같이 현재 한국 사회에서는 가족이 가정보다 보편적이고 학문적인 용어로 사용되고 있으며 가족적 가치를 중시하고 가족적 인간관계를 사회로 확대 적용하려는 주의를 '가족주의'라고 칭하고 있다. 가정연합과 통일사상 역시 가정의 가치를 중시하고 가정윤리가 사회, 국가, 세계로 확대 적용된다고 보는 점에서 유시하지만 이러한 사상을 '가정주의'라고 구분하여 칭하고 있다. 이에 본 연구도 통일사상 공의주의의 가정을 중심한 사상을 가정주의라고 칭하고 유교 또는 사회학에서 기존에 논의된 연구들은 그 용어를 살려 가족주의로 사용하고자 한다.

주의 생활윤리가 요청되는 사회가 된다.[15]

공의주의 사회는 첫째, 삼대주체사상(三大主體思想)에 의한 삼대주체의 참사랑 운동이 일어나는 사회이다. 삼대주체란 가정의 부모와 학교의 스승, 기업과 기관 등의 책임자로 이들이 먼저 가정의 자녀와 학교의 제자, 기업 및 기관의 고용인을 위해 참사랑을 베풀면 모든 격차가 사라지게 되어 참사랑에 의한 공동윤리의 사회체계를 이루게 된다. 둘째, 삼대주체의 참사랑은 가정이 근간이 된다. 가정의 조부모, 부모/부부, 형제자매, 자녀의 4대 격위가 하나님의 참사랑을 주고받으면서 질서가 세워지고 이상가정이 만들어지면 이러한 가정을 기반으로 정치, 경제, 사회가 이루어지게 된다.[16] 이를 요약해보면 공의주의는 하나님의 참사랑을 가정에서 체휼하면서 성장한 사람들이 가정을 이루게 되면, 이러한 윤리가 학교와 기업, 기관 등으로 확대되어 사회윤리로 실천된다는 이념이다.

이러한 가정주의는 하늘부모님성회 세계평화통일가정연합(이하 가정연합)의 핵심적인 사상이기도 하다. 하나님을 중심으로 개성완성한 남자와 여자가 한 가정을 이루어 선한 가정을 완성하는 것이 하나님의 창조이상이었으나 타락으로 하나님을 중심한 참다운 가정을 이루지 못하고 말았다. 이러한 인류를 구원하기 위해 하나님은 복귀섭리를 통해 참사랑을 중심한 가정을 이루고 이러한 가정이 사회, 국가, 세계, 천주로 확장되게 하였다. 김항제는 이러한 사상을 '가정주의'로 설명하였다.[17]

이렇게 가정을 구원의 기본단위로 보는 것은 인간이 가정을 통해 성

---

15   통일사상연구원, 781-782.
16   통일사상연구원, 782-783.
17   김항제, 「통일교의 가정주의」, 215-218.

장하기 때문이다. 인간은 가정에서 성장하는 동안 부모의 사랑과 형제자매의 사랑, 자녀의 사랑 등을 체휼하면서 하나님의 사랑과 심정을 느껴 인격이 성숙하게 된다. 성숙한 사랑의 인격을 갖춘 인간은 배우자를 만나 결혼하여 부부의 사랑을 나누게 되고, 자녀를 출산하여 양육하면서 부모의 사랑을 실천하는 삶을 살게 된다. 주재완은 이러한 성장과정에서 하나님을 중심한 가정생활을 하게 되면 사랑의 인격과 신인애일체(神人愛一體)의 영성을 기르게 된다고 하였다. 부모, 부부, 자녀, 형제자매의 사랑은 하나님의 사랑이 나뉘어 실체로 나타난 것으로 인간은 가정에서 성장하면서 이러한 사랑을 체험하고 배우게 되면 하나님을 닮은 인간으로 성장할 수 있게 된다는 것이다.[18]

통일사상은 이러한 공의주의의 요체를 삼대주체사상이라고 설명하고 있다.[19] 삼대주체사상은 앞에서 말한 삼대주체가 하나님의 참사랑을 먼저 실천해야 한다는 이론으로 하나님의 참사랑은 영원불변성과 무한성, 보편성을 가진다. 사랑이란 대상을 기쁘게 해주는 것으로 자신을 위한 것이 아니라 상대를 위해 한없이 베푸는 것이다. 삼대주체사상은 부모와 스승, 책임자가 이러한 사랑을 먼저 주는 주체가 되는 사상으로 다음과 같은 원칙이 설명된다. ①부모와 스승, 책임자가 먼저 참사랑을 주어야 한다 ②대상을 위해 끊임없이 주어야 한다 ③참사랑을 실천하며 모범을 보여야 한다 ④온정을 가지고 올바로 가르쳐라 ⑤사랑으로 주관하라로

---

18 주재완, 「세계평화통일가정연합의 신인애일체사상」, 『신종교연구』 33 (2015): 86-87.
19 『통일사상요강』에서 공생공영공의주의는 부록으로 24쪽에 걸쳐 설명되어 있다. 그중에서 공의주의는 4쪽에 불과할 정도로 짧게 설명되어 있는데 결론에서 공의주의는 삼대주체사상이 그 내용이라고 언급하고 이어 부록2에서 삼대주체사상이 설명되고 있어 연속성을 가지는 것으로 이해할 수 있다.

정리할 수 있다.[20]

부모와 스승, 책임자가 먼저 사랑을 베푸는 것을 내리사랑(下向愛)이라고 하는데 이 사랑에 감명을 받아 감사한 마음으로 다시 사랑을 돌리게 하는 유발효과(誘發效果)를 일으킨다. 이러한 사랑을 올리사랑(上向愛)이라고 한다. 또한 부부 사이, 형제자매 사이에도 사랑을 주고받는데 이러한 사랑을 횡적 사랑(가로사랑, 水平愛)이라고 한다. 이러한 사랑의 근원은 하나님의 참사랑으로 부모와 스승, 책임자의 내리사랑이 선차적이며 이들이 참다운 사랑을 실천하면 모든 문제는 해결된다고 설명한다.[21]

가장 작은 동심원인 가정이 사랑과 평화의 출발점이 되어 가장 넓은 동심원인 우주와 연결되는 가정주의는 가정을 중심으로 사회적으로 확산되는 사랑의 운동을 제시함으로써 세계시민주의로 연결된다.[22]

2. 선행연구의 논점

공의주의의 핵심이 가정주의이기에 이에 관한 여러 연구들이 이루어졌다. 이를 분류해보면 첫째, 공의주의에서 제시하는 것처럼 가정윤리가 사회와 국가로 확대되면 이상세계가 이루어질 수 있는가에 대한 논의가 이루어졌다. 최유신은 공의주의에서 가정윤리가 바로 서면 사회윤리와 국가윤리가 정립될 것이라고 하지만 사회윤리와 국가윤리가 가정윤리에 영향을 주는 것을 간과해서는 안 되며 가정과 사회, 국가는 서로 다른

---

20 통일사상연구원, 787-792.
21 통일사상연구원, 792-795.
22 안연희, 「공의주의로 본 글로벌 사회의 코즈모폴리터니즘」, 『통일사상연구』 17 (2019): 59.

체계를 가진 공동체이기에 가정윤리의 확대로 사회윤리와 국가윤리를 이해해서는 안 된다고 하였다.[23]

이러한 지적에 대해 김항제, 핸드릭스 등 여러 학자들이 공의주의에서 가정윤리가 사회와 국가로 확대된다는 것이 어떤 의미인가에 대한 논의를 하였다. 그러나 이재일은 다시 통일사상은 가정과 사회를 동질적인 공동체로 설정하고 있으나 가정은 혈연에 기반한 운명공동체인 반면 사회는 이익을 추구하는 공동체로 이질적인 요소가 많아 가정윤리를 확대하여 사회에 적용한다는 논리는 무리가 있다고 지적하였다.[24]

공의주의에서 가정윤리가 사회윤리와 국가윤리의 기초가 된다는 것은 어떤 의미인지 보다 깊이 있는 논의가 필요한 상황이다. 가정과 사회가 상호 어떠한 영향을 주고받는가에 대한 연구는 통일사상의 공의주의 뿐만 아니라 사회학의 여러 연구에서도 이루어지고 있어 통합적인 관점에서 정리가 요청된다.

둘째, 공의주의에서 제시하는 가정주의의 의미에 대해 논의하는 연구가 있었다. 강화명은 통일사상의 가정주의가 가지는 의미를 탐구하면서 유교의 가족주의와 어떠한 유사점이 있으며 어떠한 차별점이 있는가를 논의하였다.[25] 김항제는 통일사상은 아니지만 가정연합의 가정주의에 대해 정리하면서 유교의 가족주의가 가지는 여러 문제들을 어떻게 극복할 수 있는가를 제시하였고[26] 주재완 역시 가정연합의 가정주의를 구원론의

---

23 최유신, 「통일정치사상의 정립을 위한 정의 문제」, 63-64.
24 이재일, 135-151.
25 강화명, 「통일사상의 가정주의에 관한 연구」, 1-25.
26 김항제, 「통일교의 가정주의」, 201-229.

관점에서 살펴보고[27] 그 핵심적인 사상인 '신인애사상(神人愛思想)'을 정리하여 제시하였다.[28]

유교의 가족주의는 가족구성원 개인의 행복보다 가족의 안녕을 우선시하고 가족의 인간관계를 가족 이외의 사회관계까지 확대적용하려는 사상으로, 개인의 자유를 억압하고 가부장적 질서를 유지하고자 하며 사회의 투명성을 저해한다는 비판을 받고 있다. 더욱 심각한 것은 후기 자본주의 사회에서 출산율 저하와 비혼, 만혼의 증가 등으로 가족 자체가 붕괴되고 있는 상황에서 오히려 가족주의가 강화되고 있는 상황이다. 이렇게 변화되는 가족의 상황과 가족주의에 대해 공의주의의 가정주의는 어떠한 의미를 가지는가에 대해 논의가 필요하다.

셋째, 공의주의의 가정주의와 관련하여 사랑과 정의에 관한 연구가 이루어졌다. 통일사상은 정의에 관한 별도의 장이 없으나 최근 사회윤리에서 가장 많이 논의가 되고 있는 주제이기에 정의와 관련된 연구 또한 많았다. 최유신은 통일사상의 공생공영공의주의가 이상으로만 존재할 것이 아니라 현실 속에서 추구되고 실천할 수 있으려면 정의론이 정립되어야 한다고 전제하면서 정의론이 정립되기 위한 전제들을 제시하였다.[29] 강화명 역시 롤즈의 정의론을 검토하면서 통일사상의 정의론 정립을 위한 방향을 논의하였다.[30]

정의와 함께 사랑, 평등 등에 관한 통합적인 논의도 이루어졌다. 황진수는 통일사상의 사랑과 정의의 개념을 중심으로 대북정책의 방향을 제

---

27   주재완, 「세계평화통일가정연합의 가정구원론 연구」, 145-176.
28   주재완, 「세계평화통일가정연합의 신인애일체사상」, 79-106.
29   최유신, 「통일정치사상의 정립을 위한 정의문제」, 37-70.
30   강화명, 「통일사상의 분배정의론 정립을 위한 시론적 연구」, 『통일사상연구』 18 (2020): 47-71.

시하고자 하였으며[31] 핸드릭스와 최유신, 오택용 등이 사랑과 관용, 평등과 질서 등에 대한 심도 깊은 연구를 진행하였다.

가족의 사랑과 정의에 관한 여러 철학적 논의들과 함께 공의주의의 주요 주제인 정의, 사랑, 질서 등에 대한 통합적인 정리가 필요하다.

본 연구는 공의주의의 가정주의 또는 가정윤리 등에 관한 여러 연구들에서 논의된 주요 논점을 ①가정윤리가 사회윤리로 확대될 수 있는가 ②변화되는 가족과 가족주의에 대안이 될 수 있는가 ③가정주의의 주요 주제인 사랑과 정의, 질서 등의 내용은 무엇인가 등으로 정리하고 논점을 중심으로 공의주의의 가정주의를 정리해보고자 한다.

Ⅲ. 가정윤리가 사회윤리로 확대될 수 있는가

1. 가정윤리에 관한 선행연구

통일사상의 가정윤리에 대한 문제를 먼저 제기한 것은 타일러 핸드릭스(1996)였다. 핸드릭스는 통일사상이 질서에 대한 체계의 성격을 상술하지 않은 채 가정이 사회 질서체계를 위하는 근본이라고 제시되고 있다고 분석하면서 모든 사람이 동등하게 하나님의 사랑을 경험하기 위해서는 가정체계가 아니라 적합한 사회체계가 확립되어야 한다고 지적하였다.[32]

---

31 황진수, 「통일사상의 사랑과 정의 개념이 함의하는 대북정책의 방향」, 『통일사상연구』 13 (2017): 33-60.
32 타일러 핸드릭스, 「통일사상의 이상사회에 있어서 평등과 질서」, 『통일사상연구논총』 1 (1996): 224-225.

그러나 이러한 논의 뒤에 핸드릭스는 가정윤리가 사회윤리로 확대되기 위해서는 제도적 차원의 논의가 있어야 하지만 통일사상은 이러한 제도나 체계를 논의하는 학문분야가 아니라고 구분하면서, 가정과 사회, 국가 질서의 토대가 되는 참사랑에 관해 논의하는 철학이라고 전제하였다. 통일사상에서 이상세계를 전제로 사상적 논의를 전개하고 있기에 결혼을 통해 가정을 이룬다는 것은 책임 있는 개인으로 성숙한 인격을 갖춘 후에 사회생활에 참여한다는 것을 의미한다. 따라서 통일사상의 관점에서 보면 가정생활과 사회생활은 불가분의 관계를 가진다. 개인은 가정 체계의 책임 있는 구성원이 되어 이상적인 결혼생활을 해야 하는데 이것은 평등의 기초가 된다. 이러한 개인은 사회의 일원으로 책임있게 행동하면서 가정 안에서 참다운 미덕을 실현하여 선한 사회질서를 확립할 수 있게 된다는 것이다.[33]

그러나 몇 년 뒤 최유신(2002)은 니버의 관점에서 보다 심층적으로 가정윤리의 한계를 제기하였다. 통일사상에서 가정윤리가 쇠퇴하여 사회와 국가, 세계가 혼란상태에 빠졌기 때문에 새로운 가정윤리의 확립으로 혼란상태의 현대사회를 구할 수 있다고 주장하는 것을 잘못된 견해라고 비판한 것이다. 가정윤리가 사회윤리와 국가윤리에 영향을 주기만 하는 것이 아니라 받기도 하는 것을 간과하지 말아야 하며 가정과 구분되는 사회정의관이 요청된다고 지적하였다.[34] 그리고 국가와 사회는 가정이 가지지 않는 힘과 권력이 있어야 하기 때문에 혈연관계에 기반한 가정윤리의 확대로서 사회와 국가 윤리가 세워질 수 없으며 사회와 국가는 각각

---

33 타일러 핸드릭스, 235.
34 최유신, 「통일정치사상의 정립을 위한 정의 문제」, 63-64.

에 적합한 제도와 체제가 있어야 한다고 하였다.[35]

이러한 비판에 대해 김항제(2007)는 가정연합의 가정주의를 현실 속에서 실현하기 위해서는 개인의 가정화와 사회의 가정화가 이루어져야 한다고 제시하였다. 개인의 가정화는 개인의 인격적 성숙이 가정을 이룰 수 있는 전제이며 가정 안에서 개인의 인격이 완성된다고 보는 것이다. 반면 사회의 가정화는 사회가 가정의 공동체성을 회복하기 위해 연결되어야 한다는 주장으로 가족구성원의 자율성과 상호지지, 원만한 대화를 통한 상호 이해 등이 가정 안에서 이루어질 수 있어야 한다는 것이다. 이를 위해 가족구성원은 하나님 앞에 심정과 사랑을 통한 관계의 평등성을 가진다고 하였다.[36] 가정주의를 어떻게 현실적으로 실현할 수 있는가를 개인과 가정, 사회의 연결성 속에 설명하고자 한 것이다.

그러나 이재일(2015)은 가정주의에 대해 현실적인 문제제기를 하였다. 그는 공의주의의 가정주의는 이상적인 가정을 전제하고 있지만 현실의 가정은 이상적인 모습이 아니기 때문에 치유되고 개선되어야 하는 대상이라고 비판하였다. 건강한 가정의 윤리라면 사회윤리로 확대할 수 있는 필요조건을 갖출 수도 있으나 현실적인 가정윤리는 사회로 확대될 수 없다고 본 것이다. 따라서 통일사상의 가정주의는 현실주의적 관점이 필요하며 이상을 이룰 수 있는 방향으로 논의되어야 한다고 주장하였다.[37]

그러나 가정윤리가 사회윤리로 확대될 수 있는가에 대한 논의는 이상사회가 아닌 현실 속에서 어떻게 공의주의 윤리를 정립하고 확대할 것인

---

35 최유신, 「통일정치사상의 정립을 위한 정의 문제」, 64.
36 김항제, 「통일교의 가정주의」, 221-225.
37 이재일, 145-148.

가에 대한 논의이다. 강화명(2022)은 이러한 시각에서 유교의 가족주의에서 가족윤리를 사회로 연장하였을 때 정실주의, 연고주의 등의 폐단이 생긴 것을 지적하면서 공의주의의 가정주의 역시 가족애가 배타적 사랑이 아니라 더 넓은 공동체로 확대되기 위해서는 이에 맞는 세계시민교육이 이루어져야 한다고 제시하였다.[38] 또한 건강한 가정을 통해 윤리적 개인이 양육되기에 가정이 사회윤리의 토대가 되는 것은 분명하지만 사회구조가 가지는 문제를 인식하지 못하게 하는 위험이 있다고 지적하면서 가정과 사회의 동질성과 이질성에 대한 균형 잡힌 시각을 가져야 하며 가족윤리를 실현할 수 있는 정의로운 제도적 규범 정립도 모색해야 한다고 하였다.[39]

선행연구를 정리하면 가정과 사회는 유기적 관계를 가지고 있으나 가정과 사회는 다른 체계와 특징을 가지고 있으므로 가정윤리가 사회윤리로 확대될 수 없다는 것을 지적하고 있다. 통일사상은 보다 근본적인 면에서 가정에서 개인의 인격이 성숙되면 사회와 국가 윤리의 근본을 바로 세울 수 있다고 제시하고 있으나 제도나 체계에 관해서는 정책적 차원에서 별도의 논의가 있어야 하는 것을 알 수 있다.

2. 선행연구의 논점에 대한 고찰

공의주의의 가정주의에 대한 선행연구에서 가정윤리가 사회윤리로 확대될 수 있는가를 중심으로 이루어진 연구들의 논점을 정리하면 다음

38　강화명, 「통일사상의 가정주의에 관한 연구」, 19-20.
39　강화명, 「통일사상의 가정주의에 관한 연구」, 20-22.

과 같다.

첫째, 공의주의의 가정주의는 가정윤리가 사회윤리로 확장되는 과정을 보다 구체적으로 상술되어야 할 것이다. 가족은 사회의 한 부분으로 가족구성원의 사회화 과정에 영향을 미치면서 사회에 많은 영향을 준다. 가족은 쉽게 타인을 자신의 일부로 수용하면서 자신에게 통합시키기 때문에 생활하는 동안에 무의식적으로 감정이나 소통방식, 문제해결방식 등이 서로 닮게 된다. 동시에 자신과 다른 욕망을 가진 존재를 만나는 경험도 하게 된다.[40] 가정에서 자신과 다른 타자의 질적 차이를 인정하고 소통하는 연습을 익히게 되는 것이다.

가족윤리의 확장성 측면에서 롤즈(John Rawls)의 도덕발달 과정은 주목된다. 그는 인간의 정의감이 형성되는 도덕발달의 과정을 설명하면서 가족과 사회의 관계를 보다 심층적으로 설명하였다.[41] 도덕발달의 1단계는 권위의 도덕(the morality of authority)으로 부모가 자녀를 양육할 때 조건 없는 사랑을 주면서 자존감을 키우는 동시에 자녀가 잘못된 행동을 했을 때 훈육을 통해 옳지 못한 행동을 교정하도록 한다. 이렇게 올바른 것과 올바르지 않은 것을 학습하면서 자녀는 정의감을 습득하게 된다.

2단계는 공동체의 도덕(the morality of association)으로 가정에서 형성된 애정을 기반으로 사회의 여러 공동체에서 다양한 역할을 수행하면서 타인의 입장을 생각하는 능력을 키운다. 타인과의 비교를 통해 공정감(sense of fairness)을 키우며 동료와의 연대와 우애, 상호 신뢰 등을 발달시킨다.

---

40   류도향, 「가족적인 것의 확장: 유사성과 차이성」, 박미선 외, 『가족주의와 가족의 경계들』 (서울: 한국문화사, 2020), 260-264.
41   존 롤즈, 『사회정의론』, 황경식 역 (서울: 이학사, 2003), 629-630.

3단계는 원리의 도덕(the morality of principle)으로 인류를 사랑하는 마음으로 정의를 생각하는 단계이다. 이 단계에서 우리는 감정이입을 통해 타인의 자리에서 도덕발달을 하게 된다. 도덕발달의 단계에서 가족은 첫 단계이자 정의감의 기초를 형성하는 곳으로 중요성을 가지는 것이다. 오킨(Susan M. Okin)은 이렇게 롤즈가 도덕발달단계 중 1단계로 가족을 제시한 것이 중요하다고 보았다. 가정환경에서 부모와의 관계, 또는 부모의 부부관계가 지배와 종속의 관계라면 자녀는 사회의 다른 구성원을 향한 부정의 또한 당연하게 생각할 수 있다고 지적한 것이다.[42]

둘째, 선행연구에서 지적된 것처럼 사회윤리가 가족윤리에 미치는 영향에 대한 고찰도 이루어져야 할 것이다. 가족은 사회에 영향을 미치는 동시에 사회의 한 부분으로서 많은 영향을 받는다. 특히 경제적인 상황은 가족의 구조와 현실에 큰 영향을 미친다. 산업혁명 이후 가족의 생산기능이 약화되면서 전통적인 대가족이 핵가족으로 변화되었으며 후기산업사회에 접어들면서 핵가족도 점점 붕괴되어 가고 있다.

기든스(Anthony Giddens)는 이에 대해 현대사회에서 가족은 사회로부터 영향을 받는 수동적인 단위가 아니라 적극적으로 변화를 주도하는 주체임을 분석하였다. 전통사회에서 개인은 사회가 제시하는 이상화된 가정윤리에 의한 삶을 살아야 했다. 다른 형태의 삶을 접할 기회가 부족했기 때문이다. 그러나 현대사회에서 전통적 가정윤리가 정당성을 상실하게 되면서 개인들은 다양한 가정윤리 중 자신의 정체성을 구축할 수 있는 형태를 선택한다. 사랑과 가정, 결혼 등의 친밀성의 영역을 성찰하여 선

---

42 Susan M. Okin, *Justice, Gender and the Family* (New York: Basic Books, 1989), 89.

택하는 자유를 가지게 되면서 정체성을 성찰하고 구축해야 하는 상황에 놓여진 것이다. 이들은 자신의 내적 준거에 따라 가정을 선택하고 책임져야 하는 부담을 가지게 되면서 가정윤리의 책임성과 윤리성이 증가하게 된다. 가족이 해체되고 가정윤리가 붕괴되는 것이 아니라 수평적이고 민주적인 관계를 형성하게 되는 것이다.[43]

공의주의의 가정주의는 가족구성원이 가정 안에서 사회화되는 과정을 강조하면서 가정에서 자아정체성과 인격이 형성되는 과정이 중요하다고 설명하고 있다. 이를 위해 가장 중요한 것은 사랑인데 사랑을 어떻게 표현하고 관계 맺는가의 형태가 변화되고 있다는 것도 간과할 수 없다. 가정은 고정되어 있는 것이 아니라 사회의 한 구성체로서 변화되고 있기에 기든스가 지적하는 것처럼 전통적인 가정윤리는 민주적인 가정윤리로 변화되고 있다. 이러한 변화에 대한 심층적인 논의가 이루어져야 할 것이다.

셋째, 가정윤리에 기초한 사회윤리에 대한 논의도 이루어져야 할 것이다. 공의주의의 가정주의는 삼대주체사상을 통해 가정윤리가 학교와 기업 등에 확대되었을 때 어떻게 윤리적 실천이 이루어지는가를 설명하고 있다. 그러나 이에 대한 보다 심도 깊은 논의가 요청된다.

니버(Reinhold Niebuhr)는 가정과 사회가 유기적으로 연결되어 있으나 윤리적 차원에서 개인과 가정, 집단은 구분되어야 한다고 지적한다. 니버는 개인윤리로는 집단이기심을 가진 사회윤리를 대체할 수 없다고 보고 사회문제 해결을 위해서는 정치적 방법이 필요하다고 전제하였다. 그리고 집단

---

43 앤소니 기든스, 『현대사회의 성, 사랑, 에로티시즘』 배은경·황정미 역 (서울: 새물결, 2001), 282-285.

적 힘이 다른 집단을 억압하거나 착취할 때는 힘으로 대항해야 한다고 하면서 사회에서 강제적 요인은 필요하면서도 위험하다고 지적하였다.[44]

니버는 인간은 이성적인 힘이 있지만 이기심과 욕망을 초월할 수 없기에 집단을 이룰 때 이기주의를 보인다고 전제하면서 도덕적 이상만으로는 무엇을 해야 하는지 설명할 수 없다고 비판하였다. 사회, 정치적 상황에서 인간의 자기중심성은 더욱 강해지며 다른 집단과 갈등을 야기하는 원인이 될 수 있다는 것이다. 따라서 집단적 이기심을 제어하기 위해서는 도덕적 이상이 아니라 제도적 보완을 통해 견제와 균형을 이루어야 하며 사랑의 실천을 위해 정의를 가져야 한다고 하였다.[45] 물론 니버 역시 개인의 도덕적 의식이나 도덕성이 사회 또는 사회적 시스템의 도덕성과 불가분의 관계를 가지고 있다는 것을 인정하였다. 다만 개인적인 차원의 윤리를 사회 속에서 실천하는 것을 넘어 힘의 견제와 균형을 사용한 사회윤리적 실천이 요청된다고 하였다.[46]

니버가 지적한 것처럼 사회는 수많은 집단으로 구성되어 있다. 가정주의에서 제시하는 윤리는 집단 내의 윤리에 머물고 있으며 자발적인 실천을 전제로 하고 있기에 집단 간의 윤리와 실천을 규범화할 수 있는 제도에 대한 논의가 이루어져야 할 것이다. 이와 함께 현실세계에서 존재하는 가정이 어떻게 하나님의 참사랑을 중심한 이상가정에 근접할 것이며 이를 통해 자녀를 어떻게 양육하여 인격을 성숙시킬 것인가, 이러한 윤리적 개인과 가정들이 모여 악한 사회구조를 변화시키기 위해 어떻게 윤리

---

44 라인홀드 니버, 『도덕적 인간과 비도덕적 사회』 이현우 역 (서울: 문예출판사, 2021), 364.
45 이장형, 「라인홀드 니버의 정의와 사랑」, 『신학과 교회』 17 (2022): 291-293.
46 이장형, 300.

적 실천을 지속하며 체계를 변화시킬 것인가에 대한 구체적인 논의도 이어져야 할 것이다.[47]

IV. 가정주의는 변화하는 가족과 가족주의에 대안이 될 수 있는가

1. 가정주의에 관한 선행연구

통일사상의 공의주의는 가정을 기반으로 하는 공통윤리임에도 불구하고 가정주의 자체에 관한 심층적인 연구는 많지 않았다. 가정주의에 관한 연구는 가정주의의 의미를 규명하는 연구와 유교의 가족주의와 비교하여 그 의미를 살펴보는 연구들이 있었다.

김항제(2007)는 '가정주의'라는 용어를 사용하여 연구를 처음으로 시도하였다. 통일사상의 공의주의 측면에서 가정주의를 살펴보지는 않았으나 가정연합의 핵심 사상으로 '가정주의'를 정리하여 제시하였다.

그는 가정주의를 체계화하기 위해 개인의 가정화와 가정의 사회화를 제안하고 이를 ①가정의 가치에 개인을 함몰하지 않고 개성진리체로서의 개인이 갖는 가치를 무시하거나 간과하지 않는다 ②개인과 가정의 원

---

[47] 가정 안에서 하나님의 참사랑을 중심으로 어떻게 자녀를 양육할 것인가에 대해서 참부모님은 공부보다 하늘부모님을 향한 효정을 가르쳐야 하며, 하늘부모님을 사랑하고 부부가 서로 사랑하는 모습을 생활 속에서 보여주어야 하며, 나라와 세계를 사랑하는 것을 교육하라고 하였다. 부모의 교육방법으로는 훈독회 등의 정기적인 토론과 대화, 생활 속의 모범적인 실천 등을 말씀하였다. 김민지, 「공의주의 실현을 위한 효정의 계승」, 『통일사상연구』 17 (2019): 33-34.

활한 수수관계로 관계의 단절 또는 과밀한 관계의 문제를 극복한다 ③가정에서 생명존중과 보전성을 갖추어 사회, 국가, 세계로 확대되도록 한다 ④가족구성원의 존엄성과 가치, 자기결정권을 높일 수 있는 상호 지지와 존중, 소통의 관계를 가진다 ⑤가족구성원의 평등을 사회화한다 등으로 구체화하였다.[48]

주재완(2021) 역시 김항제의 연구의 맥을 이어 가정주의를 가정연합의 가정구원론으로 정리하였다. 가정주의의 핵심적 의미를 ①하나님을 중심한 창조본연의 가정을 회복하는 것 ②본연의 가정에서 사랑의 인격과 신인일체의 영성을 함양하는 것 ③가정 단위로 구원을 이루는 것 등으로 정리하였다. 이와 함께 가정연합의 가정구원론은 모든 인간이 최종적으로 구원받는다는 만인구원론을 갖추고 있어 유교의 가족주의가 가족이기주의로 왜곡되는 문제를 보완할 수 있다고 하였다. 내 가정만이 구원받는다는 가정이기주의를 경계하고 보편적 인류애를 지향하도록 한다는 것이다.[49]

김항제와 주재완의 연구는 가정연합의 가정주의와 가정구원론을 연구한 것으로 통일사상의 가정주의에 관한 본격적인 연구라고 보기에는 한계가 있었다. 강화명(2022)은 종교적 측면이 아니라 통일사상의 가정주의에 대한 심층적인 논의를 처음으로 시도하였다. 강화명은 통일사상의 가정주의가 유교의 가족주의와 유사점이 있다는 것을 전제하면서 유교의 가족주의에 대한 비판을 토대로 통일사상의 가정주의를 체계화하기 위한 학문적 과제를 논하였다. 그 학문적 과제로 ①개인과 집단, 개별가족

---

48 김항제, 「통일교의 가정주의」, 221-225.
49 주재완, 「세계평화통일가정연합의 가정구원론 연구」, 167-168.

구성원과 가족 전체를 어떻게 조화시킬 것인가에 대한 논의가 필요하며 ②가족의 공동체성을 사회로 확장하기 위한 실질적인 방안이 모색되어야 하고 ③가정과 사회공동체의 동질성과 이질성에 대한 균형잡힌 시각이 요청된다 등으로 제언하였다.[50]

살펴본 바와 같이 공의주의 가정주의에 대한 선행연구는 그 수도 부족할 뿐 아니라 논의도 이론적인 측면에 머물고 있는 상황이다. 그러나 실재하는 가족은 사회 속에서 변화를 거듭하고 있다. 특히 급격한 산업화를 겪으며 압축적인 경제 성장을 한 한국 사회에서 가족은 많은 변화를 경험하였다. 이에 따라 한국의 가족 변화와 가족주의에 대한 논의도 다양하게 진행되고 있다. 본 연구는 가정주의에 대한 연구가 부족하기에 한국 가족주의의 연원과 역사적 전개를 살펴보고 현대 한국사회의 가족 변화와 가족주의 논의들을 정리함으로써 공의주의의 가정주의가 연구해야 할 과제를 정리해보고자 한다.

2. 한국 가족주의의 개념과 역사

가족주의는 다양한 맥락에서 사용되면서 학자들마다 세부적인 정의에는 차이가 있으나 삶의 기본단위를 개인이 아닌 가족으로 보고 모든 가치나 이해관계의 판단에서 가족을 우선시하는 삶의 태도라고 정의할 수 있다. 이를 보다 구체적으로 서술하면 가족주의란 가족의 목표를 위해 개인의 활동을 통합하고 가족자산을 가족구성원에게 지원하며 가족

---

50   강화명, 「통일사상의 가정주의에 관한 연구」, 1-25.

결속력을 중시하면서 가족의 영속화에 초점을 맞추는 것이다. 나아가 이러한 가족적인 생활양식이 가족 이외의 생활까지 연장되는 행동양식, 사회관계, 가치체계를 말한다.[51]

장경섭은 이러한 가족주의를 보다 세분화하여 규범과 이데올로기로 남아있는 이념적 가족주의(ideational familialism), 정치경제적 시대 배경에서 우발적으로 출현한 상황적 가족주의(situational familialism), 사회제도의 형성과 운용에서 가족중심적인 생활을 영위하도록 하는 제도적 가족주의(institutionalized familialism) 등으로 구분하기도 하였다.[52]

일반적으로 한국의 가족주의는 유교의 영향을 받은 것으로 이해한다. 유교의 인(仁) 사상은 인간과 사물을 뒷받침하는 것으로 자기를 중심으로 먼 곳으로 확산하는 속성을 가진다. 이러한 속성에 따라 인 사상은 사랑을 실천할 때 가장 가까운 사람부터 행해야 하는데 가장 근본이 되는 것이 어버이를 사랑하는 효(孝)이다. 어버이를 사랑하고, 백성에게 어질게 대하며, 이로써 만물을 사랑한다(親親而人民仁民而愛物: 『孟子』)는 것이다.[53]

이러한 원리는 사랑에 차등적이고 차별적인 질서가 있다는 근거가 되었다. 인간 사이에도 상하와 친소의 관계가 있어 봉건적 신분위계적 질서가 형성되는 것이다. 임금은 임금다워야 하며 신하는 신하답게, 아버지는 아버지답게, 자식은 자식다워야 하며, 형은 형답고 동생은 동생다워야 하며 부부(夫婦), 붕우(朋友) 등 모든 것이 천리에 응해야 한다(君君臣臣 父

51 박통희, 「가족주의 개념의 분할과 경험적 검토: 가족주의, 가족이기주의, 의사가족주의」, 『가족과 문화』 16(2) (2004): 4-5.
52 장겹섭 외, 「한국사회 제도적 가족주의의 진단과 함의」, 『가족과 문화』 27(3) (2015): 3.
53 신수진, 「한국의 가족주의 전통」, 『한국가족관계학회지』 3(2) (1998): 137.

父子子 兄兄弟弟 夫婦朋友 各得其位其理 自然和: 『論語』)고 하였다. 그러므로 자신에게 부여된 지위와 친소에 맞게 행동하면 사회 질서가 유지되며 내가 속한 공동체 속에서 자아를 실현하게 된다. 이러한 성리학은 한국에서 가족중심사상, 즉 가족주의로 나타나게 되었다.[54]

조선시대 신진사대부는 성리학을 기반으로 봉건질서를 구축하면서 가족을 정치구조의 일부로 편입하여 효제 윤리를 강조하였다. 즉 삼강오륜(三綱五倫)을 강조하여 가족 내의 부자(父子), 부부(夫婦), 형제(兄弟)의 윤리가 사회윤리로 확장되고 백성들에게 확대되도록 하였다.[55]

이러한 유교는 자연스럽게 왕권을 강화하는 문화, 즉 부자관계를 중심한 가부장적 질서를 강조하였다. 일례로 중국에서 만들어진 『주자가례(朱子家禮)』는 신랑이 처가에서 신부를 데려다 신랑집에서 혼례를 치르는 것을 예법으로 기록하고 있다. 신부가 신랑 가문의 일원이 되는 친영(親迎)이 강조된 것이다. 그러나 우리나라는 고려시대까지 신랑이 신부집으로 가서 혼례를 치르고 돌아오는 남귀여가(男歸女家), 즉 반친영(半親迎) 문화가 관습적으로 정착되어 있었다. 또한 결혼 후에도 자녀를 출산하고 성장할 때까지 신랑이 처가에서 생활하는 서류부가(婿留婦家)가 보편적인 문화일 정도로 모계를 중심한 사회였다. 조선시대에 들어서면서 이러한 문화를 바꾸고자 하였지만 신랑이 신부집으로 가서 혼례를 치르는 문화는 바뀌지 않았다. 다만 신랑이 처가에서 생활하는 기간이 점점 단축되어 조선 후기에는 길어야 1년, 짧게는 3일 동안 생활하는 것으로 단축되었다.[56]

---

54 신수진, 137.
55 신수진, 140.
56 박혜인, 「한국 전통혼례의 가족사적 고찰」, *Family and Environment Research* 26(2) (1988): 103-104.

혼례뿐만 아니라 제례도 변화되었다. 우리나라는 조선시대 초기까지 자녀가 돌아가면서 제사를 모시는 자녀윤회봉사(子女輪廻奉祀)를 유지해왔으나 점차 장자가 제사를 모시는 장자봉사(長子奉祀)로 바뀌었다. 이렇게 장자가 제사를 모시는 관습은 가족 내 장자의 권위를 강화시켰으며 재산상속의 명분이 되었다.[57] 아버지와 장자 중심으로 이어지는 가부장적 가족문화는 국가로 확대되어 왕권을 정점으로 위계질서를 확립시키고 유지시키는 역할을 하였다. 이러한 이데올로기를 유교적 가부장제라고 한다.[58]

조선시대의 가족이란 우리가 태어난 뿌리이며 죽음 이후에도 후손들에 의해 기억되고 제사를 지내주는 등 영생을 누리게 된다는 종교적 의미까지 가진 것으로 생각되면서 그 중요성이 더욱 강조되었다.[59]

그러나 이러한 분석에 반론을 제기하기도 한다. 한국의 가족주의는 유교에 근거하고 있으나 임진왜란과 병자호란 등을 겪으면서 국가가 국민의 생존을 보장할 수 없다는 것을 절감한 양반가를 중심으로 자신들의 기득권을 방어하기 위해 혈연을 중심으로 결집하면서 강화되었다는 것이다. 가문을 중심으로 지위와 생존을 보장받으려는 시도들이 가족주의를 강화하였으며 근대화 과정에서 지속적으로 이어졌다고 지적한다.[60]

---

57 1600년대 이전까지 자녀간 균등상속의 문화가 1700년대에는 장남우대, 여성배제 상속으로 변화된 것으로 나타난다. 고려시대까지 친손과 외손의 차별이 없었으며 선남후녀가 아니라 출생순위에 따라 기록하던 것 또한 변화되었다. 이렇게 남성중심의 가계가 강화되자 17세기 이후 양자가 많아지게 되었다. 최재석, 「조선시대의 가족, 친족제」, 한국정신문화연구원 편, 『전통사회의 가족과 촌락생활』(성남: 한국학중앙연구원, 1991). 33-40.

58 신수진, 143.

59 서선희, 「가족중심주의에 대한 유교적 해석」, 『가족학논집』 7 (1995): 33.

60 최우영, 「조선시대 국가-사회관계의 변화와 가족주의의 기원」, 『가족과 문화』 18(1) (2006): 1-32.

한국의 가족주의 문화가 언제 어떤 이유에서 강화되었는가에 대해서는 이외에도 여러 논의들이 이어지고 있으나 다른 동양 국가들 중에서도 유난히 한국의 가족주의가 강하게 정착되었다는 것에 대해서는 이견이 별로 없다.

확대된 가족관계는 특히 학연과 지연과 같이 연결고리를 가진 경우 더욱 강하게 나타난다. 같은 지역출신이거나 같은 학교 동문인 경우 다른 사람들보다 더 친밀성을 가지는 것으로 인식하여 가족처럼 호칭하는 것은 물론 가족처럼 우선성을 부여하는 등의 행동이 나타난다. 이러한 관계를 의사가족(疑似家族)이라고 하는데 가족보다 우선성에서 차등을 가지지만 현대사회에서 가족이 정서적 연대를 수행하지 못할 때 친목회, 향우회, 동문회 등이 이러한 욕구를 충족시키는 유사가족주의(類似家族主義)를 나타내기도 한다.[61] 물론 이러한 유사가족주의는 다른 문화에서도 나타나는 현상이지만 한국의 경우 학연과 지연에 의한 의사가족이 나타나는 것이 특징이라고 할 수 있다.

특히 유교적 전통을 가진 사회에서 자본주의는 기업의 인간관계를 가족과 같은 관계로 유지하려고 한다. 조선시대의 유교적 통치이념은 가족의 효를 더 큰 공동체인 사회와 국가로 확장하도록 하였다. 국가의 통치자인 왕을 부모로 생각하도록 하면서 효와 충은 같은 맥락으로 이해되었던 것이다. 그러나 이러한 충효사상은 민주주의 정부가 구성되고 자본주의 사회가 된 이후에 기업이라는 조직에 대한 충성으로 전환되었다.[62]

이러한 기업문화는 고용주가 근로자를 가족과 같이 보살피고, 근로자

---

61 신수진, 67-91.
62 김은희, 「가족주의와 도덕적 자본주의」, 『한국문화인류학』 32(2) (1999): 5-6.

가 고용주에게 충성을 하는 관계를 강조하여 1970년대 한국과 일본 등의 경제발전을 이끈 것으로 평가되었다. 그러나 이러한 관계는 근로자를 착취하려는 명분에 불과하다는 비판도 있다. 또한 서구에서는 동양의 가족주의적 문화를 '아시아적 가치(Asian Values)[63]중 하나로 보면서 가족 이외의 사람들에 대한 불신으로 인해 '규모의 경제(economy of scale)'를 저해하며 폐쇄적인 기업조직을 만든다고 지적하면서 이로 인해 세계적인 경쟁력이 저하되고 있다고 비판하기도 하였다.[64]

반면에 가족주의가 1997년 IMF 외환위기에서 일어난 금모으기운동, 2000년 월드컵 응원 등 단결된 국력으로 나타날 수도 있다는 분석도 있으며 경쟁이 심화된 사회에서 개인의 긴장을 완화하는 효과적인 삶의 기제이며 현대사회의 많은 문제를 해결할 수 있는 아름다운 전통유산이라는 평가도 있다.[65]

3. 선행연구와 가족주의 연구의 논점에 대한 고찰

한국 사회의 가족과 가족주의에 대한 논의에 대해 통일사상 공의주의의 가정주의는 다음과 같은 후속 연구가 이루어져야 할 것이다.

첫째, 가정주의의 관점에서 한국 사회의 가족 변화를 어떻게 볼 것인

---

63 아시아적 가치란 막스 베버가 서구 자본주의가 청교도의 윤리에 기초하여 발전하였다고 분석한 것에 대응하여 아시아 국가는 가족과 기업, 국가 등에 대한 헌신과 예의, 성실 등 아시아적인 가치를 기반으로 경제 발전한다는 분석이다.

64 Francis Fukuyama, *Trust: The Social Virtues and the Creation of Prosperity* (New York: Free Press, 1995), 95. 후쿠야마는 후에 이 주장을 폐기하였다.

65 박희, 「한국의 가족주의적 조직원리와 공공성의 문제」, 『서원대 호서문화논총』 11 (1997): 75.

가에 대한 구체적 논의가 이루어져야 한다. 가족은 필요한 자원을 획득하기 위해 협력하며 이를 공동으로 사용하는 생활공동체이다. 그러나 이러한 가족공동체는 앞에서 살펴본 것과 같이 많은 변화를 경험하였다. 이러한 변화에 대해 가족의 기능이 약화되면서 가족의 해체를 당연하게 보는 주장이 있다. 전통적으로 가족의 기능은 경제적 기능, 가사기능, 양육기능, 교육기능, 보호적 기능, 종교적 기능 및 오락기능 등으로 구분할 수 있는데 가족의 생산기능은 약화되고 소비기능이 강화되었으며 가사노동·자녀양육·가정교육·노인부양·종교 및 오락 등 대부분의 기능이 약화되거나 사회화된 것으로 나타나고 있다. 다만 현대가족은 휴식의 기능과 자녀 출산 및 친밀성의 기능이 중점적으로 수행하고 있는 것으로 보고 있다.[66]

반면 이렇게 가족의 기능이 사회화되면서 가족이 약화되고 있으나 이러한 변화는 형태적인 변화일 뿐 가족은 여전히 가장 강력한 공동체로 존속할 것이라는 반론도 많다. 가족은 소멸하지 않고 사회의 중요한 제도로 존속하고 있으며 가족의 형태만 변화된다는 것이다.[67] 시대와 환경의 변화에 따라 가족에게 요구되는 가치와 기능이 변화되지만 정서적 유대는 변화되지 않는다. 자본주의의 경쟁이 강화되면서 산업혁명 이후 가족 중심의 농업경제가 무너지고 핵가족사회가 되면서 가족 간 공동생산을 위한 협력 기능이 약화된 반면 가족은 긴장 완화를 위한 정서적 기능이 부각되는데[68] 이렇게 애정과 친밀성에 기반한 정서적 유대는 부부간

66 전영자, 「가족의 변화와 가족학의 과제」, 『한국생활과학학회지』 9(2) (2000): 3-4.
67 양옥경, 「한국 가족개념에 관한 질적 연구」, 『한국가족복지학』 6 (2000): 69.
68 Faith Robertson Elliot, *The Family: Change or Continuity?* (Hampshire: Red Globe Press London, 1986), 35-36.

애정과 신뢰, 헌신 등을 요청하게 만든다. 그러나 가족 간의 사랑과 배려가 더욱 요청되는 현실은 역으로 이러한 기능이 부족한 경우 가족이 해체되거나 청소년의 일탈이 심화되는 현상을 일으키기도 한다.[69]

통일사상의 가정주의는 3대가 함께 살면서 참사랑을 나눌 수 있는 문화를 지향하지만 현실 속의 가정은 핵가족을 넘어 1인 가구로 변화되어 가고 있다. 이러한 가족의 형태와 기능의 변화를 원론적인 입장에서 부정적으로 비판하는 것만으로 공의주의 사회를 실현할 수는 없을 것이다. 가정이 중요하다면 가정주의의 관점에서 현재 진행되는 가족의 변화를 어떻게 바라보고 이에 대해 어떠한 대안을 제시할 것인지에 대한 진지한 논의가 더욱 활발하게 이루어져야 할 때이다.

예를 들어 산업구조의 변화로 1인 가구가 증가하고 있지만 이로 인한 가족 간의 정서적 기능이 더욱 크게 요청되는 상황은 가족 간의 사랑과 신뢰, 소통의 중요성을 느낄 수 있는 환경이기도 하다. 가족이 물리적 공간을 넘어 정서적 유대를 강화하고 유지할 수 있는 방안이 모색되어야 하며, 부부, 부모와 자녀, 형제 관계를 위한 교육과 상담 등이 활성화되어야 할 것이다. 또한 1인 가구, 한자녀 가구 등이 증가하는 현실 속에서 정서적 유대를 확대할 수 있는 정서적 공동체가 지역과 종교 등을 중심으로 구성되어야 할 것이다.

둘째, 가정주의 관점에서 한국 현대사회의 가족주의를 어떻게 볼 것인가에 대한 논의가 이루어져야 한다. 주재완과 강화명의 연구에서는 한국 사회에서 변화되고 있는 가족주의에 대한 논의보다는 유교의 가족주

---

69 Frome Walsh, *Normal Family Processes* (New York: the Guilford Press, 1993), 58.

의에 대한 논의가 이루어졌다. 그러나 한국 사회의 가족주의는 조선시대 유교에 기초한 가족주의에서 많은 변화를 겪어 왔다.

한국은 조선시대 유교의 가족주의를 수용한 기반 위에 20세기 분단과 전쟁, 급속한 산업화와 이로 인한 경제성장, 사회변화 등을 경험하면서 개인의 안전과 성장을 국가가 아닌 가족에 의존해야 한다는 것을 체감하였다. 개인의 생존과 발전을 위해 한국의 가족은 강한 결속력을 바탕으로 가족우선성을 강화하였고 사회적 안전망이 없는 상태에서 자녀에 대한 부모의 무한책임과 부모에 대한 자녀의 부양의무 등이 강조되었다. 즉 가족주의가 강하게 나타날 수밖에 없는 사회구조였다.[70]

2000년대 이후에도 한국의 가족은 형식과 구조가 다원화되고 다양화되고 있으나 내용적으로는 가족주의가 지속되고 있는 것으로 보고되고 있다.[71] 한국에서 진행된 여러 연구에서 1인 가구나 비혼 청년들도 탈가족화되지 않고 부모와 강한 친밀성을 나타내어 보수적 가족주의 경향 또는 가족지향적 개인화를 나타나는 것으로 보고된다.[72] 또한 1991년부터 2009년까지 통계청의 사회조사자료를 활용하여 분석한 결과 가족생활 전반에 대한 만족도가 높아지고 있는 것으로 나타났다. 가족에 대한 부정적인 태도를 견지한 개인들이 결혼관계를 회피하거나 해체를 선택하면서 가족형태와 구성이 변동되는 한편으로 가족관계의 질을 중시하는 가

---

70 박통희, 7-9.
71 이순미, 「가족중심주의와 개인화 사이의 한국 가족: 가족주의 및 성별에 따른 세대관계」, 『가족과 문화』 26(3) (2014): 5.
72 김혜영 외, 『비혼 1인 가구의 가족의식 및 생활실태조사』 (한국여성정책연구원, 2007). https://scienceon.kisti.re.kr/c ommons/util/originalView.do?cn=TRKO2018000305 80&dbt=TRKO&rn= (검색일 2023.9.10.); 김혜경, 「부계가족 주의의 실패?: IMF 경제위기 세대의 가족주의와 개인화」, 『한국사회학』 47(2) (2013): 101-141.

족문화가 확산되고 있는 것으로 분석된다.[73]

가족주의의 강화와 함께 관찰되는 현상은 부계중심성의 약화이다. 한국 사회는 여전히 가족구성원을 우선시하고 가족 간 결속을 중요하게 생각하지만 부계중심성은 약화되고 있는 것으로 보고된다. 노부모 돌봄과 여성의 일·가족 양립으로 인한 자녀돌봄 지원 등으로 인해 가족관계가 모계 중심으로 재구성되는 것으로 나타나고 있으며[74] 부부애 중심, 성평등 가치 중시 등의 현상이 나타나고 있다고 분석된다.[75]

이러한 현상은 이미 미국에서는 1980년대부터 나타나, 세대관계가 모녀관계를 중심으로 변화되고 있다고 보고되었다. 미국은 세대의 지리적 이동과 경제적 이동의 증가, 이혼율의 급증, 노년가족의 증가, 가족과 이탈된 1인 가구 증가 등의 현상이 나타나면서 부계관계에서는 부모의 재정적 지원이라는 역할을 중심으로 가족 간의 관계가 유지되는데 비해 모녀관계는 강한 정서적 유대를 바탕으로 오랫동안 유지되고 확장되는 것으로 연구되었다.[76]

한국 사회에서는 세대관계 유형을 분석한 결과 아들은 기능적 교환은 이루어지지만 부모에 대한 애착이 낮은 의무형이 많고, 딸은 같이 살지는 않지만 기능적 교환과 친밀감이 높은 별거밀착형이 높게 나타났다.

---

73 정기선·김혜영, 「가족관계만족도를 통해서 본 한국가족의 변화: 1991년-2008년도를 중심으로」, 『한국인구학』 36(1) (2013): 175-202.
74 김혜경, 「여성의 노동사를 통해 본 일과 가족의 접합: 60년대 산업화 이후 친족관계의 변화를 중심으로」, 『페미니즘 연구』 7(2) (2007): 37-82; 장혜경 외, 『가족 내 돌봄노동 실태조사』 (한국여성정책연구원, 2006)
75 이순미, 5.
76 Merril Silverstein & Vern L. Bengtson, "Intergenerational Solidarity and the Structure of Adult Child-Parent Relationships in American Families", *The American Journal of Sociology* 103(2) (1997): 451-453.

아들은 부모와 규범적이고 의무적인 관계를 형성하는데 반해 딸은 부모와 깊은 감정적 연결을 가지는 것으로 분석되었다.[77]

가정주의 관점에서 볼 때 한국 현대사회의 가족주의가 강화되고 부계중심성이 약화되는 것은 어떻게 바라보아야 하는가? 가족주의가 강화되는 것은 긍정적인 현상이고 부계중심성이 약화되는 것은 부정적인 현상인가? 각 현상의 변화보다 이러한 현상을 일으키고 있는 공통 원인인 정서적 기능의 강화 또는 친밀성의 강화를 중심으로 공의주의의 가정주의가 제시해야 하는 대안은 무엇인가에 대한 논의가 이루어져야 할 것이다.

통일사상의 공의주의가 제시하는 가정주의는 어떠한 의미가 있는가에 대한 심층적인 연구가 지속적으로 이루어져야 하며 변화되는 현대 가족을 어떻게 바라보고 해석해야 하는가에 대한 연구도 이루어져야 할 것이다. 앞서 살펴본 것처럼 1인 가구가 증가하면서 핵가족이 붕괴되고 있는 현상과 함께 가족주의가 더욱 강하게 유지되고 있는 역설적 현상은 향후 공의주의의 가정주의가 논의해야 할 지점이 될 것이다. 가정이 중요하고 해체되어서는 안 된다는 원론적인 논의가 아니라 가족이 해체되고 있지만 오히려 강하게 가족 간의 친밀성과 애정을 유지하려고 하는 사람들이 많은 현상을 학문적으로 해석하고 이를 어떻게 이해할 것인지 논의가 필요하다. 나아가 비혼과 이혼의 증가, 출산의 감소, 1인 가구의 증가를 가져오는 근본적인 원인이 무엇이며 이를 해결하기 위한 공의주의의 대안은 무엇인가에 대한 논의가 이루어져야 한다.

---

77 이순미, 28.

V. 가정주의의 사랑과 정의는 무엇인가

1. 가정의 사랑에 관한 선행연구와 논점

통일사상에 관한 연구 중 다른 연구에 비해 가정의 사랑에 대한 연구가 많다. 이를 분류해보면 사랑의 내용과 의미에 관한 연구와 사랑의 질서에 관한 연구로 나누어 볼 수 있다.

먼저 가장 많은 연구는 사랑의 내용과 의미에 관한 연구이다. 통일사상은 윤리를 "가정에 있어서 사랑 중심의 수수법을 따르려는 인간 행위의 규범"으로 정의하였다.[78] 가정의 사랑이 윤리의 근본이 된다는 설명인데 하나님은 이러한 사랑의 근원이다.

핸드릭스(1996)는 하나님의 사랑은 부모의 사랑, 부부의 사랑, 자녀의 사랑이라는 세 종류의 사랑인 분성적 사랑을 나타내는데 부모가 자녀에게 주는 사랑은 하향적 사랑이며, 남편과 아내 사이의 사랑은 횡적인 사랑, 자녀가 부모에게 주는 사랑은 상향적 사랑이라고 하였다. 이러한 세 방향의 사랑은 가정적 사위기대의 네 위치에서 각기 다른 삼대상을 향해 나아가기에 12방향으로 향하는 다양한 종류로 나타나게 된다. 이러한 사랑에 맞는 덕목이 필요한데 이것은 사회로 확장되어 사회 안에서의 인간관계에서 요청되는 덕목으로 연결될 수 있다고 설명하였다.[79]

주재완(2015)은 이러한 사상을 신인애일체사상으로 설명하였다. 그는

---

78   통일사상연구원, 395.
79   타일러 핸드릭스, 223.

신인애일체사상은 신앙의 핵심이라고 소개하면서 하나님의 심정은 가정에서 부모와 부부, 형제자매, 자녀의 4대 심정[80]으로 나뉘어 있어 인간은 가정에서 이러한 4대 심정을 체휼하면서 성장하여 하나님의 심정을 느낄 수 있게 된다. 인간은 부부가 참사랑으로 하나될 때 하나님과 일체를 이룬다고 사상의 핵심을 제시하였다.[81]

하나님의 사랑을 가정의 4대 사랑을 통해 느끼고 실천하는 것이 사랑의 핵심적인 사상이라 하겠다. 이러한 설명은 유교의 혈연에 기초한 친친(親親) 개념보다는 서구의 아가페와 유사성을 가진다. 사랑은 기독교의 핵심적인 가치로 예수님이 '비록 원수라 하여도 네 이웃을 네 몸과 같이 사랑하라'고 한 말씀을 실천하도록 권면되었다. 이러한 조건 없는 사랑을 아가페(agape)라고 하여 칭송하였다.[82] 이러한 사랑은 하나님이 모든 인간에게 주는 무조건적이고 절대적이며 희생적인 사랑이다. 하나님의 사랑은 인간을 변화시키고 성장시키는데 일생동안 조금씩 성숙한 사랑에 도달하게 된다.

서구 사회에서는 가족 간 사랑보다는 친밀성이라는 용어를 더 많이

---

80 문선애는 가정의 4대 사랑을 각각 분리하여 4개의 논문으로 탐구하였다. 부모의 사랑, 자녀의 사랑, 부부의 사랑, 형제자매의 사랑을 각각 논하면서 인간은 4대 사랑을 통해 하나님을 닮은 자녀로 태어나 형제자매가 되고, 부부를 거쳐 부모가 되는 존재론적 성장을 한다고 하였다. 4대 사랑 중 부부의 사랑은 서로 다른 존재인 남녀가 동등한 위치에서 서로 사랑을 주고받으며 사랑으로 하나 되기에 가정의 근본이며 뿌리가 되는 사랑이라고 할 수 있다. 또한 형제자매의 사랑은 모든 인류는 물론 만물까지 포함하는 사랑으로 사해동포주의를 포함한다고 설명하였다. 문선애, 「세계평화통일가정연합의 부모론」, 『신종교연구』 32 (2015): 165-193; 문선애, 「세계평화통일가정연합의 자녀론」, 『통일사상연구』 11 (2016): 117-137; 문선애, 「세계평화통일가정연합의 부부론」, 『통일사상연구』 12 (2017): 81-102; 문선애, 「세계평화통일가정연합의 참형제자매론」, 『통일사상연구』 13 (2017): 87-108.
81 주재완, 「세계평화통일가정연합의 신인애일체사상」, 79-106.
82 니콜라스 월터스토프, 『사랑과 정의』, 홍종락 역 (서울: 한국기독학생회 출판부, 2017), 11-12.

사용하고 있다. 친밀성은 서구에서 르네상스 이후 사제를 통하지 않고 신과 직접 소통하면서 자신의 정체성을 찾고 실존의 확실성을 정립하는 것에서 시작되었다. 이후 18세기 신과 소통하듯이 타인과 소통하면서 나의 내면을 보여주고 타인으로부터 인격적 개체성을 확인받고 존중받는 감정으로 형성되어 갔다. 개인의 실존을 자각하는 공동체성을 내포하고 낭만적 연대를 강조하는 개념이 친밀성이다.[83]

이러한 친밀성은 공의주의에서 설명하는 가족 간 사랑과도 통하는 면이 있다. 가족 간 사랑을 인격이 성장하는 과정이자 하나님을 닮아가는 과정으로 보는 점에서 친밀성과 유사성을 가진다. 또한 사랑을 통해 부모와 부부, 형제자매, 자녀의 심정을 체휼하며 인격이 성숙된다고 하는데 친밀성 또한 정서적 연대로서 설명된다. 기든스는 현대의 가족이 친밀성에 기반하여 형성되고 유지된다고 하였다. 그는 친밀성이란 사람들이 서로 평등한 입장에서 타자와 감정적으로 소통하는 것이라고 하면서 여성은 어머니와의 관계에서 친밀성을 잘 형성하지만 남성은 어머니에게서 정서적으로 독립하면서 친밀성을 형성하는데 실패하고 정서적으로 위축되었다고 지적하였다.[84] 이러한 설명은 수수작용을 통해 심정을 체휼하는 가족 간 사랑의 관점에서 친밀성을 이해하게 한다.

다음으로 사랑의 질서와 과정에 대한 연구들이 있다. 최유신(2000)은 수수작용을 할 때 두 존재가 상대적 관계가 성립되었다고 무조건 수수작용이 일어나는 것이 아니라 두 존재 사이에 상대기준이 조성되어야 한

---

83 류도향, 「가족적인 것의 확장: 유사성과 차이성」, 박미선 외, 『가족주의와 가족의 경계들』 (서울: 한국문화사, 2020), 252-254.

84 앤소니 기든스, 226.

다고 제시하였다. 상대기준이란 공통의 기준, 즉 공통요소 또는 공동목적을 가지고 맺어진 상대적 관계로 서로를 긍정한 기반 위에 공동의 목적을 중심으로 관계를 맺게 된다는 것이다.[85]

이렇게 상대기준을 맺을 때 상충되는 관계를 수습하여 조화의 관계로 전환되기 위해서는 관용이 필요하다. 관용은 공존을 보장해주는 덕목으로 갈등이 존재하는 상황에서 포퍼(Karl R. Popper)가 제시한 ①내가 틀릴 수 있다는 오류가능성, 즉 모든 인간이 불완전함을 인정하는 불완전성의 원리 ②대화를 통해 잘못을 수정할 수 있다는 합리적인 대화의 원리 ③ 대화를 통해 진리에 가까이 갈 수 있다는 원리가 요청된다고 논증하면서 이러한 원리가 통일사상에서 개성진리체와 수수작용의 원리로 연결될 수 있다고 하였다.[86]

반면 오택용(2016)은 문선명·한학자 선생이 2003년 위타주의가 아닌 너와 내가 같이 사는 '타아주의(他我主義)'를 선포하였다고 하면서 사랑을 통해 하나가 되는 평화를 이루기 위해 실천적 측면에서 사랑을 하는 과정을 창조성, 주체성, 관계성, 통일성의 4단계로 구분하여 설명하였다. 하나님의 대상으로 자신을 정립하고 몸과 마음의 통일을 통해 인격적 성숙을 하는 창조성 단계, 타인과 관계를 형성하고 사랑하는 주체성 단계, 수평적 관계에서 상호 사랑의 관계를 형성하는 관계성 단계, 하나님이 임재하여 절대·유일·불변·영원의 관계를 형성하는 통일성 단계로 진행된다는 것이다.[87]

---

85 최유신, 「관계의 측면에서 본 사랑과 관용-사랑 전단계로서의 관용」, 『통일사상연구』 1 (2000): 265-266.
86 최유신, 「관계의 측면에서 본 사랑과 관용-사랑 전단계로서의 관용」, 272-277.
87 오택용, 「타아주의로 본 문선명 선생의 평화사상과 그 실천」, 『평화와 종교』 2 (2016): 131-149.

최유신이 상대기준을 제시한 것에 비해 황진수는 공동목적을 제시하였다. 황진수(2017)는 인간은 하나님의 사랑의 심정을 닮도록 창조되었기 때문에 삶의 순환 과정 속에 부모, 부부, 자녀로 이루어진 가정의 구조를 토대로 가족구성원간의 행위규범이 시대와 지역을 초월한 보편적 윤리의 근간을 형성한다고 하였다.[88] 그는 부모, 부부, 형제 관계에서 요구되는 규범의 공통점을 사랑을 바탕으로 한 수수작용이라고 하면서 수수작용을 위해 ①두 개체 사이의 공통목적이 존재해야 한다 ②공통목적을 중심으로 주고받음이 성립되어야 한다는 두 조건을 제시하였다.[89]

이렇게 사랑에 관한 연구들은 그 내용과 의미를 정리하여 소개하는 논문들과 어떻게 사랑이 이루어지는가 하는 단계에 관한 연구들이 있다. 이러한 연구들은 이상적인 가정의 사랑, 즉 사랑의 철학적 측면을 탐구하는 연구들로 현재 변화되고 있는 가족의 사랑이나 관계 등 현실세계의 가족 간 사랑에 대한 문제분석이나 대안에 관한 연구는 진행되지 못한 것으로 보인다.

2. 가족의 정의에 관한 선행연구와 논점

가족을 둘러싼 또 다른 연구는 정의에 관한 것이었다. 가족은 사랑에 기초한 친밀성 중심으로 사적 공간으로 규정하고 정의나 법적 개입 등의 이해관계와 무관한 것으로 이상화하였다. 그러나 가족관계에도 정의가 필요하다는 논의가 많이 제기되었다.

---

88 황진수, 37-38.
89 황진수, 38.

강화명(2022)은 가정 내에서 정의의 문제를 주목해야 한다고 지적하였다. 유교의 가족주의에 대한 비판이 가족의 가치에 대한 비판이 아니라 가족구성원 안에서 일어나는 불평등한 배분과 권력에 초점을 맞추고 있기 때문에 남녀불평등, 개인의 자유 억압 등에 대한 비판이 제기되는 것처럼 통일사상의 가정주의 역시 가정이 사랑과 정의의 상호보완적 관계에 있음을 제시할 수 있어야 한다고 하였다.[90]

이 지적처럼 가족주의가 남녀불평등을 조장한다는 비판은 이미 1960년대부터 대두되었다. 여성운동가들은 '개인적인 것이 정치적인 것 (Personal is political)'이라고 주장하면서 사적인 공간인 가족이 사실은 정치적이고 공적인 공간이기에 국가나 법이 개입해야 한다고 하였다. 특히 가족을 자연적이라고 보는 관점은 이데올로기에 불과하다고 지적하면서 남녀의 성별분업, 특히 가족구성원 중 여성이 정서적 역할을 담당하는 것은 여성의 소외와 억압을 발생시키므로 이상화된 가족은 부당하고 부정의한 논리라고 비판한 것이다.[91]

가족은 정의보다 사랑이 우선시되어야 한다는 주장도 있다. 롤즈(John Rawls)는 가족은 정의가 문제되는 기본적인 구조의 하나라고 지적하였지만[92] 샌들(Sandel)은 가족은 정의보다 사랑이라는 가치가 중심을 이루기 때문에 롤즈가 말한 정의의 우선성은 설득력을 가지지 못한다고 지적했다.[93] 이에 대해 오킨은 이러한 샌들의 주장을 반대하면서 가족에게 사

---

90 강화명, 「통일사상의 가정주의에 관한 연구」, 19.
91 이재경, 「정의의 관점에서 본 가족」, 『한국여성학』 11 (1995): 53-54.
92 Susan M. Okin, 86-90.
93 Michael J. Sandel, *Liberalism and the Limits of Justice* (Cambridge: Cambridge University Press, 1982), 33.

랑이 중요하지만 정의를 배제해서는 안 된다고 반박하였다. 성역할 분업이 고착화된 가정에서 태어난 여성은 가사노동과 육아를 자신의 일로 인식하면서 미래를 설계하고 행동하게 된다는 것이다.[94]

이외에도 가족 간의 사랑을 당연하게 생각하지 않고 정의를 기반으로 생각하는 태도가 필요하다는 주장은 많다. 혈연과 가족 관계를 바탕으로 자식에 대한 희생과 부모에 대한 효를 자연스럽고 당연하게 여기면 오히려 부담을 주는 관계가 될 수 있다는 것이다.[95] 나아가 가족이 사랑으로 결합하더라도 여가와 돈, 시간 등을 어떻게 배분할 것인가에 따라 정의가 문제 되는 여건은 언제든지 발생할 수 있기에 부부의 성평등 외에도 정의의 문제는 중요하다고 논의한다.[96]

통일사상은 별도의 정의론이 없기 때문에 롤즈나 틸리히 등의 학자들이 제시한 정의론을 검토하면서 통일사상에 기초한 정의를 제시하고자 한 학자들이 있다.

최유신(2002)은 통일사상의 정의론을 정립하기 위해 틸리히(Paul Tillich)의 정의론을 검토하면서 모든 인간이 자기 존재의 가능성을 실현하고 싶은 평등한 권리가 있다는 것을 인정하는 것이 가장 근본적인 정의, 즉 본유적 정의(intrinsic justice)라고 제시하였다. 통일사상의 인간관은 모든 인간이 하나님의 개별상에서 유래한 개성진리체로서 만민이 하나님을 닮은 존재라는 동등한 가치를 가지며 하나님이 주신 신적 가치인 개별상을 실현하는 것을 절대명령으로 한다는 점에서 본유적 정의와 같은 의미를

---

94   Susan M. Okin, 92-93.
95   류도향, 260-264.
96   Susan M. Okin, 32.

가진다고 보았다.[97]

또한 심정과 사랑, 공동목적을 가지고 주체와 대상이 상대적 관계를 맺을 때 일어나는 수수의 관계가 정의의 관계이며 추구해야 할 궁극의 이념적 목표로서 절대적으로 타당한 정의의 현실적 원리라고 제시하였다.[98] 나아가 틸리히나 니이버가 하나님의 사랑에 의해 무한히 상승하는 역동적 과정, 즉 창조적 정의를 이야기한 것처럼 통일사상의 심정 또한 일괄적 제도의 적용에서 초래될 수 있는 불평등의 문제를 해결할 수 있다고 보았다.[99]

황진수(2017)는 롤즈의 정의의 원칙을 수수작용의 관점으로 재해석하고자 하였다. 롤즈의 제1원칙인 '평등한 자유의 원칙'은 수수작용의 하나님 앞에 대상으로서 인간의 평등을 의미하며 제2원칙인 '차등의 원칙'은 사회적 약자에 투입했을 때 사회적 기여 확대로 되돌아오는 수수작용의 법칙과 통한다고 보았다.[100] 이러한 수수작용의 법칙은 조건적 형식을 가지고 있지만 그 근간에는 무조건적 사랑이라는 힘으로부터 비롯되기에 먼저 무조건성에서 출발하여 주고받는 조건적 형식이 성립한다는 것이다. 그는 이러한 관계에서 사랑과 정의가 하나의 통합된 논리로 이해될 수 있다고 제시하였다.[101]

강화명(2020)은 롤즈의 정의론이 제시하는 정의의 원칙을 통일사상의 관점에서 검토하면서 통일사상은 개개인의 능력이나 환경, 사회적 여건

---

97 최유신, 「통일정치사상의 정립을 위한 정의문제」, 50-51.
98 최유신, 「통일정치사상의 정립을 위한 정의문제」, 52-53.
99 최유신, 「통일정치사상의 정립을 위한 정의문제」, 58.
100 황진수, 39-40.
101 황진수, 43-47.

등으로 인한 창조력의 차이를 인정하되 가족과 같은 심정의 원리에 기초하여 타인의 물질적 궁핍이나 어려움이 발생할 정도의 큰 차별이 있어서는 안 된다고 하였다. 즉 이웃을 배제한 이윤의 독점이나 자본의 무제한적 축적은 허용되지 않으며 구성원들 간의 연대를 훼손할 정도로 심각해서도 안 된다는 것이다.[102]

이를 위해 창조력 실현에 영향을 미치는 이득과 특권 등의 불평등을 최대한 공정하게 수정하여 실질적 기회의 평등을 보장하기 위한 제도와 정책들이 시행되어야 하며 분배의 결과적 불평등은 사회적 약자를 비롯한 모든 이들의 복지에 기여한다는 조건에 한해 허용되어야 한다고 제시하였다.[103]

학자들마다 통일사상의 정의론을 규정하는 용어나 개념의 차이는 있으나 공통적으로 통일사상이 사랑의 관계를 위해 모든 존재가 하나님의 사랑으로 평등하다는 존재론적 이해가 있으며 능력에 의한 불평등은 공동체의 발전이 허용되는 차원에서만 허용된다고 보았다. 다만 이러한 정의론은 일반적 사회정의로서 논의된 것이고 가정 안에서 어떻게 정의가 실현되는가에 대한 논의는 심층적으로 진행되지 못한 면이 있다. 가정에서 부모와 자녀, 부부, 형제자매 역시 사랑의 관계이지만 기본적으로 사랑을 주고받을 수 있기 위한 관계의 질서라는 측면에서 정의가 전제되어 있어야 한다. 가정이 무조건적인 사랑의 공동체가 아니라 사랑의 질서, 즉 정의에 기초한 사랑의 공동체가 될 때 사회윤리와 연결되는 접점이 보다 분명해질 수 있기 때문이다.

---

102 강화명, 「통일사상의 분배정의론 정립을 위한 시론적 연구」, 64-65.
103 강화명, 「통일사상의 분배정의론 정립을 위한 시론적 연구」, 66-68.

VI. 발전되어야 할 가정주의

본 연구는 공의주의의 요체라 할 수 있는 가정주의에 관한 선행연구를 정리해 봄으로써 연구성과를 정리하고 이를 바탕으로 공의주의 사회를 이루기 위한 향후 논의의 방향을 제안해보고자 하였다.

공의주의의 가정주의 또는 가정윤리 등에 관한 여러 연구들을 정리한 결과 가정윤리와 사회윤리, 가정주의와 가족주의, 가정의 사랑과 정의 등으로 분류해볼 수 있었다. 이러한 선행연구를 고찰해 본 결과는 다음과 같다.

첫째, 그동안 논의된 연구들은 통일사상의 공의주의가 이상세계의 공동윤리사상이기에 이상주의적 접근에서 가정주의의 내용과 의미, 가정의 4대 사랑의 의미 등을 정리하거나 제안하는데 집중되어 있었으나 현실주의적 관점에서 변화하는 가족의 상황을 진단하고 이에 대한 대안을 제시하는 연구는 부족하였다.

공생공영공의주의 사회가 어느 날 갑자기 도래하는 사회가 아니라 우리가 살고 있는 현실 속에서 실현해나가야 할 사회라면 이를 위한 현실적인 논의들도 전개되어야 할 것이다. 하나님의 역사에만 의존하면 현실 속에서 할 수 있는 실천을 무시하게 되어 패배주의에 빠질 수 있고, 이상이 실현될 수 있다고 강하게 믿고 무조건적인 실천을 하게 되면 유토피아니즘에 치우칠 수 있다. 현실주의적 태도는 지금 살고 있는 현실에서 조금 더 가까이 이상을 향해 접근하는 실천으로 현실과 이상의 끊임없는 대화를 필요로 한다. 이상을 기준으로 현실을 성찰하면서 단계적 목표

를 설정하여 실현 가능성을 높여가야 할 것이다.[104]

최근 한국 사회는 젊은 세대가 연애와 결혼, 출산 등을 포기하면서 가정의 위기에 대한 많은 논의들이 이루어지고 있다. 이러한 한국 사회에 대해 공의주의 가정주의가 이상만을 거듭 이야기한다면 유토피아니즘에 빠져 이데올로기화될 수 있음을 경계해야 할 것이다.

둘째, 현실주의적 관점을 가진 학자들을 중심으로 가정윤리와 사회윤리에 관한 논의와 사랑의 질서로서 정의에 대한 논의가 활발하게 이루어졌다. 현실 속에서 가정윤리와 사회윤리는 상호 영향을 주고받으나 참사랑의 가정윤리를 통해 인격이 성숙된 개인이 양육되면 사회와 국가 윤리의 근본적인 대안이 된다는 측면에서 통일사상은 가정윤리를 근본대안으로 제시하고 있다는 것을 알 수 있었다.

그러나 현실주의적 관점에서 볼 때 참사랑을 중심한 가정윤리의 확대는 사회윤리로 적용하는데 한계가 있기에 정의에 대한 논의가 진행되었다. 가정윤리가 사회윤리로 확대될 때 제도나 체계 등은 정의의 관점에서 보완되어야 할 주제로 생각된 것이다.

이러한 정의의 관점은 사회윤리뿐만 아니라 가정에서도 요청되는 윤리이다. 가정은 참사랑의 공동체이지만 이러한 사랑은 반드시 질서를 가지고 있기 때문이다. 부모가 자녀에게 주는 내리사랑과 부부가 나누는 횡적인 부부사랑이 같은 질서를 가질 수 없으며 자녀가 부모에게 돌리는 올리사랑과 형제들과 나누는 횡적인 형제자매의 사랑이 같은 질서를 가질 수 없는 것이다. 이러한 사랑의 질서가 정의의 문제로 논의될 때 가정

104　김항제, 「천일국과 통일교 현실주의」, 『통일사상연구』 4 (2003): 219-224.

윤리의 사회적 확대 또한 다양한 층위의 논의가 가능해질 것이다. 이와 함께 가정윤리의 정립을 위한 구체적인 방안과 사회구조의 개혁을 위한 윤리적 실천방안 등도 향후 지속적으로 논의되어야 할 것으로 보인다.

『통일사상요강』에서 공의주의에 대한 설명은 비록 짧지만 가정주의는 가장 핵심적인 논의를 담고 있기에 윤리론과 본성론, 교육론 등 다양한 부분과 연결되어 있다. 보편적인 공동윤리가 될 수 있도록 가정주의에 관한 연구가 현실의 지평 속에서 활발하게 이어지기 바란다.

2
종교의 공공성과 볼프의 공공신학[1]

I. 팬데믹과 종교의 공공성

2020년 시작된 코로나19 팬데믹 상황은 이제 새로운 사회적 질서를 만들어내고 있다. 장기간의 사회적 거리두기로 인해 시작되었던 경제적, 사회적 변화가 차츰 정착되고 있으며 더디게 변화될 것으로 예상되었던 교육과 종교 분야도 온라인 수업과 온라인 예배가 자리를 잡아가고 있는 상황이다. 그러나 온라인 수업이 교육의 기능을 온전히 대신할 수 없듯이 온라인 예배만으로 종교의 고유한 기능을 대신할 수 없다는 한계 역시 지적되고 있다.

온라인 예배와 제한적 대면 예배가 지속되면서 젊은 신자들의 탈종교화와 이로 인한 헌금의 감소가 이어지고 있으며 종교시설 또한 규모에 따라 불평등이 심화되어 온라인 예배를 실시하기 힘든 작은 교회들은 운

---

1   이 글은 『통일사상연구』 제21집(2021)에 게재된 논문이다.

영이 힘든 상황에 놓이기도 하였다. 가장 심각하게 지적되는 것은 미래 종교의 신자라 할 수 있는 청소년 세대들이 온라인 예배에 2년 가까이 참여하면서, 종교경험이나 신앙적 결단을 할 수 없어 빠르게 탈종교화되는 것이다.[2]

종교를 떠나고 있는 젊은 세대를 어떻게 다시 종교에 귀 기울이게 할 수 있을 것인가? 코로나19 팬데믹이 가져온 종교의 위기를 어떻게 극복할 수 있을 것인가? 불안과 단절의 시대, 일상이 멈춘 순간에 사람들은 그동안 당연하게 생각해왔던 모든 것에 의문을 가지게 되면서 종교는 우리에게 무엇이었으며 이러한 사회적 위기에 어떠한 역할을 하고 있는가에 대해 질문을 가지게 되었다. 이러한 의문은 특히 젊은 세대에서 두드러지게 나타나고 있다.

아쉽게도 그동안 종교는 이러한 질문에 긍정적인 대답을 주지 못하였다. 신천지예수교 증거장막성전 대구교회가 코로나19 팬데믹 1차 집단감염의 진원지로 알려진 후 서울사랑제일교회, BTJ열방센터(인터콥), IEM국제학교(IM선교회) 등 크고 작은 교회 또는 선교회 등에서 집단감염이 이어지면서 오히려 종교 자체에 대한 불신이 더욱 깊어졌다. 한국 교회는 국민의 안전과 건강보다 교회의 종교적 신념과 성장을 우선시하는 이기적인 태도를 보였으며 코로나19 팬데믹은 하나님의 징벌이라는 등의 설교로 사회적 공분을 사기도 했다.[3] 또한 종교집회 등으로 감염이 확산된 후에도 예배나 집회 참여자를 투명하게 밝히지 않는 것은 물론 적극적으

---

2   김민지·안연희, 「뉴노멀시대, 종교의 공공성 회복」, 『평화와 종교』 11 (2021): 39-58.
3   일부 극단적 보수교회에서 중국 우한에서 코로나19 팬데믹이 시작된 것은 선교를 금지한 중국에 대한 하나님의 징벌이라는 설교를 한 것이 언론에 부각되면서 이러한 공분을 사기도 했다.

로 감염확산을 막기 위한 노력을 하지 않아 코로나 확산지이자 사회적인 문제 집단으로 각인되기도 하였다.

종교의 미래는 어떻게 될 것인가? 코로나19 팬데믹으로 인한 위기를 극복하고 심화된 사회적 불신을 해결할 수 있을 것인가? 본 연구는 이러한 의문에 대답하기 위해 공공신학에 주목하였다. 사실 한국 교회에 대한 부정적인 사회인식은 종교인 과세, 종교간 갈등 등으로 코로나19 팬데믹 이전에도 지적되어 왔으며 이에 종교인에 대한 대안을 모색하기 위해 2000년대 이후 공공신학(公共神學, Public Theology)에 대한 관심이 높아졌다.

공공신학이란 종교가 시민사회에서 질서를 유지할 수 있는 기준과 토대를 제공하는 공적 역할을 담당하고자 세상의 변화와 개혁을 추구하며, 사회에 필요한 도덕적 근거를 제시하고 인격적 공동체와 윤리적 원칙을 제공하려는 신학이다.[4] 특히 시민사회에서 종교는 사사화되어 공적인 탈종교화 되었는데 오히려 이러한 상황이 시민사회의 도덕적 기준을 와해시켰다고 보고 신앙의 내재화와 사사화 현상을 해소하기 위해 노력하려는 신학적 입장을 견지한다.

본 연구는 공공신학의 다양하고 방대한 논의들을 통합적으로 검토하는 것은 불가능하기에 공공신학의 대표적 학자 중 한 사람인 볼프(Miroslav Volf)의 공공신학을 중심으로 논의를 전개하고자 한다. 공공신학의 대표적인 학자로는 스텍하우스(Max L. Srackhouse), 하우어워스(Stanley Hauerwas), 볼프(Miroslav Volf) 등이 있으며 종교의 공적(Max L. Stackhouse)

---

4   성석환, 『공공신학과 한국사회』 (서울: 새물결플러스, 2019), 34.

역할을 강화해야 한다는 점에서 공통점을 가지고 있다. 스텍하우스는 교회의 공공성을 앞세워 공공의 영역에 관심을 가지고 시민사회에 참여하거나 사회의 다양한 분야에 협력해야 한다고 주장하는 반면 하우어워스는 교회가 먼저 윤리를 회복하여 교회의 정체성을 회복해야 하며 기독교윤리를 먼저 실천하여 대안적 문화를 보여주어야 한다고 주장한다.[5] 이에 비해 볼프는 몰트만의 제자로 신학을 공부하면서 삼위일체적인 교회론을 주장, 보다 통합적이고 관계적인 공공신학을 제시하여 주목받고 있는 공공신학자이다.

본 연구는 볼프의 공공신학에 주목하여 통일사상의 공의주의(共義主義, the Principle of GongEui)의 관점에서 종교의 공공성 회복에 관한 구체적인 논의를 정리해보고자 하였다. 공의주의는 이상사회의 공동윤리 사상으로 하나님의 참사랑에 기초한 삼대주체사상과 참가정주의를 그 내용으로 하고 있는 사상이다. 하나님의 참사랑을 기초로 한다는 점에서 종교에 기초한 공동윤리를 추구하지만 이상사회가 실현되면 종교 교리가 아니라 실천적 윤리만 남게 된다고 전망하고 있다. 공의주의 관점에서 볼 때 종교의 공적 역할을 회복하려는 노력은 어떠한 의미를 가지는가? 종교의 공적 역할의 회복은 어떠한 방향으로 이루어져야 하는가? 등에 대해 볼프의 공공신학이 제기하는 주요 논점을 탐구함으로써 공의주의에 대한 논의의 지평을 더욱 풍성하게 하고자 한다.

---

5   문시영, 「공공신학의 교회, 교회윤리의 교회」, 『한국기독교신학논총』 88 (2013): 218-219.

II. 공의주의와 종교의 공공성

1. 통일사상의 공의주의

통일사상의 공의주의는 하나님주의를 경제, 정치, 윤리의 측면에서 구체화한 공생공영공의주의 중 이상사회의 윤리사상을 말한다. 하나님을 중심한 이상사회가 실현되면 모든 사람은 공적으로나 사적으로 도덕, 윤리를 준수하고 실천하면서 건전한 도의사회(道義社會), 즉 공공윤리사회를 이루게 된다는 사상이다. 나아가 현대사회의 가치관 붕괴를 근본적으로 수습하여 건전한 도의사회를 이룰 수 있는 사상이기도 하다. 이러한 공동윤리의 사상은 공생공영공의주의의 기본이 되는 것으로 삼대주체사상(三大主體思想)이 실현되는 사회의 근간이다.[6]

그런데 이러한 공의주의 사회는 종교가 필요 없는 사회이다. 종교의 목적은 이상사회를 이루는 것이므로 이상사회가 이루어진 뒤에는 종교가 필요 없기 때문이다. 더 이상 종교의 가르침은 필요 없으며 이미 종교의 가르침이 현실 속에서 영위되는 사회라 할 수 있다. 통일사상은 이러한 사회는 종교 교리가 필요한 사회가 아니라 실천 위주의 생활윤리가 필요한 사회이며 만인이 동일한 가치관을 가지고 살아가는 사회라고 제시한다.[7]

이러한 공의주의 사회의 공동윤리의 특징은 첫째, 가정의 중심인 부

---

6   통일사상연구원, 『통일사상요강』 (서울: 성화사, 1994), 780-781.
7   통일사상연구원, 781.

모와 학교의 중심인 스승, 주관의 중심인 관리 책임자 등 삼대주체가 하나님의 참사랑을 먼저 실천하여 전 사회가 사랑을 나누는 윤리공동체가 되는 것이다. 각 사회구성체의 중심이 되는 주체들이 먼저 참사랑의 윤리를 모범적으로 실천하여 빈곤과 소외 등이 사라지게 되는 사회이다.[8]

둘째, 이러한 삼대주체의 사랑이 시행되는 가장 기초가 되는 곳은 가정으로 조부모와 부모, 부부와 형제자매 등의 관계에서 참사랑을 주고받으며 자동으로 질서와 가법이 세워지면서 이상가정을 이루게 된다. 이렇게 평화와 환희와 복락이 깃드는 이상가정이 근간이 되어 정치, 경제, 사회로 확대되는 특징이 있다. 즉 가정의 참사랑 윤리가 전 사회로 확대되는 것이다.[9]

이렇게 통일사상은 공의주의를 이상가정의 이념을 근간으로 하는 삼대주체사상이라고 제시하고 있으나 공생공영주의에 비해 공의주의에 대한 구체적인 실현 방안 등은 상술하지 않았다. 이에 종교적인 사랑의 윤리공동체를 추구하고 있으나 철학적 설명은 미흡하다는 지적이 있기도 하였다.[10]

이에 김항제(2011)는 공의주의를 자유주의적 가정공동체주의로 개념화하면서 공동윤리사회는 전체는 행복의 극대화를 추구하되 질적 차이를 고려하고 사랑으로 그 간격을 채워 적정한 행복의 평등이 이루어지는 사회라고 분석하였다.[11] 공의주의의 철학적 의미를 보다 분명히 탐구하기 위한 연구에 이어 공의주의가 실현될 수 있는 현실적 방안에 관한 연구

8 　통일사상연구원, 782.
9 　통일사상연구원, 783.
10 　최유신, 「제3의 대안으로서의 공생공영공의주의」, 『통일사상연구』 2 (2001): 65.
11 　김항제, 「통일교 정치사상으로서의 공의론」, 『신종교연구』 24 (2011): 158.

도 이어졌다. 공동윤리사회를 이루기 위해서는 먼저 시민의식을 함양할 수 있는 장기적인 봉사기간을 두는 방안이나[12] 공동체생활을 하는 방안 등이 제안되었다.[13] 공의주의에 기초하여 사회갈등을 최소화하고 사회통합을 이끌 수 있는 비정부기구를 구성하는 방안[14]과 공의주의 실현을 위해 효정을 중심으로 축복가정공동체가 실현될 수 있는 방안 등도[15] 논의된 바 있다.

2. 공의주의와 종교의 공공성

공의주의에 대한 철학적 논의와 함께 이를 실현할 수 있는 여러 방안 등이 모색되어 온 반면 공의주의와 종교의 관계에 관한 탐구는 활발하게 이루어지지 못했다. 공의주의는 이상사회의 공동윤리 사상이라는 의미와 함께 도의사회를 실현할 수 있는 사상이라는 의미도 포괄하고 있으므로 종교가 필요 없는 이상사회의 공동윤리 사상이면서 종교의 교리보다 실천적 윤리가 강조되는 사상이라고 할 수 있다. 즉 각기 다른 종교의 교리와 전통에도 불구하고 공동의 실천적 윤리를 도출하고 이를 통해 종교를 초월하여 연대와 협력이 이루어질 수 있는 사상인 것이다.

공의주의의 이러한 사상은 통일사상의 종교관에 기초하고 있다. 통일사상은 종교는 타락으로 인해 무지에 떨어진 인간이 궁극적 실재를 찾아가기 위한 방편이기에 궁극에 가서는 자연히 소멸될 것이라고 본다. 이

---

12   최유신, 109.
13   최병환, 「공의주의의 철학적 함의」, 『통일사상연구』 5 (2012): 113-123.
14   김민지, 「통일사상 공의론으로 본 사회갈등과 통합」, 『통일사상연구』 14 (2018): 53-75.
15   김민지, 「공의주의 실현을 위한 효정의 계승」, 『통일사상연구』 17 (2019): 19-39.

를 종교방편론이자 종교소멸론이라고 하는데 모든 종교가 자신의 종교를 목적으로 인식하지 않고 이상사회를 이루기 위한 방편으로 이해할 때 다른 종교와 협력할 수 있으며 상호 배타적이지 않고 개방적으로 대화할 수 있다고 제시한다.[16]

이러한 종교관은 공의주의의 공동윤리와 연결된다. 인류가 공유할 수 있는 가치관을 찾기 위해서는 먼저 가치의 절대기준인 공통성을 찾아야 하는데 이를 위해서는 먼저 종교의 공통성을 발견할 수 있어야 한다. 통일사상은 모든 종교의 공통성은 궁극적 실재를 찾아왔다는 것이기에 각 종교는 다른 종교를 궁극적 실재를 찾아온 형제자매의 종교로 인식하고 공동의 윤리를 만들기 위해 대화하고 협력해야 한다고 강조한다.[17]

통일사상은 모든 종교는 궁극적 실재를 탐구하면서 이상적인 미래사회를 지향한다는 공통점이 있다고 본다. 모든 종교는 평화로운 미래에 대한 비전을 담고 있는데 이러한 비전은 불의하고 고통스러운 현실에 대한 성찰과 극복이라는 해석과 실천 또한 제시한다. 현실에 대한 해석과 그 극복을 위한 실천은 종교의 공공성과 맞닿아있다. 종교마다 현실에 대해 소극적 또는 적극적 태도의 차이로 인해 사회적 참여의 정도에서 차이가 있을 수 있으나 현실을 살아가는 윤리적 덕목을 제시한다는 면에서 이미 사회참여의 가치관을 담고 있는 것이다.

공의주의는 정의, 동등성, 평화 등의 보편적 윤리와 가치를 실현하기 위해 종교의 역할이 필수적으로 요청되며 하나님의 참사랑을 중심으로 개별성과 다원성, 보편성과 통일성 등의 조화를 이룰 수 있다고 제시한

---

16 김항제, 「신종교의 종교통일론 연구」, 『신종교연구』 2 (2000): 175-178.
17 김항제, 「신종교의 종교통일론 연구」: 179-186.

다. 다양한 종교와 문화가 공존하는 세계화 흐름 속에 공동윤리나 절대 가치 등은 획일적 보편주의로 오해될 수 있으나 부모이신 하나님의 심정에 기초한 공의와 참사랑은 개별적 타자에 대한 무조건적 사랑과 존중을 강조하고 있기에 전체주의적이지 않으며 공공성을 가질 수 있다.[18]

　공의주의 관점에서 각 종교가 교리나 전통을 넘어 상호 협력적으로 사회에 참여할 수 있는가, 사회에 참여한다면 종교의 배타성을 어떻게 극복할 수 있는가 등에 대해서는 아직 구체적인 논의는 이루어지지 못했다. 이를 위해 본 연구는 최근 활발하게 논의되고 있는 종교의 공공성, 특히 공공신학을 주목하여 공의주의의 관점에서 공공신학을 바라봄으로써 종교의 공공성에 대한 관점을 정리해보고자 한다.

Ⅲ. 볼프의 공공신학

1. 볼프의 생애와 공공신학

　미로슬라브 볼프(Miroslav Volf)는 1956년 크로아티아에서 태어난 미국 성공회 신학자이다. 오순절 교회의 목회자 자녀로 태어났으나 공산주의 체제 안에서 성장하면서 소외감을 느끼고 정체성의 위기를 경험하였다. 그러나 다행히 아버지의 영향으로 복음주의적 입장을 가지고 신학을 공부할 수 있었으며 1989년 미국으로 이주하여 풀러신학교에서 석사학위

18　안연희, 「공의주의로 본 글로벌 사회의 코즈모폴리터니즘」, 『통일사상연구』 17 (2019): 41-62.

를 받고 독일 튀빙엔대학교에서 위르겐 몰트만의 제자로서 박사학위를 받았다.[19]

이후 발칸반도에서 일어난 크로아티아와 세르비아, 슬로베니아 사이의 인종적 갈등에 대한 성찰을 바탕으로 가해자와 피해자가 역사 속에서 어떻게 위치를 바꾸며 용서를 하는가를 『배제와 포용(Exclusion and Embrace)』에서 심도 깊게 서술하여 주목을 받았다. 볼프는 몰트만이 세르비아 전사들을 끌어안을 수 있는가를 질문하였을 때 그리스도가 우리를 용서하였듯이 세르비아 전사들을 용서해야 하지만 못할 것 같다는 진솔한 고백을 하면서 이후 이 책을 저술하게 되었다고 하였다.[20] 이후 볼프는 사회 속에서 종교가 어떠한 역할을 담당해야 하는가를 중심으로 지구화, 인류 공영 등의 구체적인 상황에 대한 응답을 탐구하면서 공공신학자로 활동하고 있다.

볼프는 그리스도를 믿는다는 신앙고백은 개인적인 일이 아니라 사회적이고 공적인 차원의 일이라고 설명한다. 그리스도를 믿는다는 고백은 다른 사람들에게 하는 선포이면서 다른 사람들과 사회적으로 소통하고 다른 사람들을 초대하게 되는 사회적 행위이다. 나아가 이러한 고백은 다른 사람들과 함께 하는 사회적 본성을 가지고 있다. 교회 공동체 안에서 다양한 형식의 신앙고백을 통해 교회를 구성하게 되는 것이다.[21]

또한 교회는 성령 안에서 그리스도를 통해 하나님과 이웃과 교제하는 새로운 공동체로서 개방성을 가진다. 교회 공동체는 결코 폐쇄적이지

---

19 Miroslav Volf, 박세혁 역, 『배제와 포용』 (서울: IVP, 2012), 508-509.
20 Miroslav Volf, 『배제와 포용』, 13.
21 Miroslav Volf, 황은영 역, 『삼위일체와 교회』 (서울: 새물결플러스, 2012), 254-255.

않으며 섬김과 선교로 개방되어 있어야 한다.[22] 교회 공동체는 여러 프로그램을 통해 사회와 만나야 하는 차원이 아니라 기본 성격 자체가 사회를 위한 섬김을 가지고 있어야 한다고 강조한다. 그리스도를 믿는다는 것은 그리스도가 보여주었던 삶의 방향과 실천을 믿고 따르는 것이기에 사회를 위한 신앙과 교회가 되는 것이다.[23]

교회와 신앙에 대한 이러한 볼프의 관점은 교회가 가져야 하는 공공성을 드러낸다고 할 수 있다. 그는 교회 공동체가 기존에 없던 새로운 공동체, 대안적 공동체가 되어야 한다고 강조한다. 그리스도를 믿는 신앙자는 먼저 용서받은 자들로 다른 사람은 포용하여 인도하는 통로가 되어야 한다.[24]

2. 예언자적 종교와 신앙의 기능장애

볼프는 교회와 신앙인의 역할을 삶의 모든 영역에서 신앙을 실천하면서 세상의 부정의를 바로잡고 모두가 번성하도록 돕는 것이라고 규정하면서 이러한 역할을 하는 종교를 예언자적 종교라고 부른다. 이에 반해 세상으로부터 도피하면서 세상의 불의를 바로잡으려는 책임이나 필요성을 느끼지 못하며 세상과 단절하는 종교를 신비주의 종교라고 구분하였다.[25]

그는 하나님을 믿는 이슬람, 유대교, 기독교 등 아브라함 신앙을 기초

---

22 Miroslav Volf, 『삼위일체와 교회』, 267.
23 Miroslav Volf, 『삼위일체와 교회』, 249.
24 Miroslav Volf, 『삼위일체와 교회』, 332.
25 Miroslav Volf, 김명윤 역, 『광장에 선 기독교』 (서울: IVP, 2014), 26.

로 하는 종교를 예언자적 종교라고 규정하면서 이러한 종교는 신과 만남을 통해 신의 메시지를 받고 종교의 핵심적 정체성이 형성되는, 예언적 영감이나 경전을 이해하고 수용하는 '상승'을 경험한다. 이렇게 수용된 메시지는 전파되고 실행되며 종교의례나 제도, 율법으로 구체화되는 '회귀'가 일어난다. 상승 뒤에 반드시 회귀가 따라야 하며 이 상승과 회귀가 왜곡될 때 교회와 신앙의 기능장애가 일어나게 된다.[26]

볼프는 신앙의 기능장애를 상승 기능장애와 회귀 기능장애로 세분화하였다. 먼저 상승 기능장애는 예언자가 신에게서 메시지를 받는 과정에서 장애가 생기는 것으로 '기능축소'와 '우상대체'라는 두 가지로 나타난다. '기능축소'는 종교적 언어를 사용하고 실천하는 것처럼 보이지만 그 내용과 방법이 신앙의 핵심에 근거하지 않거나 연결되어 있지 않는 것을 말한다. 신앙의 핵심과 괴리되어 있기 때문에 신과의 만남은 일어나지 않으며 실제 상승을 경험할 수 없는 장애 상태에 이른다.[27] 예언자는 신앙의 문제에 어떤 통찰도 주지 못하고 대중에게 가지는 권위만 이용하기 때문에 신앙이 가지는 어떤 선한 영향력도 발휘할 수 없다. '우상대체'는 예언자들이 그들의 상상속 형상으로 신의 이미지를 변형하고 대체하여 신과의 만남을 일으키지 않는 장애를 가지게 된다.[28]

상승은 자연스럽게 회귀로 연결되기 때문에 상승의 기능장애는 회귀의 기능장애로 이어진다. 예언자들은 신과의 만남을 통해 신의 뜻을 깨닫게 되지만 이러한 상승을 위장하거나 왜곡하면 기능적으로 장애가 일

---

26 Miroslav Volf, 『광장에 선 기독교』, 32.
27 Miroslav Volf, 『광장에 선 기독교』, 34.
28 Miroslav Volf, 『광장에 선 기독교』, 35.

어나는데 이러한 장애는 회귀에서 현실과 타협하면서 '신앙의 나태'와 '신앙의 강요'라는 두 가지 형태로 나타나게 되었다.

'신앙의 나태'란 개인의 영혼이나 가족과 교회라는 좁은 영역에 관련된 일에 국한되어 신앙생활을 하도록 한다.[29] 특히 현대사회 속에 살아가는 신앙인들은 체제에 굴복하여 사회의 부조리하고 불의한 규칙을 그대로 두게 된다. 진정으로 신앙하는 사람이라면 종교적 신념에 위배되는 불의한 구조를 개혁해야 하지만 나태한 사람은 일상적 삶의 공간과 교회를 분리한다.[30]

'신앙의 강요'는 세속화가 진행된 현대사회에서 종교적 신념을 관철하기 위해 다른 종교적 신념을 가진 사람 또는 다른 입장을 가진 무신론자 등을 악한 자로 규정하고 비난하는 등 정당하지 않은 수단을 사용하는 것이다. 자신과 다른 입장을 가진 반대자들에게 자비를 베풀기는커녕 존중하지 않는 태도를 보이는 것은 신앙이 억압의 수단이 되어 기능장애가 일어난 것이다.[31]

볼프는 신앙에 충실하게 되면 신앙생활이 나태하게 되거나 타인에게 신앙을 강요하지 않는다고 강조한다. 예언자적 종교는 세상에 참여할 때 타인에게 무례하지 않으며 폭력적이지 않고 오히려 헌신적 실천으로 평화의 문화를 조성한다고 주장한다.[32] 그는 하나님을 사랑하지 않으면 상승 기능장애가 오며, 자신이나 이웃을 사랑하지 않으면 회귀 기능장애가 일어난다고 본다. 결국 신앙의 본질에 충실한 것은 하나님과 이웃을 온

---

29 Miroslav Volf, 『광장에 선 기독교』, 39.
30 Miroslav Volf, 『광장에 선 기독교』, 40.
31 Miroslav Volf, 『광장에 선 기독교』, 43-44.
32 Miroslav Volf, 『광장에 선 기독교』, 70-72.

전하게 사랑하는 것이며 이러한 신앙의 기능장애가 나타나지 않도록 노력해야 한다.[33]

3. 종교의 사회참여

하나님과 이웃을 향한 사랑은 세상 안에서 새로운 비전을 제시하고 대안적인 삶을 실천하게 하며, 세상과 다른 공동체의 모습을 제시하도록 한다. 또한 신앙자들을 세상 속에서 변화를 위해 헌신하는 실천을 하도록 이끌어내는 등 사회에 적극적으로 참여하게 한다.[34]

종교가 공적 영역에서 적극적으로 참여할 때 발생되는 몇 가지 문제에 대해 볼프는 상세하게 설명한다. 먼저 그는 지구화의 흐름에도 세계종교를 믿는 신자는 증가하고 있으며[35] 여전히 유의미하다고 전제하면서 지난 40년 동안 종교가 정치에 미치는 영향 또한 강력해지고 있다고 말한다. 종교 자체는 개인의 내면뿐만 아니라 사람들 사이의 관계를 형성하고 문화를 만들어내면서 공적 영역에서도 보이지 않는 질서를 가지고 있기에 필연적으로 공적 영역에 영향을 미친다.[36]

그러나 최근 종교가 공적 영역에서 활발한 활동을 전개하는 것은 이

---

33   Miroslav Volf, 『광장에 선 기독교』, 111.

34   Miroslav Volf, 『광장에 선 기독교』, 142.

35   볼프는 1970년부터 2005년까지 여러 자료를 종합하여 불교인은 2억 3,300만 명에서 3억 7,900만 명으로, 그리스도인은 12억 3,600만 명에서 21억 3,500만 명으로, 힌두교인은 4억 6,300만 명에서 8억 7,000만 명으로, 유대인은 1,400만 명에서 1,500만 명으로, 무슬림은 5억 5,400만 명에서 13억 1,400만 명으로 증가하였다고 하면서 2030년이면 무슬림 인구가 22억 명이 달할 것으로 예상하였다. Miroslav Volf, 양혜원 역, 『인간의 번영』 (서울: IVP, 2016), 94.

36   Miroslav Volf, 『인간의 번영』, 94-95.

러한 차원이 아니다. 스리랑카의 불교인, 이스라엘의 시온주의자, 미국 기독교 우파, 정치적 이슬람 등은 강한 종교적 신념으로 정치사회를 지배하려고 하고 있다. 이러한 시도는 종교가 정치권력의 도구가 될 수 있으며, 특정 국가의 지역종교가 되어 권력과 결합하여 폭력적으로 변할 수 있는 위험이 있다.[37]

볼프는 이러한 위험을 지적하면서도 세계종교가 모두 사적인 영역에 국한되어서는 안 된다고 주장한다. 사회적, 정치적 다원주의를 수용하고 공적 역할을 수행해야 한다는 것이다. 이를 위해 볼프는 종교적 배타주의와 정치적 배타주의를 구분하여 분석한다. 근본주의적 태도를 가진 종교인들이 종교적으로 배타주의자들이라 할지라도 정치적으로 배타주의를 가져서는 안 되며 지속적인 존중과 토론을 통해 이루어야 한다는 것이다. 그는 대표적인 예로 미국의 기독교 우파들이 정치 활동을 할 때에 배타주의적 신앙을 내세우지 않으며 다원적 민주주의의 토론과 규범 안에서 민주주의의 미덕을 지키면서 정치에 참여하고 있다고 제시하였다.[38]

종교인들에게는 정치적 배타주의보다 종교적 배타주의를 극복하는 것이 더욱 힘들다고 볼프는 지적한다. 세계종교가 다른 종교를 근본적으로 존중하는 것은 힘들다는 것이다. 그는 오히려 종교 다원주의자들이 종교적 다양성을 축소하면서 상이한 종교의 핵심을 하나로 모아 공통된 핵심을 가질 수 있다고 주장하는 것이 문제가 있다고 지적한다. 이러한 시도는 각 종교의 특성을 무시하는 결과를 낳는다는 것이다.[39]

---

37 Miroslav Volf, 『인간의 번영』, 119-120.
38 Miroslav Volf, 『인간의 번영』, 195-196.
39 Miroslav Volf, 『광장에 선 기독교』, 183-185.

그는 각기 다른 종교의 다양성을 인정하면서 다른 종교를 존중하는 방안을 제시한다. 그 세 가지 방식으로 첫째, 다른 종교의 성실성을 존경함으로써 그 종교를 존중하는 것, 둘째, 진리주장에 비판적으로 관여함으로써 그 종교를 존중하는 것, 셋째, 그 종교의 긍정적인 도덕적 효과를 인정하는 것을 제안한다. 즉 타종교의 주요 주장, 중요한 실천, 도덕적 효과를 신중하게 바라보고 존중해야 한다는 것이다.[40]

IV. 공의주의로 본 볼프의 공공신학

1. 절대선과 공공선

공공신학은 종교가 공적 영역에서 공공선을 위해 역할을 담당해야 한다고 주장한다. 공공선(公共善, common good)이란 개인이 속한 공동체 전체를 위한 선(善)으로 공동체의 선이라는 의미에서 공동선(共同善)이라고 불리는데 종교가 공적 영역에서 활동할 때 각 종교의 신념을 위해 활동하는 것이 아니라 공공선을 위해 활동할 수 있는가는 중요한 논점이 된다. 즉 모든 종교는 종교적 교리 또는 신념에 따라 공공선이 아니라 절대선을 주장하기 때문에 궁극적으로 공공선을 위해 활동할 수 없다는 비판이다.

볼프는 이 부분에 대해 모든 종교는 공공선이 아니라 각 종교의 신념

---

40   Miroslav Volf, 『인간의 번영』, 159-162.

을 위해 공적 영역에서 활동한다고 전제한다. 물론 이러한 활동은 종교적 신념이 각 종교를 위한 것이기보다 공공선을 위한 활동이라고 믿을 때 더욱 강력해진다. 특히 유일신 신앙을 가진 세계종교는 하나의 신에 대한 믿음과 권위를 보편적인 도덕법으로 연결하고자 하기 때문에 필연적으로 하나의 종교적 가치관으로 공적인 삶을 지배하여 선한 삶에 대한 비전을 강제적으로 다른 모든 사람에게 강요하는 전체주의가 될 수 있다. 이러한 위험을 막기 위해 공적 영역에서 종교를 배제하는 세속화가 일어난 것이다. 하나의 종교적 신념에 기초하여 모든 종교 또는 가치관을 억압하는 전체주의의 위험과 모든 공적 영역에서 종교를 억압하는 세속주의의 위험 모두를 피하기 위하여 세속주의 사회는 유지되어야 하며 종교의 공적 활동 역시 유지되어야 한다고 설명하였다.[41]

볼프의 이러한 주장은 절대선의 지향점을 다시 생각하게 한다. 종교의 절대선이란 결코 특정 종교를 기준으로 하거나 특정 종교만을 위한 것이 아니라 하나님의 뜻을 기준으로 하며 하나님과 이웃을 위한 것이어야 한다. 즉 종교가 추구하는 궁극적인 절대선이란 결국 본질적으로 공공선과 통할 수밖에 없으며 공공선을 파괴하는 절대선이란 있을 수 없다. 그러나 불행하게도 인간은 모두 특정 종교에 속해 있기 때문에 자신의 종교를 초월하는 절대선을 알 수 없다. 각자가 믿고 있는 신을 기준으로 생각하는 선을 절대선이라고 생각하는 것이다.

볼프는 종교의 이러한 한계를 인정하여 하나의 종교가 공적 영역의 절대선이 될 수 없으며 다원주의의 규범이 존재하는 사회 안에서 사회의

---

41 Miroslav Volf, 『광장에 선 기독교』, 198.

한 주체로서 다른 주체들의 주장을 인정하며 공적인 역할을 하고자 노력해야 한다고 주장하였다.

공의주의는 이상사회의 윤리사상으로 하나님의 뜻이 이루어진 이상사회는 더 이상 종교가 존재해야 할 의미가 사라진 사회이기에 종교가 없는 사회라고 설명한다. 이러한 사회는 하나님이라는 절대자의 뜻, 즉 절대선이 이미 실현된 사회로 절대선과 사회적 공공선은 분리되지 않는다. 어떻게 이러한 사회가 실현될 수 있는가? 공의주의는 이상사회의 공동윤리를 실현하기 이전의 상황에 대해 별도의 구체적인 대안을 제시하지 않고 있다. 다만 공의주의는 모든 종교는 자기 종교가 생각하는 절대선을 추구할 때 다른 종교의 절대선도 존중하면서 모든 종교가 합의할 수 있는 절대선을 찾아야 한다고 제안한다. 즉 모든 종교를 포괄할 수 있는 부모종교를 제안하는 것이다.

먼저 공의주의는 종교의 공적 역할이란 모든 종교의 근본적인 영역 중 하나이기에 세속주의로 제한할 수 없다고 본다. 오히려 종교가 중심이 되어 공적 역할을 할 때 공공선의 기준을 정할 수 있으며 공공윤리 또한 실천될 수 있다고 본다. 다수의 합의에 의한 공공선이란 늘 유동적일 수밖에 없으며 이해관계를 초월할 수 없어 소수의 피해가 발생할 수밖에 없기 때문에 공공이 합의할 수 있는 공동의 윤리적 가치관이 요청되기 때문이다. 하나님을 중심한 절대선은 공공선의 기준이 될 수 있으며 이해관계나 다수의 힘의 논리에 따른 임시적 공공선이 아니라 다수의 가치관이 공유할 수 있는 공동의 가치가 될 수 있다. 따라서 공의주의 관점에서 볼 때 종교가 중심이 되어 공공선의 기준을 정하는 것은 항구적이고 보편적인 가치의 기준을 합의하는 것이라 할 수 있다.

물론 각기 다른 다양한 종교들이 자신의 절대선에 기초한 공적 역할을 수행한다면 상충될 수 있는 부분이 있을 수 있다. 그러나 상충된 부분을 최소화하고 절대선과 공공선이 상호 통합적으로 추구될 수 있도록 한다면 종교를 근간으로 공공선을 수립할 수 있을 것이다. 다양한 종교들이 서로의 종교적 목소리에 귀 기울이면서 공통의 윤리적 기준, 종교가 공유할 수 있는 진정한 절대선을 찾고 이를 중심으로 공동윤리를 추구하고자 노력해야 한다. 이를 위해 하늘부모님성회 세계평화통일가정연합은 다양한 종교를 인정하면서 상호 공통된 절대선을 공유할 수 있는 종교를 부모종교라고 이야기하며 부모종교를 중심으로 공동윤리 사회를 추구해야 한다고 제시하고 있다.

공의주의는 부모종교를 가정을 예를 들어 제시한다. 공동윤리는 가정의 다양한 존재가 서로를 존중하고 사랑하는 가운데 자연스럽게 문화로 습득되며 가정의 주체인 부모가 자녀를 완전히 참사랑으로 사랑할 때 가족구성원이 참된 윤리의 공동체를 이룰 수 있다. 종교 역시 다양한 종교가 서로를 존중하고 사랑하는 가운데 모든 종교를 포괄할 수 있는 부모종교가 출현하여 절대선의 기준을 세우고 자기 종교보다 인류를 사랑하는 참사랑의 윤리를 실천하게 된다면 종교가 없어도 되는 이상사회가 실현되게 되는 것이다.

참사랑의 윤리에 기초한 공의주의는 모든 종교는 평화로운 세계를 위해 다른 종교를 존중하면서 공적 역할을 하고자 노력해야 하며 상호 협력하면서 모든 종교를 포괄할 수 있는 절대선을 찾아 이를 실천할 때 항구적인 공공선이 실현될 수 있음을 제시한다. 이러한 공의주의의 관점은 볼프가 종교를 공적 영역에 참여할 수 없도록 제한하는 세속주의를 유지

하면서 종교가 다양한 사회 구성원 중 하나로 공적 역할을 하고자 해야
한다는 주장이 가지는 모순성을 극복할 수 있도록 한다.

2. 참사랑과 신앙의 기능장애

볼프의 공공신학은 종교가 공적 역할을 해야 한다는 당위론적 제시에
서 머무는 것이 아니라 왜 공적 역할을 못 하는가에 대한 진지한 분석을
제시하고 있다. 종교가 더 이상 공적 역할을 담당하지 못하는 것은 신앙
의 기능장애라고 하면서 상승 기능장애와 회귀 기능장애로 세분화하고
상승 기능장애에서는 기능축소와 우상대체가 일어나며 회귀 기능장애
는 신앙의 나태와 신앙의 강요가 나타난다고 분석한다.

공의주의는 이상사회의 공동윤리 사상이기 때문에 이상사회를 만들
기 위해 종교가 공적 역할을 어떻게 담당해야 하는가에 대해 분석하지
는 않고 있으며 종교의 공적 역할을 가로막고 있는 장애에 대한 분석 또
한 제시되지 않는다. 그런 점에서 볼프의 이러한 분석은 흥미로우며 이
상사회의 공동윤리가 정립될 때까지 공의주의의 관점에서 어떠한 노력을
해야 하는가에 대한 논의의 단초를 제공한다. 그러나 공의주의는 공동윤
리의 출발이 가정의 부모, 학교의 스승, 기업의 기업주와 같이 사회공동
체의 중심이 되는 사람이 자녀와 제자, 고용인과 같은 사람들을 참사랑
하는 마음으로 위해 주어야 한다고 강조하고 있다. 이러한 관점을 종교
에 적용해보면 종교 내에서 성직자가 교인들을 참사랑으로 위하여 주는
실천을 해야 하며 종교를 믿지 않는 비종교인이나 타종교인을 참사랑으
로 위하여 주는 실천을 해야 한다.

공의주의의 참사랑을 중심으로 볼프가 제시한 신앙의 기능장애를 바라보면 상승 기능장애란 신을 참사랑하지 않고 이용하는 것이며 회귀 기능장애란 이웃을 참사랑하지 않고 자기중심적으로 위하는 것이다. 하나님을 사랑하지 않는 상승 기능장애는 하나님과 만남이 일어나지 않게 되며 하나님의 모습을 작위적으로 재구성하는 기능장애를 일으킨다. 즉 하나님의 뜻을 알지 못하고 하나님과의 만남을 위장하거나 왜곡하는 것이다. 이러한 상승 기능장애의 핵심은 하나님을 사랑하지 않는 참사랑의 기능장애라 할 수 있다. 마찬가지로 이웃을 참사랑하지 않는 회귀 기능장애는 자신만 구원받겠다는 좁은 시각으로 불의한 구조 속에 고통 받는 이웃을 외면하거나 자신과 다른 종교적 신념을 가진 사람들을 존중하지 않고 비난하거나 억압하는 것으로 그 근본 역시 이웃에 대한 참사랑의 기능장애라 할 수 있다.

공의주의는 볼프와 같이 신앙의 기능장애를 분석적으로 제시하지 않고 있으나 그 근본이 참사랑이라는 것을 밝혀 하나님과 나의 관계에서 일어날 수 있는 참사랑의 상승 기능장애와 나와 이웃(비종교인, 타종교인) 간에 일어날 수 있는 참사랑의 하강 기능장애를 설명할 수 있는 틀을 가지고 있다. 통일사상은 이러한 작용을 참사랑을 중심한 수수작용으로 설명하고 있으며 타락으로 인해 참사랑을 잃어버리고 자기중심적인 이해관계에 빠지거나 참사랑의 수수작용이 차단되었다고 밝히고 있다. 즉 종교의 사회참여는 하나님과 나의 참사랑의 수수작용을 중심으로 나와 이웃의 참사랑의 수수작용이 일어나는 사위기대라고 할 수 있으며 종교가 자기 교단의 이해관계에 집착하게 되면 이러한 수수작용에 장애가 생기게 되어 사위기대가 오류가 일어난 것이라 할 수 있는 것이다. 이러한 분석적 시각은 공의주의를 중심으로 현대사회에서 어떻게 종교가 공공윤리의 사상적 지평을 넓혀갈 것인가를 보여준다.

3. 배타주의와 공적 참여

볼프는 종교가 정치에 참여할 때 각 종교에서 생각하는 절대선을 추구하고자 하기 때문에 종교적 배타주의에 빠질 위험이 많다고 지적한다. 예를 들어 한국의 한 교회 목사는 지속적으로 문재인 정부에 대해 비판의 목소리를 높이면서 공적 영역에서 활동하고 있다. 그는 현 정부를 공산주의와 연결된 정부로 규정하고 코로나19 팬데믹 상황에도 불구하고 강한 종교적 신념으로 정부 규탄대회를 개최하였다. 사회적 거리두기 규정에도 불구하고 모임은 강행되었고 이후 코로나 확진자가 급증하면서 사회적 비난은 더욱 거세어졌다. 이러한 사례는 종교적 신념은 강한 확신을 제공하기 때문에 종교의 정치적인 활동은 현행법을 초월하여 실행될 수 있다는 것을 보여주었으며 종교의 공적 참여 자체를 부정적으로 바라보게 하였다.

그러나 볼프는 이러한 종교적 배타주의에도 불구하고 종교의 공적 참여는 지속되어야 한다고 주장하면서 다만 정치에 참여할 때 민주주의 규범 안에서 참여해야 한다고 제안한다. 즉 종교적 배타주의는 버릴 수 없어도 정치적 배타주의를 가져서는 안 된다는 것이다.

이러한 볼프의 주장에 대해 공의주의는 정치적 배타주의는 물론 종교적 배타주의도 버려야 한다고 본다. 공의주의의 관점에서 보면 모든 종교는 교리와 실천에서 공통된 부분이 많으며 궁극적인 종교의 이상이 실현되는 이상사회에서는 종교 자체가 사회윤리로 남게 된다고 제시한다. 즉, 종교의 미래는 종교가 없는 사회라는 것이다. 이러한 관점에서 보면 종교적 배타주의를 극복하는 것은 당연한 역사적 귀결이라고 할 수 있다.

종교의 공적 참여는 교단의 세력 확장이나 이해관계를 위한 것이어서는 안 된다. 진정한 하나님의 뜻과 사랑이 전제되어야 하며 이를 중심으로 타종교인/비종교인에 대한 존중과 참사랑의 실천이 이루어져야 하는 것이다. 공의주의 관점에서 보자면 하나님을 중심한 절대선이란 결코 어느 일방의 이해관계를 중심한 것이 아니며 심판이나 소외를 가져오는 것이 아니기에 민주주의 규범 안에서 이루어질 수밖에 없다.

나아가 볼프는 종교의 공통된 핵심을 강조하면서 다양성을 축소하는 것은 오히려 다른 종교를 존중하지 않는 것이라고 주장하면서 다른 종교의 다른 점을 존중해야 한다고 지적하였다. 존중의 구체적인 방안으로 타종교의 주요 주장, 중요한 실천, 도덕적 효과를 바라보고 존중하라고 제시하기도 하였다. 그러나 다른 종교를 존중하는 것은 공동의 목표가 설정되어야 가능한 일이다. 공동의 목표란 각 종교의 절대자가 바라는 뜻인 평화로운 사회를 이루겠다는 참사랑의 실천이며 사랑과 자비, 용서와 희생으로 인류를 사랑하겠다는 윤리의 실현이다. 이러한 종교적 공통 핵심에 기초하여 공동의 목표를 세우지 않고 서로 다른 부분을 존중하고 실천이나 도덕적 효과를 중심으로 대화한다면 형식적인 대화는 이루어질 수 있어도 결코 공공선을 실현할 수는 없을 것이다.

공의주의는 종교가 사회의 불의를 바로잡고 평화로운 세계를 실현하고자 공적 영역에 참여한다면 공통의 목표에 대한 공감이 이루어져야 하며 이를 중심으로 서로 다른 교리와 실천을 존중할 수 있으며 발전적인 관계를 형성할 수 있다는 것을 알려준다. 모든 종교가 각 교리를 중심으로 형성된 편협한 배타주의적 시각을 버리고 다른 종교인 또는 비종교인을 존중하고 사랑하고자 할 때 평화로운 세계는 실현될 수 있으며 종교의 공적 역할에 대한 진정성도 받아들여질 수 있는 것이다.

V. 종교 없는 미래사회

『통일사상요강』은 공의주의는 이상사회의 사회 구성원 모두가 공동윤리를 지니고 사는 사상으로 현대사회의 가치관 붕괴를 근본적으로 수습할 수 있는 사상이라고 명기하고 있다.[42] 이러한 사회는 각 종교가 추구하는 목적이 이미 성취된 사회이기에 종교는 더 이상 필요 없게 된다. 신앙 위주의 종교교리는 실천 위주의 생활윤리로 정착되는 사회인 것이다.

그러나 이러한 사회를 어떻게 이룰 수 있는가에 대한 구체적인 분석이나 논의는 부족한 것이 사실이다. 공의주의는 모든 종교가 지향하는 이상사회의 공동윤리 사상인 동시에 현대사회의 제 문제를 근본적으로 수습할 수 있는 사상이기에 어떻게 현실적으로 제기되는 많은 윤리적 문제, 특히 종교가 처한 위기를 타개하고 종교적 이상을 실현할 수 있는가에 대한 논의가 요청됨에도 이에 대한 상술(詳述)이 부족한 것이다.

---

42 통일사상연구원, 780-781.

특히 코로나19 팬데믹은 종교기관의 생존이라는 새로운 위기를 가져왔으며 온라인 환경에서 종교교육과 종교경험을 지속적으로 가능하게 할 것인가 하는 문제를 제기한 것은 물론 종교의 사회적 역할에 대한 사회적 불신을 더욱 심화시키고 있다. 이러한 상황에서 종교가 추구하는 이상사회 또는 모든 인류가 공유할 수 있는 공동윤리가 출현할 수 있는가에 대한 문제 또한 제기되고 있다.

이에 본 연구는 종교의 사회적 역할에 대해 이미 많은 연구를 해온 공공신학자 중 한 사람인 볼프의 공공신학을 공의주의의 관점에서 논의함으로써 공의주의 관점에서 이상사회 실현을 위한 종교의 공적 역할에 대한 논의를 구체화해보고자 하였다.

논의의 결과, 첫째, 공의주의는 종교의 공적 역할이란 모든 종교의 근본적 이상이기에 세속주의로 제한할 수 없으며 종교가 공적 영역에서 다른 종교를 존중하면서 모든 종교가 동의할 수 있는 절대선을 찾고자 노력하면서 참사랑의 윤리를 실천하고자 노력해야 한다고 밝힌다. 볼프는 종교가 공적 영역에 참여할 수 없도록 제한하는 세속주의를 유지하면서 다양한 사회 구성원 중 하나로 종교가 공적 역할을 담당해야 한다고 주장하고 있으나 공의주의는 보다 적극적으로 모든 종교가 공적 역할을 하면서 절대선을 세워야 한다는 관점을 가지고 있다.

둘째, 볼프의 신앙의 기능장애에 대한 분석은 공의주의가 하나님과 나(종교), 이웃(비종교인/타종교인)으로 연결되는 참사랑의 사위기대와 수수작용으로 종교의 공적 역할을 구체화할 수 있음을 보여주었다. 볼프는 신앙의 근본이 공적 역할을 하는 것이지만 하나님과 나의 관계에서 문제가 생길 경우 상승 기능장애가 나타나며 나와 이웃의 관계에서 문제가 생길 경우 회귀 기능장애가 생긴다고 보았다. 이러한 분석은 종교가 공적 역할을 하지 못하는 원인을 바라보는데 유용하며 기능적으로 접근하였다는 면에서 의미가 있으나 공의주의는 보다 근본적으로 그 근본이 참사랑에 있으며 하나님과 나의 참사랑의 수수작용과 나와 이웃의 참사랑의 수수작용이 사회적 관계의 사위기대를 중심으로 통합적으로 이루어질 때 종교의 공적 역할이 수행될 수 있음을 제시할 수 있었다.

셋째, 볼프는 종교간 존중의 어려움을 강조하면서 종교간 차이를 인정하고 타 종교의 주요 주장, 실천, 도덕적 효과 등을 존중하라고 제시하였으나 공의주의는 종교가 추구하는 공동의 목표를 중심으로 서로를 존중하고 공동의 노력을 할 때 종교간 존중이 이루어질 수 있으며 공공선 또한 실현될 수 있다는 것을 알려 주었다. 볼프가 지적한 바와 같이 다원주의 사회에서 종교의 정치 참여보다 종교간 존중과 대화가 더 어려울 수 있으나 공의주의는 이러한 어려움에도 불구하고 종교가 교파의 이해관계나 교리의 편협성을 초월하여 궁극적 이상인 평화세계를 이루기 위해 존중하고 대화할 때 공의주의 사회가 이루어질 수 있음을 명확히 하고 있다.

종교적 탄압이 극심했던 초대교회 시기에 예수를 따랐던 사람은 공식적으로 선교를 할 수 없었다. 말씀을 전할 수 없었기 때문에 이들은 더욱 예수의 말씀대로 하나님과 이웃을 사랑하며 살고자 노력하였으며 이러한 이들의 삶을 보고 많은 사람들이 감동을 받고 자연스럽게 전도가 되었다. 특히 250년경 로마제국에 전염병이 돌았을 때 감염을 우려해 로마인들은 병든 환자를 길에 버렸지만 초대교인들은 병든 환자를 간호하고 시체를 매장하며 사랑을 실천하였다. 죽음을 무릅쓴 그들의 모습에 많은 사람들이 감동을 받고 예수의 말씀에 귀를 기울였다.

코로나19 팬데믹 시대에 종교의 미래는 어디에 있는가? 종교의 생존을 걱정하고 정치적 목소리를 내는 것이 과연 하나님과 이웃을 위한 종교의 실천인가? 참사랑의 실천으로 하나님이 바라시는 평화를 가져오고자 노력하는 종교인의 모습이 공의주의 사회를 앞당길 수 있을 것이다.

3

사회갈등과 통합을 위한 대안[1]

I. 깊어지는 남남갈등

2018년 초 평창올림픽 개최를 앞두고 우리 사회에서는 북한의 평창올림픽 참가와 여자 아이스하키 단일팀 구성에 대해 찬성과 반대 여론이 팽팽하게 맞섰다. 특히 여자 아이스하키 남북 단일팀 구성은 올림픽 역사상 첫 단일팀 구성이라는 의미에도 불구하고 우리 선수들의 출전기회 박탈과 조직력 약화로 명분과 실리를 잃을 것이라는 반대가 대두되었다.

이에 한 국회의원은 평창올림픽 조직위원으로서 국제올림픽위원회(IOC)에 "남북 단일팀 구성 및 한반도기 공동입장으로 올림픽 헌장을 위반할 소지가 있다"는 내용의 서한을 보내 국민들의 반대 여론을 전하려고 하였다. 북한이 핵개발을 폐기할 의사가 전혀 없으면서도 올림픽을 체제 선전의 장으로 이용하고 남북 간 화해를 빙자하여 북한의 정치적 체

---

1   이 글은 『통일사상연구』 제14집(2018)에 게재된 논문이다.

제 유지를 위한 돌파구를 모색하고자 한다는 것이 주된 주장이었다. 남북 단일팀 구성이 올림픽의 정치적 중립성이라는 원칙에 위배된다는 것이다.

이러한 내용이 알려지자 즉각 반발이 제기되었다. 한 시민이 IOC에 서한을 보낸 의원의 행동이 오히려 화해와 평화의 올림픽 정신을 망각한 것은 물론 대한민국을 대표하는 평창올림픽 조직위원으로서 부적합하기에 올림픽 위원직을 박탈하라는 청원을 청와대 홈페이지에 올린 것이다. 이 글이 등록된 지 사흘 만에 20만 명의 시민이 청원에 동참하였다.

청원에 동참한 시민들은 북한의 평창올림픽 참가와 남북 단일팀은 한반도에 조성된 군사적 긴장을 완화시키고 올림픽의 평화적 개최를 보장하여 단기적으로는 평창올림픽의 성공에 기여하고 장기적으로는 경직되었던 남북관계를 개선하고 북핵문제를 해결하는 계기가 될 것이라는 긍정적인 전망을 가지고 있었다.

북한 선수단이 참여하고 남북 단일팀이 구성된 평창올림픽을 평화올림픽으로 보는 사람들과 평양올림픽으로 보는 사람들의 대립이 이어지면서 일어난 사회적 갈등은 사실 우리 사회에서 오랜 시간동안 지속되어온 사회갈등의 일부이다. 우리 사회는 이념과 계층, 세대 등이 다른 집단 사이의 많은 갈등이 일어나고 있으며 이러한 갈등을 설득과 타협으로 해결하기보다는 대립과 반목을 통한 승자 독식의 방식으로 해결하고 있는 상황이다.

우리 사회의 이러한 상황은 객관적인 지표로도 나타나고 있다. 우리 사회는 사회통합수준이 OECD 국가 중 최하위에 머물고 있어 사회갈등이 심각한 수준이며 적절하게 해소되지 않는 것으로 보고되었다. 1995년부터 2015년까지 20년 동안 5년마다 사회통합지수를 측정한 결과, 한국은 5차례 모두 지수값이 0.2 이하로 OECD 30개 회원국 중 이스라엘 다음으로 29위를 기록하였다.[2]

사회갈등이란 사회적 쟁점에 대해 서로 다른 입장을 가지고 대립하는 최소 두 집단 사이에서 긴장이 발생하는 상황이라고 할 수 있다. 사회란 다양한 이해와 요구를 가진 사람들이 서로 다른 목적을 가지고 삶을 영위하는 집단이기에 서로 다른 역할과 보상이 이루어질 수 있다. 이러한 상황에서 사회 구성원은 한정된 사회적 지위와 경제적 지원을 어떻게 배분할 것인가에 대해 의견의 충돌을 겪을 수 있다. 각기 다른 견해와 입장을 가진 구성원 사이의 개인적 차원의 갈등은 물론 집단 차원의 갈등 또한 발생할 수 있으며 상황을 규정하는 신념의 차이가 클수록 갈등 또한 첨예하게 이루어질 수 있다.[3]

많은 사회학자들은 이러한 사회갈등은 다양한 개인과 집단의 차이 때문에 발생할 수밖에 없는 것으로 본다. 민주사회에서 사회갈등이 없는 상황은 존재하지 않는다. 만약 사회갈등이 전혀 없는 사회가 존재한다면 개인이나 집단의 차이가 인정되지 않는 전체주의 국가나 다양성에 기초한 갈등을 억압하는 독재국가이므로 건강하지 않은 사회일 것이다. 따라서 사회갈등은 없애기 위해 노력할 것이 아니라 발생되었을 때 원만히 관리하고 해소하기 위해 노력하는 것이 중요하다. 사회갈등이 일어났을 때 갈등을 해소하는 과정에서 해결책을 모색하고 적절한 대안을 찾으면 이

2   한국보건사회연구원, 『사회통합지수 개발연구』 (서울: 한국보건사회연구원, 2016)

3   M. Deutch, "Justice and Conflict," in *The Handbook of Conflict Resolution: Theory an Practice*, eds. Morton Deutch, Peter T. Coleman, Eric C. Marcus (San Francisco, CA: Jossy-Base, 2006)

과정에서 사회가 보다 발전된 방향으로 나아갈 수 있기 때문이다.[4]

적절한 사회갈등은 사회를 발전시키는 원동력이 되지만 심각한 사회갈등은 분열과 분쟁의 반복 속에 사회적 존립마저 위협받는 상황을 야기할 수 있다. 어떻게 우리 사회에서 일어나고 있는 다양한 사회갈등을 해소하고 관리할 수 있을 것인가? 이에 대한 대안을 찾아보기 위해 본 연구는 통일사상의 공의론에 입각하여 사회갈등을 바라보고 통합의 방안을 모색해보고자 한다. 통일사상 공의론은 사회공동의 윤리로서 사회통합의 단초를 제공하고 있으나 그동안 구체적인 대안으로서 연구가 미흡했던 것이 사실이다. 이에 본 연구는 사회갈등이라는 현상에 대한 대안으로서 공의론을 제시하여 발전적 논의를 할 것이다.

II. 통일사상 공의론

1. 『통일사상요강』의 공의주의

통일사상의 공의론이란 『통일사상요강』에서 제시하고 있는 공생공영공의주의의 이념 중 공의주의로서 이상적인 사회가 유지될 수 있는 공동윤리의 사상을 말한다. "모든 사람이 공적으로나 사적으로나 도덕, 윤리를 준수하고 실천함으로써 건전한 도의사회, 즉 공동윤리사회를 이룩해

---

4   박재묵, 「공공갈등과 갈등영향분석」, 대통령자문 지속가능발전위원회, 『공공갈등관리의 이론과 기법』 (서울: 논형, 2005)

야 한다는 사상"이다.[5] 현대의 민주사회나 공산사회는 인민대중이 가져야 하는 보편적 가치관이 부재하여 많은 부정부패와 사회적 범죄가 증가하고 있기에 무엇보다 사회가 공유할 수 있는 가치관이 요청된다. 공의주의는 만인이 지위의 고하를 막론하고 공동으로 동일한 윤리관을 지니고 사는 공동윤리의 사회를 실현할 수 있는 이론으로 규정된다.[6]

공의주의는 구체적으로 두 가지 특징으로 상술되는데 첫째는 사회생활은 삼대주체사상에 의한 삼대주체의 참사랑운동에 의해 뒷받침되게 된다. 삼대주체사상이란 가정의 부모, 학교의 스승, 단체의 책임자가 각각 대상이 되는 자녀, 학생, 소속원에게 무한히 참사랑을 베풀어 상호간의 사랑을 유발시켜 전 사회가 사랑의 동산, 윤리의 사회가 되는 것이다.[7]

둘째는 이러한 공생공영공의주의 사회의 기본 단위는 가정이다. 조부모, 부모, 부부, 형제자매, 자녀 등 4대 격위가 있는 가정에서 하나님의 참사랑을 주고받아 이상가정이 되면 이러한 가정이 기반이 되어 정치, 경제, 사회가 공생공영공의주의 사회를 이루게 된다.[8]

2. 공의론에 관한 선행연구

공의주의에 대해 좀 더 구체적으로 알아보기 위해 공의주의에 대한 여러 연구 중에서 몇 편을 살펴보고자 한다. 우선 최유신(2001)은 공의주의

---

5   통일사상연구원, 『통일사상요강』 (서울: 성화사, 1998), 780.
6   통일사상연구원, 781.
7   통일사상연구원, 782.
8   통일사상연구원, 783.

에 대해 정치철학의 관점에서 접근하였다. 공생공영공의주의는 이상세계를 이야기하는 동시에 현실적 실천 가능성이 있는 이념이어야 된다고 전제하고 이를 이론화하고 구체화해보고자 하였다.[9] 특히 최유신은 공의주의는 칸트가 이야기하듯이 사람을 목적으로 대하는 사랑의 윤리공동체를 추구한다고 보면서 공생공영공의주의 중 가장 종교적인 색채를 띠면서 사회정치철학적 설명으로서는 매우 미흡하다고 느끼는 부분"이라고 하였다.[10]

그리고 공의를 윤리에 관한 것으로 분리하여 설명하지 않고 하나의 이상세계의 이념으로 설명하는 것이 적합하다고 보면서 기독교 용어로서 "하나님이 함께 하는 정의"라고 규정하였다. 하나님이 함께 하는 정의로서의 공의는 자유보다는 평등을 우선시하며 자유주의의 물질관에 대해 문제를 제기하며 모든 물질은 하나님의 소유로 보고 인간은 단지 돌보는 책임을 부여받은 청지기에 불과하다는 기독교적 가치관과 통한다고 보았다. 이를 위해서는 시민의식이 성숙하여 사적 소유에 집착하지 않고 자신과 소유물이 공동체와 하나님에게 속한다는 공동체의식과 청교도적 물질관, 형제애적 사랑을 가져야 한다고 정리했다.[11] 시민의식의 성숙을 위해서는 18-19세의 건강한 젊은이들이 졸업하자마자 사적인 경제적 이익을 추구하는 대신 얼마간 국가의 선을 추구할 수 있도록 하는 장치로서 의무봉사기간을 만들자는 벨의 제안이 유용하다고 제안하였다.[12] 이러한 경험은 소유욕을 절제하고 평등사회를 이루어 나가기 위한

---

9   최유신, 「제3의 대안으로서의 공생공영공의주의」, 『통일사상연구』 2 (2001): 65.

10   최유신, 69.

11   최유신, 102-103.

12   최유신, 105.

방편이 되며 이와 함께 의식교육과 제도적 방어장치도 지속적으로 시행되어야 한다고 하였다.[13]

최유신의 이러한 주장은 이상세계의 사회윤리인 공의주의에 대한 논의를 구체화하고 현실적으로 실현 가능할 수 있는 방안을 제시하였다는 면에서 의미가 있다. 그러나 공생공영공의주의를 통합적으로 접근하여 공의주의를 부분적으로 논의하였다는 한계가 있었다.

김항제(2011)의 연구는 이러한 한계를 넘어 공의주의를 통일교 정치사상으로서의 공의론으로 논의의 지평을 넓혔다. 김항제는 공의주의를 공생주의와 공영주의의 토대를 이루는 정치사상으로 보고 공의론을 통해 정치참여를 위한 정치윤리적 태도를 정리하고자 하였다.[14] 공의(共義)는 '하나님의 의'를 뜻하는 공의(公義)와 사적인 의를 포함하는 공동의 윤리를 포함하여 포괄적인 의미로 확대되었다고 보았다.[15]

특히 통일교의 공의론은 자유주의적 가정공동체주의라고 개념화하면서 그 특징으로 개인의 가정화와 사회의 가정화, 가정의 사회화라고 제시하였다. 첫째, 개인의 가정화란 개인의 개성진리체로서의 목적을 인정하는 동시에 생명의 보전과 심정과 사랑의 체험 등이 하나님의 임재와 함께 그 완성을 수련할 수 있는 가정의 공동체적 가치를 중요하게 생각한다는 의미이다. 둘째, 사회의 가정화란 가정의 존재론적 의미와 가치 위에서 가정의 공동체성을 사회화한다는 의미이다. 가정의 공동체성인 생명보존과 양육기능, 생명에 대한 책임성 부여를 사회화하여야 한다고 보

---

13   최유신, 109.
14   「통일교 정치사상으로서의 공의론」, 『신종교연구』 24 (2011): 158.
15   김항제, 160.

았다. 셋째, 가정의 사회화란 가족공동체에서 이루어져야 하는 인간화를 사회화하는 것을 의미한다. 즉 가족구성원 사이에서 이루어지는 의사소통과 성평등을 사회적으로 알리는 노력이 필요하다.[16]

김항제는 통일교 정치사상으로서 공의론을 정립하면서 공동체의 핵심을 가정에 두는 가정공동체주의라고 보았다는 점에서 의미가 있다. 공동윤리사회는 전체 행복의 극대화를 추구하되 질적 차이를 고려하고 사랑으로 그 간격을 채워 적정한 행복의 평등이 이루어지는 사회라고 제시하면서 구체화를 시도하였다.

최유신과 김항제가 정치사상으로 공의주의에 접근하였다면 최병환 (2012)은 철학적 접근을 시도하였다. 최병환은 공의주의의 철학적 의미를 보다 분명히 하기 위해 자유주의와 공동체주의의 논쟁을 정리하면서 양자의 장점을 고루 수용할 수 있는 '자유주의적 공동체주의'가 바람직한 태도이자 공의주의 철학이라고 제시하였다.[17] "이상적인 공동체에 다가가기 위해서는 '나'와 '너'의 관계가 합리적이고 심정적으로 잘 조정됨으로써 공동주체로서의 '내 삶'의 내용이 '내가 원하는 삶'과 일치할 수 있도록 방향이 지워져야 한다."고 하면서 "내가 속하는 공동체가 완전히 내 몸과 같이 느껴질 때 주체적으로 느껴질 수 있는 가장 이상적인 공동체"라고 보았다.[18]

또한 최유신이 공의주의가 현실 속에서 실천되기 위해서 소유욕을 스스로 조절할 수 있는 시민의식이 필요하며 이를 위한 봉사기간을 제안한 것처럼 최병환은 공의주의를 실현할 수 있는 현실적 모델로서 공동체

---

16 김항제, 170-173.
17 최병환, 「공의주의의 철학적 함의」, 『통일사상연구』 5 (2012): 113-123.
18 최병환, 124.

주의적 삶을 살아가는 대안공동체의 사례를 연구하였다. 한국의 다일공동체, 두레마을공동체와 독일의 ZEGG 등을 분석해본 결과 공동체 속에서 개인의 성장이 가능하며 하나의 공동체가 성공하기 위해서는 공동체의 사회적 기능이 원활하게 수행되고 구성원들의 주체적인 삶이 충족되어야 한다는 것을 알 수 있었다.[19]

이러한 연구를 통해 최병환은 공의주의가 추구하는 공동의 윤리는 상생의 윤리라고 보았다. 상생의 원리가 깨어지면 사회적 갈등이 발생하게 되며 행복이란 자신의 이익이 확대되는 것이 아니라 서로 간의 상생의 정도가 확대되는 것이라고 하였다.[20]

이상의 연구들은 공의주의에 대한 정치사상적 또는 철학적 접근을 통해 공의주의의 의미를 보다 분명히 구명하고자 하였다. 최유신은 공의(共義)를 '하나님이 함께 하는 정의'인 공의(公義)의 개념으로 본 반면 김항제는 공의(共義)를 공의(公義)와 사의(私義)를 포괄하는 개념으로 보았고, 최병환은 공의(共義)를 공동체 윤리로서 상생(相生)이라고 보았다. 이러한 연구를 종합해볼 때 공의(共義)란 '공동체의 정의'로서 내용적으로 하나님을 중심한 정의가 공동체 안에서 상생할 수 있는 윤리라고 할 수 있다.

또한 선행연구들은 이상사회의 정치이념인 공의주의를 현실 속에서 실천하기 위한 구체적인 방안을 모색하기 위해 봉사기간 의무화와 대안공동체 사례 등을 연구하였다. 철학적인 의미뿐만 아니라 현실사회 속에서 공의주의를 봉사와 참가정주의, 공동체운동 등을 통해 구체화해보고자 하였다. 본 연구는 공의주의를 중심으로 사회갈등을 해소하고 사회통

---

19   최병환, 125-130.
20   최병환, 132.

합을 할 수 있는 방안을 제안하는 연구로서 선행연구를 참고하여 그 구체적인 방안을 제시하고자 한다

Ⅲ. 사회갈등과 통합

1. 사회갈등의 개념 및 구성요소

갈등이란 "둘 또는 그 이상의 당사자들이 목표의 양립불가능 상황에서 상호작용하는 역동적 과정"을 뜻하며 구성요소는 당사자 간의 동의여부, 이해관계의 양립 가능성, 실제와 인식 간의 차이, 세계관 및 행위양식의 불일치 등이 공통적으로 포함된다.[21] 특히 사회갈등이란 사회의 집합적 구성단위들 간의 충돌이나 분쟁으로 두 개 이상의 사회집단이 상호 충돌되는 이해관계나 가치관을 보유하고 있는 것을 전제한다.[22]

갈등당사자들 간의 상호 양립할 수 없는 가치, 목표, 수단 등의 충돌이 사회, 경제적으로 심대한 영향을 미칠 때 정부의 개입이 발생하고 공공사업이나 정책이 수립 및 추진되는 과정에서 시민사회와 정부부문 간의 갈등이 발생되기도 한다. 시민사회를 구성하는 다양한 집단들 간의 충돌은 물론 공공기관과 시민사회 상호 간의 대립과 분쟁을 포괄한다.[23]

사회갈등은 사회적 쟁점에 대한 이해당사자의 상반된 입장에서 나타

---

21 유희정·이숙종, 「한국사회 갈등의 원인 및 관리에 대한 연구: 갈등유형별 특성을 중심으로」, 『한국사회』 17 (2016): 41.

22 조원빈, 「정치사회제도에 대한 신뢰와 사회갈등」, 『정치·정보연구』 19(1) (2016): 212.

23 유희정·이숙종, 41-42.

나는 심리적 적대감뿐만 아니라 대립적 행동을 포괄한다. 이러한 입장은 이해당사자의 사회적 필요와 경제적 이해관계에 따라 달라지게 된다. 그래서 많은 사회갈등에 대한 연구들이 사회적 쟁점과 이해당사자들의 입장을 위주로 진행되어 왔다. 그러나 사회적 필요와 경제적 이해관계가 형성되기에는 단순한 이해관계나 상황논리보다 세계관이나 가치관 등 사회를 보는 시각에 기초한다.[24]

이를 도표로 정리해보면 아래 〈그림 1〉 사회갈등의 구성요소와 같다.

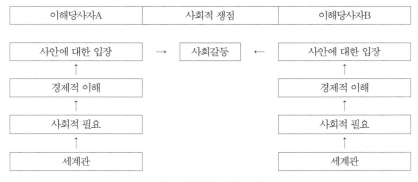

〈그림 1〉 사회갈등의 구성요소

사회갈등을 쟁점을 기준으로 분류해보면 물질적 욕구갈등과 가치갈등으로 구분할 수 있다. 물질적 욕구갈등은 이해관계, 사실관계, 구조적 관계, 상호관계 갈등으로 세분화할 수 있는데 객관적 사실관계나 평가 등에 대한 이해 또는 해석을 통해 충분히 해결할 수 있다. 보다 근원적인 사회갈등은 가치갈등으로 표면적인 이해관계 내부에 있는 구조나 이념

24 권혁주, 「한국의 사회갈등과 사회통합방안: 사회구조적 관점에서」, 『행정논총』 54(2) (2016): 96.

등에 의한 갈등이라고 할 수 있다.[25]

따라서 사회갈등을 이해하고 이를 해소하여 사회통합을 이루기 위해서는 사회적 쟁점을 둘러싼 이해당사자의 사안에 대한 입장이나 경제적 이해만 알아서는 안 되고 이해당사자의 세계관을 이해하는 것이 가장 효과적이라 할 수 있다.

2. 사회갈등의 관점과 유형

사회갈등을 바라보는 관점은 크게 두 가지로 분류된다. 통합이론 (integration perspective)은 갈등을 비정상적인 상태로 간주하고 원인을 분석하여 해결방안을 제시해주고자 한다. 사회는 자연상태로 조화와 균형을 이루고 있기 때문에 사회적 관계를 악화시키는 사회갈등은 일탈적인 현상이며 시간이 지나면 자연스럽게 개인 간의 갈등은 극복되고 사회적 균형을 이루게 된다고 본다.[26]

이에 비해 갈등이론(conflict perspective)은 사회 내에서 갈등이 발생되는 것을 당연하게 생각한다. 사회는 서로 다른 이해관계를 추구하는 다양한 집단으로 구성되어 있기 때문에 집단 간의 이익갈등은 근대사회의 핵심적인 측면이라고 보는 것이다. 사회는 집단 간 권력분배에 대한 정당성에 의문이 제기되면서 사회갈등이 발생한다고 하였다.[27]

갈등을 긍정적으로 바라보는 관점은 이후에도 지속적으로 등장하였

---

25 유희정·이숙종, 43.
26 조원빈, 212-213.
27 김덕영, 『짐멜이냐 베버냐: 사회학 발달과정 비교연구』 (파주: 한울아카데미, 2004)

다. 섬너(Sumner, 1960)는 갈등이 사회에 항상 부정적인 영향을 미치는 것이 아니라 사회의 효율성을 증대하고 갈등해소를 위한 제도와 규범을 양산하는 긍정적인 영향을 미친다고 보았다. 코저(Coser, 1967)도 사회갈등이 사회적 집단 형성과 유지 및 통합에 기여한다는 긍정적 기능을 강조하여 갈등분석을 다양하게 시도할 수 있게 해주었다.[28]

갈등을 긍정적으로 바라보는 관점의 전환이 이루어진 이후에 갈등관리라는 개념이 등장하였다. 갈등의 순기능을 최대화하고 역기능을 최소화하는 갈등관리를 통해 사회발전을 이끌어내고자 하는 것이다.

그런데 우리 사회는 사회갈등을 조정하고 관리해야 하는 정치제도가 국민적 신뢰를 얻지 못하고 있다. 정치제도에 대한 국민적 신뢰가 높을수록 민주적 정당성을 확보한 제도와 기구가 다양한 사회갈등에 개입하고 중재하였을 때 갈등의 주체인 이해당사자가 수긍할 수 있는 강력한 영향력과 신뢰를 얻을 수 있다. 그러나 다수의 국민으로부터 불신을 받는 정치제도는 사회갈등의 중재자로 개입할 수 있는 정당성을 충분히 확보하지 못해 사회갈등을 관리하거나 중재하지 못하게 되고 만다.[29] 정치제도에 대한 국민들의 높은 신뢰는 그 제도나 기구의 민주적 정당성과 효율성에 대한 믿음을 보여주는 것이므로 사회갈등이 심각하지 않다고 느낄 수 있으며 심각하더라도 정치제도가 사회갈등을 해결할 것이라고 믿기 때문에 미래에 대한 불안을 느끼지 않을 수 있다.[30]

그러나 우리 사회는 사회갈등을 해결해야 하는 정치제도가 가장 갈등

---

28   조원빈, 213.
29   조원빈, 217-218.
30   박희봉·이희창·조연상, 「우리나라 정부신뢰 특성 및 영향요인 분석」, 『한국행정학보』 37(3) (2004): 48-50.

이 첨예하게 일어나는 분야로 인식되고 있다. 우리나라는 여러 갈등 중에서 이념갈등에 따른 정치갈등이 심각한 것으로 조사되고 있다. 2013년 갈등해소센터가 한국리서치에 의뢰한 '한국인의 공공갈등 의식조사' 결과 응답자의 92.8%가 한국 사회에서 정부 정책을 둘러싸고 집단 간 갈등이 심각하다고 응답했다. 그중 가장 심각한 갈등집단으로 보수와 진보세력을 응답한 사람은 89.3%로 가장 높게 나타났다.[31] 2017년 통계청 조사결과 역시 이념갈등이 매우 심각하다고 응답한 학생비율이 38%로 우리 사회에서 여전히 이념갈등이 가장 심각한 사회갈등으로 꼽히고 있다.[32]

이렇게 이념갈등이 심각하게 나타나는 것은 분단체제라는 구조적인 특수성 내에서 체제의 안정을 강조하는 국가의 상황 속에 발생되었다. 1945년 해방 이후에는 체제를 둘러싼 갈등이 증폭되었으나 1980년대 민주화운동을 거쳐 현재는 서론에서 언급한 평창올림픽 논란에서 드러난 것처럼 북한에 대한 인식과 남북관계에 대한 시각을 중심으로 보수와 진보가 첨예한 입장 차이를 가지고 있다.

3. 사회갈등의 근본원인

이렇게 보수와 진보가 첨예한 사회갈등을 일으키고 있는 것은 이해관계가 다른 근본 가치관의 차이가 심하며 이를 조정할 수 있는 기회를 가지지 못했기 때문이다.

한국전쟁 이후 한국 사회는 폐허와 같았다. 세계의 원조를 받는 가난

---

31 윤보람, '국민 10명 중 9명, "사회 이념갈등 심각"', 『연합뉴스』 2013.11.12.
32 장민권, '한국인이 뽑은 사회갈등 1위는 "이념갈등"', 『파이낸셜 뉴스』 2017.12.17.

한 국가는 아무런 희망도 비전도 없는 상황이었다. 그러나 박정희 대통령이 집권하면서 경제제일주의를 선택하고 국가의 경제발전을 위하여 특정 산업, 특정기업 등을 전략적으로 선택하여 금융, 산업, 노동 등의 분야에서 정책적으로 최대한 모든 지원을 동원하게 되면서 압축적인 경제성장을 하게 되었다.[33]

국가가 주도하는 경제제일주의는 짧은 시간 안에 발전과 성장을 이루기 위해 사회적으로 많은 희생이 수반되었지만 이에 따른 분배는 공평하게 이루어지지 못했다. 정부가 특정 기업을 선택하여 집중적으로 지원해주고 특혜를 제공하여 대기업으로 성장시키는 과정은 때때로 능력에 따른 정당한 결과나 분배라는 개념과 무관하였다. 정당한 노력과 합당한 분배를 바라기보다 정치적인 관료와 결탁하여 기회를 얻고자 하는 기업인이 등장할 수밖에 없는 상황이었다. 경제제일주의는 목표지향적이고 결과주의적이기 때문에 많은 문제를 발생시켰지만 표면화되지는 않았다. 국가적 빈곤에서 벗어나기 위해서는 우선 경제성장을 통해 국가의 부흥을 이루는 것이 시급하였고 이를 위해 국가적 차원에서 전략적 선택을 통해 집중할 수밖에 없다는 논리가 국민들에게 설득력 있는 가치관으로 받아들여졌던 것이다.[34]

그러나 경제가 성장하고 국가적 빈곤 상황이 극복되면서 서서히 경제제일주의의 설득력은 약화되기 시작한다. 1980년대 민주화운동이 사회적인 공감을 얻고 직선제 개헌을 가져올 수 있었던 것은 경제제일주의

33 안병영·정무권, 「민주주의, 평등, 그리고 행정: 한국행정연구를 위한 이론적·경험적 함의를 찾아서」, 『한국행정학보』 41(3) (2007): 2-3.
34 권혁주, 97-98.

가 목표했던 극한의 국가적 빈곤상태를 벗어났기 때문에 가능한 것이었다. 이후 1980년대 후반부터 한국 사회는 경제제일주의를 대신하여 원리와 원칙에 기초한 민주주의 정신, 절차적 민주주의가 정착되어야 했지만 1990년대 후반 IMF 사태를 맞이하면서 적자생존의 냉엄한 경제논리로 인한 경쟁사회가 되고 만다. 경쟁사회는 승자가 모든 것을 가지고 패자는 버려지는 사회로 물질적 경제적 성취가 성공의 모든 것으로 설명되는 물질중심 사회이다.[35]

어떠한 방법이든 원하는 결과를 얻고 물질적으로 성공하면 모든 것이 합리화되고 정정당당하다는 결과주의와 물신주의 사회는 약자나 소외된 이웃에 대한 최소한의 배려가 없는 양극화된 사회를 만들게 된다. 이러한 사회구조에서는 사회 구성원이 공유하는 가치관이 없기 때문에 사회갈등이 발생할 때 직접적인 이해당사자가 이해하고 타협하더라도 갈등이 해결되지 못하는 경우가 많다. 또한 사회갈등이 해결된 것으로 보이더라도 또 다른 유사한 갈등이 이어져서 나오게 된다. 경쟁이 치열한 사회적 구조 속에서 경제제일주의로 인한 물질만능주의, 결과중심주의 등으로 정치적 갈등 또한 깊어질 수밖에 없는 것이다.

IV. 통일사상 공의론과 사회통합

우리 사회가 이념을 중심한 사회갈등을 해소하고 사회통합을 이루기

---

35 권혁주, 98.

위해서는 사회의 모든 구성원이 합의할 수 있는 가치관이 공유되어야 하며 정치제도가 신뢰를 회복해야 한다. 그런데 앞서 살펴본 것처럼 우리 사회는 국민을 통합할 수 있는 가치관이 부재하며 정치제도가 신뢰를 받지 못하고 있다. 이에 대한 대안을 통일사상 공의론을 중심으로 모색해보고자 한다.

1. 사회통합을 위한 가치관

근대국가 이전의 전근대적 체계에서는 왕권과 종교가 사회 구성원을 동질적 집단으로 묶는 상징적인 기제로 작용하였다. 그러나 봉건주의가 쇠퇴하고 시민국가 체제가 등장하면서 근대적인 시민사회를 결속시킬 수 있는 사회통합의 개념이 등장하였다. 국가체제는 일원화된 사회통합의 도구로서 국가나 국가와 같은 상징체계로 표현되는 국가개념을 적극 활용하였다. 교육을 통해 역사와 민족, 언어를 공유하여 내부 결속을 강화하도록 하였으며 정치·경제·사회적인 차원에서 사회 구성원이 특정 개인이나 집단보다 국가차원의 발전에 몰입하도록 애국심을 고취하였다. 그러나 1990년대 이후 세계화가 확산되면서 더 이상 국가 중심의 일원화된 체계로서 사회통합은 한계를 발생하고 있다.

결혼이민자와 이주노동자, 유학생 등 국가의 경계를 떠나 이주하는 사람들이 증가하고 초국가적 기업이 늘어나면서 자연스럽게 국가중심의 사회적 유대와 결속은 감소하고 개인간 상호의존성은 확대되어 새로운 형태의 사회적 결속이 유발되고 있다. 사회를 구성하는 개인이 다양해질

수록 기능적 필요에 의해 상호의존성은 확대되고 있는 것이다.[36]

그동안 우리 사회는 자신의 정체성을 인격체인 개인에게 부여하는 개인주의적 가치관을 가지고 있었다. 그러나 이러한 개인주의적 가치관은 사회통합에 전반적으로 부정적인 영향을 미치는 것으로 나타났다. 개인주의의 근간이 되는 자율성은 이기주의적 경향을 나타내며 자신의 일탈과 불성실을 합리화하기 위해 타인의 잘못에 대해 관용적 태도를 보이기 때문에 사회적 신뢰는 낮은 것으로 분석되었다.

반면 공동체에 대한 소속감과 공동체에 대한 참여로 자신의 정체성을 부여하는 공동체주의는 공동체 내부의 사람들을 결속시키고 행복감을 주는 데 긍정적이지만 공동체 외부의 사람들을 소외시키고 포용하지 못하는 한계가 있다. 공동체에 높은 수준의 소속감을 가지고 공동체의 활동에 참여하는 사람은 행복감을 느낀다. 그러나 지나친 공동체주의는 폐쇄성을 가질 수 있으며 다른 공동체와의 연대를 방해할 수 있다.[37]

마찬가지로 개인의 정체성을 국가에 부여하는 국가주의는 사회체제에 대한 신뢰나 행복감에는 긍정적이지만 포용성에서 문제가 발생되는 것으로 나타났다. 즉 국가에 대한 정체성이 높을수록 사회적 신뢰와 행복수준이 높게 나타나지만 포용성은 부족할 수 있다. 국가를 중심한 시민사회의 형성은 사회계층간 갈등을 완화하고 국가 단위의 사회갈등을 줄일 수 있지만 국가 외의 사람을 배척하고 국토 외의 사람까지 포용하는데 한계가 있었다.

---

36   강수택, 「근대, 탈근대, 사회적 연대」, 『한국사회학』 38(5) (2004): 5.
37   장용석·조문석·정장훈 외, 「사회통합의 다원적 가치와 영향요인에 관한 탐색적 연구: 국가주의, 개인주의, 공동체주의, 세계시민주의를 중심으로」, 『한국사회학』 46(5) (2012): 312.

이에 비해 세계시민주의는 개인주의를 비롯하여 공동체주의, 국가주의가 가지는 한계를 극복하고 사회통합을 이루기에 적합한 가치관으로 조사된다. 시민사회에 대한 소속감은 사회신뢰와 행복에 긍정적 영향을 미치며, 환경과 인권 같은 초국가적 문제해결 과정에서 국제사회의 중요성에 대한 인식수준이 높을수록 포용성은 증가하는 것으로 나타났다. 국가체제에 대한 신뢰는 낮지만 이에 대한 대안으로 국제적 연대에 대한 신뢰가 높아 사회통합의 가치관으로 적합한 것으로 제시되고 있다.[38]

그러나 국가의 벽을 넘어 세계를 통합할 수 있는 가치관으로 주목받고 있는 세계시민주의는 실체가 없는 추상적 개념에 불과하다는 비판을 받고 있다. 즉 정의와 헌신의 대상이 구체화되지 않기 때문에 공정성과 상호 존중이라는 가치를 경험하고 실천할 수 있는 영역을 가지지 못한다는 것이다. 또한 세계시민주의라는 가치관이 실체를 가지기 위해서는 각기 다른 국가와 문화로 구성되어 있는 세계에서 보편적 가치나 기반을 찾아야 하는데 과연 문화의 획일화라는 한계를 넘어 세계시민주의의 근본적 공통점을 찾을 수 있는가에 대한 회의적 비판도 있다.[39]

한국 사회의 사회갈등이 심각한 것은 국가주의의 입장에서 경제제일주의를 사회통합의 가치관으로 내세웠으나 1990년대 국가주의가 쇠퇴하고 무한경쟁 중심의 결과주의와 물질만능주의 등의 왜곡된 가치관만 남아 사회통합의 가치관이 되지 못하고 있기 때문이다. 심각한 가치관의 공백과 혼란 속에서 사회갈등은 심화되어가고 있는 상황이다. 이제 이념과 계층, 세대와 종교를 초월하여 세계시민주의와 연결될 수 있는 사회통

---

38 장용석·조문석·정장훈 외, 313.
39 마사 너스봄 외, 『나를 사랑한다는 것』, 오인영 옮김 (서울: 삼인, 2003)

합의 가치관이 필요하다.

통일사상의 공의론은 '하나님 아래 인류 한 가족'이라는 비전을 가지고 있다. 하나님의 참사랑에 기초하여 모든 인류가 국가와 언어, 문화와 종교를 초월하여 참된 부모, 참된 스승, 참된 지도자가 되어 참사랑을 주고받는 상생의 윤리를 실천하는 삶을 사는 진정한 세계 한 가정주의의 가치관을 가지고 있는 것이다. 세계 한 가정주의는 생명과 사랑의 근간인 가정의 가치를 자신의 정체성으로 생각하는 가정공동체주의의 확대로서 개인과 공동체, 국가, 세계를 참사랑으로 연결하는 기반이 될 수 있다고 본다.

공의론에서 제시하는 세계 한 가정주의는 가정공동체를 근간으로 하는 세계시민주의이다. 세계 한 가정주의는 앞서 세계시민주의의 한계로 지적된 공통의 기반, 다양한 문화적 차이를 반영하면서 세계가 공유할 수 있는 보편적 가치관으로 가능성을 가진다. 가정은 문화권과 상관없이 세계가 공유하고 있는 공동체이며 보편적 가치가 될 수 있기 때문이다. 또한 사랑에 기반한 공정한 분배와 상호 존중이 경험되는 실체적 장이기도 하다. 세계화시대에는 그동안 같은 언어, 문화, 종교를 공유한 혈연공동체에 국한되었던 가정의 사랑을 세계로 확대하여 언어와 문화, 종교, 국가가 다른 이웃도 자신의 가족처럼 사랑할 수 있는 가치관을 공유해야 하는 것이다. 세계 한 가정주의는 세계시민주의를 보다 보편적인 공동체의 공유점을 제시했다는 면에서 사회통합의 가치관으로 함의를 가질 수 있다.

2. 사회통합의 제도

한국 사회가 사회갈등이 심각한 또 하나의 원인은 사회갈등을 관리하고 해소해야 할 정치제도가 그 역할을 못 하고 있기 때문이다. 특히 우리 국민들의 국회 신뢰도는 한국사회과학자료원에서 2003년 조사를 실시한 이후 한 번도 꼴찌를 벗어난 적이 없을 정도로 좋지 않다. 민주주의 정치체제에서 국회의원은 입법을 담당하지만 국회에서 다양한 이해관계를 대변하는 집단 사이에서 충돌이 자주 일어나면서 국민의 신뢰도가 더 떨어지는 것으로 보인다. 다양한 집단 사이에서 국회가 자신과 다른 의견을 가진 집단을 설득하여 양보와 타협을 이끌어내는 역할을 제대로 수행하는 모습을 보여주지 못하기 때문에 국민으로부터 신뢰를 받지 못하고 있다.

특히 한국 사회에서 사회적 갈등이 높은데도 갈등이 해결되지 못하는 것은 갈등 당사자 간에 자발적이고 민주적으로 갈등을 조율하고 합의하려는 의식이 부족하기 때문이다. 한국의 전통적인 가족주의, 연고주의, 집단주의가 집단이기주의로 변모하면서 이해관계가 대립하는 갈등 당사자 간에 대화와 타협을 통한 갈등의 합리적 해결이 어려워졌다. 이러한 집단이기주의를 넘어서 사회적 합의에 의거한 갈등조정과 해결능력을 갖추기 위해서는 공공선 또는 공동선을 인정하고 추구하려는 공적 의식을 확대하는 것이 필요하다.[40] 사회통합의 제도 또한 갖추어야 하겠지만 그 이전에 앞서 제시한 것과 같은 세계 한 가정주의 등의 사회통합의 가치

---

40   윤인진, 「공익의식과 사회갈등」, 『한국사회』 9(1) (2008): 122.

관을 공유하는 것이 우선적으로 중요한 것이다.

	이해관계 ← 쟁점 → 가치관	
조정자 ↓ 정부	· 정부역할의 공정성 · 갈등조정제도 개선	· 문화 변동의 인지 · 사회 경제구조 개선
↓ 당사자	· 사회적 권위체계 구축 · 공무원 의식 및 관행 개선 · 정책 프로그램 활용	· 열린 토론 및 공론 조성 · 상호 이해 및 신뢰 구축

〈그림 2〉 사회갈등 유형별 관리 및 조정방향[41]

갈등해결을 위한 조정과 관리를 위해서 〈그림 2〉 사회갈등 유형별 관리 및 조정방향을 살펴보는 것은 유용하다. 앞에서 논한 바와 같이 사회 갈등은 표면적으로 이해당사자의 이해관계에 기초해 있으나 그 근원으로 들어가면 이해당사자의 가치체계가 반영되어 있다. 가로축은 사회갈등, 경험을 둘러싼 구조적인 요소를 나타내고 있다. 이에 비해 세로축은 사회갈등을 둘러싼 행위적 요소를 나타낸다. 사회갈등을 둘러싼 행위는 크게 갈등을 일으키는 이해당사자의 행위와 이를 조정하는 행위로 나뉠 수 있다. 주로 정부는 사회적 자원을 동원, 배분, 통제하면서 사회갈등의 조정자의 역할을 하지만 때때로 정부가 이해당사자로서 갈등의 주체가 되기도 한다. 사회적 조건이 동일하다면 이해당사자로부터 신뢰를 받는 강한 정부는 갈등을 완화 또는 해결할 수 있지만 신뢰를 받지 못하는 약한 정부는 권위를 가지지 못해 갈등을 오히려 심화시킬 수도 있다.[42]

---

41 서문기, 「한국의 사회갈등 구조연구: 갈등해결 시스템을 모색하며」, 『한국사회학』 38(6) (2004): 209.

42 서문기, 209-210.

사회갈등을 효율적으로 해소하고 사회통합을 이루기 위해서는 첫째, 갈등을 조정할 수 있는 정부차원의 기구 구성이 필요하며 이를 보완할 수 있는 비정부기구 또한 구성되어야 한다. 가장 많은 사회갈등이 일어나는 이해당사자의 이해관계를 조정하기 위해서는 이해당사자가 공의주의적 관점에서 갈등을 조정하기 위해 협력해야 한다는 자세를 가져야 하고 부모와 같은 심정으로 이해당사자의 갈등을 조정할 수 있는 갈등조정기구가 구성되어야 한다. 이러한 갈등조정기구는 사회 구성원의 신뢰와 지지를 기반으로 권위를 가지는 기구로서 사회갈등해소를 위해 지속적으로 활동하면서 공정하고 투명하게 갈등을 조정할 수 있는 제도와 프로그램을 마련하여 갈등조정을 위한 교육과 홍보를 하는 것이 중요하다. 여전히 정부의 권위 있는 역할이 요청되지만 이를 보완할 수 있는 비정부기구, 즉 사회적 신뢰를 기반으로 권위를 가질 수 있는 종교계와 학계, 시민단체로 구성된 비정부기구의 구성 또한 검토해볼 수 있다.

　　둘째, 사회통합을 위한 가치관교육을 위해 세계 한 가정주의에 기반한 경험교육이 이루어져야 한다. 이해당사자의 이해관계를 넘어 가치체계의 갈등이 일어나는 경우에는 상호 이해를 위한 공론의 장을 마련하고 사회적 권위의 구심점을 형성할 수 있는 문화적 조건을 마련하는 것이 효과적이다.[43] 이러한 사회통합을 위한 문화를 조성하기 위해서는 앞서 통일사상의 공의론에서 제안하였던 경험교육이 결합되어야 한다. 국회의원에 당선되면 의무적으로 길게는 3개월, 짧게는 1개월 정도 무급봉사하는 기간을 두어 초당적으로 봉사하면서 서로 교류하고 지역사회를 위한 일을

43　서문기, 211.

할 수 있도록 제도를 만드는 것도 하나의 방법이다. 국회의원뿐만 아니라 청소년을 비롯한 우리 사회 지도자들을 대상으로 소유욕을 비롯한 이기적 욕망에서 벗어날 수 있는 가치관교육과 경험교육이 병행되어야 물질주의와 성과주의에서 벗어나 인생의 본질적인 의미를 살필 수 있다. 특히 세계 한 가정주의에 기반하여 국가와 인종, 언어와 문화가 다른 사람을 위하여 봉사하고 나누는 경험을 통해 사랑을 실천하는 기쁨을 느낄 수 있어야 할 것이다.

셋째, 사회통합을 위한 문화구현을 위해 사회적 신뢰를 가지고 있는 비정부기구의 활동이 요청된다. 정부기구는 국가의 제도와 법을 초월하기 힘든 현실적 제약이 많기 때문에 갈등상황을 극복하고 새로운 통합의 문화를 만들기에는 비정부기구가 유용할 수 있기 때문이다. 문선명·한학자 총재께서는 민주주의와 공산주의의 세계적인 갈등상황이었던 냉전을 종식시키기 위해 비국가행위자로서 적극적으로 활동하였으며 1990년 북핵 개발로 긴장이 고조되었던 한반도 위기를 타결하고 평화의 물꼬를 만들기 위해 비정부기구를 대표하여 김일성을 만나 평화회담을 개최하고 북한에 참사랑을 전해 신뢰를 구축하고자 노력하였다. 또한 진정한 평화세계 실현을 위해서는 각국의 이해관계를 대변하는 국가행위자들의 모임인 현재의 UN만으로는 한계가 있다고 지적하면서 종교계가 중심이 되는 비국가행위자들의 상원을 구성하여 세계적인 갈등상황을 해결하기 위해 협력할 것을 주창하였다. 문선명·한학자 총재의 실천을 따라 이기주의의 한계에 갇혀 있는 개인과 가정, 사회와 국가의 벽을 넘어 이웃 사람과 이웃의 가정, 이웃 사회와 이웃 국가를 사랑하고 소통할 수 있는 세계한 가정주의의 실천이 이루어져야 하며 이를 통해 새로운 공의주의 문화가 조성되어야 할 것이다.

V. 사회통합과 평화

평창올림픽에 남북 단일팀이 구성되는 과정은 누구도 생각하지 못한 극적인 국면이 있었다. 예상하지 못한 역사적인 사건은 각기 다른 입장과 관점을 가진 사람들이 서로 다른 견해를 가질 수밖에 없다. 서로 다른 의견을 소통하면서 보다 나은 대안을 찾기 위해 노력하는 자세가 있다면 다음에 같은 상황이 생길 때 사회갈등 없이 대처할 수 있을 것이다. 그런데 아쉽게도 우리 사회는 그런 소통과 합의의 과정이 만들어지지 않고 있다.

IOC에 서한을 보낸 국회의원의 경우에도 남북 단일팀 구성으로 공정한 기회를 박탈당한 여자 아이스하키팀을 대변하기 위한 행동이었다고 보기에는 지나친 부분이 있었다. 더구나 바로 그 국회의원이 몇 년 전에는 북한의 평창올림픽 참가를 위해 노력하던 사람이라는 사실이 알려지면서 더더욱 비난을 받게 되었다. 국내 정치 안에서 일어난 문제를 소통과 대화를 통해 풀지 못하고 국제사회에 제소를 하는 방식으로 서한을 보내는 행동은 우리 사회에 대한 국제적인 신뢰를 떨어뜨릴 뿐 아니라 국회의원 전체에 대한 불신을 가져올 수 있기 때문이다. 서로 다른 생각과 경험, 능력을 가진 사람이기에 국민의 대표로 국회의원이 된 것인데 당리당략에 따라 자신이 주장한 것을 몇 년 뒤에 정반대로 비난하고 나서는 것 또한 보기에 좋지 않았다는 지적이 많았다.

비단 이 경우뿐만 아니라 우리 사회에서는 지도자들이 자신의 의견과 다른 사람과 대화를 통해 의견을 조율하고 양보하는 모습을 보기 어렵다. 이런 우리 사회의 모습은 사회 구성원은 물론 외부 사람들에게도 신뢰를 주지 못하고 위기가 닥쳤을 때 사분오열하여 힘든 상황을 맞이할 수 있다.

특히 분단상황에 있는 한반도는 급변하는 남북한 관계 속에서 국제사회의 동의를 얻어 평화와 통일을 실현해야 할 시점에 와 있다. 이러한 때에 사회통합의 가치관 없이 자신의 이해관계, 자기 당의 당리당략에 매몰되어 갈등만 지속한다면 남남갈등으로 더 큰 위기를 맞이하게 될 수 있다.

한반도 평화를 위해 먼저 한국 사회 내에서 통합을 위한 시스템을 구축해야 하는 시점에서 본 연구는 통일사상의 공의론을 중심으로 사회갈등을 해소하고 통합을 이룰 수 있는 방안을 연구해보았다. 연구결과 공의란 공동체의 정의로서, 하나님을 중심한 정의가 가정을 기초로 하는 공동체 안에서 모든 구성원이 상생할 수 있는 윤리이자 '하나님 아래 인류 한 가족'을 지향하여 사회갈등의 근간이 되는 가치관이 될 수 있다는 것을 확인하였다. 또한 공의론을 바탕으로 사회통합을 위한 비정부기구가 구성되어 사회갈등을 조정하고 해소할 수 있는 새로운 제도와 문화를 시도한다면 평화로운 사회의 이상을 구현할 수 있을 것이다. 통일사상의 공의론을 중심으로 세계 한 가족주의의 비전 아래 가치관교육과 경험교육을 통해 정치제도를 정비하고 사회통합의 새로운 길을 열어야 할 것이다.

4

효정을 중심한 '애적인간'의 실천적 이해[1]

Ⅰ. 인간의 본질에 대한 논의

인간의 본질은 무엇인가? 4차 산업혁명은 인간을 동물과 구분해주던 본질인 이성에 대한 의문을 가지게 하였다. 인간은 동물과 달리 이성에 기초하여 합리적으로 사고하고 판단하는 존재이지만 인간보다 더 정확하게 사고하고 판단하는 인공지능에는 미치지 못한다는 것이 증명되면서 이성이 더 이상 인간을 대표하는 단어가 아니게 된 것이다. 이에 대한 반작용으로 인공지능과 달리 비합리적이라 생각되어 왔던 인간의 감성 영역에 대한 관심이 증가되고 있다. 인간만이 가지는 고유한 본성으로 다른 사람과 관계 맺으며 행복을 느끼는 감성, 정신적 세계를 탐구하는 영성 등이 주목받고 있는 것이다.[2]

---

1   이 글은 『통일사상연구』 제16집(2019)에 게재된 논문이다.
2   김민지, 「통일사상 본성론으로 본 제4차 산업혁명의 인간담론」, 『통일사상연구』 13 (2017): 109-132.

사실 이성적 존재인 인간에 대한 회의는 20세기 중반부터 제기되었다. 과학기술의 발달과 근대화된 사회구조로 가장 행복한 세기를 보낼 것으로 예상되었던 20세기가 세계대전이라는 비극을 맞이하면서 인간의 이성은 결코 합리적이지 않다는 것이 증명되었기 때문이다. 인간중심주의와 서구중심주의, 이성중심주의에 대한 반성은 인간중심탈피, 동양에 대한 관심, 감정에 대한 긍정으로 나타났다. 그중에서 감정에 대한 긍정은 사랑에 대한 학문적 관심으로 이어졌다.[3]

최근에 이르러 인간의 수명이 증가하고 삶의 질에 대한 관심이 증대되면서 인간이 주관적으로 경험하는 행복, 사랑, 친밀감 등에 대한 탐구는 더욱 활발해지고 있다.[4] 이러한 연구의 포문을 연 것은 에릭슨(Erik H. Erickson)으로 성인기 초기의 중요한 발달과업을 친밀감의 형성으로 보았다.[5] 친밀감(intimacy)은 한 개인이 다른 사람에 대해 정서적 관여, 근접감, 유대감, 지지 등을 가지는 것으로 자신의 깊은 소망과 두려움을 다른 사람과 나누고 상대의 친밀한 욕구를 수용할 수 있는 능력을 가지는 것을 말한다. 성인기 초기에 이러한 친밀감을 형성하지 못하게 되면 고립을 낳

3 안연희, 「현대 '사랑담론'의 평화학적 의미: 알랭 바디우의 철학과 '통일사상'의 조우를 중심으로」, 『평화학연구』 18(4) (2017): 49-76.
4 유가효, 「성인기 사랑의 개념적, 발달론적 이해에 대한 연구」, 『젠더와 문화』 3(2) (2010): 191-216.
5 에릭슨의 심리사회적 발달이론(psychosocial development theory)은 인간은 유전적 기질을 바탕으로 사회적 환경과 상호작용하면서 8단계의 발달과정을 거친다는 것으로 각 단계를 성공적으로 완수하면 건강한 개인으로 살아갈 수 있지만, 어느 단계에서 실패하면 그 단계와 관련한 정신적인 결함을 가지게 된다는 이론이다. 프로이트가 초기 아동기의 부모와의 경험을 가장 중요한 상호작용으로 보는 데 비해 에릭슨은 가족 외의 넓은 사회적 경험에 주목하였고 여섯 번째 단계로 20세에서 40세 사이의 초기 성인기에 가족이 아닌 이성이나 친구와 얼마나 친밀한 사회적 관계를 맺을 수 있는가 하는 친밀감의 과제를 성취해야 한다고 보았다. 이 시기에 적절한 친밀감을 형성해야 사회적 정체성을 만들 수 있다는 것이다. 에릭 H. 에릭슨, 『유년기와 사회』, 송제훈 옮김 (서울: 연암서가, 2014)

게 되어 인간관계에서 편견과 차별을 파생시킨다. 이러한 친밀감은 우정, 사랑, 헌신 등 타인과 상호작용할 수 있는 능력으로 중요성이 높아지고 있으며 배우자 선택에서도 필수적인 선행과정으로 주목받고 있다.[6]

통일사상은 이미 인간의 본성을 사랑으로 보고 인간이 추구하는 가치의 기반이자 생명의 원천인 사랑을 실천하며 진정한 행복을 추구하는 생활을 하여야 한다고 제시해 왔다. 이러한 생활을 위해 가정이 강조되는데 실제 생활에서 어떻게 사랑을 성장시키고 실천할 것인가에 대한 구체적인 탐구와 이해는 부족한 상황이다. 특히 이성 간의 사랑을 낭만과 열정으로만 이해하는 현대사회의 문화 속에서 통일사상에서 제시하는 참사랑의 의미가 깊이 있게 이해되지 않는 측면이 있다.

이에 본 연구는 먼저 통일사상의 애적인간의 개념을 살펴보고 애적인간의 중심인 하늘부모님과 인간 사이의 성상적이고 종적인 효정을 중심으로 애적인간의 실천적 이해를 하고자 하였다. 효정은 존재 사이의 긍정적인 상호작용과 반응성 등의 친밀감으로 경험되기에 실천적 차원에서 부모애착을 통한 친밀감의 형성과 부부 사이의 친밀감, 이웃 사랑과 만물 사랑으로의 확장을 알아보고자 한다

II. 통일사상의 애적인간

통일사상은 그동안 수많은 종교와 철학자들이 인간이 경험하는 존재

---

6   차정화·전영주, 「이성교제커플의 원가족 건강성과 친밀감 간의 관계」, 『한국가족관계학회지』 7(1) (2002): 39-57.

의 문제와 관계의 문제를 해결하기 위하여 인간의 본래적인 모습을 탐구하고 이를 회복하고자 노력할 것을 제안하였지만 인간 본연의 모습을 회복하지는 못했다고 지적한다. 인간 본연의 모습을 알기 위해서는 인간을 창조한 하늘부모님을 알아야 하는데 하늘부모님을 명확히 알려주는 종교와 철학이 없었기 때문이다.

통일사상은 인간 본연의 모습을 논하기 위해 하늘부모님의 신상(神相)과 신성(神性)을 제시한 다음 하늘부모님을 닮아 자녀로 창조된 인간의 모습을 신상적 존재이자 신성적 존재, 원상의 격위성(格位性)을 닮은 격위적 존재로 제시하였다.[7] 그런데 하늘부모님의 신상과 신성, 격위의 핵심은 참사랑이기에 인간 역시 신상과 신성, 격위의 핵심은 사랑으로 통일사상은 이러한 인간은 애적인간이라고 칭하고 있다.

1. 신상으로 본 애적인간

신상적 존재로서 사랑을 중심한 인간 본연의 모습은 다음과 같다. 첫째, 하늘부모님을 닮아 성상(性相)과 형상(形狀)의 통일체(統一體)로 창조된 인간은 생명의 원천인 동시에 진선미(眞善美)의 기반이 되는 사랑을 중심으로 하는 생활을 추구하게 된다. 사랑을 중심으로 생각할 때 자신을 중심으로 하는 생활의 기쁨보다 타인을 기쁘게 하는 것이 보다 더 본질적이고 행복하기에 다른 사람을 위하는 사랑의 생활을 하게 된다. 이러한 사랑의 생활이 인생의 목적이고 의식주의 생활은 이러한 목적을 실현하

---

7   통일사상연구원, 『통일사상요강』 (서울: 성화출판사, 1994), 227-232.

기 위한 생활이 된다.[8]

이러한 생활을 하는 사람을 인격이 완성한 상태라고 하며 이것이 곧 본연의 인간의 모습이라고 제시한다. 그러나 인간은 타락하였기 때문에 수단이 되어야 할 의식주의 생활이 목적이 되고 사랑과 가치를 추구하는 생활이 의식주를 위한 생활의 수단이 되는 상태가 되고 말아 불행에 빠진 것이다.

둘째, 모든 인간은 하늘부모님을 닮아 양성(陽性)과 음성(陰性)의 조화체(調和體)로서 창조되었기에 남성/여성 내에도 성상과 형상의 속성으로 양성과 음성이 각각 존재한다. 그러나 남성과 여성은 각각 양적 실체와 음적 실체로서 창조되어 서로 결합하여 부부가 되면 양성과 음성의 조화체로서 완성되도록 창조되었다. 따라서 통일사상에서는 부부의 결합은 양성과 음성의 중화적 주체인 하늘부모님의 현현(顯現)을 의미하며 우주창조의 완료이자 인류의 통일, 가정의 완성을 의미한다. 따라서 부부의 결합은 신성하고 존귀한 결합으로 하늘부모님을 중심으로 인격적으로 완성한 남성과 여성이 부부로서 상대기준을 조성하여 사랑을 주고받을 때 형성된다. 이렇게 부부가 이루는 가정은 조부모→부모→자녀→손주로 이어지는 종적인 질서와 부부와 형제자매의 횡적인 질서를 통해서 사랑을 실현한다. 조부모사랑, 부모사랑, 자녀사랑, 손주사랑의 종적인 사랑과 부부사랑과 형제자매사랑이라는 횡적인 사랑이 존재하는 것이다.[9]

그러나 현실 세계에서 부부의 사랑은 모든 사랑의 근간으로 인격이 완성되지 못한 남성과 여성이 서로를 위하는 사랑을 주고받지 못하고 자

---

8   통일사상연구원, 232-235.
9   통일사상연구원, 236-239.

신을 중심한 사랑의 관계를 맺게 되면서 모든 인간관계와 사회문제가 발생되게 되었다.

셋째, 모든 인간은 하늘부모님의 개별상을 닮아 용모가 각기 다른 개성을 가지고 있으며 각기 다른 성격을 가지고 행동하며 각기 다른 창작을 하는 창조성을 가지고 있다. 이러한 개별상을 가진 인간은 모두 하늘부모님을 닮은 개성체로서 상호 존중해야 한다. 이러한 개성체의 특성을 무시하고 모든 인간을 동일하게 대하는 것도 문제이며 다른 개성체를 무시하거나 차별하는 것 또한 문제가 된다.[10]

2. 신성과 격위로 본 애적인간

인간은 하늘부모님의 신성을 닮은 존재이다. 하늘부모님의 신성은 여러 가지 있으나 심정, 로고스, 창조성이 핵심적인 신성이며 그중에서도 심정은 사랑을 통해서 기쁘고자 하는 정적인 충동, 또는 사랑의 원천이자 사랑을 하지 않고서는 견딜 수 없는 정적인 충동으로 원상(原相)의 핵심이자 인격의 핵심이라고 한다. 즉 하늘부모님을 닮아 창조된 인간은 하늘부모님의 심정을 체휼할 때 인격을 완성할 수 있는 심정적 존재이다.

하늘부모님의 심정을 계속적으로 체휼하면 하늘부모님의 심정을 완전히 상속받을 수 있게 되며 이러한 인간은 사람이나 만물을 사랑하는 심정을 상속받는다. 하늘부모님의 심정과 일치된 자리에 이르게 되면 생활

---

10 통일사상연구원, 240-242.

그 자체가 사랑의 생활이 되는 것이다. 이럴 때 인간은 애적인간이 된다고 통일사상은 제시하고 있다.[11]

격위적 측면에서 모든 인간은 부모 앞에서 대상으로 출생하여 성장한 다음에는 부모가 되어 자식을 낳고 그 자식에 대해 주체의 위치에 서게 되는 변화를 경험한다. 즉 대상격위에서 주체격위로 이동하는 것이다. 모든 인간은 하늘부모님의 자녀로서 하늘부모님을 모시는 마음인 시봉심(侍奉心)을 가져야 하며 대상으로서 주체에 대해 온유와 겸손, 위하고자 하는 마음, 즉 대상의식을 가져야 한다.[12]

모든 인간은 하늘부모님 앞에 대상인 동시에 성장하여 완성하면 주체의 위치, 즉 주체격위에 서게 된다. 주체가 되는 사람은 대상에 대해 첫째, 부단한 관심을 가지고 책임을 져야 하며 둘째, 대상을 사랑해야 하며 셋째, 사랑에 기반한 권위를 가져야 하고 넷째, 사랑의 심정에 기반하여 대상을 주관해야 한다.[13] 즉 주체란 대상에게 부단한 관심을 가지면서 사랑하고 사랑에 기반한 권위를 바탕으로 대상을 사랑으로 주관하고 책임져야 하는 존재이다. 자녀를 사랑으로 책임지고 양육하는 부모와 제자를 사랑으로 가르치는 스승 등이 이러한 자세를 가져야 한다.

통일사상은 주체격위에 있는 사람이라고 하더라도 언제나 모든 사람은 하늘부모님 앞에 대상이라는 의식을 전제로 다른 사람과 연체라는 의식을 가지고 상호 존중하는 것이 중요하다고 제시한다.[14] 주체와 대상이라는 격위를 구분하기 전에 인간은 모두 하늘부모님을 모시는 대상으

---

11 통일사상연구원, 242-246.
12 통일사상연구원, 252-255.
13 통일사상연구원, 255-258.
14 통일사상연구원, 258.

로서 하늘부모님의 사랑을 받는 형제로 생각하는 관점의 전환이 필요한 것이다.

Ⅲ. 애적인간의 실천적 이해

1. 하늘부모님에 대한 효정

애적인간의 근본은 하늘부모님이 참사랑의 심정으로 인간을 자녀로 창조하셨다는 사실에서 출발한다. 사랑의 근본이 인간 자신에게 있었던 것이 아니라 참사랑의 심정으로 인간과 우주를 창조하신 하늘부모님에게 있다는 인식의 전환이 필요한 것이다. 흔히 사랑이라는 말을 하면 남녀 간의 사랑으로 생각하거나 감성적인 차원의 사랑을 우선적으로 생각하는 경우가 많지만 통일사상의 애적인간은 참사랑의 실체로 존재하시는 하늘부모님이 생명의 원천이자 행복의 원천, 평화의 원천인 참사랑으로 인간과 우주를 창조하셨다는 사실에서 출발한다. 인간을 자녀로 창조하고 사랑하면서 기쁨과 행복을 느끼려던 하늘부모님의 심정을 이해하는 것이 중요한 것이다. 참아버님은 우주의 근본은 하늘부모님께서 인간을 자녀로 창조하셨다는 것이며 부자의 인연을 아는 것이 신앙의 출발점이라고 말씀하였다.[15]

통일사상에서는 이러한 인식과 이해의 전환을 '체휼'이라는 용어로 설

---

15 문선명선생말씀편찬위원회, 『문선명선생말씀선집』 제12권 (서울: 성화출판사, 1986), 258.

명한다. '체휼'이란 사전적으로는 '상대의 처지를 불쌍하게 여김'으로 되어 있지만 상대의 입장과 처지를 지적인 차원이 아니라 지정의 모든 차원에서 이해하고 공감하는 것을 말한다. 이러한 맥락에서 통일사상에서 '하늘부모님의 심정을 체휼한다'는 것은 하늘부모님의 입장과 심정을 지정의의 차원에서 알고 느끼고 실천한다는 의미인 것이다. 자신의 입장과 사정에 앞서 하늘부모님의 입장과 심정을 먼저 알고 느끼고 실천하고자 하는 자세를 가지는 것이 본연의 인간으로 돌아가는 첫걸음이 된다. 그래서 참부모님은 하늘부모님의 심정을 체휼하는 것이 신앙의 출발점이라고 하였다.[16]

어거스틴 또한 중력에 의해 모든 존재가 움직이듯이 모든 인간이 하늘부모님의 사랑의 힘을 따라 살고 있다고 보았다. 타락하여 하늘부모님을 떠나 살고 있지만 결국 인간의 본심이 사랑의 본체인 하늘부모님을 찾고 사랑할 수밖에 없다는 것이다. 인간이 자기 본연의 자리를 찾아 최고의 선인 하늘부모님을 지향하는 상승적인 사랑을 카리타스(caritas)라고 하였다.[17]

참어머님은 하늘부모님을 향한 심정을 '효정(孝情)'이라고 하면서 하늘부모님의 심정을 체휼하여 자신뿐만 아니라 인류가 효자가 될 수 있도록 효정의 심정문화혁명을 해야 한다고 강조하였다.[18] 횡적으로 사랑을 주고받는 것이 중요한 것이 아니라 사랑의 종적인 기준을 하늘부모님께 맞추어 효정을 중심으로 횡적인 사랑을 실천해야 한다는 말씀이다.

---

16   세계평화통일가정연합, 『천성경』 (서울: 성화출판사, 2013), 847.
17   성 어거스틴, 『성 어거스틴의 고백록』, 선한용 옮김 (서울: 대한기독교서회, 2014)
18   선학역사편찬원, 『한학자 총재 말씀선집』 제3권 (서울: 성화출판사, 2017), 374.

니시오카는 효정의 의미를 협의의 의미와 광의의 의미로 나누었는데 하늘부모님의 심정을 체휼하는 것을 협의의 효정으로 보고 하늘부모님의 심정과 하나 되어 부모의 심정으로 인류를 사랑하려는 것을 광의의 효정으로 규정하였다.[19]

반면 정시구는 "하늘을 중심하고 가정의 자녀, 형제자매, 부부, 부모 등의 4대 사랑을 핵으로 하여 사회, 국가, 세계로 확대되어 세계평화를 위한 집합적인 의지와 행위"로 정의하면서[20] 효정을 적극적/소극적 기준과 보편적/개인적 차원으로 나누어 4가지로 세분화하였다. 이 분류에 따르면 ①가정을 중심한 소극적 효정-종속형 효정 ②적극적 효심이 충과 평화로 발전하는 효정-협력적 효정 ③하늘에 효정을 가지지만 사회적 실천이 낮은 효정-민주적 포섭형 효정 ④가정에서 사회까지 적극적으로 확장되는 효정-평화통일형 효정으로 구분된다.[21] 효정에 대한 철학적 논의는 보다 심도 깊게 이루어져야 하겠으나 하늘부모님을 향한 인간의 자녀 됨의 심정이며 모든 인간이 하늘부모님을 알고 그 심정을 알 수 있도록 하는 근본 개념이라는 것에는 이견이 없다. 이러한 효정이 모든 사랑의 기준이자 출발점이 되는 것이다.

---

19   니시오카 마사유키, 「효정으로 형성되는 공동체에 대한 한 고찰: '루소의 공동체 형성론' 비판을 중심으로」, 『통일사상연구』 13 (2017): 203-226.

20   정시구, 「인류위기극복을 위한 도덕성 회복의 효사상과 효정교육 고찰: 인성교육정책의 변화를 중심으로」, 『한국행정사학지』 42 (2018): 114.

21   정시구, 114-115.

2. 부부관계와 친밀감

최유신은 통일사상에서 사랑의 관계는 현실 세계의 모든 혼란을 수습할 수 있다고 하였지만 어떻게 구체적으로 사랑의 관계를 이루어 나갈 것인가 하는 실천적 덕목은 제시하지 못하고 있다고 지적하였다. 사랑의 관계가 저절로 이루어지는 것이 아니며 모순으로 가득찬 현실을 해결하기 위해서는 사랑의 관계를 원형으로 삼고 현실의 갈등을 제거하기 위한 구체적인 노력을 해야 한다는 것이다.[22] 나아가 최유신은 상충적 관계가 조화로운 관계로 전환되기 위해서는 관용의 덕목이 필요하다고 보았다.

그러나 통일사상은 상충적인 관계가 조화로운 관계로 전환되기 위해서는 먼저 부부관계에서 사랑이 재정립되어야 한다고 제시하고 있다. 부부관계의 사랑은 타인에 대한 관용보다는 상호 이해와 수용의 친밀감이 바탕이 되어야 하므로 본 연구에서는 친밀감에 기초한 부부관계의 재정립을 우선 살펴보고자 한다.

가장 오래 지속되면서 가까운 인간관계라 할 수 있는 부부관계는 상호신뢰와 헌신, 소통과 지지, 협력과 조화가 필요한 관계로서 친밀감이 필수적으로 요청되는 관계이다. 하지만 봉건사회에서는 가부장적 가족 구조 속에서 부부는 지배와 복종의 관계로 왜곡되어 왔다. 사랑을 주고 받는 가장 가까운 관계가 친밀감이 단절된 형식적 관계로 고착화되어 왔던 것이다. 이후 근대화 과정에서 부부관계는 가문 간의 결합이 아니라 개인의 정서적 결합으로 변화되었으나 남녀 간의 성적인 매력이나 열정

---

22 최유신, 「관계의 측면에서 본 사랑과 관용」, 『통일사상연구』 1 (2000): 266-267.

등 자유 연애적 측면만 더 중요하게 부각되었다. 통일사상은 이러한 문제에 주목하여 본질적 관계인 부부관계가 재정립되는 것에서 인간관계의 핵심을 세울 수 있다고 보았다.

통일사상에서 제시하는 부부관계는 몸과 마음이 모두 하나 되는 가장 친밀한 관계라고 할 수 있다. 친밀감의 개념은 연구하는 학자들마다 상이하지만 크게 세 가지로 나눌 수 있다. 첫째, 협의 개념의 친밀감으로 행동이나 행위의 차원에서 상호교환적인 행위나 행동으로 일어나는 친밀감이다. 즉 이성간 신체적 접촉, 성적 욕구의 표현 등의 상호적인 행동에 초점을 맞추는 개념이다. 둘째, 보다 광의적인 개념의 친밀감으로 개인적 능력이나 성향의 차원이다. 에릭슨은 친밀감이 성인기의 기본적인 욕구라고 하면서 타인의 한계와 단점을 인정하고 수용하며, 인간 상호 간의 차이점과 갈등을 극복하는 과정을 통해 얻어진다고 하였다. 이러한 친밀감은 타인과의 관계를 상호조정하고 조화롭게 만들며 삶의 활력과 만족을 얻을 수 있기에 성인기 초기 발달과업의 핵심이라고도 하였다. 셋째, 포괄적 개념의 친밀감으로 '시간적 경과를 거치면서 개인적 경험의 교환에 기초하여 상호성에 수반되는 긍정적 연계과정'으로 정의되며 상호 인정과 지지, 상호공유 등이 특징으로 나타난다.[23] 이러한 친밀감의 개념을 중심으로 부부관계를 생각해보면 상호적인 행동의 친밀감과 상호 간의 차이와 갈등을 극복하는 친밀감, 상호인정과 지지, 상호공유의 친밀감을 가지는 관계라 할 수 있다.

이성 간의 사랑을 보다 종합적이고 구조적으로 보고자 한 스턴버그

---

23 이경희, 「부부간 친밀감 척도 개발에 관한 연구」, 『대한가정학회지』 33 (1995): 235-239.

(Robert Sternberg) 또한 성적 매력뿐만 아니라 이성 간의 친밀감과 책임감에 주목하였다. 그는 기존의 연구가 사랑의 유형을 열정적 사랑, 우애적 사랑, 유희적 사랑, 실용적 사랑 등의 병렬식으로 분류하던 한계에서 벗어나 열정, 친밀감, 책임감의 세 가지 구성요소를 중심으로 설명하였다. 이 모델에서 친밀감은 깊이 있는 비밀스러운 감정과 생활을 상대와 나누는 능력의 차원으로 정의되었다. 열정(passion)은 성적인 기대를 포함하는 강한 열망이며 본능적 욕구의 차원이며 책임감(commitment)은 희생을 하더라도 상대의 관계를 유지하고자 하는 약속이자 신념, 헌신을 말하였다. 이 세 가지 요소는 이성 간에 7가지 형태의 사랑을 만든다. ①열정이나 책임감 없이 친밀감만 있는 좋아함 ②친밀감이나 책임감 없이 열정만 있는 열병과 같은 심취 ③친밀감이나 열정이 없이 책임감만 있는 공허한 사랑(empty love) ④열정과 친밀감은 있지만 책임감은 없는 낭만적 사랑 ⑤열정과 책임감은 있지만 친밀감은 없는 어리석은 사랑(fatuous love) ⑥친밀감과 책임감은 있지만 열정은 없는 우애적 사랑 ⑦열정과 친밀감, 책임감을 갖춘 성숙한 사랑이다.

사랑에 대한 스턴버그의 이러한 접근은 이성 간의 사랑에서 친밀감과 책임감이 차지하는 중요성을 구조적으로 보여주고 있다. 이후 여러 연구에서 남녀 사이의 성적 매력에 기초한 열정은 일정 시간이 지나면 사라지는 것으로 보고되고 있다. 열정보다는 친밀감과 책임감에 기초할 때 부부사랑이 오랫동안 지속되며 행복감 또한 높은 것으로 나타난다. 특히 열정은 연애 초기에는 증가하다가 중기에 이르면 감소하는데 비해 친밀감은 꾸준히 증가하다가 정체되며 책임감은 시간이 갈수록 더욱 높아지는 것으로 보고된다.[24] 기혼자들의 경우에는 부부 사이에 친밀감과 책임감이 높은 반면 열정은 낮게 나타났으며 결혼 5년까지는 친밀감이 책임감보다 크지만 5년 이후에는 친밀감과 책임감이 비슷한 분포를 보이는 것으로 나타났다.[25] 애적인간의 핵심적인 인간관계인 부부관계의 참사랑 또한 성적 친밀감에 기초하여 정서적 친밀감과 책임감이라는 복합적 개념으로 이해되고 설명될 수 있을 것이다.

3. 친밀감과 부모애착

통일사상에서 재정립하고자 하는 부부관계의 친밀감은 이성 간의 신체적 차원이나 인간 발달단계에서 정립되는 개념을 넘어 상호성에 기반하는 타인에 대한 긍정적 연계이자 공유이기 때문에 포괄적 개념으로서의 친밀감으로 보는 것이 적합하다. 그런데 이러한 친밀감은 어린 시절 부모의 애착과 큰 상관성이 있는 것으로 보고되고 있다.

어린아이가 발달과정에서 생후 초기에 주 양육자와 맺은 애착관계는 성인기까지 지속되어 타인과 애착성향을 형성하며 친밀한 관계에 반영된다. 영아의 스트레스 표현에 반응하는 주 양육자의 근접성과 민감성 정도에 따라 다른 사람과의 관계에 대한 반응이 결정된다는 것이다.[26] 특히 부모와 애착안정성이 높은 성인은 다른 사람들과 안정적이고 긍정적

---

24 유가효, 206.
25 최혜경·서선영, 「한국 기혼남녀의 부부간 사랑과 성생활유형에 관한 연구」, 『한국가족관계학회지』 9(3) (2004): 181-200.
26 강진경·정태연, 「사랑에서 관계지위와 성별에 따른 개인적 및 관계적 특성에서의 차이: 남녀 대학생들을 중심으로」, 『한국심리학회지: 여성』 6(1) (2001): 1-20.

인 애착관계를 친밀하게 맺으며 관계안정형을 보이는 것으로 나타나고 있다. 타인을 긍정적으로 인식하고 공감하며 배려하기에 관계에서 주도적이고 상호 긍정적인 경험을 많이 하고 있는 것이다.[27]

애착이론은 1950년대 연구 초기에 가부장적 사회구조 속에서 아버지는 가족의 생계를 책임지는 가장으로의 역할을 전담하고 어머니는 가정살림과 자녀양육을 전담하는 비율이 높았기에 주 양육자인 어머니와 자녀의 상호작용과 정서적 유대관계를 중심으로 연구가 이루어졌다. 1970년대 이후에는 여성의 사회참여가 활발하게 진행되면서 아버지와 자녀의 관계, 부성, 아버지의 양육방식이 자녀성장에 어떠한 영향을 미치는가에 대한 연구도 진행되었다. 아버지 역시 자녀양육에 있어 어머니의 보조자가 아니라 한 주체이며 자녀의 인간관계에 큰 영향을 미친다는 것이 연구되었으며 이후 부성에 대한 연구도 진행되고 있다. 한국의 경우 맞벌이 가정의 고학력 아버지일수록 자녀양육의 참여도가 높은 것으로 연구되고 있다.[28]

이러한 애착과 사랑에 관한 여러 연구들은 통일사상의 애적인간의 근간인 효정과 연결될 수 있다. 생후 초기의 주 양육자와 맺은 애착이란 부모의 성향이나 양육 유형에 따라 상대적으로 결정될 수밖에 없기에 한계가 있을 수 있는 것이다. 보다 근원적으로 모든 인간은 하늘부모님의 자녀로 창조되었음을 인식하고 하늘부모님에 대한 효정을 강하게 형성한다면 이러한 상대적인 애착의 한계를 극복할 수 있을 것이다.

---

27 노경란 외, 「성인애착과 성별에 따른 대인관계양식의 차이」, 『한국심리학회지: 여성』 12(4) (2007): 471-490.

28 이연승·최진령·김현정, 「아버지의 육아참여에 대한 인식, 실태 그리고 어려움」, 『유아교육연구』 37 (2017): 811-829.

세계평화통일가정연합의 축복가정은 자신의 자녀를 낳은 뒤에 하늘부모님의 자녀로서 양육하겠다는 의미로 봉헌식(奉獻式)을 한다. 자신의 자녀로서 소유하거나 함부로 양육하지 않고 하늘부모님의 자녀로 양육하며 하늘부모님의 사랑을 전하는 부모가 되겠다는 의식을 하는 것이다. 부모로서 자녀를 양육할 때 자신의 부모에게서 받은 양육유형을 되풀이하는 경우가 많은데 부모에게 받은 사랑을 자녀에게 주는 것이 아니라 하늘부모님께 드리는 효정으로 자녀를 양육함으로써 부모로서 최선을 다하겠다는 기준을 세우는 것이다.

역으로 부모와 애착관계가 공고하게 형성되어 있는 사람일수록 하늘부모님에 대한 효정을 강하게 가질 수 있다는 것 또한 생각해볼 수 있다. 그동안 하늘부모님을 아버지로 이해해 왔던 그리스도교에서도 육신의 아버지와 자녀의 관계가 하나님과 신자의 관계, 신앙의 형성에 영향을 주는 것으로 보고되고 있다. 주 양육자와 형성하게 되는 애착유형은 하나님과 형성하는 애착유형에도 영향을 미치며 내면에 새겨진 부모의 이미지를 하나님의 이미지로 투영시켜 부모의 이미지와 하나님의 이미지를 동일시하는 경향이 있어 부모 자녀의 관계에서 생긴 경험을 반추하여 하나님과 관계를 형성한다는 것이다.[29]

스턴버그의 삼각형 모델 역시 애착과 깊은 연관성을 보였다. 성인기의 안정적인 애착을 보이는 사람이 높은 친밀감, 열정, 책임감을 보여 성숙한 사랑을 하는 반면 불안정한 애착이나 회피적 애착을 보이는 경우에는 친밀감, 열정, 책임감의 세 요소가 낮게 나타나 불균형한 사랑을 경험하

---

29 김은영, 「하나님 이미지와 부모 자녀 애착관계에 대한 통합적 고찰」, 『가족과 상담』 2 (2012): 21-30.

고 있었다.[30] 회피적 애착을 가진 성인은 유희적 사랑을 추구하며 불안정 애착을 가진 성인은 실용적 사랑을 추구하는 경향이 있다는 연구도 있었다.[31] 이러한 연구결과를 종합해보면 생후 초기의 주 양육자와 맺은 애착이 안정적일수록 성인기에 안정적인 애착을 형성할 수 있으며 이성 간에도 성숙한 사랑을 할 수 있는 것이다.

종합하여 보면 어린 시절 부모와 맺게 되는 애착관계는 부부관계의 친밀감은 물론 타인과의 긍정적 상호관계를 맺는데 영향을 주며 나아가 하늘부모님과의 관계 형성에도 영향을 미친다. 이러한 영향은 일방향적으로 고착되는 것이 아니라 신앙생활을 통해 하늘부모님과 애착관계를 재정립함으로써 역방향으로 부모와 애착관계를 재정립할 수 있으며 부부의 친밀감의 기준을 재정립하고 타인과의 친밀감을 새롭게 형성할 수 있다. 축복가정의 경우 육신의 부모와 맺은 애착관계보다 참부모님과 강한 애착관계를 맺음으로써 하늘부모님에 대한 효정을 회복하고 이를 기준으로 부부, 부자, 타인과의 친밀감을 새롭게 정립하여 왔던 것이다.

4. 효정과 친밀감의 확장

통일사상은 인간의 본성 중 격위적 존재에 대해 설명하고 있다. 모든 인간은 하늘부모님 앞에 자녀로 창조되었기에 대상의식을 가진다. 대상의식이란 하늘부모님을 부모로 체휼하고 자녀의 자리에서 효정을 가지

---

30 유가효, 200.
31 장휘숙, 「애착과 사랑양식 및 관련변인들의 관계」, 『한국심리학회지: 발달』 15(4) (2002): 93-111.

는 것이다. 인간이 성장하여 다른 존재에 대해 주체의식을 가질 때에도 하늘부모님 앞에 대상이라는 것을 알고 언제나 온유 겸손해야 한다.

이러한 의식은 다른 존재에 대한 존중의 자세에 영향을 준다. 모든 인간이 하늘부모님을 닮아 창조된 각기 다른 개성진리체이기에 연체로서 상호 존중해야 한다. 타인을 형제로 받아들이고 사랑하는 자세가 필요한 것이다. 타인에 대한 관점의 전환은 하늘부모님을 전제로 할 때에만 가능한 것이다.[32]

부모와 자녀 사이의 애착은 타인에 대한 친밀한 관계를 형성하는 데 긍정적인 영향을 주지만 자신과 다른 인종, 문화, 종교, 국가 등 다른 집단에 속한 사람들에 대한 친밀감으로 확장되지는 않는다. 부모와 자녀는 혈연적 연관성을 전제로 한 관계이고 인종, 문화, 종교를 공유하며 유사성이 많은 사이이기 때문에 자신과 다른 집단에 대한 친밀감으로 연결되지 않는 것이다.

반면 하늘부모님을 부모로 체휼하고 모시는 효정은 모든 인간이 자신과 같은 자녀로 창조된 형제라는 것을 느끼는 심정으로 확장될 수 있다. 하늘부모님 아래에는 인종과 국가, 문화와 종교 등 어떠한 장벽도 없기 때문에 인간 또한 타인을 대할 때 자신과 유사성이 없어도 인간이라는 존재만으로 형제로 존중할 수 있게 된다. 이러한 심정을 종적 효정이 횡적으로 확장되는 것으로 볼 수 있다.

그리스도교 신학에서도 하나님 사랑과 이웃 사랑은 기독교 윤리학의 연구주제로서 하나님의 보편적이고 이타적인 사랑을 규범적 이상으로 삼

---

32 최유신, 277.

고 이웃 사랑을 해야 한다는 견해와 구체적인 이웃 사랑의 관계에서 하나님의 사랑을 정서적, 규범적으로 경험할 수 있다는 견해가 있다. 물론 학자에 따라 하나님 사랑을 모범으로 도출된 이웃 사랑의 규범적 내용, 실천 가능성의 관심에서 하나님 사랑과 이웃 사랑의 차이, 하나님 사랑과 이웃 사랑의 존재론적 연속성과 차이, 하나님을 사랑하는 방식의 독특성 등 논점의 차이가 있다. 그러나 하나님 사랑과 이웃 사랑이 상관성이 있으며 하나님 사랑을 모범으로 경계 없이 모든 사람을 사랑하여 친밀한 상호관계성을 형성해야 한다는 것은 공통적이다. 이웃 사랑의 실천에 있어 완전한 자기희생과 이타성을 실천하기에는 인간의 한계가 있기에 가족이나 친구와 같은 가까운 이웃부터 사랑의 지평을 확장하여야 하며 하나님이 사랑하는 피조만물을 사랑함으로써 하나님을 사랑하는 실천을 해야 한다는 윤리적 지향을 하고 있다.[33]

통일사상 또한 타인에 대한 사랑과 만물에 대한 사랑이 하늘부모님을 부모로 체휼하는 종적인 효정의 횡적인 확장이며 횡적인 효정의 실천을 통해 종적인 효정을 경험할 수 있다는 통전적 인식이 요청된다. 하늘부모님에 대한 효정으로 어떠한 경계 없이 타인을 형제로 느끼고 사랑하는 것은 물론 하늘부모님의 창조물인 피조세계에 대한 사랑으로 확장될 수 있으며 이러한 사랑의 실천을 통해 하늘부모님에 대한 효정을 체휼할 수 있기 때문이다.

나아가 통일사상은 이러한 효정의 체휼과 실천에는 가정의 4대 사랑을 통한 효정의 성장과 체휼이 있어야 한다는 것을 강조한다. 가정은 부

---

33 이창호, 「하나님 사랑과 이웃 사랑의 관계성에 대한 신학적·윤리적 탐구」, 『장신논단』 48(1) (2016): 253-281.

모의 사랑을 통해 하늘부모님의 효정을 체휼하고 자녀의 사랑으로 종적인 효정을 성장시키며 부부사랑과 형제자매의 사랑으로 횡적으로 사랑을 주고받는 상호작용을 하며 횡적인 효정을 실천할 수 있는 학교와 같다. 가정에서 효정을 체휼하고 실천하는 것은 안정적 관계의 기초가 되고 타인에 대한 긍정적 상호작용으로 친밀감을 형성할 수 있는 기반이 되는 것이다.

IV. 애적인간의 출현

통일사상은 하늘부모님을 닮아 자녀로 창조된 인간의 핵심을 사랑으로 보고 애적인간이라고 하였다. 본 연구는 통일사상의 애적인간의 개념을 정리하고 효정을 중심으로 애적인간의 실천적 이해를 하고자 하였다. 애적인간의 중심은 인간과 인간 사이의 형상적이고 수평적인 사랑이 아니라 하늘부모님과 인간 사이의 성상적이고 종적인 효정이기 때문이다. 이러한 효정은 존재 사이의 긍정적인 상호작용과 반응성 등의 친밀감으로 경험되기에 효정의 실천적 차원에서 부모애착을 통한 친밀감의 형성과 부부 사이의 친밀감, 이웃 사랑과 만물 사랑으로의 확장을 살펴보았다. 이를 통한 결론은 다음과 같다.

첫째, 통일사상의 애적인간의 핵심은 효정으로 하늘부모님께서 모든 인간의 부모이심을 체휼하고 자녀로서 하늘부모님을 알고 느끼고 사랑할 수 있는 효정을 가지는 것이 모든 사랑의 기준이자 출발점이 된다. 둘째, 애적인간이 주목하는 부부사랑은 성적인 열정만 아니라 정서적 친밀감과 상호 책임감이라는 복합적 요소로 설명될 수 있으며 성적인 친밀감과 정서적 친밀감이라는 친밀감의 영역으로 해석할 수 있다.

셋째, 효정은 부모사랑의 모범이자 기준으로 인간은 생애 초기 주 양육자와의 관계인 부모애착으로 효정을 경험한다. 안정적인 부모애착은 친밀감의 기초가 되며 부부 사이의 성숙한 사랑을 가능하게 하는 원동력이 되어 준다. 즉 가정에서 종적인 효정은 횡적인 효정으로 실천되며 확장되는 것이다.

넷째, 하늘부모님에 대한 효정은 가정의 경계를 넘어 사회, 국가, 세계의 경계 없이 보편적인 효정의 확장으로 연결되며 가정은 이러한 효정의 체휼과 실천의 공간으로 효정을 성장시킨다. 경계 없이 타인을 사랑하고 만물을 사랑하는 횡적 효정의 실천을 통해 하늘부모님에 대한 효정을 체휼하는 통전적 이해 또한 필요하다.

통일사상은 인간 본성의 핵심은 사랑이며 애적인간임을 밝히고 있으나 그 사랑이 무엇이며 이러한 사랑이 가정에서 어떻게 체휼되며 성장하여 가정의 경계를 넘어 확장되는가에 대한 명확한 제시나 체계화는 아직 제시되지 못하고 있다. 향후 효정을 중심으로 이에 대한 심층적이고 실증적인 연구가 지속적으로 이어진다면 통일사상의 애적인간에 대한 이해와 실천이 보다 윤리적이고 구체적인 지평으로 확장될 수 있으리라 기대된다.

5

공의주의 실현을 위한 효정의 계승[1]

I. 공의주의 사회의 실현

공의주의 사회는 어떻게 실현될 것인가? 본 연구는 이러한 질문에서 시작되었다. 이상헌은 공의주의에 대해 설명하기에 앞서 공산주의는 인민을 평등한 존재로 규정하고 상호 형제로서 사랑하는 것을 강조하였지만 인민의 이익을 대표하는 공산당이 관료화되고 계급화되면서 투쟁과 갈등이 심화되었다고 한계를 지적하였다. 자본주의 역시 천부인권(天賦人權)을 주창하면서 개인의 자유와 권리를 추구하였지만 이기주의와 물질주의의 심화로 개인의 내면은 황폐화되었다고 비판하였다.[2] 이어 이러한 형식적 평등과 무규율적 자유의 한계를 극복할 수 있는 사상인 공의주의는 위타적(爲他的) 사랑으로 하늘부모님의 사랑을 기반으로 한 사랑이

---

1 이 글은 『통일사상연구』 제17집(2019)에 게재된 논문이다.
2 이상헌, 『두익사상시대의 도래: 공산주의를 초월하여』 (천안: 선문대학교 통일사상연구원, 2001), 155-158.

며 남을 위해서 살면서 영원한 기쁨을 주는 참사랑에 기초한다고 제시하였다.[3] 참사랑을 기초로 절대적 가치가 실현되는 세계, 인류가 하늘부모님을 중심으로 형제자매가 되는 세계를 윤리와 도덕의 측면에서 공의주의 사회라고 하며, 그러한 공의주의 사회가 "실현화될 날이 다가오고 있다"고 하였다.[4]

이러한 표현은 공의주의 사회가 개개인의 노력으로 도래하는 것이 아니라 예수 그리스도의 사랑, 불교의 자비, 무하마드의 자애, 공자의 인(仁)이 현실 속에서 실현될 수 있는, 즉 창조이상이 실현되는 시대적 환경이 되어야 하는 것을 짐작할 수 있게 한다. 『원리강론』에서는 "하늘편의 사회주의 사회를 지향하는 인간의 본심은 마침내 공생공영공의주의를 부르짖어 하나님의 창조목적을 완성한 이상세계를 이루는 데까지 나아가지 않을 수 없는 것이니, 이 세계가 바로 재림하시는 예수님을 중심한 지상천국"이라고 하였다.[5] 하늘부모님이 복귀하시려는 지상천국을 사탄이 앞질러 이루어 놓은 원리형의 비원리세계인 공산세계가 제3차 세계대전을 거쳐 몰락하고 천주주의의 이상세계가 실현되는 시대가 되어야 하는 것이다.

창조본연의 시대, 공생공영공의주의 사회는 언제 실현되는가? 공생공영공의주의 사회의 기본이 되는 것은 공의주의이므로 먼저 공의주의 사회의 실현부터 논의해보고자 한다. 천일국이 선포된 기원절 이후 하늘부모님의 주권이 선포되고 창조이상이 정착되는 이 시대야말로 이러한 사

---

3   이상헌, 159.
4   이상헌, 161
5   세계기독교통일신령협회, 『원리강론』(서울: 성화사, 2006), 473.

회가 실현될 수 있는 기대가 조성되었다고 할 수 있다. 그러나 공의주의가 실현될 수 있는 시대적 기대는 조성되었지만 실현이 어떤 방법으로 이루어지는지, 그 실현을 위해 무엇을 해야 하는지에 대한 설명은 제시되어 있지 않다. 다만 앞서 『원리강론』에서 제시한 바와 같이 인간 본심의 발로로 추구되어야 한다는 것을 추정할 수 있다.

『통일사상요강』은 공의주의 사회를 공동윤리의 사회라고 정의하고 그 특징으로 첫째, 사회생활은 삼대주체의 참사랑운동에 의해 뒷받침되며 둘째, 공의주의 사회의 기본 단위는 참사랑이 시행되는 가장 기초 단위인 가정이라고 제시하고 있다.[6] 이러한 두 가지 특징을 중심으로 유추해본다면 공의주의 사회의 실현은 시대적인 변화에 따른 외적인 환경과 기반이 형성된 위에 삼대주체의 참사랑운동이 가정에서 먼저 실천되어야 한다는 것을 생각해볼 수 있다.

본 연구는 공의주의 사회의 실현을 위해 인간 본심의 발로로 참사랑운동이 가정에서 먼저 일어나야 한다는 것에 주목하여 실천적 측면에서 효정의 계승과 연결하여 관심을 기울이고자 하였다. 통일사상은 이미 인간의 본성을 사랑으로 보고 인간이 추구하는 가치의 기반이자 생명의 원천인 사랑을 실천하며 진정한 행복을 추구하는 생활을 하여야 한다고 제시해 왔다. 이러한 생활을 위해 가정이 강조되는데 실제 생활에서 어떻게 사랑을 성장시키고 실천할 것인가에 대한 구체적인 탐구와 이해는 부족한 상황이다. 이에 본 연구는 먼저 공의주의 실현을 위한 참사랑을 효정을 중심으로 살펴보고 하늘부모님과 인간 사이의 성상적이고 종

---

6   통일사상연구원, 『통일사상요강』 (서울: 성화사, 1998), 782-783.

적인 효정을 어떻게 계승, 확장할 것인가를 중심으로 공의주의 사회 실현을 위한 실천적 이해와 제안을 하고자 한다.

Ⅱ. 공의주의와 효정

공의주의 사회는 삼대주체사상이 실시되는 사회로 재림메시아를 중심하여 종교를 초월한 사회이다. 미래를 준비하기 위한 종교의 가르침이 필요한 사회가 아니라 메시아와 더불어 현실 속에서 참사랑의 생활, 즉 천국생활을 영위하는 사회인 것이다. 기존의 신앙 위주의 종교교리는 실천 위주의 생활윤리로 변화되게 된다. 이러한 측면을 공동윤리의 사회, 즉 공의주의 사회라고 하는 것이다.[7]

이러한 공의주의 사회의 핵심은 참사랑인데 참사랑이란 위하여 주고 또 주는 사랑으로 온천의 샘물이 영원히 솟는 것과 마찬가지로 끊임없이 남에게 온정의 샘물을 부어주는 사랑이다. 삼대주체사상이란 부모와 스승, 지도자가 일상생활 속에서 그런 사랑을 실천하는 사상이다. 부모가 자녀에게 하늘부모님의 참사랑을 전하는 실천을 하고 스승이 제자에게, 지도자가 소속된 부하나 구성원들에게 참사랑을 실천하는 사상이다.[8]

공의주의는 가정에서 이러한 참사랑을 경험하고 배우게 된다고 강조한다. 가정은 부모가 중심이 되어 조부모, 부모(부부), 형제자매, 자녀의 다양한 사랑의 관계가 맺어지는 공간이다. 하늘부모님의 참사랑이 조부

---

7   통일사상연구원, 782.
8   통일사상연구원, 787.

모의 사랑, 부모(부부), 형제자매, 자녀의 사랑으로 수수(授受)되면서 가법이 세워지는데 이러한 자동적인 질서와 가법을 바탕으로 참사랑이 넘치는 가정이 이상가정이라 할 수 있다. 이러한 이상가정이 공의주의 사회의 기초가 되는 것이다.[9]

그런데 이 참사랑이란 대가 없이 베푸는 사랑으로 하늘부모님의 참사랑을 기초로 영원히 위하여 주는 희생과 봉사로 표현된다. 즉 자신이 출발점이 되는 사랑이 아니라 하늘부모님의 사랑을 중심으로 마음과 몸이 위하여 주는 길을 가는 것이다. 따라서 하늘부모님의 사랑을 체휼하는 것, 사랑하고자 하시는 하늘부모님의 심정을 체휼하는 것이 참사랑의 출발점이라 할 수 있다.[10]

심정이란 "사랑을 통해 기쁘고자 하는 정적인 충동"[11]으로 하늘부모님이 사랑의 대상을 창조하시려는 심정에서 창조가 시작되었으며 이런 심정을 받아 창조된 인간은 하늘부모님의 심정적 대상으로 하늘부모님의 심정을 중심한 인생을 살아가야 한다. 참어머님은 이러한 하늘부모님의 심정을 체휼하는 참사랑의 출발점을 효정이라고 말씀하면서 모든 축복가정들은 효정을 중심으로 세계 인류가 종교와 인종을 넘어 참부모와 하나 될 수 있도록 효정의 빛이 되라고 강조하였다.[12] 효정의 의미가 무엇인가에 대해서는 학자들마다 효의 심정, 효와 심정 등으로 해석의 차이가 있으나 하늘부모님을 향한 자녀됨의 심정이며 모든 사랑의 기준이자 출

---

9   통일사상연구원, 783.

10   세계평화통일가정연합, 『천성경』 (서울: 성화사, 2013), 342-350.

11   통일사상연구원, 58.

12   선학역사편찬원, 『한학자 총재 말씀선집 제3권: 천일국과 우리의 사명』 (서울: 성화출판사, 2017), 374-375.

발점이라고 볼 수 있다.[13]

황진수 또한 참어머님께서 효정을 강조하는 배경과 맥락을 분석하면서 효정이란 향후 전 인류의 삶의 자세와 기준으로 참부모의 뜻을 계승하고 선양해달라는 염원을 함의하고 있다고 보았다. 효정이란 '효의 심정'의 준말이지만 자녀의 심정권에서 출발하여 형제자매, 부부, 부모의 심정으로 나아갈 수 있는 근원이자 핵심동력, 즉 인간 심정의 본질이며 하늘부모님을 모시고 살아가는 인간의 근본 정체성을 의미한다고 하였다.[14]

공의주의 사회를 실현하기 위해서는 참사랑의 이상가정을 이루어야 하는데 이러한 이상가정의 핵심적인 심정은 하늘부모님을 부모로 모시는 종적인 심정을 바탕으로 인류를 형제로 느끼는 횡적인 심정을 포괄할 수 있는 효정이라 할 수 있다. 효정에 대한 이러한 관점은 파울러(James W. Fowler)가 말하는 신앙관계의 삼각형적 모형(triadic pattern)과 연결된다. 파울러는 신앙관계의 삼각형적 모형을 설명하면서 나와 다른 사람들이 공유하는 '가치와 힘의 공유된 중심'을 강조하였다. 〈그림 1〉의 신앙관계의 삼각형적 모형을 보면 나와 타인들이 같은 신앙을 한다는 것은 '가치와 힘의 공유된 중심'이 있다는 의미이며 이러한 '가치와 힘의 공유된 중심'이 신앙의 영적인 역동성을 이루는 중심이 된다고 하였다.[15]

---

13 김민지, 「효정을 중심한 '애적인간'의 실천적 이해」, 『통일사상연구』 16 (2019): 102-103. 효정의 개념에 대한 여러 학자들의 논의는 앞선 논문에서 정리하여 본 논문에서는 간략하게 정리하였다.

14 황진수, 「심정과 효정: 효정 개념 정립을 위한 소고」, 『통일사상연구』 16 (2019): 71-94.

15 James W. Fowler, *Faithful Change* (Nashville: Abingdon Press, 1996), 사미자 역, 『신앙의 변화』 (서울: 한국 장로교출판사, 2016), 32-33.

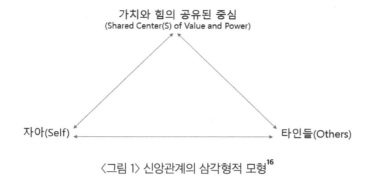

가치와 힘의 공유된 중심
(Shared Center(S) of Value and Power)

자아(Self)

타인들(Others)

〈그림 1〉 신앙관계의 삼각형적 모형[16]

파울러는 '가치와 힘의 공유된 중심'을 신념(belief)이나 종교(religion)와 분리된 신앙이라고 설명하였다. 신념은 신앙과 맞닿아 있으나 신앙의 일부분에 불과하며 신앙은 신념에 비해 현대사회에서 더 개인적이고 실존적으로 정의된다. 종교 역시 무수한 신념과 관행들로 구성된 축적된 전통이지만 현대사회에서 종교적 공동체의 형식에 갇혀 있게 되면서 신앙과 분리되고 있다. 신앙이란 ①한 개인의 삶에 통합성과 방향을 부여하며 ②다른 사람들과 신뢰와 충성심을 나눌 수 있도록 상호 연결시켜 주고 ③사람들의 관계성에 공동체적 충성심의 기초가 되어 주며 ④궁극적 존재에 의지하여 삶의 한계를 해결할 수 있도록 해준다.[17]

통일사상은 종교가 신앙과 분리되는 단계를 지나 종교가 끝나고 공동의 윤리가 가치와 힘의 공유된 중심이 되는 시대, 즉 공의주의 사회가 도래한다고 제시하고 있다. 그렇다면 축복가정이 공유하는 가치와 힘의 중심, 신념과 종교를 떠나 신앙의 본질이라고 할 수 있는 것은 무엇일까?

---

16   Fowler, 『신앙의 변화』, 32.
17   Fowler, 『신앙의 변화』, 79-81.

세계평화통일가정연합의 교리나 의례를 공유하는 것이 아니라 하늘부모님과 참부모님을 부모로 모시는 효정이 가치와 힘의 공유된 중심이라 할 수 있다. 종교와 인종, 국가와 문화를 넘어 이러한 효정을 공유한다면 공의주의 사회를 실현할 수 있는 것이다. 이러한 관점에서 효정을 생각해보면 다른 종교를 가지고 축복을 받는 가정들이 공유할 수 있는 '가치와 힘의 공유된 중심'을 효정이라고 할 수 있다.

더불어 가정 안에서도 종교 이전에 하늘부모님과 참부모님에 대한 효정을 중심으로 참사랑을 주고받는 것이 중요하다. 통일사상에서는 미완성한 최초의 인간인 아담과 해와가 타락하여 하나님을 떠나게 되면서, 부부가 하나님의 사랑을 중심으로 하나가 되지 못하여 본연의 부부가 될 수 없었다고 지적하면서 자기를 중심한 사랑이 이후 가정문제와 사회문제의 근본적인 원인이 되어왔다고 하였다. 따라서 부부가 창조본연의 부부로 돌아가 화애(和愛)로써 조화(調和)를 이루어 하나가 되는 것이 사회문제와 세계문제를 해결하는 열쇠라고 제시하였다.[18] 이러한 화애와 조화의 중심은 신앙 이전에 하늘부모님을 중심한 참사랑, 즉 효정이 되어야 한다는 것이다.

---

18   통일사상연구원, 239-240.

III. 효정의 계승

1. 축복가정의 이상과 현실

통일사상은 공의주의 실현의 기본단위를 가정이라고 보고 가정 안에서 참사랑을 경험하고 실천하는 것을 강조한다. 참사랑을 중심한 창조본연의 부부로 돌아가기 위해 세계평화통일가정연합은 하늘부모님을 모신 자리에서 축복결혼을 받도록 하고 있다. 축복결혼에 참여한 남성과 여성은 하늘부모님을 사랑하는 마음으로 자신의 배우자를 사랑하고 위하여 살겠다는 서약을 한다. 배우자를 하늘부모님이 보내준 사람으로 생각하며 사랑하는 것이다. 그래서 하늘부모님에 대한 종적인 사랑은 부부사랑의 출발점이 된다. 나아가 부부가 살아가는 동안 양가의 부모와 친척들로 가족관계가 확대되어 새로운 가족관계를 경험하면서 횡적인 심정의 세계가 확장되고 부모가 되어 하늘부모님의 심정을 심화된 지평에서 체휼하면서 효정을 더욱 성숙시켜 나가게 된다. 효정에 기초하여 부부가 수수작용 하여 화애와 조화의 가정을 이루는 여정은 효정을 완성하여 가는 여정인 것이다.

축복결혼은 참사랑의 이상가정을 이루며 효정을 완성하기 위한 첩경으로 1960년 36가정 축복결혼을 시작으로 60여 년의 축복결혼의 전통은 효정에 기초하여 이루어져 왔다. 그러나 현실적으로 이러한 축복의 이상을 실현하는데 여러 어려움에 직면하게 된다.

먼저 축복결혼의 이상을 실현하기 위해서는 하늘부모님의 심정을 체흘하여 본연의 자녀로 회복된 남성과 여성이 만나 축복결혼을 받아야 하지만 효정을 중심하지 못한 남성과 여성이 축복결혼에 임하는 경우가 발생되었다. 효정을 중심하지 못한 남성과 여성은 하늘부모님과 참부모님을 중심한 참사랑을 주고받지 못한 채 자신을 중심한 이기적인 사랑을 행사하게 된다. 참사랑은 자기를 버리고 먼저 희생하고 주어야 하지만 상대에게 사랑을 요구하고 받기만 하려는 자세를 보이거나 신념과 종교의 틀에서 상대를 평가하고 비판하는 모습을 보이게 되는 것이다.

물론 신앙생활을 통해 부부는 효정을 체휼하고 심화시켜 나갈 수 있다. 효정을 중심하지 못한 채 축복결혼에 참여한 부부라 하더라도 축복결혼 이후에 여러 어려움과 위기의 상황에서 행복한 가정을 이루기 위해 신앙생활을 하게 되면 결혼생활의 중심을 자신이나 배우자가 아니라 하늘부모님을 중심으로 옮기게 되어 효정을 체휼할 수 있다. 이러한 과정에서 효정을 심화시켜 갈 수 있고 완성해갈 수 있다.

그러나 이런 기회를 가지지 못한 부부가 자녀를 낳고 부모가 되었을 때 부부의 문제는 자녀의 문제로 발전하게 된다. 부부가 참사랑으로 하나 되지 못할 때 자녀는 정서적 불안을 느끼며 정체성의 위기를 경험한다. 자녀는 부부사랑의 결실로 태어났기 때문에 부모가 서로를 비난하고 싸울 때 존재적 불안을 느끼며 상실감과 슬픔, 분노 등을 가질 수 있다. 또한 부모의 모습을 모방하여 타인을 비난하고 이기적인 상태에 머물기도 한다. 자녀의 문제는 근원적으로 부모와 연결되어 있으며 부모의 문제보다 더욱 심각하게 발전되는 경향을 가진다. 자녀의 문제를 해결하기 위해서 먼저 부모가 스스로의 문제를 돌아보고 자신부터 달라지기 위해 노력해야 하는 것이다. 이러한 문제를 해결하기 위해서는 교회를 중심으로 가족상담과 가족치료적 접근이 이루어져야 하기 때문에 교회의 역할이 중요하게 된다.

다른 측면에서 발생하는 문제는 부부가 축복의 이상에 공감하고 참사랑을 실천하기 위해 노력한다고 하더라도 좋은 부모가 되는 방법을 잘 모른다는 것이다. 자녀를 사랑하지만 자녀에게 어떻게 하늘부모님과 참부모님의 참사랑을 전할 것인가? 자녀가 하늘부모님과 참부모님의 참사랑을 어떻게 체휼하게 할 것인가? 이에 대한 명확한 해답을 알지 못한 채 자녀를 낳고 부모가 된 축복가정들은 자녀를 양육할 때 많은 어려움을 경험한다. 그들은 축복가정으로서 원죄 없는 자신의 자녀를 어떻게 양육해야 하는가에 대해 잘 알지 못한다. 자녀의 성장과 교육을 위해 노력하지만 효정의 계승적 부분에서 어린 시절부터 신앙적인 발달단계를 경험하지 못한 부모들은 자녀의 신앙적 성장을 위해 무엇을 해야 하는가를 알지 못하는 경우가 많다. 일부 부모들은 자녀의 신앙적 성장은 가정이 아닌 교회에서 담당해야 한다고 생각하고 교회에 모든 책임을 미루기도 한다. 또한 축복가정의 자녀는 하늘부모님께서 양육해주실 것이라고 믿고 부모의 역할을 적극적으로 수행하지 않는 부모도 있다.

이러한 문제를 해결하기 위해서는 자녀가 효정을 체휼하고 성장시키기 위해서 부모가 어떤 역할을 해야 하는가에 대한 진지한 성찰이 요청된다. 이를 위해 모태신앙자의 신앙 발달에 대한 이해가 필요하다.

2. 신앙의 발달단계

모태신앙자의 신앙을 이해하기 위해서는 먼저 회심경험에 관한 연구를 살펴보아야 한다. 회심경험에 대한 여러 연구들을 보면 모태신앙자는 일회적이고 급격한 회심을 경험하지 않으며 무의식적 회심이나 점진적인 회심을 하는 것으로 나타났다.[19] 스코비(Geoffrey E. Scobie)는 영국의 신학교 학생들 중 30%가 특별한 계기나 변화 없이 기독교인으로 충실된 삶을 살아가고 있으며 기독교적 가치관을 지속적으로 유지하고 있다고 보고하였다. 또한 신학교 학생 중 44%의 학생들이 점진적으로 회심을 경험하였고 급격한 회심을 경험한 사람은 18%에 불과하다고 보고하였다.[20]

이런 측면에서 보면 축복가정 자녀들의 신앙형성은 급격한 회심과정으로 보기보다 신앙발달로 보는 것이 더 적합하다고 할 수 있다. 파울러는 신앙발달의 단계를 세분화하면서 3세 미만의 영아기인 0단계인 미분화된 신앙기(Undifferentiated Faith)에서 4-7세까지 1단계인 직관적·투사적 신앙기(Intuitive-Projective Faith), 7-12세까지 2단계 신화적·문자적 신앙기(Mythic-Literal Faith), 12-18세까지 3단계 종합적·관습적 신앙단계(Synthetic-Conventional Faith)에 이르기까지 신앙의 일관된 정체성이 형성된다고 보았다. 이 시기까지 부모는 자녀의 신앙발달에 중요한 역할을 하게 된다.[21]

---

19 May Jo Meadow & R. D. Kahoe, *Psychology of Religion: Religion in Individual Lives* (San Francisco: Harper & Row, 1984), 최준식 역, 『종교심리학』 (서울: 민족사, 1992), 184.

20 G. E. Scobie, "Types of Christian Conversion," *Journal of Behavioral Science* 1(5) (1973): 265-271.

21 James W. Fowler, *Weaving the Creation: Stages of Faith and the Public Church* (San Francisco: Harper & Row, 1991). 박봉수 역, 『변화하는 시대를 위한 기독교교육』

특히 생후 2-6개월 사이의 신생아들은 타인과의 관계에서 첫 경험을 하게 되는데 타인들의 사회적 현존을 의미심장하게 받아들이게 된다. 이 때 인간은 자신이 전적으로 의존할 수 있는 존재를 인식하고 강력한 힘을 가진 사람의 돌봄을 받고 있다고 느낀다. 신생아인 자신을 내려다보며 희미한 미소로 부드럽게 응답하는 모습에서 신에 의지하고 돌봄 받기 원하는 내면, 즉 종교심이 발달된다.[22]

이후 성장과정에서 전능하고 신비하고 초월적인 존재가 자신을 보호해준다는 이야기를 들을 때 자연스럽게 무의식 속에 자신을 양육해주었던 사람들과의 경험, 특히 부모와의 경험에 의존하여 이미지가 형성되게 된다. 이러한 이론은 여러 연구들에서 부모와 자녀의 관계가 하나님을 인식하는데 영향을 미쳐 신앙형성의 주요 요인이 되는 것으로 보고되면서 실제로 증명되고 있다. 자녀는 내면에 새겨진 부모의 이미지를 하나님의 이미지로 투영시켜 부모의 이미지와 하나님의 이미지를 동일시하는 경향이 있어 부모와 관계에서 생긴 경험을 반추하여 하나님과 관계를 형성한다는 것이다.[23] 물론 자녀의 삶에 참여했던 의미있는 다른 어른들도 하나님의 이미지를 형성하는데 기여한다.[24] 여러 연구에서 최초로 나타나는 하나님의 이미지는 자녀가 절대적으로 의존하는, 부모의 형상으로 느껴지는 강력한 힘을 가진 사람들과의 관계에서 경험된 지배적인 정서

(서울: 한국장로교출판사, 1996), 43-44.

22 Erik H. Erickson, *Toys and Reasons* (New York: W. W. Norton & Company, 1977), 89-90.

23 김은영, 「하나님 이미지와 부모 자녀 애착관계에 대한 통합적 고찰」, 『가족과 상담』 2 (2012): 21-30.

24 Fowler, 『신앙의 변화』, 70.

적 특성으로 자리 잡는다고 보고된다.[25]

이러한 관계는 반대의 상황에도 성립된다. 부모가 없거나 잘못된 양육을 하는 등 문제를 가지고 있더라도 다른 어른에 의해 신앙이 바르게 형성된다면 자녀는 하나님에 대해 보다 더 이상적인 이미지를 가지며 부모에게서 받은 상처를 치유하고 회복시켜 주는 역할도 한다는 것이다. 이들에게 하나님의 이미지는 부모의 부재로 인한 상실이나 가정폭력으로 인한 불안을 상쇄시키고 안정감을 찾고 유지하는 역할을 하였다.[26]

의존하는 어른과의 상호작용을 통해 절대적 존재인 하나님을 인식하게 되는 단계를 지나면 생후 1-2년 사이에 언어적 자아가 형성되면서 언어와 상징의 사용을 통해 신앙과 종교의 상징이 뿌리내린다.[27]

언어를 습득한 이후 자녀는 여러 매체를 통해 선과 악, 절대적인 힘과 상징 등을 접하면서 신앙이나 종교를 가지고 있지 않더라도 선이 악을 물리치고 승리를 얻을 때 승리에 동일시되는 경향을 나타낸다. 강력한 이미지로 형상화된 불변하는 절대적 존재에 대한 정서적 방향은 신앙의 방향을 형성해준다.[28]

파울러의 신앙발달단계는 자녀들의 신앙발달이 탄생 직후부터 무의식적으로 시작되며 언어 이전에 부모의 양육태도와 상호작용을 통해 형성된다는 것을 보여준다. 이러한 관계 위에 언어를 통해 습득되는 종교적 상징과 이야기 등이 신앙의 방향을 이끌어간다는 것을 알 수 있다.

---

25 Fowler, 『신앙의 변화』, 84.
26 Fowler, 『신앙의 변화』, 73.
27 Fowler, 『신앙의 변화』, 76.
28 Fowler, 『신앙의 변화』, 83-84.

3. 신앙의 발달단계와 효정의 계승

1) 가정의 효정교육

역사적으로 보아도 구약시대의 유대민족은 부모의 구전을 통해 자녀에게 하나님을 전하고 역사와 율법을 통해 신앙을 계승하기 위해 노력하였다. 자녀가 말을 하기 전부터 토라를 교육하며 하나님을 알려주기 위해 노력하였다. 탄생 직후부터 토라를 통해 교육하는 것은 부모와 자녀의 상호작용을 촉진시켜 주며 자녀에게 주 양육자의 모습을 인식시키고 관계를 확인시켜 주는 역할을 하게 된다. 또한 이런 교육은 유대인으로서의 정체성을 계승하는 것은 물론 자녀의 언어와 인지발달을 촉진시켜 주었다.[29]

초대교회 역시 별도의 성전이 없이 가정공동체에서 예배를 보면서 시작되었기 때문에 가정이 중요한 교회의 기초가 되었다. 가정은 교회와 불가분의 관계에 있었으며 어린이들은 중요한 위치를 차지했다. 어린이들은 예배에 참여할 수 있었고 예배식순에 성경봉독 담당으로 참여하기도 하였다.[30] 초대교회는 자연스럽게 가정에서 예배를 보면서 가족적인 사랑과 존경의 연대성 속에서 부모와 자녀 사이의 신앙계승이 이루어졌다. 또한 부모는 자녀가 어렸을 때부터 성경을 가르쳤으며 자녀의 삶에 성경을 적용할 수 있도록 지도하였다.[31]

---

29 John H. Sailhamer, *The Pentateuch as Narrative: A Biblical-Theological Commentary*, 김동진·정충하 역, 『서술로서의 모세오경』(서울: 새순출판사, 2001), 167.
30 Ekkehard W. Stegemann & Wolfgang Stegemann, *Urchristliche Sozialgeschichte*, 손상현·김판임 역, 『초기 그리스도교의 사회사』(서울: 동연, 2009), 439.
31 Elmer Towns & Douglas Porter, *Churches That Multiply*, 김재권 역, 『사도행전식 교회개척』(서울: 생명의 말씀사, 2005), 229-243.

루터와 칼빈과 같은 종교개혁가들도 가정에서 다음 세대를 위한 종교교육이 이루어져야 한다고 강조하였다. 특히 루터는 가정이란 최초의 학교이며 부모는 최초의 교사라고 말하면서 부모는 자녀에게 반드시 성경을 가르쳐야 하고, 이러한 교육적 책임을 할 자신이 없으면 결혼을 하지 말아야 한다고 할 정도로 부모의 역할을 강조하였다.[32] 칼빈 또한 부모는 자녀가 언약한 백성으로 정체성을 가지고 하나님을 경외하면서 살 수 있도록 교육해야 한다고 하였다.[33] 이를 위해 부모는 성경과 교리, 성품을 가르쳐야 하며 하나님과 부모, 윗사람을 공경하도록 교육해야 한다고 강조하였다.[34]

참부모님께서도 효정의 상속은 가정에서 이루어져야 하며 신앙교육은 가정에서 부모가 책임져야 한다고 말씀하였다. 교회에서 원리를 배우더라도 20세 이전에는 자녀가 사회적으로 살고 있기 때문에 원리와 동떨어진 생활을 할 수 있다. 자녀가 원리를 안다고 생각하지 말고 원리를 생활화할 수 있도록 신앙생활의 문제에 대해 정기적으로 토론하고 적용할 수 있도록 해야 한다고 하였다. 만 17세 이전에 하늘부모님의 심정, 즉 효정을 상속해주어야 한다고 강조하였으며 이를 위해 각 가정에서 훈독회를 전통으로 정착해야 한다고 하였다.[35]

---

32 정경숙, 『종교 개혁자들의 교육사상』 (서울: 총신대학출판부, 1992), 99.

33 조성국, 「칼빈에게 있어서 가정과 가정교육」, 『복음과 교육』 7 (2010): 79.

34 조성국, 82-83.

35 세계평화통일가정연합, 주제별말씀정선 『뜻적인 자녀지도』 (서울: 성화출판사, 1998), 254-255.

2) 성장과정과 신앙갈등

앞서 지적한 바와 같이 모태신앙자들은 자신의 의지와 관계없이 종교적 정체성을 부여받았기 때문에 급격한 회심경험을 하지 못하여 신앙생활을 하는데 갈등을 경험하는 경우가 많다. 세계평화통일가정연합의 모태신앙자로 태어난 2세 신자들의 경우 성장과정에서 자신에게 주어진 종교적 정체성을 인식하지 못하고 자연스럽게 수용하고 있다가 학교에서 교사, 친구 등을 통해 세계평화통일가정연합의 종교적 정체성이 한국 사회에서 소수종교이며 이단종교라는 것을 알게 되면서 종교적 정체성의 위기를 경험하였다.[36]

한국의 또 다른 소수종교인 한국 천리교의 3세 신자의 종교경험을 연구한 결과 3세 신자는 조부모세대로부터 부모세대를 걸쳐 천리교 신앙을 집안 종교로 인식하여 회심경험을 하지 못하는 것으로 나타났다. 이들은 성장과정에서 '교단 외 타자'인 친구와의 상호작용에서 천리교가 한국 사회의 주류 종교가 아닌 소수종교이며 일본에서 들어온 신종교로 왜색종교라는 비난을 받고 있다는 것을 알게 되면서 종교적 정체성의 위기와 갈등을 경험하였다.[37]

이러한 종교적 정체성의 위기 경험은 한국 사회에서 기독교가 주류 종교로서 자리매김하면서 타 종교에 대해 배타적이며 부정적인 태도를 가지고 있는 기독교 신자들에 의해 일어난다고 분석되고 있다. 소수종교를 믿고 있는 모태신앙자들은 이러한 배타적 태도를 접하면서 청소년기

---

36 김민지, 「다문화가정 자녀의 문화적 정체성 형성과정에 관한 연구」, 『디아스포라연구』 9(2) (2015): 197-231.

37 이현경, 「신앙계승에 있어서의 '타자'의 역할-한국천리교 3세 신자를 사례로」, 『일본근대학 연구』 33 (2011): 383-385.

에 종교적 정체성의 갈등과 위기를 경험하고 있는 것이다. 특히 청소년기는 또래의 문화나 행동에 민감하여 또래집단의 소속감과 동질감이 중요하여 자신이 특수한 종교를 믿고 있다는 정체성은 내면적 갈등을 일으키게 된다.

이러한 갈등의 상황에서 천리교 3세 신자들은 자신의 종교적 정체성을 되도록 밝히지 않게 되었다. 이현경의 연구에 참여한 천리교 3세 신자 중 75%가 가정환경 조사에 '무종교'라고 기록했으며 참여자 전원이 갈등을 경험한 이후 가장 가까운 친구에게만 극히 제한적으로 자신의 종교적 정체성을 밝히거나 집안이 천리교를 믿고 있지만 자신은 종교가 없다고 구분지어 설명한 것으로 나타났다.[38]

이러한 현상은 일반적으로 문화적 정체성의 위기를 경험하는 사람들이 주류 사회에 편입하기 위해 자신의 고유한 정체성을 강하게 부인하거나 숨기면서 주류사회의 일원이 되고자 노력하는 경향을 보이는 것과 같은 맥락으로 해석할 수 있다.[39] 미국에 거주하는 한국 이민자 가정의 자녀들이 청소년기에 가정에서 한국어를 사용하는 것을 거부하고 한국 음식을 먹지 않는 등 한국적 정체성을 거부하고 미국 사회에 편입하기 위해 노력하는 현상을 보이는 것과 같은 현상인 것이다.[40]

세계평화통일가정연합의 2세 신자들 역시 종교적 정체성의 위기를 경험한 이후 학교의 교사나 친구 등에게 종교를 밝히고 싶어 하지 않게 되

38 이현경, 384.
39 김현주, 『다문화가정 청소년의 자아정체성 형성경험에 관한 연구』, 박사학위논문 (중앙대학교, 2015)
40 K. O. Seol & R. M. Lee, "The Effects of Religious Socialization and Religious Identity on Psychosocial Functioning in Korean American Adolescents from Immigrant Families," *Journal of Family Psychology* 26(3) (2012): 371-380.

었다. 그러나 천리교 3세 신자와 달리 다문화가정의 자녀로 태어나 성장하는 경우가 많아 종교적 정체성을 밝히고 싶지 않아도 자연스럽게 밝혀야 하는 상황이 더 많았다. 아버지나 어머니의 국가적 정체성이 일본이나 필리핀 등 외국인인 이유가 종교적인 이유였기 때문이다. 다문화가정이라는 국가적 특수성과 소수종교를 믿는다는 종교적 특수성은 청소년기 또래집단으로부터 구분되고 소외되는 경험으로 이어졌다. 이 과정에서 2세 신자들은 왕따, 학교폭력 등을 경험하기도 했다.[41]

3) 효정상속을 위한 부모의 역할

종교적 정체성의 위기를 해결하는 데에는 여러 요인들이 영향을 주지만 그중에서도 부모의 양육태도와 부모와의 관계가 주요한 영향을 미친다. 가정연합 2세 신자들은 부모의 적극적인 사랑과 민주적인 양육태도가 종교적 갈등을 해결하는 데 영향을 주었다고 말하였다.[42] 천리교 3세 신자들 역시 부모들이 신앙을 강요하기보다는 열성적인 신앙태도를 보여주거나 자식들을 위해 기도하는 모습을 노출함으로써 자녀들이 종교적 위기를 극복하는데 영향을 미쳤다고 회상하였다.[43]

종교적 정체성뿐만 아니라 국가적 정체성을 형성할 때에도 다문화가정 자녀들이 외국인 어머니를 자랑스럽게 생각하며 특별한 애정을 가지고 있을 때 자신의 정체성도 긍정적으로 인식한다고 보고된다. 또한 다문화가정 청소년의 자아정체성 형성에 외국인 어머니의 민주적인 양육

---

41 김민지, 「다문화가정 자녀의 문화적 정체성 형성과정에 관한 연구」, 212-217.
42 김민지, 「다문화가정 자녀의 문화적 정체성 형성과정에 관한 연구」, 217-219.
43 이현경, 387-388.

태도와 긍정적인 모자관계가 중요한 변수로 작용하는 것으로 나타나고 있다.[44]

효정의 계승 또한 우선적으로 부모의 삶의 모습을 통해 자연스럽게 자녀에게 이어져야 한다. 참부모님은 ①공부보다 하늘부모님을 향한 효정을 가르쳐야 하며 ②하늘부모님을 사랑하고 부부가 서로 사랑하는 것을 생활 속에서 교육하고 ③나라와 세계를 사랑하는 것을 가르치라고 하였다. 방법적으로는 ①훈독회 등의 정기적인 토론과 대화를 통해 가르치고 ②말이 아니라 생활 속의 모범을 통해 가르치라고 말씀하였다.[45]

최근 유대인의 교육방법인 쉐마와 하부르타 등에 대한 관심이 높아지면서 가정에서 진행되는 훈독회에 그 방법을 적용하기 위한 연구가 이루어지고 있다. 쉐마 교육은 아기가 말을 알아듣지 못하는 어린 시기부터 부모가 성경을 읽어주면서 자녀가 듣도록 하면 하나님께서 어떤 방식으로든 자녀가 성경을 받아들일 수 있도록 인도한다는 것이다. 하부르타는 탈무드의 내용을 두 사람이 짝을 지어 자신의 생각을 상대방에게 설명하고 상대방의 이야기를 듣고 질문하며 토론하는 교육이다. 이러한 유대교 가정의 교육방식은 참부모님의 말씀을 읽고 들으며 그 내용을 어떻게 생활 속에서 적용할 것인가 토론하는 훈독회의 전통으로 접목될 수 있기에 지속적인 연구와 실천이 이루어져야 할 것으로 보인다. 이러한 훈독회의 핵심은 하늘부모님을 중심한 가정이 되어 자녀에게 효정을 계승하는 것이다. 그러나 훈독회 이전에 축복가정에서 자녀를 양육할 때 부모의

---

44 박진우·장재홍, 「다문화가정 청소년의 자아정체성에 영향을 미치는 환경·심리적인 요인」, 『청소년연구』 21(4) (2014): 133-154.
45 세계평화통일가정연합, 주제별말씀정선 『뜻적인 자녀지도』, 216-229.

비언어적인 태도와 일상의 상호작용 등이 효정의 계승이 더 많은 부분을 차지한다는 것을 잊어서는 안 된다. 루터 역시 가정에서 부모가 자녀에게 신앙을 전수하기 위해서는 부모가 그리스도의 모범을 따라감으로써 자녀에게 본이 되어야 한다고 강조하였다. 부모가 먼저 가정에서 신앙에 입각한 생활을 하여 자녀도 부모를 통해 그리스도를 본받는 삶을 살도록 해야 한다는 것이다.[46] 효정의 본질은 지적인 신념이나 종교적 의례가 아니라 하늘부모님과 참부모님의 참사랑을 체휼하는 것이기에 부모를 통해 하늘부모님과 참부모님의 참사랑이 전달될 수 있도록 노력하는 자세가 더욱 중요하다.

IV. 효정의 상속과 가족공동체

공의주의 사회는 참사랑을 중심한 가정공동체를 통해 실현될 수 있다. 하늘부모님과 참부모님을 중심한 축복가정공동체는 종교와 인종, 국가와 문화를 초월하여 형제로 살 수 있어 공의주의 사회 실현의 기반이라 할 수 있다. 축복가정공동체가 종교를 초월하여 공유할 수 있는 가치와 힘은 효정으로 하늘부모님과 참부모님을 인류의 부모로 느끼고 모시고자 하는 심정이라 할 수 있다. 다른 종교적 전통을 가진 축복가정공동체와 효정으로 서로를 이해하고 상호작용할 수 있는 것이다.

또한 공의주의 사회의 실현을 위해서는 축복가정 내에서 자녀세대에

---

46 정경숙, 36.

게 효정을 상속시키려는 노력이 필요하다. 하늘부모님을 중심으로 맺어진 부부는 서로를 사랑하고 존중하면서 믿음과 사랑의 공동체를 이루며 효정을 중심으로 창조본연의 인간이 되기 위해 스스로 노력한다. 그들은 자신뿐만 아니라 자녀를 낳아 하늘부모님의 효정을 상속시켜야 하는 의무가 있다. 이를 위해 자녀가 하늘부모님의 자녀로 성장할 수 있도록 교육해야 하지만 그동안 이러한 과정은 축복 이후 자동적으로 진행되는 것으로 이해하거나 도식적으로 이루어지는 것으로 알고 있는 경우가 많았다.

축복결혼을 한 후 어떻게 우리는 효정의 전달자가 되어 윤리적인 사회, 공의주의 사회를 이룰 것인가? 우리는 어떻게 자녀에게 하늘부모님의 심정을 상속시켜 자녀를 효정의 빛이 되도록 성장시킬 것인가? 이에 대한 해답을 효정을 중심으로 실천적인 측면에서 고민해야 할 때이다. 신앙 발달의 단계를 통해 무의식적으로 보이는 부모의 모습이 하늘부모님의 이미지를 형성하며 부모가 보이는 일상 속의 생활태도와 상호작용이 자녀의 신앙형성에 중요하다는 것을 알 수 있었다.

과거 우리 민족의 어머니들이 새벽에 정화수를 떠 놓고 하늘에 기도하였던 것은 '경천(敬天)'의 전통으로 자녀에게 전수되었다. 자녀가 인식하지 못할 때에도 하늘에 기도하는 어머니의 모습이 하늘에 대한 이미지를 형성하였듯이 자녀가 성장과정에 있을 때 참부모님의 존영에 경배하며 말씀을 훈독함으로써 효정을 계승해주려는 노력을 해야 한다. 이러한 과정에서 중요한 것은 교리의 진리성이나 종교 의례의 전통이 아니라 하늘부모님과 참부모님의 사랑을 체휼할 수 있는 효정에 있다는 것을 잊어서는 안 된다.

최근 가정에서 실시할 수 있는 효과적인 훈독회의 운영방법 등에 대한 연구들이 이루어지고 있다. 방법적인 연구와 함께 효정을 중심한 부모의 마음가짐과 자세에 대한 연구와 교육이 이루어진다면 효정을 계승하여 참사랑을 주고받는 축복가정이 될 수 있을 것이다. 이러한 축복가정이 기반이 되어 공의주의 사회 또한 실현될 것이다. *

공생공영공의주의 연구

인쇄일   2024년 10월 18일
발행일   2024년 10월 25일

저   자   김민지

발행인   이경현
발행처   (주)천원사
        신고번호 | 제302-1961-000002호
        주소 | 서울시 용산구 청파로 63길 3(청파동1가)
        전화 | 02-701-0110
        팩스 | 02-701-1991

정   가   20,000원
ISBN 979-11-94221-11-1 03230

* 청파랑은 ㈜천원사의 임프린트입니다.
* 잘못된 책은 구입하신 서점에서 바꾸어 드립니다.